# 浙江

# 人力资源和社会保障年鉴

ZHEJIANG RENLI ZIYUAN HE SHEHUI BAOZHANG NIANJIAN

## 2021

《浙江人力资源和社会保障年鉴》编纂委员会 编

浙江大学出版社
ZHEJIANG UNIVERSITY PRESS

图书在版编目（CIP）数据

浙江人力资源和社会保障年鉴. 2021 / 《浙江人力
资源和社会保障年鉴》编纂委员会编；潘伟梁主编. —
杭州：浙江大学出版社，2021.11
　　ISBN 978-7-308-21956-3

　　Ⅰ. ①浙… Ⅱ. ①浙… ②潘… Ⅲ. ①人力资源管理
－浙江－2021－年鉴②社会保障－浙江－2021－年鉴
Ⅳ. ①F249.275.5-54②D632.1-54

中国版本图书馆CIP数据核字(2021)第227455号

**浙江人力资源和社会保障年鉴2021**

潘伟梁　主编

《浙江人力资源和社会保障年鉴》编纂委员会　编

---

责任编辑　赵　静　冯社宁

责任校对　董雯兰

封面设计　林智广告

出版发行　浙江大学出版社

　　　　　（杭州市天目山路148号　　邮政编码　310007）

　　　　　（网址：http://www.zjupress.com）

排　　版　杭州林智广告有限公司

印　　刷　浙江新华数码印务有限公司

开　　本　889mm×1194mm　1/16

印　　张　23.5

字　　数　550千

彩　　插　10

版 印 次　2021年11月第1版　2021年11月第1次印刷

书　　号　ISBN 978-7-308-21956-3

定　　价　260.00元

---

2020年1月7日，省长袁家军（前排中）在杭州接见第45届世界技能大赛我省获奖项目参赛选手和专家教练等

2020年8月15日，人社部副部长汤涛（右一）赴宁波市调研人力社保工作

2020年11月12日，人社部副部长游钧（左三）赴安吉县调研人力社保工作

2020年4月9-10日，副省长王文序（前排右二）赴金华市调研稳就业工作

2020年4月8日，省委组织部副部长，省人力社保厅党组书记、厅长鲁俊（中）赴绍兴市调研就业工作

2020年6月2-3日，省人力社保厅党组副书记、副厅长刘国富（左二）赴乐清市开展"三服务"调研工作

2020年1月8日，省人力社保厅党组成员、副厅长陈中（前排右二）赴台州市调研人力社保工作

2020年9月8日，省人力社保厅党组成员、副厅长金林贵（右二）带队开展"送关爱慰问农民工"活动

2020年6月4-5日，省人力社保厅党组成员、副厅长葛平安（中）赴丽水市开展"三服务"调研工作

2020年1月19日，省人力社保厅在杭州召开2019年度总结表彰大会

2020年2月19日，推进省际劳务协作保障企业复工用工电视电话会议在杭州召开

2020年3月31日，省人力社保厅2020年全面深化改革、数字化转型、依法行政工作部署会在杭州召开

2020年4月24日，全省就业工作领导小组全体（扩大）会议在杭州召开

2020年5月27日，省根治欠薪领导小组办公室迎接国务院对省政府保障农民工工资支付工作考核部署视频会议在杭州召开

2020年6月8日，全省社保系统省集中推进会在杭州召开

2020年7月3日，全省人力社保工作调度推进会在杭州召开

2020年8月28日，浙江省农民工工作情况汇报暨全国农民工工作督察情况反馈会在杭州召开

2020年9月26-30日，全省人力社保系统局长培训班在杭州举办

2020年10月30日，全省就业工作会议在台州召开

2020年11月9—10日，全省劳动关系工作联合练兵在安吉举行

2020年12月30日，奇思妙想浙江行2020创业大赛总决赛在杭州举办

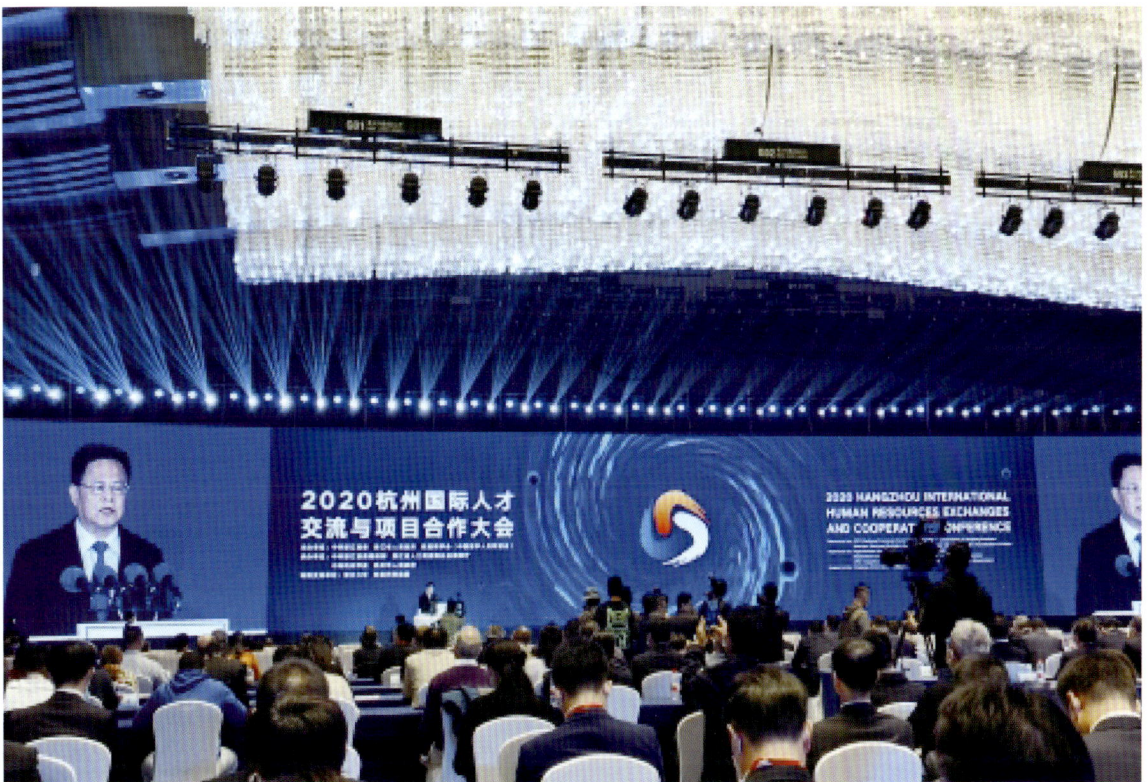

2020年11月6日，2020杭州国际人才交流与项目合作大会在杭州召开

2020年4月8日，宁波市召开2020年"宁波市·黔西南州"深化东西部扶贫协作促进稳岗就业工作会商会

2020年11月12日，温州市召开"中国·温州千企百校"人才合作对接会

2020年12月10日，湖州市召开全市社会保险基金监督工作座谈会

2020年11月18日，嘉兴市举办"启航杯"大学生创业大赛决赛

2020年7月23日，绍兴市开展全市人社业务技能练兵比武竞赛活动

2020年10月29日，金华市举办2020金华市青年创业大赛

2020年9月9日，衢州市举办全市乡村振兴职业技能大赛村播工种比赛

2020年11月27日，舟山市举办2020中国·浙江舟山群岛新区全国大学生创业大赛总决赛

2020年12月12日，台州市举办智汇台州·2020"500精英"人才系列创业大赛总决赛

2020年10月19日，丽水市举行"百博入乡镇"启动仪式

# 浙江省人力资源和社会保障厅领导班子成员

## （2020年12月）

**鲁　俊**
省委组织部副部长，
厅党组书记、厅长

**刘国富**
厅党组副书记、副厅长

**陈　中**
厅党组成员、副厅长

**金林贵**
厅党组成员、副厅长

**葛平安**
厅党组成员、副厅长

# 《浙江人力资源和社会保障年鉴》
# 编纂委员会成员

**主　任**　吴伟斌

**副主任**　刘国富　陈　中　金林贵　葛平安　毛鹏岳

**成　员**（以姓氏笔画为序）

马　越　王　树　王怀忠　卞正法　厉　进

叶茂东　叶照标　乐　添　边　强　邢金昌

李　平　吴　均　吴守成　余龙华　张奇妙

陈　瑜　陈华良　陈军利　陈芬芬　陈荣华

季朝锋　周剑挥　金梓伟　项　薇　柯婉瑛

俞　韵　俞云华　施　科　顾　凯　黄奇凡

黄国梁　程　爽　傅鸿翔　颜忠勇　潘伟梁

瞿自杰

# 编纂说明

一、《浙江人力资源和社会保障年鉴》是一部全面反映浙江人力资源和社会保障事业发展情况的资料性年鉴，由省人力资源和社会保障厅年鉴编纂委员会组织编纂，每年编纂出版。编纂工作具体事务由年鉴编纂委员会设在省人力资源和社会保障科学研究院的编辑部承办。

二、《浙江人力资源和社会保障年鉴2021》(以下简称《2021年鉴》)记载了2020年全省人力资源和社会保障工作基本概况和主要成就。记载起止时间为2020年1月1日至12月31日。

三、《2021年鉴》收录了反映2020年全省人力资源和社会保障工作重要活动的部分图片资料。全书由特载、机构情况、大事记、全省工作情况、各市工作情况、本年鉴记载的荣誉、重要文件选载、厅发文目录、主要统计资料、各市人力资源市场工资指导价位等部分组成。

特载，收录了2020年中央、省和国家有关部门领导关于人力资源和社会保障工作的部分批示和讲话，省人力资源和社会保障厅领导在有关工作会议上的部分讲话。

机构情况，按"单位领导"、"机关处室"、"直属单位"三个层面，分别记录了截至2020年底省和各市人力资源和社会保障部门领导班子和机构设置情况。

大事记，记录了2020年全省人力资源和社会保障工作的重要事项和活动。

全省工作情况，综合记载了2020年全省人力资源和社会保障部门的主要工作，取得的成绩和荣誉。

各市工作情况，记载了2020年各市人力资源和社会保障部门的主要工作，取得的成绩和荣誉。

本年鉴记载的荣誉，是指以党中央、国务院，省委、省政府，国家和省人力资源和社会保障部门以及所属机构名义评选表彰，涉及人力资源社会保障部门主要职能和工作业务，冠以"先进"、"优秀"、"突出"等称谓的事项。

记载的对象是被表彰的全省人力资源和社会保障系统单位、部门、个人，市、县(市、区)、街道(乡镇)、社区(行政村)以及上述地方从事人力资源和社会保障相关工作的单位、个人。

重要文件选载，收录了2020年省委、省政府、省级有关部门关于人力资源和社会保障工作的部分重要文件。

主要统计资料，收录了2020年全省以及各市劳动就业、社会保障、收入分配、劳动关系等方面的基本统计资料。

各市人力资源市场工资指导价位，收录了2020年全省各市不同行业、不同职业(工种)人力资源市场工资指导价位。

四、《2021年鉴》记载的基本情况和收录的统计资料，由省人力资源和社会保障厅以及全省各级人力资源和社会保障部门提供。

五、《2021年鉴》的编纂、出版工作得到了各市人力资源和社会保障部门的大力支持，在此深表谢意。由于我们水平有限，书中难免存在疏漏或不足之处，恳请读者批评指正。

《浙江人力资源和社会保障年鉴》编辑部

2021年8月20日

# 目　录

# 全省工作情况

# 各市工作情况

# 重要文件选载

# 浙江省人力资源和社会保障厅发文目录

# 主要统计资料

# 工资指导价位

# 索　引

特　载

# 批　示

## 省委书记车俊在《关于2019年度国内系列引才活动情况的报告》上的批示

引才工作主动，效果明显。应进一步精准引才，引高端人才。

2020 年 1 月 7 日

## 省长袁家军在《关于2019年度国内系列引才活动情况的报告》上的批示

举措务实，成效明显。

2020 年 1 月 10 日

# 省长袁家军在《关于企业员工返岗专班工作情况的报告》上的批示

担当有为、成效明显。同意相关工作考虑。

2020 年 3 月 12 日

# 常务副省长冯飞在《浙江省创新就业全周期"一件事"管理服务》上的批示

改革办总结报送很及时。人社厅工作很出彩！望按照省委省政府的要求，将好经验且可长期坚持的形成长效机制。

2020 年 4 月 7 日

# 副省长王文序在《关于企业员工返岗专班工作情况的报告》上的批示

行动迅速，对接服务到位，工作成效明显。

2020 年 3 月 13 日

# 机构情况

# 浙江省人力资源和社会保障厅

**浙江省人力资源和社会保障厅**

*杭州市省府路8号省府大楼2号楼*

## 厅领导

| | |
|---|---|
| 鲁　俊 | 省委组织部副部长，厅党组书记、厅长 |
| 刘国富 | 厅党组副书记、副厅长 |
| 陈　中 | 厅党组成员、副厅长 |
| 金林贵 | 厅党组成员、副厅长 |
| 葛平安 | 厅党组成员、副厅长 |
| 郑益群 | 副巡视员 |
| 朱树民 | 副巡视员 |

## 机关处室

办公室

规划财务处

政策法规处

就业促进和失业保险处

人才开发和市场处（国际合作交流处）

职业能力建设处（技工院校管理处）

专业技术人员管理处

事业单位人事管理处

劳动关系和农民工工作处

工资福利和奖励处

养老保险处

工伤保险处（省劳动能力鉴定委员会办公室）

城乡居民社会保险处

社会保险基金监督处

仲裁信访处

监察执法局

人事处

直属机关党委

## 直属单位

浙江省社会保险和就业服务中心

浙江省技能人才评价管理服务中心

浙江省专家与留学人员服务中心

浙江省人力资源和社会保障咨询与宣传中心

浙江省人事教育指导服务中心

浙江省人才市场

浙江省职业介绍服务指导中心

浙江省职业技能教学研究所

浙江省人力资源和社会保障资产管理中心

浙江省人力资源和社会保障科学研究院

浙江省人力资源和社会保障信息中心

浙江智能制造技师学院

# 杭州市人力资源和社会保障局

杭州市解放东路18号D座

## 局领导

叶茂东　局党组书记、局长
章　明　局党组成员、副局长、市社会保险
　　　　管理服务中心主任
黄菊火　局党组成员、副局长
单黎霞　局党组成员、副局长
方海洋　局党组成员、副局长
刘志勇　局党组成员、二级巡视员
宣向东　局党组成员、二级巡视员
钱　斌　市人才管理服务中心（市人事考试院）
　　　　主任（院长）
徐　明　市就业管理服务中心主任
吴槐庆　杭州市帮扶恩施州工作队领队、二级
　　　　巡视员

## 机关处室

办公室
组织人事处
机关党委
政策法规处
计划财务与社保基金监督处
就业创业指导处
人才开发和市场处（国际交流合作处）
职业能力建设处（技工院校管理处）
专业技术人员管理处
事业单位人事管理处
劳动关系处
工资福利和奖励处

养老保险处
工伤保险处（市劳动能力鉴定委员会办公室）
退休人员管理处（基层工作处）
仲裁信访处
行政审批处

## 直属单位

杭州市人才管理服务中心（杭州市人事考试院）
杭州市就业管理服务中心
杭州市社会保险管理服务中心
杭州市劳动保障监察支队（杭州市劳动人事争
　议仲裁院）
杭州市人力资源和社会保障政务服务中心
杭州市企业退休人员管理服务中心（杭州退休
　干部职工大学）
杭州市专家与留学人员服务中心
杭州市职业能力建设指导服务中心
杭州第一技师学院
杭州轻工技师学院

# 宁波市人力资源和社会保障局

宁波市鄞州区和济街95号

## 局领导

陈　瑜　市委组织部副部长（兼），局党组书记、
　　　　局长
陈　勇　局党组成员、副局长
王效民　副局长
徐承志　局党组成员、副局长

韩洪江　局党组成员、二级巡视员
陈文伟　一级调研员
徐关兴　一级调研员

## 机关处室

办公室
组织人事处
政策法规和调研处
计划财务和信息化管理处
就业促进和失业保险处
人才开发和市场处（国际合作交流处）
职业能力建设处（技工院校管理处）
专业技术人员管理处
事业单位人事管理处
目标考核和表彰奖励处（市目标管理考核领导
　小组办公室）
劳动关系处
工资福利处
养老保险处
工伤保险处（市劳动能力鉴定委员会办公室）
社会保险基金监督处
仲裁信访处
行政审批处
机关党委

## 直属单位

宁波市社会保险管理服务中心（宁波市劳动人
　事争议仲裁院）
宁波市就业管理中心（宁波市创业指导服务中心）
宁波市劳动保障监察支队

宁波市人事考试院（中共宁波市委组织部考试
　中心）
宁波技工学校（宁波技师学院）
宁波市社会保障卡管理服务和职业技能鉴定指
　导中心（宁波市人力资源和社会保障局信息
　中心、宁波市老年活动中心）
宁波市人才服务中心（宁波市人才评价中心、
　宁波市海外人才服务中心）
宁波市人才培训中心（宁波市国家公务员与转
　业军官培训中心、宁波市继续教育院）

# 温州市人力资源和社会保障局

温州市鹿城区学院中路303号

## 局领导

徐顺聪　市委组织部副部长，局党组书记、局长
蔡月琴　局党组副书记、副局长
陈志刚　局党组成员、副局长
胡正长　局党组成员、副局长
李道钮　局党组成员、副局长
黄崇艺　局党组成员、二级调研员
庄加灵　局党组成员、温州技师学院院长
胡凯生　二级调研员

## 机关处室

办公室
政策法规处
规划财务和基金监督处（挂信息化处牌子）

就业促进和失业保险处

人才开发和市场处（挂国际合作交流处牌子）

职业能力建设处

专业技术人员管理处

事业单位人事管理处

劳动关系处

行政审批服务处

工资福利处

养老保险处

工伤保险处

仲裁信访处

人事处

机关党委

## 直属单位

温州市就业创业管理服务中心

温州市劳动保障监察支队

温州市人事考试院

温州市社会保险管理服务中心

温州市劳动人事争议仲裁院

温州市人力资源和社会保障局经济技术开发区
　社保分局

温州市人力资源和社会保障信息中心（温州市市
　民卡管理服务中心、温州市民卡服务有限公司）

温州技师学院

温州市职业介绍服务指导中心

温州市职业技能鉴定指导中心

温州市劳动能力鉴定中心

温州市人才发展服务中心（温州市人才有限公司）

# 湖州市人力资源和社会保障局

湖州市民服务中心5号楼

## 局领导

王　树　市委组织部副部长，局党组书记、局长

丁会强　局党组副书记、副局长

史淦宝　局党组成员、副局长

汪　竑　局党组成员、副局长

梁公一　局党组成员、二级调研员

郭连伟　副局长

姜　菊　局党组成员、市社会保险管理事业
　　　　中心主任

沈福群　二级调研员

施建永　三级调研员

朱新江　局党组成员、就业促进与失业保险处
　　　　处长

## 机关处室

办公室

政策法规处（政务服务管理处）

财务与基金监督处

就业促进与失业保险处

人才开发处

专业技术人员管理处

职业能力建设处

事业单位人事管理处

工资福利与奖励处

社会保险处（劳动能力鉴定委员会办公室）

仲裁信访处（劳动关系处）

组宣人事处

直属机关党委

## 直属单位

湖州市就业管理服务中心

湖州市社会保险事业管理中心

湖州市劳动人事争议仲裁院

湖州市劳动保障监察支队

湖州市人才资源开发管理中心（湖州市人事考
　试中心）

湖州市社会保险服务中心（湖州市机关事业单
　位退休职工活动中心）

湖州市职业资格指导服务中心（浙江省南太湖
　创新发展研究院秘书处）

湖州市人力资源和社会保障信息中心（湖州市
　社会保障市民卡管理中心）

# 嘉兴市人力资源和社会保障局

嘉兴市南湖区东升东路1042号

## 局领导

金梓伟　市委组织部副部长，局党委书记、局长

冯俊华　局党委副书记、副局长

姚晓明　局党委委员、副局长

俞叶君　局党委委员、副局长

易连强　市养老保险服务中心主任

黄　炜　局党委委员、二级调研员

## 机关处室

办公室

计划财务处（社会保险基金监督处）

信息化管理处

人才开发处

职业能力建设处

专业技术人员管理处

事业单位人事管理处

劳动关系处（信访处）

养老工伤保险处

就业促进与失业保险处

机关党委

## 直属单位

嘉兴市养老保险服务中心

嘉兴市退休干部管理服务中心

嘉兴市劳动人事争议仲裁院

嘉兴市人才交流服务中心

嘉兴市人事考试中心

嘉兴市就业管理服务中心

嘉兴市劳动保障行政执法队

嘉兴市职业技能鉴定中心（嘉兴市高技能人才
　公共实训管理服务中心）

嘉兴市劳动能力鉴定中心

# 绍兴市人力资源和社会保障局

绍兴市曲屯路368号

## 局领导

黄奇凡　市委组织部副部长，局党组书记、局长

罗继红　局党组副书记、副局长

朱全红　局党组成员、副局长

陈朝晖　局党组成员、副局长

陈剑峰　局党组成员、副局长

柯建华　局党组成员、副局长

潘晓东　局党组成员，市就业促进和人力资源
　　　　服务中心党委书记、主任

胡　豪　局党组成员、市社会保险事业管理
　　　　服务中心主任

孔建明　二级调研员

裘宏柱　绍兴市就业促进和人力资源服务中心
　　　　党委副书记、副主任（副局长级）

俞有灿　二级调研员

王　奋　局党组成员、办公室主任

## 机关处室

办公室

政治处（机关党委）

政策法规处

财务与社保基金监督处

就业促进和失业保险处

人才综合处

社会保险处

事业单位综合管理处

专业技术人员管理处

职业能力建设处

劳动关系和农民工工作处

仲裁信访处

## 直属单位

绍兴市就业促进和人力资源服务中心

绍兴市社会保险事业管理服务中心

绍兴市劳动保障监察支队

绍兴市人力资源和社会保障信息中心

绍兴市职业技能开发指导中心

绍兴市专家与留学人员服务中心

# 金华市人力资源和社会保障局

金华市双龙南街801号（西辅楼3号楼4楼）

## 局领导

褚惠斌　市委组织部副部长，局党组书记、局长

徐金韩　局党组成员、副局长

徐庆妹　局党组成员、机关党委书记

张　政　局党组成员、副局长、社保中心主任

蒋韶岗　局党组成员、副局长

侯东升　局党组成员、副局级

邵森寅　局党组成员、副局级

胡银梁　局党组成员、办公室主任

杨建飞　二级调研员

陈宽年　二级调研员

杜跃忠　四级调研员

## 机关处室

办公室

机关党委

政策法规与基金监督处

就业促进和失业保险处

人才开发和市场处

职业能力建设处

专业技术人员管理处

事业单位人事管理处

劳动关系与仲裁信访处

工资福利与奖励处

社会保险处

## 直属单位

金华市社会保险事业管理中心

金华市就业服务中心

金华市劳动保障监察支队

金华市人才服务和人事考试中心

金华市劳动人事争议仲裁院

金华市人力资源和社会保障数据安全管理中心

金华市职业技能管理服务中心

# 衢州市人力资源和社会保障局

衢州市柯城区仙霞中路36号

## 局领导

余龙华　市委组织部副部长，局党委书记、局长

单华川　局党委委员、副局长

牛建彪　局党委委员、副局长

周宏波　局党委委员、副局长

方茂盛　局党委委员、副局长

陈志军　局党委委员、市人才和就业管理中心
　　　　主任

张碎金　局党委委员、市社保中心主任

徐竹良　局党委委员、办公室主任

蒋天臻　二级调研员

童庭伟　二级调研员

## 机关处室

办公室

机关党委

财务与内审处

法规与审批服务处

人才开发与就业促进处

职业能力建设处

专业技术人员管理处

事业单位人事管理处

工资福利与奖励处

社会保险与基金监督处

劳动关系与仲裁信访处

衢州市人力资源和社会保障局智造新城分局

## 直属单位

衢州市社会保险事业管理中心

衢州市人才和就业管理中心

衢州市人力资源和社会保障信息中心

衢州市人力资源开发服务中心（挂衢州市人力
　　资源和社会保障教育培训中心牌子）

衢州市劳动保障行政执法队

衢州市技能人才评价管理服务中心

衢州市劳动能力鉴定管理中心

职业能力建设处

专业技术人员管理处

事业单位人事管理处

劳动关系处

养老保险处

工伤保险处（市劳动能力鉴定委员会办公室）

基金监督和内审处

# 舟山市人力社保局机构情况

舟山市新城海天大道681号市行政中心东一号楼

## 局领导

陈芬芬　市委组织部副部长、局党组书记、
　　　　局长、一级调研员

郑　斑　局党组副书记、副局长

於立斌　局党组成员、副局长

薛余斌　局党组成员、市就业管理中心主任

边雅丽　局党组成员、四级调研员

吴新利　局党组成员、市社会保险事业管理
　　　　中心主任

阎英群　三级调研员

禹克亚　三级调研员

周桢明　三级调研员

李冬梅　三级调研员

张家庆　四级调研员

陈　国　四级调研员

李　睿　四级调研员

## 直属单位

舟山市社会保险事业管理中心

舟山市就业管理中心

舟山市人事考试院（市公务员考试测评中心）

舟山市劳动监察支队

舟山市人才公共服务中心

舟山市人力资源和社会保障信息中心

舟山市劳动人事争议仲裁院

舟山市退休干部活动中心（市原转体单位离退
　休干部服务中心）

舟山市劳动能力鉴定中心

舟山市人力资源市场服务中心

舟山市技能人才评价管理服务中心

# 台州市人力资源和社会保障局

台州市白云山南路233号市行政中心12楼西

## 局领导

柯婉瑛　市委组织部副部长，局党组书记、局长

卢志米　局党组副书记、副局长（保留正局长
　　　　级），台州技师学院（筹）党委书记、院长

## 机关处室

办公室

组织人事处

政策法规处（行政许可服务处）

就业促进和失业保险处

人才开发和市场处（市人才市场管理办公室）

张峰波　局党组成员、副局长（正局长级）

於英姿　局党组成员、副局长

陈敦庸　局党组成员、副局长

谢建军　局党组成员

马德求　局党组成员、办公室主任

## 机关处室

办公室

政策法规和仲裁信访处

人才开发和市场处

就业促进和职业能力建设处

专业技术人员管理处

事业单位人事管理处

劳动关系和农民工工作处

工资福利和奖励处

社会保险处

社会保险基金监督处

行政审批处

人事处

机关党委

## 直属单位

台州市社会保险事业管理中心

台州市人才服务中心

台州市人事考试院

台州市就业服务中心

台州市劳动保障监察支队

台州市人力资源和社会保障信息中心

台州市职业技能鉴定中心

台州市劳动能力鉴定中心

# 丽水市人力资源和社会保障局

丽水市人民街615号商会大厦

## 局领导

吴守成　市委组织部副部长（兼）、局党组书记、
　　　　局长

章　旭　局党组成员、副局长

王旭彪　局党组成员、副局长

饶庆勤　局党组成员、副局长

吕志充　局党组成员、市养老保险服务中心
　　　　主任

金丽芬　局党组成员、市就业服务中心主任

张　健　一级调研员

李　锋　二级调研员

李伯华　局党组成员、办公室主任、四级
　　　　调研员

## 机关处室

办公室

直属机关党委

政策法规处（挂行政审批处牌子）

人才开发和就业促进处

事业单位人事管理处

职业能力建设处

专业技术人员管理处

工资福利和奖励处（挂社会保险基金监督处
　牌子）

社会保险处（挂市劳动能力鉴定委员会办公室
　牌子）

劳动关系和仲裁信访处

## 直属单位

丽水市养老保险服务中心

丽水市就业服务中心

丽水市人才管理服务中心（挂市高层次人才服
务中心牌子）

丽水市劳动保障监察支队

丽水市劳动人事争议仲裁院

丽水市人事考试院（挂市公务员考试测评中心
牌子）

丽水市社会保障卡管理服务中心

丽水市职业技能鉴定指导中心

丽水市人力资源市场服务中心

# 大事记

# 浙江省人力资源和社会保障厅大事记

## 2020年1月

1月3日，鲁俊厅长走访慰问正厅长级离退休老同志。

同日，葛平安副厅长参加省委反腐败协调小组办公室扩大会议。

1月5日，陈中副厅长参加2019年度省"万人计划"青年拔尖人才评审会议。

1月6日，鲁俊厅长列席省委常委会第113次会议。

同日，金林贵副厅长参加2020年全省春运工作电视电话会议，之后出席2020浙江省侨商会年会。

同日，郑益群副巡视员到省信访局接待群众来访。

同日，朱树民副巡视员参加民革浙江省第十三届委员会第四次全体会议暨"不忘合作初心继续携手前进"主题教育活动总结会，下午到省信访局接待群众来访。

1月7日，袁家军省长在杭州接见第45届世界技能大赛我省获奖项目参赛选手和专家教练，第六届全国残疾人技能大赛、第十五届"振兴杯"全国青年职业技能大赛和第九届全国民政行业职业技能大赛获奖选手。王文序副省长出席。鲁俊厅长、仉贻泓副厅长参加。

同日，鲁俊厅长出席2019年浙江民革骄傲人物先进事迹宣传会，下午参加全省离退休干部先进集体和先进个人表彰大会。

同日，陈中副厅长参加2020年全省商务工作会议及进博会总结表扬暨"三会"动员会。

1月7日至8日，刘国富副厅长赴杭州、嘉兴调研新业态从业人员职业伤害保障工作并开展"三服务"活动。

1月7日至8日，金林贵副厅长赴丽水慰问困难党员并开展"三服务"活动。

1月7日至9日，陈中副厅长赴台州开展"三服务"活动。

1月7日至9日，葛平安副厅长赴嘉兴开展根治欠薪冬季行动大督查。

1月8日，鲁俊厅长参加中央"不忘初心、牢记使命"主题教育总结大会，下午赴阿里巴巴西溪园区开展深化"三服务"、助推"开门红"调研活动。

同日，刘国富副厅长参加高兴夫副省长主持召开的研究新一轮减负政策专题会议。

同日，郑益群副巡视员参加省政府办公厅与省总工会联席会议议题协调会。

1月9日，鲁俊厅长参加全省"不忘初心、牢记使命"主题教育总结大会。

1月10日，鲁俊厅长参加省委教育工作领

导小组第三次全体会议，下午参加全省党委（党组）书记抓基层党建和人才工作述职评议会，晚上参加"两会"中共党员代表、委员会议和中央文件精神传达会。

同日，刘国富副厅长参加"两会"中共党员代表、委员会议。

同日，仉贻泓副厅长出席慈溪技师学院摘筹暨建校40周年成果展示活动。

1月11日，鲁俊厅长列席省政协十二届三次会议开幕会，之后走访慰问正厅长级离退休老同志。

1月11日至15日，刘国富副厅长列席省政协十二届三次会议。

1月12日至16日，鲁俊厅长参加省十三届人大第三次会议。

1月14日，鲁俊厅长、刘国富副厅长参加人社部新业态从业人员职业伤害保障工作座谈会。

同日，仉贻泓副厅长参加国家禁毒委督导检查禁毒工作汇报会并陪同人社部游钧副部长赴杭州督查禁毒工作。

1月14日至15日，葛平安副厅长赴绍兴、嵊州、上虞开展根治欠薪冬季行动督查及"三服务"活动。

1月15日，鲁俊厅长主持召开厅第68次党组会，听取关于修改《浙江省人力资源和社会保障厅行政规范性文件管理办法》、"万人计划"青年拔尖人才遴选工作、"万人计划"高技能人才遴选工作、关于2019年度全省人社系统绩效考评工作、关于通报表扬2019年度全省劳动人事争议案件处理成绩突出集体和个人情况、我厅2019年度民主评议党员、基层党组织星级评定等情况、关于2020年全省系统会议方案和

工作报告有关情况的汇报，审议《浙江省人力资源和社会保障厅关于公布部分废止失效行政规范性文件目录的通知》、关于省委省政府落实党风廉政建设责任制领导小组办公室对我厅党组履行全面从严治党主体责任情况报告反馈意见的整改落实方案，研究近期人事工作；之后参加省政协十二届三次会议闭幕会。

同日，仉贻泓副厅长参加省政协十二届三次会议委员小组联组讨论会议。

同日，陈中副厅长参加新业态从业人员职业伤害保障工作座谈会。

1月16日，鲁俊厅长参加省安全生产委员会全体成员会议。

同日，刘国富副厅长参加全国"两征两退"改革暨征兵工作电视电话会议和全省征兵工作电视电话会议。

1月17日，鲁俊厅长列席省委常委会第114次会议，下午列席省政府第35次常务会议。

同日，仉贻泓副厅长参加人社部推进职业技能提升行动电视电话会议。

同日，陈中副厅长参加浙江省名中医座谈会。

同日，葛平安副厅长参加全省宣传思想工作会议。

1月19日，鲁俊厅长参加中国共产党浙江省第十四届纪律检查委员会第五次全体会议，之后参加省委退役军人事务工作领导小组第二次全体会议，下午参加全省安全生产暨消防工作电视电话会议。晚上，厅2019年度总结表彰大会在杭州召开，会议传达学习近期中央、省委重要会议精神，回顾总结过去一年工作，表彰先进处室（单位）和个人。鲁俊厅长讲话，

刘国富副厅长主持会议，厅全体干部职工参加会议。

同日，刘国富副厅长参加省委退役军人事务工作领导小组第二次全体会议，下午参加省直机关职务与职级并行制度配套政策相关工作部署会。

同日，陈中副厅长参加省委政研室推进制造业高质量发展文件初稿内部讨论会，下午参加全省统战部长会议。

同日，葛平安副厅长参加全省工业稳企业稳增长确保"开门红"电视电话会议。

1月20日，鲁俊厅长陪同省委常委、宣传部长朱国贤慰问老干部，之后赴宁波参加宁波市基层党建和人才述职评议会。

同日，刘国富副厅长走访慰问离休老同志及离休干部遗属。

同日，仇贻泓副厅长参加全省审计工作会议暨全省审计机关先进集体和先进工作者表彰会。

同日，陈中副厅长参加2020年援派干部人才新春茶话会。

同日，金林贵副厅长参加浙江省2020年贯彻落实国家重大政策措施情况等事项审计进点会，下午参加新型冠状病毒感染的肺炎疫情防控工作电视电话会议。

1月21日，陈中副厅长参加省政府傅晓风副秘书长主持召开的研究困难群众基本生活价格补贴有关工作专题会议。

同日，朱树民副巡视员出席"最美浙警"发布仪式。

1月22日，鲁俊厅长参加2020年春节团拜会。

1月26日，仇贻泓副厅长列席省委常委会第115次会议。

1月27日，陈中副厅长参加省新型冠状病毒感染肺炎疫情防控工作领导小组会议。

1月28日至31日，鲁俊厅长参加每日召开的省新型冠状病毒感染肺炎疫情防控工作领导小组工作例会。

1月30日，葛平安副厅长参加省新型冠状病毒感染的肺炎疫情防控工作生活物质保障组第一次会议。

## 2月

2月1日，鲁俊厅长列席省委常委会第116次会议。

2月1日至24日，鲁俊厅长参加每日召开的省新型冠状病毒感染肺炎疫情防控工作领导小组工作例会。

2月2日，鲁俊厅长主持召开厅领导班子成员钉钉碰头会，之后主持召开处室、单位主要负责人钉钉视频会议。

2月4日，鲁俊厅长主持召开处室、单位主要负责人召开钉钉视频会议。

2月5日，鲁俊厅长参加王文序副省长主持召开的疫情应对专题会议。

2月6日，鲁俊厅长参加车俊书记主持召开的研究企业复工复产计划、经济形势研判和提振经济举措专题会议。

2月7日，鲁俊厅长参加人社部召开的全国人社系统防控和应对新型冠状病毒感染肺炎疫情视频调度会。

2月8日，陈中副厅长参加冯飞常务副省长主持召开的研究当前全省经济形势、企业复工复产和惠企政策制定工作专题会议。

2月9日，鲁俊厅长列席省委常委会第117次会议。

2月10日，鲁俊厅长主持召开钉钉视频会议，传达2月9日省委常委会上车俊书记重要讲话精神和2月7日全国人社系统防控和应对新型冠状病毒感染肺炎疫情视频调度会精神。

同日，陈中副厅长参加冯飞常务副省长主持召开的研究企业复工复产工作专题会议。

2月11日，全省人社系统应对新冠肺炎疫情防控工作视频会议在杭州召开，鲁俊厅长出席并讲话，各地设分会场。

2月12日，葛平安副厅长参加浙江省第17场疫情防控工作新闻发布会，并就人社部门如何做好企业复工复产的用工服务工作回答了记者提问。

2月13日，鲁俊厅长、陈中副厅长参加全国人力资源社会保障系统应对新冠肺炎疫情做好就业工作电视电话会议；之后，鲁俊厅长主持召开全省人社系统应对新冠肺炎疫情做好就业工作钉钉视频会议，陈中副厅长参加。

2月14日，陈中副厅长参加王文序副省长主持召开的研究我省与四川劳务对接、有序安排农民工返岗事宜专题会议。

2月15日，浙川劳务合作座谈会在杭州召开，王文序副省长出席，鲁俊厅长、陈中副厅长参加。

2月16日，鲁俊厅长参加省委常委、组织部长黄建发主持召开的新冠肺炎防治一线医务人员、援鄂医疗队员及其家属"一人一帮扶"工作协调会。

2月17日，鲁俊厅长列席省委常委会第118次会议，下午参加王文序副省长主持召开的研究企业复工复产用工保障特别是省际劳务协作问题专题会议，陈中、金林贵、葛平安等副厅长参加会议。

同日，陈中副厅长参加冯飞常务副省长主持召开的生活生产组（复工复产专班）第19次会议。

2月18日，鲁俊厅长陪同车俊书记赴舟山督查疫情防控和复工复产工作。

同日，陈中副厅长参加生活生产组（复工复产专班）工作例会。

2月19日，推进省际劳务协作保障企业复工用工电视电话会议在杭州召开，王文序副省长出席并讲话。会议由省政府傅晓风副秘书长主持。鲁俊厅长，金林贵副厅长、葛平安副厅长参加。

同日，鲁俊厅长主持召开全省人社系统企业复工复产用工保障工作钉钉视频会议。

同日，陈中副厅长参加生活生产组（复工复产专班）工作例会。

同日，葛平安副厅长参加浙江省新冠肺炎疫情防控工作第24场新闻发布会，介绍我省企业复工复产用工保障工作情况。

2月20日，仇赑泓副厅长参加省委组织部召开的新冠肺炎防治一线医务人员、援鄂医疗队员及其家属"一人一帮扶"建议方案协调会。

同日，陈中副厅长主持召开全省人社系统企业复工复产用工保障钉钉视频会议。

2月21日，鲁俊厅长赴浙江中智经济技术服务有限公司、杭州轴承集团开展深化"三服务"助推企业复工用工，下午列席省政府第36次常务会议。

2月22日，鲁俊厅长参加冯飞常务副省长主持召开的研究复工复产工作专题会议，晚上主持召开研究企业复工复产用工保障工作专题会议。

2月23日，鲁俊厅长在浙江分会场参加统筹推进新冠肺炎疫情防控和经济社会发展工作部署会议。

同日，刘国富副厅长参加王文序副省长主持召开的研究我省实施阶段性减免社保费政策专题会议。

同日，陈中副厅长参加王文序副省长主持召开的研究企业复工复产用工保障工作专题会议。

2月24日，鲁俊厅长列席省委常委会第119次会议，之后参加全省统筹推进新冠肺炎疫情防控和经济社会发展工作部署会议，下午主持召开厅长专题办公会议研究企业用工保障工作。

同日，刘国富副厅长主持召开各市人力社保局局长钉钉视频会，葛平安副厅长参加。

2月25日，鲁俊厅长参加省新型冠状病毒肺炎疫情防控工作领导小组第25次例会并汇报我省企业复工复产用工保障工作有关情况，之后主持召开企业员工返岗工作专题会议和省新型冠状病毒肺炎疫情防控工作领导小组生活生产组企业员工返岗专班第1次例会，晚上主持召开全省系统企业复工复产用工保障工作视频会议。

同日，刘国富副厅长主持召开各市人力社保局局长钉钉视频会议，陈中副厅长、葛平安副厅长参加。

2月26日，鲁俊厅长主持召开省新型冠状病毒肺炎疫情防控工作领导小组生活生产组企业员工返岗专班第2次例会，之后主持召开各市人力社保局局长钉钉视频会议。

同日，刘国富副厅长参加王文序副省长主持召开的研究职工基本养老保险基金专项审计工作专题会议。

同日，葛平安副厅长参加王文序副省长主持召开的研究防范化解疫情期间劳动关系风险工作专题会议。

2月27日，鲁俊厅长参加省新型冠状病毒肺炎疫情防控工作领导小组第26次例会并汇报我省企业复工复产用工保障工作有关情况，下午参加长三角三省一市主要负责同志专题视频会议，之后主持召开全省各市人力社保局长钉钉视频会议。

同日，陈中副厅长参加积极应对新冠肺炎疫情决战脱贫攻坚电视电话会议，下午参加王文序副省长主持召开的企业复工复产工作调度会，之后参加省促进中小企业发展工作领导小组第三次会议暨全省推进小微企业复工复产视频会议。

2月27日至29日，刘国富副厅长带队赴河南开展省际劳务合作对接工作。

2月27日至29日，仇贻泓副厅长带队赴贵州、安徽开展省际劳务合作对接工作。

2月27日至29日，金林贵副厅长带队赴四川、重庆开展省际劳务合作对接工作。

2月27日至29日，葛平安副厅长带队赴云南、广西开展省际劳务合作对接工作。

2月27日至29日，郑益群副巡视员带队赴湖南、江西开展省际劳务合作对接工作。

2月28日，鲁俊厅长参加省委财经委员会第八次会议并汇报我省企业复工复产用工保障工作情况，下午参加浙江省推进长三角一体化发展工作领导小组会议，之后列席省政府第37次常务会议。

同日，朱树民副巡视员参加防范化解疫情风险隐患任务交办会。

# 3月

3月1日至5日，刘国富副厅长带队继续在河南开展省际劳务合作对接工作。

3月1日至4日，葛平安副厅长带队继续在云南、广西开展省际劳务合作对接工作。

3月2日，鲁俊厅长列席省委常委会第120次会议，下午参加省疫情防控工作领导小组第27次工作例会，之后参加浙江省新冠肺炎疫情防控工作第31场新闻发布会，介绍我省企业复工复产工作情况并回答记者提问。

同日，仇贻泓副厅长参加人社部贯彻实施阶段性减免企业社会保险费暨全国社会保险局长视频会议。

3月3日，鲁俊厅长赴嘉善参加全省扩大有效投资重大项目集中开工仪式和省推动建设长三角生态绿色一体化发展示范区大会，下午在嘉善调研招工返工、技师学院筹建等工作并开展"三服务"活动。

同日，仇贻泓副厅长、陈中副厅长参加王文序副省长主持召开的研究职业技能培训和用工招聘工作专题会议。

同日，金林贵副厅长参加冯飞常务副省长主持召开的研究《浙江省支持共建长三角生态绿色一体化发展示范区政策意见》制定工作专题会议。

3月4日，全省推进人力资源服务机构助力企业复工复产电视电话会议在杭州召开，鲁俊厅长出席会议并讲话，会议由陈中副厅长主持。

同日，王文序副省长赴湖州市吴兴区开展"三服务"活动，金林贵副厅长参加。

3月5日，鲁俊厅长参加省政府第五次全体会议。

同日，仇贻泓副厅长参加《"十四五"规划建议》起草动员会暨车俊书记2020年重点调研课题协调会。

同日，金林贵副厅长参加省委保密委员会全体会议和省委密码工作领导小组第24次会议。

同日，葛平安副厅长参加省委政法工作会议。

3月6日，鲁俊厅长主持召开省新型冠状病毒肺炎疫情防控工作领导小组生活生产组企业员工返岗工作专班第3次例会，总结省际劳务合作工作情况，部署下一步企业复工复产用工保障工作。

同日，仇贻泓副厅长参加王文序副省长主持召开的研究新时代工匠培育工程等工作专题会议。

同日，金林贵副厅长参加中央决战决胜脱贫攻坚座谈会，之后列席省政府第38次常务会议。

同日，郑益群副巡视员参加全省商务系统积极应对新冠肺炎疫情切实做好外贸外资和市场保供工作电视电话会议。

3月7日，陈中副厅长出席浙江、安徽、贵州三省人社厅共同推出的"春暖复工路"大型融媒体直播活动。

3月9日，鲁俊厅长列席省委常委会第121次会议，下午参加省对口工作领导小组第13次会议。

同日，仇贻泓副厅长参加省政府傅晓风副

秘书长召集的研究新时代工匠培育相关事项专题会议,下午参加支持共建长三角生态绿色一体化发展示范区政策研究专题会议。

同日,王文序副省长赴杭州人力资源产业园调研,陈中副厅长参加。

同日,金林贵副厅长参加省政府傅晓风副秘书长召集的部署 2020 年省政府有关重点工作任务等事项专题会议,下午参加省委农村工作会议。

3 月 10 日,鲁俊厅长参加省新型冠状病毒肺炎疫情防控工作领导小组召开第 29 次例会,下午参加省委人才工作领导小组第 3 次会议,之后参加省委对台工作领导小组会议。

同日,仉贻泓副厅长参加傅晓风副秘书长主持召开的研究进一步关心关爱疫情防控一线城乡社区工作者有关措施专题会议。

同日,王文序副省长走访调研省机械工业联合会、省机电集团,陈中副厅长参加。

3 月 10 日至 12 日,刘国富副厅长赴宁波、杭州调研阶段性减免社保费及规范企业职工基本养老保险省级统筹工作。

3 月 11 日,王文序副省长赴桐乡开展"三服务"活动,仉贻泓副厅长参加。

3 月 11 日至 12 日,陈中副厅长赴舟山开展海外用工情况调研并开展"三服务"活动。

3 月 12 日,鲁俊厅长参加省委全面深化改革委员会第八次会议并作改革工作述职,葛平安副厅长参加。

3 月 13 日,鲁俊厅长参加全省组织部长会议暨全省干部监督工作会议,刘国富副厅长参加;下午,鲁俊厅长主持召开厅第 69 次党组会,听取关于开展全省系统政务服务事项业务标准化、政策法规梳理修改和"对标争先改

革创新"竞争性试点工作、关于舟山技师学院(筹)等 2 所学校申请设立技师学院评估审核工作、关于省属企业负责人 2019 年度计薪基数核定有关情况、关于全国人力资源社会保障系统 2020 年党风廉政建设工作电视电话会议精神、关于 2020 年度厅党组理论学习中心组学习计划、2020 年度厅党风廉政建设工作要点和责任分工、2020 年度厅机关党建工作要点和责任分工的汇报,审议厅关于 2020 年推进政府数字化转型工作实施方案和月度任务计划、2020 年扶贫工作要点;之后,鲁俊厅长、仉贻泓副厅长、陈中副厅长参加王文序副省长主持召开的研究新时代工匠培育工程及湖北籍员工安全有序返岗专题会议。

同日,金林贵副厅长参加全国人力资源社会保障系统 2020 年党风廉政建设工作电视电话会议。

3 月 16 日,鲁俊厅长参加全省制造业高质量发展大会。

3 月 17 日,仉贻泓副厅长参加浙江省第七次全国人口普查领导小组全体会议。

3 月 18 日,陈中副厅长参加省委人才办 2020 年第一次人才工作例会。

同日,葛平安副厅长参加省平安办主任会议。

3 月 19 日,鲁俊厅长参加浙江省推进"一带一路"建设工作领导小组第三次(扩大)会议。

同日,仉贻泓副厅长参加王文序副省长主持召开的研究新时代工匠培育工程和"金蓝领"职业技能提升行动有关工作专题会议。

3 月 20 日,鲁俊厅长参加人社部统筹推进疫情防控和稳就业工作电视电话会议。

同日，刘国富副厅长参加省政府稳企业防风险第6次专题会议。

同日，陈中副厅长参加省政协"完善乡村人才振兴的体制机制"专题调研座谈会。

同日，金林贵副厅长参加2020年省直机关党的工作会议暨机关党委书记抓基层党建述职评议会。

3月22日，鲁俊厅长参加中办国办复工复产调研工作组交流会。

3月23日，鲁俊厅长列席省委常委会第122次会议。

3月24日，鲁俊厅长、陈中副厅长参加王文序副省长主持召开的研究贯彻落实国办发6号文件抓好稳就业工作专题会议。

同日，郑益群副巡视员参加《浙江省民营企业发展促进条例》宣传贯彻视频会议。

3月25日，葛平安副厅长参加王文序副省长主持召开的研究防范化解疫情期间劳动关系风险工作专题会议。

3月25日至26日，陈中副厅长赴台州调研就业、人才工作并开展"三服务"活动。

3月26日，鲁俊厅长参加深化"最多跑一次"改革推进政府数字化转型第十次专题会议，下午参加王文序副省长主持召开的研究新时代工匠培育工程和"金蓝领"职业技能提升专题会议，仇赟泓副厅长参加。

同日，刘国富副厅长参加高兴夫副省长主持召开的研究跟踪检查促进科技成果转化"一法两条例"执行情况审议意见落实报告专题会议。

同日，金林贵副厅长参加2020年全省对台工作会议。

同日，葛平安副厅长参加省委组织部"一人一帮扶"专项工作组会议，下午参加人社部应对新冠肺炎疫情稳定劳动关系政策解读线上讲座。

3月27日，刘国富副厅长参加省政府傅晓风副秘书长主持召开的研究企业职工基本养老保险基金专项审计事宜专题会议。

同日，仇赟泓副厅长参加人社部推进"百日免费线上技能培训行动"电视电话会议。

同日，陈中副厅长参加王文序副省长听取流浪乞讨人员事件处理情况汇报专题会议。

同日，金林贵副厅长主持召开厅巡察工作领导小组会议。

同日，郑益群副巡视员参加全省"新时代枫桥式退役军人服务站"建设推进会。

3月29日，2020年全省人力资源和社会保障工作电视电话会议在杭州召开。鲁俊厅长做了题为《坚持稳中求进 勇于开拓创新 奋力推进人社治理体系和治理能力现代化》的工作报告。会议由刘国富副厅长主持。之后，鲁俊厅长主持召开2019年度领导干部年度考核暨"一报告两评议"会议。

3月30日，仇赟泓副厅长参加以"加快健全我省公共卫生应急管理体系"为主题的十二届省政协第十五次民生协商论坛。

3月31日，鲁俊厅长主持召开厅第70次党组会，听取关于建议追授张超同志记大功奖励有关情况的汇报，研究近期人事工作。之后，鲁俊厅长、刘国富副厅长、葛平安副厅长参加王文序副省长主持召开的研究省级统收统支工作专题会议。

同日，仇赟泓副厅长赴湖州参加2020年长三角地区合作与发展第一次联席办会议。

同日，陈中副厅长参加人社部大力推进就

业扶贫工作电视电话会议。

# 4月

4月1日，仇赑泓副厅长参加全国禁毒工作电视电话会议。

4月2日，全省人力资源社会保障系统2020年党风廉政建设工作电视电话会议在杭州召开，鲁俊厅长出席会议并讲话，驻省委组织部纪检监察组周鲁明组长到会指导并讲话，刘国富、陈中、金林贵、葛平安等副厅长分别发言。

同日，鲁俊厅长列席省政府第40次常务会议。

同日，金林贵副厅长参加全国脱贫攻坚工作电视电话会议。

4月3日，鲁俊厅长参加省政府自由贸易试验区工作联席会议第六次会议。

同日，陈中副厅长参加2020年省政府残工委全体会议暨省残联主席团会议。

4月7日，鲁俊厅长参加省委理论中心组"深入学习贯彻习近平总书记在浙江视察时的重要讲话精神"专题学习会，下午参加省党政领导班子和领导干部年度考核测评会议。

4月8日，鲁俊厅长参加省委全委扩大会议。

同日，刘国富副厅长赴杭州市滨江区调研基本养老保险工作。

4月9日，鲁俊厅长赴绍兴调研就业工作并开展"三服务"活动。

同日，仇赑泓副厅长参加长三角生态绿色一体化发展示范区理事会第二次全体会议。

同日，金林贵副厅长参加省政协十二届三

次会议重点提案遴选协商会。

同日，葛平安副厅长参加省工业转型升级领导小组会议。

4月9日至10日，王文序副省长赴金华调研稳就业、职业技能培训和社保信息系统省集中等工作，陈中副厅长参加。

4月10日，鲁俊厅长参加全国安全生产电视电话会议，下午参加王文序副省长主持召开的研究新时代工匠培育工程和"金蓝领"职业技能提升行动有关工作专题会议，仇赑泓副厅长参加。

同日，陈中副厅长参加2020年省社会救助工作联席会议。

4月13日，鲁俊厅长列席省委常委会第124次会议。

同日，金林贵副厅长到省联合接待中心接待群众来访。

4月14日，鲁俊厅长参加全省建设平安浙江工作会议，之后主持召开厅第71次党组会，审议2020年全省系统全面深化改革工作要点及责任分工、对标争先项目、厅全面深化改革（最多跑一次）工作领导小组名单、监察执法局牵头相关工作方案，研究近期人事工作。

4月14日至15日，刘国富副厅长赴海盐、宁波市镇海区调研基本养老保险工作。

4月14日至16日，葛平安副厅长赴湖州、金华开展劳动关系工作调研。

4月15日，郑益群副巡视员参加省科技攻关与产业链安全专班第一次会议。

4月16日，鲁俊厅长参加省"四大建设"联席会议第一次会议。

同日，仇赑泓副厅长参加省委常委、秘书长陈金彪主持召开的省功勋荣誉表彰工作领导小组年度会议。

同日，王文序副省长赴杭州市人才市场调研就业、职业技能培训工作，陈中副厅长参加。

同日，金林贵副厅长参加省扶贫开发领导小组会议。

同日，葛平安副厅长参加省委常委、秘书长陈金彪主持召开的"企业码"建设工作协调会。

4月17日，鲁俊厅长参加王文序副省长主持召开研究企业职工基本养老保险基金省级统收统支实施方案专题会议，刘国富副厅长参加；下午，鲁俊厅长列席省政府第41次常务会议。

同日，刘国富副厅长参加人社部2020年调整退休人员基本养老金工作视频会议。

同日，王文序副省长主持召开研究新时代工匠培育工程专题会议，仉贻泓副厅长参加。

同日，葛平安副厅长参加2020年省文化改革发展工作领导小组暨深化宣传文化领域"最多跑一次"改革工作会议。

4月20日，陈中副厅长参加王文序副省长主持召开的研究稳就业相关工作专题会议，下午参加冯飞常务副省长主持召开的研究全省一季度经济形势专题会议。

同日，金林贵副厅长列席省委常委会第125次会议。

4月20日至29日，鲁俊厅长赴衢州、湖州开展设区市"两会"巡回指导。

4月21日，金林贵副厅长参加王文序副省长主持召开的学习贯彻习近平总书记在浙江考察重要讲话精神专题座谈会。

4月22日，王文序副省长赴宁波开展职业技能培训、稳就业等工作专题调研，仉贻泓副

厅长参加。

4月23日，陈中副厅长参加"最多跑一次"改革工作例会。

同日，金林贵副厅长参加省政府妇儿工委全体（扩大）会议。

同日，葛平安副厅长带队赴三门调研并开展"三服务"活动。

同日，郑益群副巡视员参加《浙江通志》第十次终审会。

同日，朱树民副巡视员参加省稳外贸稳外资协调机制第一次电视电话会议。

4月24日，省就业工作领导小组全体（扩大）会议在杭州召开，省就业工作领导小组组长、副省长王文序出席会议并讲话，省政府副秘书长傅晓风主持会议，仉贻泓副厅长、陈中副厅长参加。

同日，陈中副厅长列席省政府第42次常务会议。

同日，郑益群副巡视员参加民族团结进步创建工作座谈会。

4月26日，鲁俊厅长在衢州分会场参加县（市、区）委书记工作交流会。

同日，刘国富副厅长带队赴安吉开展被征地农民养老保障工作调研。

同日，葛平安副厅长列席省委常委会第126次会议。

4月27日至29日，金林贵副厅长带队赴四川开展扶贫协作相关工作。

4月27日，葛平安副厅长参加一季度经济形势宣传解读协调会。

4月28日，仉贻泓副厅长参加省政府第十次专题学习会。

同日，陈中副厅长参加王文序副省长主持

召开的"十四五"至2035年浙江人口结构变化趋势及人力资本提升课题研究部署会。

同日,葛平安副厅长参加省委政法委近期安全稳定工作情报会商与视频连线会。

4月29日,仇贻泓副厅长参加省促销费工作专班动员会。

同日,王文序副省长赴嘉兴市调研现代服务业集聚区和保就业保民生工作,陈中副厅长参加。

同日,葛平安副厅长参加全国人力资源和社会保障宣传工作视频会议。

4月30日,鲁俊厅长参加省政府二季度工作动员部署会,下午主持召开厅第72次党组会,听取关于2020年百千万人才工程国家级人选专家推荐、确定部分离休干部离休费保障经费筹资标准、2020年城乡居保基础养老金地方标准调整方案情况的汇报,审议《2020年企业职工基本养老保险省级调剂补助实施意见》,研究近期人事工作。

同日,金林贵副厅长参加"抗击疫情 青春担当"浙江省青年抗击新冠肺炎疫情先进事迹报告会暨2020年"五四"青年节主题团日活动。

# 5月

5月5日,郑益群二级巡视员出席第三届杭州滨江国际人才节。

5月6日,陈中副厅长参加省政府工业专班第1次例会。

同日,金林贵副厅长参加省新型智库工作联席会议第二次全体会议。

同日,葛平安副厅长参加陈奕君副省长主持召开的全省建筑业政策专题会议。

5月7日,鲁俊厅长参加省"十四五"规划编制工作领导小组第一次会议。

同日,陈中副厅长出席"暖绍兴·筑梦城"2020春季·杭州大学生综合招聘周启动仪式,下午参加省山海协作领导小组第三次会议。

同日,金林贵副厅长主持召开厅扶贫工作月调度会议,下午参加2020年省部标准化工作联席会议。

同日,全省系统全面深化改革("最多跑一次"改革)第一次月度推进视频会议在杭州召开,葛平安副厅长出席会议并讲话。

5月8日,鲁俊厅长、刘国富副厅长参加王文序副省长主持召开的研究浙江新时代工匠培育工程和"金蓝领"职业技能提升行动专题会议。

同日,刘国富副厅长参加省委组织部召开的年轻干部集中交流任职集体谈话会。

同日,陈中副厅长参加王文序副省长听取疫情防控常态化下稳就业问题研究课题汇报会。

5月9日,鲁俊厅长主持召开厅第73次党组会,听取关于《浙江省人社系统绩效考核评价办法》修订情况的汇报,之后主持召开一季度厅党组全面从严治党工作专题会议,分析季度党风廉政建设、意识形态工作、政治生态状况和党员干部思想状况;下午,鲁俊厅长、陈中副厅长参加人社部、国务院扶贫办召开的进一步做好就业扶贫工作电视电话会议。

5月11日,鲁俊厅长列席省委常委会第127次会议。

同日,陈中副厅长参加浙江自贸试验区扩区工作专班第一次会议。

同日,金林贵副厅长参加省建设法治政府(依法行政)工作联席会议。

同日，葛平安副厅长参加省委建设县级社会矛盾纠纷调处化解中心（信访超市）协调小组第一次会议。

同日，郑益群二级巡视员到省联合接待中心接待群众来访。

同日，朱树民二级巡视员到省联合接待中心接待群众来访。

5月12日，鲁俊厅长列席省委全面深化改革委员会第九次会议。

同日，刘国富副厅长参加省政府办公厅一级巡视员傅晓风主持召开的协调退役军人社保接续有关问题专题会议，下午参加省政策专班工作例会。

同日，金林贵副厅长陪同省政协葛慧君主席赴临海接待群众来访。

同日，葛平安副厅长参加全省县级社会矛盾纠纷调处化解中心（信访超市）工作会议。

同日，郑益群二级巡视员参加剥离国有企业办社会职能和解决历史遗留问题工作视频会。

同日，朱树民二级巡视员参加省建筑业和房地产工作专班第一次会议。

5月12日至13日，鲁俊厅长赴台州开展"三服务"活动。

5月13日，刘国富副厅长参加王文序副省长主持召开的研究我省调整退休人员基本养老金实施方案、2020年企业职工基本养老保险省级调剂补助实施意见和保发放问题专题会议。

同日，陈中副厅长主持召开落实《中共中央国务院关于构建更加完善的要素市场化配置体制机制的意见》座谈会。

5月14日，鲁俊厅长参加深化"最多跑一次"改革 推进政府数字化转型第十一次专题会议。

同日，陈中副厅长参加省出口专班、消费专班工作部署会。

同日，金林贵副厅长参加以"促进家政服务业高质量发展"为主题的十二届省政协第十七次民生协商论坛并发言。

同日，郑益群二级巡视员参加成岳冲副省长主持召开的职业教育改革座谈会。

5月15日，鲁俊厅长列席省政府第43次常务会议。

同日，葛平安副厅长参加人社部做好疫情防控期间劳动关系和谐稳定工作电视电话会议。

5月18日，鲁俊厅长列席省委常委会第128次会议，下午参加争先创优行动月度工作例会。

同日，陈中副厅长出席2020年嘉兴"人才日"和第七届嘉兴国家人才交流与合作大会系列活动。

5月19日，鲁俊厅长赴省人才市场调研浙江省人才服务平台建设情况。

同日，刘国富副厅长参加2020年度长三角地区常务副省（市）长碰头会。

同日，陈中副厅长参加浙江自贸试验区扩区工作专班第二次会议，下午参加省政策性融资担保体系建设工作领导小组（扩大）会议暨"三减"联动和融资畅通工程等工作专题会议。

同日，金林贵副厅长参加推进新时代民政事业高质量发展工作督查会。

5月20日，全省新时代工匠培育工作调研活动电视电话会议在杭州召开，刘国富副厅长出席会议并讲话。

同日，金林贵副厅长参加省委退役军人事务工作领导小组办公室主任第四次会议。

同日，葛平安副厅长赴省旅游集团开展"三

服务"调研。

5月20日至21日，甘肃省人社厅周丽宁厅长一行来浙考察学习稳就业和"最多跑一次"改革相关工作，陈中副厅长、葛平安副厅长分别陪同调研并参加座谈会。

5月21日，刘国富副厅长带队赴金华调研企业职工基本养老保险专项自查、被征地农民社会保障等工作。

同日，陈中副厅长参加王文序副省长主持召开的研究重点群体就业工作专题会议。

同日，金林贵副厅长主持厅支部书记会议并讲话。

同日，葛平安副厅长参加省推进新时代产业工人队伍建设改革协调小组成员单位第二次（扩大）会议，之后参加省劳动模范评选委员会会议。

同日，朱树民二级巡视员参加省消费专班第二次会议。

5月21日至22日，郑益群二级巡视员赴温州开展"三服务"活动。

5月22日，刘国富副厅长参加全国贫困人员城乡居保养老保险应保尽保工作视频调度会。

同日，金林贵副厅长参加省政府蔡晓春副秘书长主持召开的研究嘉兴学院南湖学院转设工作专题会议。

5月25日，贵州省人社厅徐海涛副厅长一行来厅对接加强东西部扶贫协作工作，陈中副厅长参加座谈会；下午，陈中副厅长参加省委十四届七次全会政策文件起草工作汇报讨论会。

同日，安徽省人社厅季星副厅长一行来厅调研皖籍农民工稳就业情况及深化省际劳务协作工作，金林贵副厅长参加座谈会；下午，金林贵副厅长参加彭佳学副省长主持召开的研究

乡村人才振兴工作专题会议。

5月26日，刘国富副厅长带队赴湖州市南浔区调研新时代工匠培育工程、企业职工基本养老保险专项自查、被征地农民社会保障等工作。

同日，金林贵副厅长参加全省档案工作暨表彰先进会议。

同日，葛平安副厅长参加人社部企业职工提前退休问题核查视频会。

5月27日，葛平安副厅长主持召开迎接国务院对省政府保障农民工工资支付工作考核部署视频会议；之后，参加贵州省人社厅副厅长方胜一行来厅考察劳动保障监察工作座谈会。

5月28日，鲁俊厅长、刘国富副厅长参加王文序副省长主持召开的研究浙江新时代工匠培育工作、"金蓝领"职业技能提升行动工作专题会议。

同日，刘国富副厅长参加冯飞常务副省长主持召开的研究部署审计工作专题会议，下午参加省委组织部2020年省考专项联席会议，朱树民二级巡视员参加。

同日，金林贵副厅长参加全省个体工商户扶持政策落实月度评价指数部门座谈会。

同日，葛平安副厅长参加全省企业码推广应用视频会，下午参加进一步深化"证照分离"改革全覆盖试点工作交办会。

5月28日至29日，陈中副厅长赴云和开展就业扶贫专项对接活动。

5月29日，鲁俊厅长参加领导干部会议，下午召开厅第74次党组会，传达全国"两会"精神，学习《中共浙江省委关于加强各级领导班子政治建设的若干意见》，听取关于2019年度各设区市市管企业负责人计薪基数和倍数核

定有关情况、关于2020年我省退休人员基本养老金等待遇调整建议方案、关于开展"七一"评选表彰"两优一先"工作情况的汇报，研究近期人事工作。

同日，金林贵副厅长参加农业农村部、人社部召开的扩大返乡留乡农民工就近就业规模视频调度会。

同日，葛平安副厅长赴省机场集团开展"三服务"调研。

# 6月

6月1日，鲁俊厅长列席省委常委会第129次会议，下午参加国务院新增财政资金直达市县基层、直接惠企利民工作座谈会。

同日，刘国富副厅长参加省政策专班工作例会。

同日，陈中副厅长参加王文序副省长主持召开的研究就业监测平台工作专题会议。

同日，金林贵副厅长参加以"完善乡村人才振兴的体制机制"为主题的十二届省政协第十八次民生协商论坛。

同日，葛平安副厅长参加省哲学社会科学工作领导小组第一次全体会议。

6月2日，陈中副厅长参加首场"亲清直通车 政企恳谈会"，下午参加冯飞常务副省长主持召开的"两直"专题会议。

同日，全省系统全面深化改革（最多跑一次改革、数字化转型）第二次月度推进会在杭州召开，葛平安副厅长出席会议并讲话。

6月2日至3日，鲁俊厅长赴余姚开展"三服务"活动。

6月2日至3日，刘国富副厅长赴乐清开展"三服务"活动。

6月2日至4日，金林贵副厅长赴衢州开展"三服务"活动。

6月3日，鲁俊厅长参加全国普通高校毕业生就业创业工作电视电话会议。

同日，陈中副厅长参加新时代乡镇（街道）干部队伍建设政策研究分工协调会，下午参加袁家军省长主持召开的小微企业、个体工商户纾困座谈会。

同日，葛平安副厅长参加省消费专班第三次会议，下午参加人社部人社信息化重点工作电视电话会议。

6月4日，鲁俊厅长列席省政府第44次常务会议。

同日，陈中副厅长参加2020年全省普通高校毕业生就业创业工作网络视频会议。

6月4日至5日，鲁俊厅长赴湖州参加2020年度长三角地区主要领导座谈会有关活动及长三角地区合作与发展联席会议。

6月4日至5日，葛平安副厅长赴丽水开展"三服务"活动。

6月5日，刘国富副厅长参加省委全面依法治省委员会守法普法协调小组第二次全体会议，下午参加王文序副省长主持召开的研究企业职工基本养老保险基金统收统支考核办法专题会议。

同日，陈中副厅长参加人社部扩大失业保险保障范围工作电视电话会议。

同日，金林贵副厅长参加全省机关事业单位人员职业生涯全周期管理"一件事"改革部署推进会。

6月8日，鲁俊厅长列席省委常委会第130次会议，下午参加市委书记工作例会。

同日，葛平安副厅长召开社保系统省集中推进工作集中调研会。

同日，郑益群二级巡视员出席"智汇新衢州 才聚大花园"—大学生留衢创业联盟成立仪式。

6月9日，陈中副厅长参加争先创优专班评价指数和中央"两直"政策落实工作专题会议，下午参加省小微企业和个体工商户工作专班第一次会议。

同日，朱树民二级巡视员参加全省禁毒工作电视电话会议。

6月9日至10日，葛平安副厅长赴温州开展"三服务"活动。

6月10日，鲁俊厅长赴杭州开展"三服务"活动。

同日，陈中副厅长参加省政府工业专班第6次例会。

同日，朱树民二级巡视员参加2019浙江省安全生产和消防考核巡查汇报会。

6月10日至12日，金林贵副厅长赴金华开展"三服务"活动。

6月10日至12日，郑益群二级巡视员赴湖州开展"三服务"活动。

6月11日，鲁俊厅长参加全省生活垃圾治理攻坚大会。

同日，陈中副厅长参加新疆阿克苏地区兵团第一师浙江产业投资对接会。

同日，葛平安副厅长参加冯飞常务副省长主持召开的研究浙江大学划转资产组建省级科创平台有关工作专题会议。

同日，朱树民二级巡视员参加2020年全国普通高校招生考试安全工作电视电话会议。

6月11日至12日，刘国富副厅长赴宁波市镇海区开展"三服务"活动。

6月12日，鲁俊厅长参加新冠肺炎防治一线医务人员"一人一帮扶"工作总结座谈会，下午列席省政府第45次常务会议。

同日，葛平安副厅长赴杭州市萧山区检查国务院保障农民工工资支付工作考核准备情况并开展基层劳动纠纷综合治理试点工作调研。

6月13日，陈中副厅长出席杭州大学生双创日"就业习来"直播活动，下午出席2020"暨阳英才"创业创新大赛启动仪式。

6月15日，鲁俊厅长列席省委常委会第131次会议。

同日，金林贵副厅长参加全省深化海上"一打三整治"暨渔船安全专项整治工作视频会议。

同日，葛平安副厅长赴湖州调研政府数字化转型工作。

6月16日，鲁俊厅长主持召开厅第75次党组会，听取关于厅属预算单位公款竞争性存放工作、关于"七一"评选表彰厅优秀共产党员和推荐省直机关"两优一先"情况的汇报，研究近期人事工作。

同日，陈中副厅长陪同王文序副省长赴嵊州调研就业和社保工作。

同日，金林贵副厅长参加加强新时代我省立法队伍建设有关工作沟通会议，下午参加干部监督工作联席会议。

同日，葛平安副厅长参加深化"最多跑一次"改革推进政府数字化转型工作例会。

同日，郑益群二级巡视员参加省消费专班第四次工作会议。

同日，朱树民二级巡视员参加2020年省高校招生委员会暨省高考联席会议。

6月17日至18日，鲁俊厅长参加省委十四届七次全体（扩大）会议。

6月17日至18日，朱树民二级巡视员赴绍兴市上虞区开展"三服务"活动。

6月17日至19日，金林贵副厅长赴开化开展"三服务"活动。

6月18日，刘国富副厅长赴海宁开展"三服务"活动。

同日，陈中副厅长参加2020年全国高校毕业生"三支一扶"工作视频会，下午参加省小微企业和个体工商户纾困专题会议，晚上参加百名外国专家云签约活动。

同日，葛平安副厅长参加全省危化品运输安全专项整治工作电视电话会议。

6月19日，鲁俊厅长参加争先创优行动月度工作例会，下午主持召开厅第76次党组会，传达学习省委十四届七次全会精神，研究近期人事工作。

同日，刘国富副厅长、葛平安副厅长参加王文序副省长主持召开的研究企业职工基本养老保险基金统收统支、社保系统省集中建设和抗击疫情国家级表彰推荐工作专题会议。

同日，葛平安副厅长参加"基层治理四平台"建设省级部门座谈会。

6月20日，陈中副厅长赴绍兴出席第二届中国绍兴人力资源服务业发展大会

6月22日，陈中副厅长参加冯飞常务副省长主持召开的研究"两直"政策落实情况专题会议。

6月23日，鲁俊厅长列席省政府第46次常务会议。

同日，陈中副厅长参加省青年工作联席会议第二次全体会议。

同日，郑益群二级巡视员参加全国禁毒工作先进集体和先进个人表彰会议。

6月23日至24日，金林贵副厅长赴台州开展事业单位"一件事"改革调研。

6月28日，鲁俊厅长参加省委第十一次专题学习会。

同日，全省事业单位人事工资管理服务系统推进电视电话会议在杭州召开，金林贵副厅长出席会议并讲话。

同日，葛平安副厅长参加省委建设县级社会矛盾纠纷调处化解中心协调小组第二次会议。

同日，郑益群二级巡视员参加省政协第83号重点提案汇报会。

6月29日，鲁俊厅长列席省委财经委员会第十次会议，下午参加浙江省第六次民族团结进步表彰大会。

同日，陈中副厅长参加省小微企业和个体工商户纾困专题会议，下午出席国家电网与高校双创示范基地1+N校企融通创新创业活动。

同日，葛平安副厅长赴省担保集团、省文投集团开展"三服务"调研。

6月30日，鲁俊厅长参加省管班子政治建设座谈会。

同日，陈中副厅长参加省促进中小企业和民营企业发展工作领导小组第四次会议。

同日，金林贵副厅长赴兰溪开展"三服务"活动。

同日，葛平安副厅长参加全省县级社会矛盾纠纷调处化解中心建设互学互比视频交流会。

# 7月

7月1日，刘国富副厅长参加省消费专班第五次会议。

同日，金林贵副厅长在兰溪开展"三服务"活动。

同日，朱树民二级巡视员参加我省部分退役士兵社会保险接续工作推进会。

7月1日至2日，郑益群二级巡视员赴湖州开展"三服务"活动。

7月2日，鲁俊厅长参加以"加快发展我省学前教育"为主题的十二届省政协第十九次民生协商论坛并发言。

同日，刘国富副厅长主持召开养老保险工作集中调研会，听取各市关于被征地农民养老保障有关情况汇报。

同日，陈中副厅长参加省融资畅通工程和"三减"联动专班第二次工作会议。

同日，金林贵副厅长参加省直机关部门和省属企事业单位党组（党委）巡察工作座谈会。

同日，葛平安副厅长参加《浙江省华侨权益保护条例》执行情况汇报会。

7月3日，全省人力社保工作调度推进会在杭州召开，鲁俊厅长出席会议并讲话；下午，鲁俊厅长主持召开厅第77次党组会，听取关于2020年我省退休人员基本养老金等待遇调整建议方案、延长阶段性减免企业社保费政策执行期限有关情况、2020年享受政府特贴人选选拔工作、我省贯彻落实以工代训补贴政策情况、工伤保险基金省级调剂工作情况的汇报，并主持召开厅党组理论中心组学习会，专题学习《民法典》；之后，鲁俊厅长参加袁家军省长专题听取省级旅游板块资源重组整合和浙江大学划转资产组建省级科创平台工作情况汇报会。

同日，陈中副厅长参加省小微企业和个体工商户纾困专班第三次工作会议。

7月3日至4日，陈中副厅长赴宁波出席

"甬上乐业"——2020宁波就业创业服务交流大会。

7月4日至5日，鲁俊厅长带队赴永康指导处置众泰汽车股份有限公司欠薪事件。

7月4日至17日，葛平安副厅长在永康指导处置众泰汽车股份有限公司欠薪事件。

7月6日，鲁俊厅长列席省委常委会第132次会议，下午参加省委全面深化改革委员会第十次会议。

同日，陈中副厅长参加省政协第78号重点提案办理协商会，下午到省信访局接待群众来访。

同日，金林贵副厅长到省信访局接待群众来访。

7月7日，陈中副厅长参加省人大财经委听取上半年经济运行情况汇报会，下午参加省小微企业和个体工商户纾困专班第四次（扩大）会议。

7月8日，鲁俊厅长带队赴永康指导处置众泰汽车股份有限公司欠薪事件。

同日，刘国富副厅长、朱树民二级巡视员参加2020省级公务员考试录用联席会议。

7月8日至9日，陈中副厅长陪同王文序副省长赴衢州调研社保统收统支、稳就业工作。

7月9日，鲁俊厅长参加省数字经济发展领导小组全体会议。

同日，郑益群二级巡视员参加全国职业能力建设工作电视电话会议。

7月10日，鲁俊厅长列席省政府第47次常务会议。

同日，刘国富副厅长主持召开全省统一鉴定疫情防控工作视频会议。

同日，陈中副厅长参加省委组织部贯彻落

实省委十四届七次全会精神专题会议。

7月11日至12日，2020年首次职业资格全省统一鉴定考试顺利举行，刘国富副厅长到省属考点浙江公路技师学院巡视督导。

7月12日，鲁俊厅长参加省委组织部部务会。

7月13日，鲁俊厅长列席省委常委会第133次会议。

同日，陈中副厅长参加省政府工业专班第7次例会。

同日，金林贵副厅长出席全省事业单位"一件事"改革分批验收会，下午主持召开习近平总书记农民工"八有"理念提出15周年经验总结月度推进会。

7月14日，鲁俊厅长主持召开厅第78次党组会，研究近期人事工作。

同日，金林贵副厅长参加全省事业单位"一件事"改革省直试点单位座谈会。

7月15日，鲁俊厅长主持召开全厅干部大会推荐干部；之后，鲁俊厅长、陈中副厅长、金林贵副厅长参加王文序副省长听取半年工作暨贯彻落实省委十四届七次全会精神有关情况汇报会；下午，鲁俊厅长、刘国富副厅长参加王文序副省长主持召开的研究被征地农民参保及风险防控专题会议。

同日，刘国富副厅长参加《浙江省快递业促进条例（草案起草稿）》省级部门座谈会、下午出席杭州市窗口单位技能比武大赛。

同日，陈中副厅长参加冯飞常务副省长主持召开的研究上半年经济形势专题会议。

7月16日，部分市县养老保险工作座谈会在杭州召开，王文序副省长出席会议并讲话，会议由省政府办公厅一级巡视员傅晓风主持，

鲁俊厅长、刘国富副厅长参加。

同日，陈中副厅长参加省小微企业和个体工商户纾困专班6月评价工作会议。

同日，金林贵副厅长出席全省事业单位"一件事"改革分批验收会，之后赴台州开展2020年全省各级机关考试录用公务员笔试工作巡查督导。

同日，郑益群二级巡视员参加成岳冲副省长主持召开的研究独立学院转设工作方案及工作安排专题会议。

7月17日，鲁俊厅长参加全省科学技术奖励大会，下午召开厅第79次党组会，研究近期人事工作，之后列席省政府第48次常务会议。

同日，2020年全省各级机关考试录用公务员笔试工作电视电话会议在杭州召开，刘国富副厅长主持会议并讲话，朱树民二级巡视员作工作部署。

同日，金林贵副厅长赴绍兴开展全省人事工资系统和事业单位"一件事"改革平台调研。

同日，郑益群二级巡视员参加省政府办公厅施清宏副主任主持召开的研究《关于设立移民管理体制改革义乌试点的建议》办理意见专题会议。

7月20日，鲁俊厅长列席省委常委会第134次会议，下午参加冯飞常务副省长主持召开的研究养老保险制度专题会议，刘国富副厅长参加。

同日，金林贵副厅长出席云和县乡村旅游人才能力提升培训班开班式并作辅导解读。

同日，全省系统全面深化改革（最多跑一次改革、数字化转型）第三次月度推进会和全省根治欠薪夏季行动专题部署视频会在杭州召开，葛平安副厅长出席会议并讲话。

7月21日，葛平安副厅长参加省政府第六次全体会议（争先创优工作部署会）。

7月21日至22日，金林贵副厅长赴舟山、宁波开展全省人事工资系统和事业单位"一件事"改革平台调研。

7月21日至23日，鲁俊厅长赴人社部对接工作并参加研究人口老龄化有关问题座谈会。

7月22日，刘国富副厅长主持召开被征地农民养老保障政策工作专班第一次会议，省财政厅、省自然资源厅、浙江省税务局分管领导及相关处室负责人参会。

7月22日至23日，陈中副厅长赴北京参加人社部李忠副部长主持召开的研究失业保险扩围问题座谈会。

7月22日至25日，郑益群二级巡视员随第二十一届青洽会浙江省代表团赴青海海西考察指导我省援青工作。

7月23日，金林贵副厅长出席全省事业单位"一件事"改革分批验收会。

7月23日至24日，金林贵副厅长赴温州、丽水开展全省人事工资系统和事业单位"一件事"改革平台调研。

7月24日，鲁俊厅长参加省委常委、组织部部长黄建发主持召开的省直部门贯彻落实"助企八条"座谈会。

7月25日至26日，陈中副厅长、金林贵副厅长、郑益群二级巡视员分别赴湖州、台州、绍兴开展2020年全省各级机关考试录用公务员笔试巡考。

7月26日，鲁俊厅长、刘国富副厅长、朱树民二级巡视员赴省直考点开展2020年全省各级机关考试录用公务员笔试巡考。

7月27日，鲁俊厅长列席省委常委会第135次会议，晚上参加省直单位厅局长工作交流会。

同日，金林贵副厅长参加全省低收入农户高水平全面小康攻坚推进会暨扶贫结对帮扶团组长会议。

7月28日，人社部召开全国人社工作调度推进会，鲁俊厅长在浙江分会场参会并发言，刘国富副厅长、朱树民二级巡视员参加。

同日，金林贵副厅长参加全省巡视巡查工作会议暨十四届省委第十轮巡视动员部署会。

同日，葛平安副厅长列席省十三届人大常委会第二十二次会议第一次全体会议。

7月28日至30日，陈中副厅长陪同国家就业扶贫调研组赴余姚、义乌开展实地调研。

7月29日，金林贵副厅长列席省十三届人大常委会第二十二次会议第二次全体会议。

同日，葛平安副厅长参加党的建设制度改革专项小组会议。

同日，郑益群二级巡视员参加国务院第七次全国人口普查电视电话会议。

7月30日，鲁俊厅长参加袁家军省长听取独立学院转设工作专题汇报会，下午参加深化"最多跑一次"改革推进政府数字化转型第十二次专题会议。

同日，金林贵副厅长主持召开厅保密委员会会议，朱树民二级巡视员参加。

7月30日至31日，郑益群二级巡视员陪同国家就业扶贫调研组赴义乌、台州开展实地调研。

7月31日，鲁俊厅长参加车俊书记主持召开的新基建工作座谈会，下午主持召开厅第80次党组会，研究近期人事工作，书面听取关于全面推进事业单位人事工资管理系统和"一件事"改革有关情况的汇报,并召开厅党组理论中心组专题学习会,学习意识形态相关工作及《习近平治国理政》(第三卷);之后列席省十三届人大常委会第二十二次会议第三次全体会议。

同日,刘国富副厅长主持召开被征地农民参保工作座谈会。

同日,陈中副厅长赴广东佛山参加国务院扶贫办召开的就业稳岗座谈会。

同日,金林贵副厅长参加全国安全生产电视电话会议,下午参加国务院联防联控机制严防聚集性疫情做好秋冬季防控工作电视电话会议。

同日,葛平安副厅长参加全国农民工工作督察部署视频会。

# 8月

8月1日,陈中副厅长在广东佛山参加国务院扶贫办召开的就业稳岗工作座谈会。

8月3日,鲁俊厅长参加省政府第四次审计工作专题部署会。

同日,郑益群二级巡视员到省联合接待中心接待群众来访。

8月3日至5日,金林贵副厅长赴衢州、湖州、嘉兴开展全省人事工资系统和事业单位"一件事"改革平台调研。

8月4日至5日,陈中副厅长陪同王文序副省长赴台州调研灵活就业工作。

8月5日,金林贵副厅长参加省委组织部张学伟常务副部长主持召开的《关于适应"重要窗口"建设需要加强新时代乡镇(街道)干部队伍建设的意见》征求意见座谈会。

8月5日至6日,鲁俊厅长带队赴宁波开展被征地农民养老保障工作专题调研。

8月6日,全省失业保险扩围政策落实部署会在杭州召开,陈中副厅长出席会议并讲话。

8月6日至7日,刘国富副厅长带队赴绍兴、湖州开展被征地农民养老保障工作专题调研。

8月7日,金林贵副厅长赴杭州开展全省人事工资系统和事业单位"一件事"改革平台调研。

同日,郑益群二级巡视员参加省委退役军人事务工作领导小组办公室主任第五次会议。

8月8日,陈中副厅长参加2020年省"钱江人才计划"C、D类项目和省博士后择优资助项目评审会议。

8月10日,鲁俊厅长参加省委常委会第136次会议,并汇报关于我省抗击新冠肺炎疫情国家级表彰推荐工作情况。

8月10日至11日,郑益群二级巡视员赴人社部对接工作。

8月11日,鲁俊厅长参加省健康浙江建设领导小组暨医改联席会议。

同日,陈中副厅长参加省小微企业和个体工商户纾困专班第五次会议。

8月11日至12日,郑益群二级巡视员赴常山出席2020年常山县夏季高校毕业生就业创业工作推进会暨"云招聘"平台启动仪式。

8月12日,鲁俊厅长、刘国富副厅长参加王文序副省长主持召开的被征地农民养老保障、企业职工基本养老保险省级调剂补助和统收统支工作进展情况汇报会;下午,杭州市委副书记、市长刘忻带队来厅对接工作,鲁俊厅长,刘国富、陈中、金林贵、葛平安等副厅长参加座谈。

同日,刘国富副厅长主持召开浙江技能大

赛筹备工作专题会议。

8月13日，冯飞常务副省长主持召开研究养老保险有关工作专题会议，王文序副省长出席，鲁俊厅长、刘国富副厅长参加。

同日，刘国富副厅长赴宁波指导浙江技能大赛筹备工作。

同日，广东省人社厅周成副厅长一行来浙学习调研家政服务工作，金林贵副厅长陪同调研并参加座谈。

8月14日，鲁俊厅长主持召开被征地农民养老保障政策工作专班第二次会议，省财政厅、省自然资源厅、省审计厅、浙江省税务局、浙江银保监局有关负责同志参加。

同日，金林贵副厅长参加成岳冲副省长主持召开的研究我省独立学院转设工作指导意见专题会议。

同日，葛平安副厅长参加冯飞常务副省长主持召开的2020年"最多跑一次"改革第三次工作例会。

8月15日至16日，首届浙江技能大赛在宁波举行。人社部副部长汤涛，省委副书记、宁波市委书记郑栅洁，副省长王文序等领导和嘉宾出席开幕式。鲁俊厅长、刘国富副厅长分别陪同参加相关活动。

8月17日，金林贵副厅长参加全省法治政府建设暨综合行政执法改革推进会。

同日，朱树民二级巡视员参加全省第七次人口普查电视电话会议。

8月18日，陈中副厅长参加浙江·贵州扶贫协作工作座谈会。

8月19日，陈中副厅长参加王文序副省长主持召开的研究灵活就业人员相关工作专题会议。

同日，金林贵副厅长参加王文序副省长听取宁波市养老保险工作相关情况专题汇报会。

同日，葛平安副厅长主持召开迎接全国农民工工作督察准备推进工作视频会。

8月20日，河南省人社厅李甄副厅长一行来浙调研豫籍外出务工人员就业情况，刘国富副厅长参加座谈；下午，刘国富副厅长参加王文序副省长主持召开的研究协调医养康养结合发展相关工作专题会议。

同日，第四届"中国创翼"创新创业大赛浙江省决赛在安吉举行，陈中副厅长出席并为获奖选手颁奖。

同日，金林贵副厅长参加省"十四五"规划纲要编制情况汇报会，下午参加成岳冲副省长主持召开的独立学院转设论证专题会议。

同日，省农民工工作领导小组会议暨根治欠薪工作领导小组会议在杭州召开，王文序副省长出席会议并讲话，葛平安副厅长参加。

同日，郑益群二级巡视员陪同河南省人社厅李甄副厅长一行赴杭州调研。

同日，朱树民二级巡视员参加加强新时代我省立法队伍建设工作推进会。

8月21日，刘国富副厅长参加王文序副省长主持召开的研究被征地农民养老保障相关工作专题会议，之后主持召开迎接国家统计督察准备会议。

同日，陈中副厅长赴湖州出席"百家高校湖州行"相关活动。

同日，金林贵副厅长参加克服疫情影响确保如期全面脱贫电视电话会议。

同日，葛平安副厅长赴嘉兴参加嘉兴市与北京理工大学合作座谈交流会，下午参加省检察院举办的公益诉讼三周年主题开放日活动。

同日，郑益群二级巡视员参加省人大社会委听取养老服务体系建设情况及"十四五"养老服务规划编制情况的汇报会。

8月24日，鲁俊厅长列席省委常委会第137次会议。

同日，刘国富副厅长主持召开主持召开被征地农民养老保障政策工作专班第三次会议，省财政厅、省自然资源厅、省审计厅、浙江省税务局和浙江银保监局相关负责同志参加。

同日，金林贵副厅长参加省委教育工作领导小组第四次全体会议。

8月24日至28日，葛平安副厅长陪同全国农民工工作督察第二督察组赴金华、杭州及所属部分县（市、区）开展督察。

8月25日，鲁俊厅长参加袁家军省长主持召开的省制造业高质量发展领导小组会议。

同日，金林贵副厅长出席《信息化技术与发展》现代服务业高级研修班开班式并讲话。

同日，郑益群二级巡视员参加王文序副省长主持召开的研究讨论康养体系建设文件专题会议。

8月26日，鲁俊厅长主持召开厅第81次党组会，听取2020年钱江人才计划、博士后科研项目择优资助评审工作，我厅国产化替代工作（信创工程）情况，关于国家安全人民防线建设工作，关于部分党支部机构负责人调整任免和预备党员转正情况，拟出台《浙江省省级人力资源服务产业园创建和评估办法（试行）》情况的汇报，研究近期人事工作。

8月27日，陈中副厅长出席2020中国（杭州）国际人力资源峰会，下午参加省出口专班、消费专班第7次工作会议暨跨境电商专题协调会议。

同日，金林贵副厅长参加省第三届"优秀网格员"表扬活动。

同日，郑益群二级巡视员参加省双拥创建工作座谈会。

8月27日至31日，国家统计局第8统计督察组来浙开展防范和惩治统计造假、弄虚作假督察延伸督察，期间对厅本级，杭州市、金华市及余杭区、桐庐县、婺城区、义乌市人社部门进行了实地检查，鲁俊厅长、刘国富副厅长、陈中副厅长分别陪同。

8月28日，鲁俊厅长列席省政府第50次常务会议。

同日，金林贵副厅长参加长三角地区政务服务"一网通办"视频会议。

同日，葛平安副厅长参加省农民工工作情况汇报暨全国农民工工作督察情况反馈会。

8月31日，金林贵副厅长参加冯飞常务副省长主持召开的听取军民融合扶持政策实施方案专题会议。

同日，江西省人社厅李新乐二级巡视员一行来浙开展人力资源市场建设立法调研，郑益群二级巡视员陪同调研并参加座谈。

# 9月

9月1日，鲁俊厅长参加全省领导干部大会，之后参加中央第三生态环境保护督察组督察浙江工作动员会。

同日，金林贵副厅长赴湖州出席湖州市人才创新创业服务综合体暨长三角人才服务中心启用仪式。

9月1日至4日，国家统计局第8统计督察组在浙开展防范和惩治统计造假、弄虚作假督察延伸督察，期间对厅本级，杭州市、金华市及杭州市余杭区、桐庐县、金华市婺城区、义乌市人社部门进行了实地检查，鲁俊厅长、刘国富副厅长、陈中副厅长分别陪同。

9月2日，金林贵副厅长参加省自贸试验区工作专班第三次会议。

同日，葛平安副厅长参加政府数字化转型重大项目审计问题整改工作会议。

同日，郑益群二级巡视员参加省人大社会建设委员会全省养老服务体系建设情况专题询问对接会。

9月4日，鲁俊厅长参加王文序副省长听取规范企业职工基本养老保险省级统筹制度和被征地农民养老保障工作会议。

同日，金林贵副厅长参加省政府徐晓光副秘书长听取推进新时代工匠培育工程汇报专题会议。

9月7日，陈中副厅长参加冯飞常务副省长领办的省人大丽58号重点建议办理工作座谈会。

9月8日，刘国富副厅长主持召开2019-2020年度来厅学习锻炼干部欢送会并讲话；之后参加2020年全国人事考试工作视频会议，朱树民二级巡视员参加会议。

同日，省人力社保厅和杭州市人力社保局在杭州联合开展"送关爱慰问农民工"活动，金林贵副厅长出席活动。

9月9日，鲁俊厅长列席省委常委会第139次会议。

同日，刘国富副厅长赴杭州轻工技师学院开展教师节慰问和专业建设调研活动，下午列席省政府第51次常务会议。

同日，金林贵副厅长参加省"十四五"规划专家咨询座谈会。

9月9日至10日，鲁俊厅长赴武汉参加人社部稳就业相关工作座谈会。

9月10日，刘国富副厅长参加省委党校2020年秋季学期开学典礼。

9月11日，鲁俊厅长参加全国"放管服"改革优化营商环境电视电话会议。

9月11日至13日，金林贵副厅长赴北京参加全国劳动和社会保障科研工作座谈会。

9月14日，鲁俊厅长、刘国富副厅长参加郑栅洁代省长听取规范企业职工基本养老保险省级统筹工作情况专题会议，冯飞常务副省长、王文序副省长出席。

同日，陈中副厅长参加冯飞常务副省长主持召开的东西部扶贫协作稳岗就业工作专题会议。

同日，金林贵副厅长参加人社部人力资源服务机构促就业和助力脱贫攻坚工作视频会并作交流发言。

9月14日至18日，葛平安副厅长参加全省新闻发言人培训班。

9月15日，陈中副厅长参加陈奕君副省长领办的省政协第123号重点提案办理工作座谈会。

9月16日，鲁俊厅长主持召开全厅干部大会，传达学习习近平总书记在全国抗击新冠肺炎疫情表彰大会上的重要讲话精神、袁家军书记在省委党校2020年秋季学期开学典礼和省政府第三次廉政工作会议上的讲话精神。

同日，全省人力社保系统窗口单位业务技能练兵比武竞赛决赛在杭州举行，鲁俊厅长出席活动并致辞，金林贵副厅长出席。

同日，国家表彰办段冬文副主任一行来厅

调研规范管理创建示范活动工作，刘国富副厅长参加座谈会。

9月17日，鲁俊厅长参加郑栅洁代省长主持召开的省新冠病毒肺炎疫情防控工作领导小组例会。

同日，陈中副厅长陪同教育部留学人员服务中心徐培祥副主任赴阿里巴巴调研，下午主持召开全省东西部扶贫协作稳岗就业工作会议。

同日，金林贵副厅长参加海南省政协副主席侯茂丰一行来浙专题调研"加强自贸港技能人才队伍建设"座谈会，下午参加高兴夫副省长领办的省人大杭34号重点建议、省政协第19号重点提案办理工作座谈会。

9月17日至18日，刘国富副厅长陪同国家表彰办段冬文副主任一行赴嘉善、湖州考察调研规范管理创建示范活动工作。

9月17日至18日，陈中副厅长赴宁波出席2020中国浙江宁波人才科技周相关活动。

9月18日，鲁俊厅长主持召开2020—2021年度来厅学习锻炼干部见面座谈会并讲话，下午列席省政府第52次常务会议。

同日，金林贵副厅长参加成岳冲副省长主持召开的独立学院转设工作座谈会，晚上出席全省青春助力乡村带头人"青牛奖"颁奖仪式。

9月18日至19日，陈中副厅长赴武汉出席2020浙江—湖北人才招聘会暨"揭榜挂帅"项目发布对接会。

9月20日，鲁俊厅长主持召开厅第82次党组会，研究人事工作。

9月21日，鲁俊厅长列席省委常委会第140次会议，之后主持召开厅机关干部大会和厅属参公事业单位干部职工大会，部署厅机关一级、四级调研员和厅属参公事业单位二级、四级调研员的职级晋升工作，下午参加浙江文化研究工程实施十五周年暨省文化研究工程指导委员会会议。

同日，葛平安副厅长参加省十三届人大常委会第二十四次会议第一次全体会议。

9月21日至22日，陈中副厅长赴丽水出席全省人力资源服务产业园高质量发展培训会并讲话。

9月21日至22日，金林贵副厅长赴景宁参加省民族乡村振兴示范建设推进现场会。

9月22日，刘国富副厅长参加省十三届人大常委会第二十四次会议全省养老服务体系建设情况专题询问会并作回应发言。

同日，郑益群二级巡视员参加杭州亚运会倒计时两周年活动。

9月22日至23日，鲁俊厅长随浙江代表团赴湖北学习考察并开展东西部扶贫协作工作。

9月23日，刘国富副厅长参加中组部调研建党一百周年表彰活动座谈会，之后参加王文序副省长主持召开的研究落实企业职工基本养老保险专项审计建议整改方案专题会议。

同日，陈中副厅长出席2020年浙江省秋季人才交流大会暨全省高校毕业生就业公益性招聘大会。

同日，金林贵副厅长参加国家医疗卫生行业综合监管督查见面会。

同日，郑益群二级巡视员参加省十三届人大常委会第二十四次会议第二次全体会议。

9月24日，鲁俊厅长参加中国（浙江）自由贸易试验区扩展区域挂牌仪式，下午参加全省未来社区建设工作推进电视电话会议。

同日，金林贵副厅长陪同人社部事业司鲁士海司长赴金华调研事业单位人员管理"一件事"改革等工作。

同日，葛平安副厅长参加省十三届人大常委会第二十四次会议第三次全体会议。

同日，郑益群二级巡视员参加审计报告反映问题整改工作电视电话会议。

同日，朱树民二级巡视员参加中央保密委员会督查组来浙督查保密工作汇报反馈会。

9月25日，鲁俊厅长主持召开厅第83次党组会，研究人事工作；之后参加全省质量大会；下午主持召开全厅干部职工大会，部署厅机关、厅属参公事业单位副处长级领导干部和事业单位五级职员的民主推荐工作；之后参加全省安全生产电视电话会议。

同日，陈中副厅长参加人社部稳就业相关重点工作推进电视电话会议。

同日，金林贵副厅长陪同人社部事业司鲁士海司长赴嘉兴调研事业单位人员管理"一件事"改革等工作。

同日，葛平安副厅长参加全省县级社会矛盾纠纷调处化解中心建设互学互比第二次交流暨治理重复信访交办会。

9月25日至26日，陈中副厅长赴湖州参加2020中国浙江"星耀南湖长三角精英峰会"。

9月27日，鲁俊厅长主持召开厅第84次党组会，听取关于《厅机关、直属单位党支部规范化建设标准》起草情况、浙江省人力资源和社会保障事业发展"十四五"规划编制工作情况、关于2020年国家级高技能人才建设项目和第十五届高技能人才评选表彰活动申报推荐工作情况、关于规范企业职工基本养老保险省级统筹制度实施意见起草有关情况、关于《规范完善被征地农民参加基本养老保险有关工作的通知》（讨论稿）起草情况、关于《创建工伤预防常态化工作机制的指导意见》起草情况和关于我省职业年金工作有关情况的汇报。

同日，葛平安副厅长参加全国国有企业改革三年行动动员部署电视电话会议。

同日，郑益群二级巡视员赴嘉兴出席民营企业专场招聘会和校企合作洽谈会，之后赴中国电子科技南湖研究院和加西贝拉公司开展"三服务"调研，帮助解决人才社保问题。

9月27日至29日，陈中副厅长赴新疆喀什参加人社部召开的南疆技工院校建设工作推进会并发言。

9月28日，刘国富副厅长参加全省国有企业退休人员社会化管理工作督查推进视频会。

同日，金林贵副厅长参加王文序副省长领办的省政协第118号重点提案办理工作座谈会。

9月28日至29日，鲁俊厅长参加省十三届人大常委会第二十四次会议第四次全体会议。

9月28日至29日，葛平安副厅长赴宁波参加政务服务2.0行政服务中心应用推广现场会并开展"三服务"调研。

9月29日，鲁俊厅长主持召开厅第85次党组会，研究近期人事工作；下午参加王文序副省长领办省人大杭94号重点建议办理工作座谈会。

同日，金林贵副厅长参加深化农村宅基地制度改革试点电视电话会议。

9月29日至30日，郑益群二级巡视员赴龙游出席"匠心筑梦、潮起龙游"长三角经济一体化·龙游文旅再出发暨龙游红木小镇开园仪式。

# 10月

10月8日至31日，鲁俊厅长在中央党校学习。

10月9日，刘国富副厅长参加全省抗击新冠肺炎疫情表彰工作协调会。

同日，葛平安副厅长参加彭佳学副省长主持召开的研究印尼籍船员问题专题会议。

10月10日，刘国富副厅长列席省委理论中心组专题学习会议和省委常委会第142次会议，下午参加王文序副省长主持召开的研究职业年金相关工作专题会议。

同日，陈中副厅长赴绍兴出席全国博士后数字化及AI技术与生物医药论坛。

同日，金林贵副厅长参加郑栅洁省长领办的省人大杭114号重点建议办理工作座谈会，之后参加迎接国务院第七次大督查实地督查动员部署视频会议。

同日，郑益群二级巡视员参加推进"2020年职业技能提升和技能扶贫攻坚行动"电视电话会议，下午参加迎接中央有关教育工作督查检查专题会议。

10月11日，刘国富副厅长参加中央第四巡视组巡视浙江省工作动员会。

10月12日，刘国富副厅长参加巡视相关培训会。

10月12日至13日，郑益群二级巡视员赴景宁参加国家扶贫日浙江主场活动。

10月13日，刘国富副厅长列席省政府第53次常务会议，下午参加冯飞常务副省长主持召开的被征地农民参加基本养老保险工作专班会议。

同日，陈中副厅长出席那曲市人民政府在浙就业服务联络站挂牌仪式，下午参加省委编委第三次全体会议。

同日，金林贵副厅长出席2020中国（浙江）技能培训教育博览会开幕式并致辞。

同日，朱树民二级巡视员参加全国语言文字会议。

10月13日至14日，葛平安副厅长赴北京参加2020年就业扶贫论坛并作经验介绍。

10月14日，陈中副厅长参加国务院督察组稳就业保民生组专题对接会。

同日，金林贵副厅长参加彭佳学副省长主持召开的研究省地勘局事业单位改革方案专题会议，下午赴湖州出席2020·天下浙商湖州行活动。

同日，郑益群二级巡视员陪同王文序副省长赴浙江树人大学（绍兴校区）和浙江外国语学院调研大学生就业、创业、就业服务等工作。

10月15日，刘国富副厅长参加省领导会见"鲲鹏行动"计划首批专家活动。

同日，陈中副厅长出席"全国博士后数字技术发展学术论坛"并致辞，下午参加2020年全国"双创"活动周浙江分会场启动仪式。

同日，金林贵副厅长参加省政府工业专班第10次例会，下午参加王文序副省长主持召开的研究重点调研课题（"十四五"至2035年浙江人口结构变化趋势及人力资本提升研究）专题会议。

同日，云南省人社厅石丽康副厅长一行来浙开展劳务协作对接及贫困劳动力稳岗就业工作，葛平安副厅长参加座谈会；下午，葛平安副厅长主持召开省深化国有企业负责人薪酬制度改革联席会议办公室会议，之后出席省属企业工资分配交流研讨会议并讲话。

10月15日至16日，金林贵副厅长赴温州出席2020长三角·温州创业创新大会开幕式。

10月16日，刘国富副厅长参加之江实验室创新发展大会，之后参加王文序副省长主持召开的进一步研究部署职业年金有关工作专题会议，下午参加构建新发展格局企业家专家座谈会。

同日，陈中副厅长参加冯飞常务副省长主持召开的研究全省前三季度经济形势专题会议，下午参加王文序副省长主持召开的研究稳就业工作专题会议。

10月17日，刘国富副厅长列席省政府第54次常务会议。

同日，陈中副厅长参加2020年全国脱贫攻坚奖表彰大会暨脱贫攻坚先进事迹报告会。

10月17日至18日，葛平安副厅长赴温州参加2020世界青年科学家温州峰会。

10月19日，刘国富副厅长参加冯飞常务副省长主持召开的研究《浙江省应对人口老龄化中长期规划》编制工作专题会议，之后列席省委常委会第143次会议。

同日，葛平安副厅长参加省经济责任审计工作联席会议2020年全体会议。

同日，吉林省人社厅二级巡视员王同海一行来浙调研劳动保障监察信息化建设及劳动人事争议调解仲裁工作，金林贵副厅长参加座谈会。

10月20日，刘国富副厅长参加省委深改委第十一次会议。

同日，金林贵副厅长参加全国双拥模范城（县）命名暨双拥模范单位和个人表彰大会。

同日，葛平安副厅长赴财通证券、浙江出版联合集团开展"三服务"调研。

10月21日至22日，刘国富副厅长随浙江代表团赴四川考察学习。

10月23日，刘国富副厅长参加全省扩大有效投资重大项目集中开工活动启动仪式，之

后列席省委常委会第144次会议，下午参加贯彻落实《深化新时代教育评价改革总体方案》电视电话会议，晚上参加县（市、区）委书记工作交流会。

同日，陈中副厅长参加全省助力决战决胜脱贫攻坚推进会暨东西部扶贫协作表彰大会。

同日，甘肃省人社厅副厅长王丽萍一行来我厅考察交流机关党建工作，金林贵副厅长参加座谈会。

同日，朱树民二级巡视员参加2020年全国脱贫攻坚先进事迹巡回报告会。

10月23日至24日，陈中副厅长赴丽水出席第九届"智惠丽水"人才科技峰会。

10月23日至24日，葛平安副厅长赴湖州出席首届世界青年博士南太湖论坛暨2020南太湖精英峰会开幕式。

10月23日至25日，金林贵副厅长赴北京参加纪念《社会保险法》颁布十周年座谈会并发言。

10月23日至25日，郑益群二级巡视员赴成都出席2020浙江一成都人才招聘大会暨"揭榜挂帅"项目发布对接会。

10月26日，刘国富副厅长主持召开省职业年金评选委员会会议和现场评选。

同日，葛平安副厅长参加贯彻落实《关于加快推进媒体深度融合发展的意见》调研座谈会。

同日，郑益群二级巡视员参加省消费专班第八次工作会议。

10月26日至27日，金林贵副厅长赴安吉出席省级乡村合作创业带头人培训班开班式并讲话。

10月27日，陈中副厅长出席第八届中国（浙江）人力资源服务博览会相关活动。

同日，葛平安副厅长参加省委陈金彪秘书长主持召开的深化机关内部"最多跑一次"改革推进会暨省政协十二届三次会议第29号重点提案办理会。

10月29日，刘国富副厅长参加全省组织系统深入学习贯彻习近平总书记重要讲话精神贯彻落实新时代党的组织路线视频部署会，下午参加上海市人社局费予清副局长一行来浙调研"十四五"规划编制和长三角合作工作座谈会。

同日，葛平安副厅长赴绍兴市、杭州市开展"十四五"规划和明年工作思路调研。

10月29日至30日，陈中副厅长赴台州市开展"十四五"规划和明年工作思路调研，期间召开全省就业工作会议。

10月30日，刘国富副厅长参加全省领导干部大会，下午主持召开厅党组理论学习中心组专题学习会暨全厅处级领导干部大会，传达学习党的十九届五中全会精神、习近平总书记近期系列重要讲话精神及中央、省委有关会议文件通报精神，并就贯彻落实工作提出要求。

10月31日，陈中副厅长赴东阳参加影视文化行业人才发展报告发布会暨影视人才发展研讨会。

## 11月

11月1日至30日，鲁俊厅长在中央党校学习。

11月2日，刘国富副厅长列席省委常委会第145次会议，下午参加省政府第四季度工作部署会。

同日，金林贵副厅长赴绍兴出席创业带头人省级培训班开班式并讲话。

同日，郑益群二级巡视员参加成岳冲副省长主持召开的独立学院转设论证专题会议。

同日，朱树民二级巡视员参加全国农村承包地确权登记颁证工作总结视频会。

11月2日至3日，陈中副厅长赴舟山开展"十四五"规划及明年工作思路调研，并出席第二届中国（浙江）自贸试验区"海洋经济"国际青年论坛。

11月2日至5日，葛平安副厅长带队赴广东开展"十四五"规划调研。

11月3日，刘国富副厅长参加冯飞常务副省长主持召开的被征地农民参加基本养老保险政策专班第二次会议。

同日，金林贵副厅长出席第十六届"振兴杯"全国青年职业技能大赛开幕式，下午参加全国疫情防控工作电视电话会议。

11月3日至4日，郑益群二级巡视员赴丽水开展"十四五"规划及明年工作思路调研。

11月4日，金林贵副厅长赴湖州开展"十四五"规划及明年工作思路调研，下午参加省委组织部事业单位"一件事"改革工作协调会。

11月4日至5日，陈中副厅长赴遵义参加全国专家服务工作座谈会并作交流发言。

11月4日至5日，金林贵副厅长赴开化出席乡村振兴职业技能大赛开幕式。

11月4日至5日，郑益群二级巡视员赴金华开展"十四五"规划及明年工作思路调研。

11月4日至5日，朱树民二级巡视员赴衢州开展"十四五"规划及明年工作思路调研。

11月5日，刘国富副厅长参加省委"学习贯彻党的十九届五中全会精神"专题学习会，下午主持召开被征地农民参加基本养老保险政策压力测试布置会。

11月5日至6日，朱树民二级巡视员赴温州开展"十四五"规划及明年工作思路调研。

11月5日至7日，陈中副厅长赴哈尔滨出席人才招聘和项目揭榜挂帅活动。

11月6日，刘国富副厅长参加王文序副省长主持召开的被征地农民参加基本养老保险工作座谈会。

同日，金林贵副厅长赴嘉兴开展"十四五"规划及明年工作思路调研，下午参加浙江·湖北东西部扶贫协作工作座谈会。

11月8日，刘国富副厅长主持召开被征地农民参加基本养老保险政策专家论证会。

同日，陈中副厅长出席杭州国际人才交流与项目合作大会。

11月9日，刘国富副厅长参加党的十九届五中全会精神中央宣讲团报告会，下午列席省政府第55次常务会议。

同日，陈中副厅长参加省委人才办"人才引领十四五浙江高水平创新型省份建设"高峰论坛，下午出席2020杭州国际人才交流与项目合作大会余杭分会场暨"国际人才月"启动仪式。

同日，葛平安副厅长参加全省规范干部退休工作推进会。

11月9日至10日，刘国富副厅长赴长兴参加全省传统制造业改造提升2.0版现场推进会。

11月9日至10日，金林贵副厅长赴绍兴出席创业带头人省级培训班并开展调研。

11月10日，葛平安副厅长参加平安中国建设工作会议，下午参加全省工会劳动和技能竞赛工作视频会议并讲话。

同日，郑益群二级巡视员赴中国电信浙江分公司、中石化浙江石油公司开展国企退休人员社会化管理专项督查调研。

11月10日至11日，陈中副厅长赴苍南参加全省山海协作工程推进会。

11月11日，刘国富副厅长参加中央退役军人工作领导小组办公室第三督查组来浙江督查见面会。

同日，金林贵副厅长参加陈奕君副省长主持召开的研究生态环保专题会议，下午参加中央机关及其直属机构2021年度考试录用公务员笔试考务工作部署视频会，朱树民二级巡视员参加会议。

同日，葛平安副厅长出席全省劳动关系工作培训和练兵比武活动。

11月11日至13日，郑益群二级巡视员赴嘉兴、湖州开展国有企业退休人员社会化管理工作专项督查。

11月12日，陈中副厅长参加王文序副省长主持召开的研究落实郑栅洁省长有关批示要求缓解用工难题有关事宜专题会议。

同日，金林贵副厅长参加十二届省政协常委会第十六次会议，下午赴嘉兴开展"新时代枫桥式退役军人服务中心"验收工作。

11月12日至13日，人社部游钧副部长带队赴安吉、杭州开展企业职工基本养老保险省级统筹和根治欠薪工作调研，刘国富副厅长、葛平安副厅长分别陪同。

11月13日，陈中副厅长参加全省抗击新冠肺炎疫情总结表彰大会。

同日，金林贵副厅长赴省教育厅开展事业单位工作人员培训工作调研，下午参加郑栅洁省长主持召开的企业家座谈会听取对"十四五"

规划的意见建议。

11月14日至15日，陈中副厅长参加省海外高层次人才引进计划评审会。

11月15日，刘国富副厅长列席省委常委会第146次会议。

11月16日，刘国富副厅长、陈中副厅长、金林贵副厅长、郑益群二级巡视员参加王文序副省长主持召开的听取明年工作思路专题会议。

11月16日至17日，金林贵副厅长赴湖州市南浔区参加全省乡村产业高质量发展推进会。

11月16日至18日，葛平安副厅长赴西宁参加全国人社系统行风建设调度会。

11月17日，朱树民二级巡视员赴上海参加一体化示范区职业资格互认工作座谈会。

11月18日，金林贵副厅长主持召开全省事业单位"一件事"改革攻坚调度视频会。

11月18日至19日，人社部汤涛副部长来浙出席第二届全国技工院校教师职业能力大赛开幕式并开展调研，陈中副厅长陪同。

11月19日，刘国富副厅长陪同省领导接见全省见义勇为先进人物，之后参加郑栅洁省长听取被征地农民参加基本养老保险工作专题汇报会。

同日，金林贵副厅长参加全省见义勇为先进人物记功奖励暨见义勇为工作电视电话会议。

同日，葛平安副厅长参加冯飞常务副省长专题听取《全力打好构建新发展格局组合拳的指导意见》编制情况汇报会。

同日，郑益群二级巡视员参加中央一号文件贯彻落实情况汇报会。

11月20日，刘国富副厅长主持召开被征地农民参加基本养老保险政策社会风险评估会议。

同日，金林贵副厅长陪同冯飞常务副省长会见吉林省副省长李悦一行，下午参加省政府与省总工会联席会议。

11月20日至21日，陈中副厅长赴北京出席浙江—北京高层次人才洽谈会暨"揭榜挂帅"项目发布对接会。

11月21日，金林贵副厅长出席第二届全国技工院校教师职业能力大赛闭幕式。

11月22日至23日，金林贵副厅长赴桐乡出席世界互联网大会开幕式。

11月23日，刘国富副厅长主持召开被征地农民参加基本养老保险政策社会风险评估评审会。

同日，陈中副厅长参加冯飞常务副省长专题听取"十四五"规划《纲要》编制工作汇报会。

同日，人社部召开根治欠薪冬季专项行动动员部署会，省政府副秘书长徐晓光在我省分会场参会，葛平安副厅长参加会议。

同日，郑益群二级巡视员赴金华出席浙中人力资源服务产业园开园仪式。

11月23日至24日，金林贵副厅长赴义乌参加全省深化"千万工程"建设新时代美丽乡村推进会。

11月24日，刘国富副厅长参加冯飞常务副省长主持召开的被征地农民参加基本养老保险工作专题会议。

同日，葛平安副厅长陪同人社部信息中心主任翟燕立赴嘉兴调研长三角社保卡一卡通工作。

11月25日，刘国富副厅长参加省政府第56次常务会议，并汇报关于规范企业职工基本养老保险省级统筹制度实施意见起草情况。

同日，贵州省人社厅徐海涛副厅长一行来

厅对接稳岗就业工作，陈中副厅长参加座谈。

同日，金林贵副厅长主持召开 2020 年度新提任（晋升）及调入干部集体廉政谈话会，下午参加人社部召开的中华人民共和国第一届职业技能大赛赛前动员会。

11 月 26 日，刘国富副厅长主持召开被征地农民参加基本养老保险政策实施相关工作预案会商会。

同日，陈中副厅长赴海宁出席第五届"香江学者计划"学术年会，下午参加中国（浙江）自由贸易试验区建设推进大会。

同日，金林贵副厅长列席省委常委会第 147 次会议，下午参加人社部基本养老保险基金投资管理工作视频座谈会。

11 月 26 日至 27 日，全省根治欠薪工作会议在温州召开，葛平安副厅长出席会议并讲话。

11 月 27 日，陈中副厅长赴衢州出席衢州市"奇思妙想"创业大赛暨省际创业邀请赛并为获奖选手颁奖。

同日，金林贵副厅长参加省政府第七次全体会议，下午主持召开全厅副处级以上领导干部大会传达学习省委十四届八次全会精神。

同日，郑益群二级巡视员出席首届长三角家政服务一体化发展峰会暨浙江家政节闭幕式。

11 月 27 日至 28 日，陈中副厅长赴台州出席 2020 长三角（台州）生物医药产业人力资源融合发展论坛并致辞。

11 月 28 日，刘国富副省长参加郑栅洁省长主持召开的研究被征地农民参加基本养老保险工作专题会议，冯飞常务副省长、王文序副省长出席会议。

11 月 30 日，金林贵副厅长列席省委常委会第 148 次会议。

# 12 月

12 月 1 日至 31 日，鲁俊厅长在中央党校学习。

12 月 1 日，刘国富副厅长参加省政府第 57 次常务会议，汇报关于规范被征地农民参加基本养老保险和省级统筹责任分担办法有关情况。

同日，陈中副厅长参加浙江省学位委员会会议。

同日，葛平安副厅长主持召开省社会保障卡居民服务"一卡通"专题会议。

12 月 1 日至 3 日，陈中副厅长赴北京参加中国博士后制度实施 35 周年座谈会。

12 月 2 日，刘国富副厅长参加王文序副省长主持召开的听取各市对进一步做好养老保险工作意见专题会议。

同日，金林贵副厅长到省联合接待中心接待群众来访。

同日，郑益群二级巡视员参加农村宅基地制度改革试点工作专题会议。

12 月 3 日，被征地农民参加基本养老保险工作座谈会在杭州召开，王文序副省长出席并讲话，刘国富副厅长参加。

同日，王文序副省长视察省社保中心 1123 专项工作组并听取工作汇报，葛平安副厅长陪同。

同日，陈中副厅长参加省"人才码"建设协调会议。

12 月 4 日，葛平安副厅长参加第七个国家宪法日活动暨"七五"普法成果展。

12 月 6 日，王文序副省长主持召开被征地农民参加基本养老保险工作专班会议，刘国富副厅长参加。

同日，新时代"两山"试验区建设专家服务暨"揭榜挂帅"项目交流对接活动在安吉举行，陈中副厅长出席启动仪式并致辞。

12月7日，刘国富副厅长参加省委常委会第149次会议，汇报关于规范被征地农民参加基本养老保险和省级统筹责任分担办法有关情况。

同日，刘国富副厅长主持召开被征地农民参加基本养老保险政策和业务经办培训会及专题培训布置会。

同日，金林贵副厅长参加全省双拥工作总结暨模范退役军人表彰大会。

同日，云南省人力社保厅宣程副厅长一行8人来浙调研人力资源社会保障工作，葛平安副厅长陪同调研。

12月8日，刘国富副厅长、葛平安副厅长视察科贸大楼1123专项保障技术支持中心，检阅各地经办实操演练。

12月9日，省委省政府召开全省规范企业职工养老保险省级统筹专题部署会议，省长郑栅洁出席会议并讲话，省委秘书长陈金彪主持，省纪委书记许罗德、省委组织部部长黄建发等省领导出席会议，王文序副省长作政策解读。刘国富、陈中、葛平安等副厅长参加。

同日，葛平安副厅长参加全省干部心理健康工作座谈会，之后赴科贸大楼1123专项保障技术支持中心检阅各地经办实操演练。

12月9日至11日，郑益群二级巡视员赴石家庄参加2020年全国社会保险扶贫工作总结及经验交流会议。

12月10日，刘国富副厅长参加王文序主持召开的研究省政府264号令相关工作专题会议。

同日，陈中副厅长赴绍兴参加全球青年科技领袖峰会暨《麻省理工科技评论》中国"35周岁以下科技创新35人"颁奖典礼，下午赴浙江红船干部学院与参加2020年省"万人计划"青年拔尖人才"红船精神"专题培训班学员座谈。

同日，葛平安副厅长列席省政府第58次常务会议。

12月10日至13日，金林贵副厅长率领浙江代表团赴广州参加第一届全国职业技能大赛。本届大赛浙江代表团共获得5金7银7铜和52个优胜奖，位列团体总分第四名。

12月11日，王文序副省长主持召开被征地农民参加基本养老保险工作指导督查组动员部署会，刘国富副厅长参加会议。

同日，刘国富副厅长主持召开被征地农民参加基本养老保险工作调度视频会。

同日，陈中副厅长参加省委秘书长陈金彪主持召开的数字化改革工作专题会议。

12月14日，刘国富副厅长参加王文序副省长主持召开的被征地农民参加基本养老保险工作各市调度视频会议。

12月15日，金林贵副厅长参加省人大常委会办公厅、省工商联举办的第4期亲清直通车·政企恳谈会。

12月16日，金林贵副厅长参加省委秘书长陈金彪主持召开的"率先构建推进共同富裕的体制机制"专班工作部署会。

12月17日，金林贵副厅长参加省政协十二届三次会议以来优秀提案评选会。

同日，郑益群二级巡视员参加省党政主要领导经济责任审计、自然资源资产离任审计整改落实推进会。

12月18日，被征地农民参加基本养老保

险业务经办启动部署会暨工作调度视频会在杭州召开，王文序副省长出席会议并讲话，刘国富副厅长参加。

同日，刘国富副厅长出席杭州市规范企业职工养老保险省级统筹专题部署会议。

同日，金林贵副厅长参加全省2020年社会保险基金审计进点部署动员视频会议，下午列席省政府第59次常务会议，晚上参加全省禁毒工作先进集体和个人表彰暨第六届"最美禁毒人"揭晓仪式。

同日，葛平安副厅长参加浙江省企业领袖峰会，下午赴科贸大楼1123专项保障技术支持中心检阅各地经办实操演练。

12月19日，郑栅洁省长赴杭州市萧山区调研被征地农民参加基本养老保险工作，刘国富副厅长陪同调研。

同日，王文序副省长赴宁波、舟山督导养老保险省级统筹相关工作，郑益群二级巡视员陪同。

12月20日，王文序副省长主持召开被征地农民参加基本养老保险工作专班协调会，刘国富副厅长参加。

12月21日，被征地农民参加基本养老保险工作调度视频会在杭州召开，王文序副省长出席会议并讲话，刘国富副厅长参加。

同日，陈中副厅长参加第六批省特级专家评选工作领导小组会议，下午参加省对口办推荐全国脱贫攻坚总结表彰对象专题会议。

同日，金林贵副厅长参加全省领导干部会议，下午列席省委常委会第151次会议，晚上列席省政府第60次常务会议。

同日，葛平安副厅长赴科贸大楼1123专项保障技术支持中心检阅被征地经办系统准备情况。

12月22日，陈中副厅长参加科学技术部、浙江省人民政府2020年部省工作会商会议暨新一轮会商合作议定书签字仪式。

同日，金林贵副厅长参加浙江论坛报告会，下午参加全省网络人士统战工作会议。

同日，葛平安副厅长参加长江禁捕退捕工作推进电视电话会议，下午参加省委全面深化改革委员会第十二次会议。

12月22日至23日，刘国富副厅长赴衢州指导督查被征地农民参加基本养老保险工作，并陪同郑栅洁省长开展调研。

12月22日至23日，葛平安副厅长赴庆元参加全省数字赋能县域社会治理现代化推进会暨县级社会矛盾纠纷调处化解中心建设互学互比第三次视频交流会并作交流发言。

12月22日至25日，陈中副厅长带队赴温州、绍兴指导督查被征地农民参加基本养老保险工作。

12月23日，金林贵副厅长参加彭佳学副省长主持召开的研究新安江—千岛湖生态补偿试验区建设方案专题会议。

同日，郑益群二级巡视员参加王文序副省长主持召开被征地农民参加基本养老保险工作专班协调会，下午参加2020年浙江省未成年人保护委员会全体会议。

12月24日，刘国富副厅长带队赴杭州市余杭区指导督查被征地农民参加基本养老保险工作。

同日，金林贵副厅长参加全省跨境电子商务综合试验区建设推进会，下午参加全省新时代美丽城镇和特色小镇建设工作推进会，之后参加全省国企改革三年行动动员推进电视电话会议。

**12月25日**，被征地农民参加基本养老保险工作调度视频会在杭州召开，王文序副省长出席会议并讲话，刘国富副厅长参加。

同日，金林贵副厅长参加省委经济工作会议。

同日，葛平安副厅长赴科贸大楼1123专项保障技术支持中心检阅被征地经办系统运行情况。

**12月28日**，王文序副省长、刘国富副厅长赴科贸大楼1123专项保障技术支持中心调研；下午，刘国富副厅长在浙江分会场参加中央农村工作会议。

同日，陈中副厅长参加省"鲲鹏计划"审核论证会。

同日，金林贵副厅长参加全省民营经济统战工作会议。

同日，葛平安副厅长参加全省铁路建设动员电视电话会议。

**12月29日**，陈中副厅长参加2020年全省研究生教育会议。

同日，金林贵副厅长参加浙江老年大学校务委员会会议。

同日，葛平安副厅长参加王文序副省长主持召开的研究企业职工基本养老保险和城乡居民基本养老待遇发放工作专题会议；下午，全省深化"浙江无欠薪"行动暨"无欠薪"创建先进表彰电视电话会议在杭州召开，王文序副省长出席会议并讲话，葛平安副厅长参加；之后，葛平安副厅长参加人社部根治欠薪冬季专项行动调度推进视频会。

同日，郑益群二级巡视员参加民进浙江省第十届委员会第五次全体会议。

**12月30日**，刘国富副厅长参加省新型冠状病毒肺炎疫情防控工作领导小组例会，下午，主持召开被征地农民参加基本养老保险工作调度视频会。

同日，陈中副厅长参加高兴夫副省长主持召开的省制造业高质量发展专题会议；下午，陈中副厅长向省委组织部黄建发部长汇报"人才码"工作进展情况，之后，出席"奇思妙想浙江行"2020创业大赛总决赛并为获奖项目代表颁奖。

同日，省人力社保厅召开学习贯彻党的十九届五中全会精神集中研讨会，金林贵副厅长出席会议并讲话；下午，金林贵副厅长赴嘉兴参加长三角地区合作与发展联席会议。

同日，郑益群二级巡视员参加浙江省康养联合体建设试点启动暨浙江康复医院（浙江省中医院西溪院区）新院区启用仪式，下午参加省政协"解决农业转移人口城市住房问题的思路和对策"课题座谈会。

**12月31日**，刘国富副厅长参加省"十四五"规划编制工作领导小组第二次会议并作汇报发言。

同日，金林贵副厅长参加省委退役军人事务工作领导小组办公室主任第六次会议。

同日，葛平安副厅长参加全省中医药大会，会前陪同袁家军书记、郑栅洁省长等省领导接见浙江省名中医代表。

同日，郑益群二级巡视员参加全省城市大脑推进大会。

# 全省工作情况

# 全省工作情况

## 全省人力社保工作整体情况

2020年是新中国历史上极不平凡的一年。面对繁重的改革发展任务和复杂的国内国际形势，特别是新冠肺炎疫情的严重冲击，全省人社系统坚持以习近平新时代中国特色社会主义思想为指导，认真贯彻落实中央和省委省政府关于统筹推进疫情防控和经济社会发展的决策部署，围绕"六稳""六保"目标任务，扎实开展"三服务"活动，准确研判形势，果断采取行动，在危机中开新局、在担当中展作为，全省人力资源和社会保障事业取得显著成效。

**一、深入开展"十省百市千县"省际劳务合作，全力保障企业复工复产。**针对疫情导致的省外员工返岗难问题，我们坚决贯彻落实省委省政府"两手硬、两战赢"决策部署，第一时间牵头成立企业员工返岗专班，深入开展"十省百市千县"省际劳务合作，与劳务输出大省签订劳务合作协议，全省派出361个工作组1600余人赴输出地对接工作，全力打通健康码互认、交通运输、员工组织等难点堵点，多措并举组织员工有序返岗。在全国率先开通专列和包机，通过专车、专列、包机等方式接返外省员工98万人，居全国第一。同时，充分发挥市场力量，采取"政府＋人力资源服务机构＋企业"形式，发动全省3000多家人力资源服务机构开展线上线下用工服务，助力企业复工复产，圆满完成复工企业用工保障阶段性目标任务，得到省委省政府主要领导充分肯定。袁家军书记专门批示："担当作为、成效明显"。

**二、把稳就业保就业放在首要位置，保持就业局势总体平稳。**我们积极应对疫情带来的严峻挑战，千方百计稳定和扩大就业，着力防范化解规模性失业风险。全省城镇新增就业111.8万人，城镇调查失业率4.3%。出台《关于进一步做好稳就业工作的实施意见》。开展"百日千万网络招聘行动"，组织高校毕业生参加见习3万人。通过"先上岗、再考证"等措施，积极做好疫情期间事业单位公开招聘高校毕业生工作。各地积极开展劳动力余缺调剂，探索"共享用工"模式，开发"人力宝直聘""海兼职"等平台，有效缓解劳动力余缺矛盾。加大创业扶持力度，发放创业担保贷款33.8亿元，扶持创业4.1万人。实施扩大失业保险保障范围政策，向38万名参保失业人员发放失业保险金和15万人发放失业补助金。深入开展东西部扶贫劳务协作，开发爱心岗位6.2万个，1.2万名建档立卡人员来浙就业，超额完成国家下达的目标任务，为决战决胜脱贫攻坚贡献了浙江力量。省就业管理中心和宁波市就业管理中心被评为全国脱贫攻坚先进集体。

**三、以新时代浙江工匠培育工程为抓手，全面提升技能人才队伍建设水平**。出台《关于实施新时代浙江工匠培育工程的意见》。实施职业技能提升行动，支持鼓励企业开展线上技能培训，出台以工代训政策，帮助企业稳定岗位。全年开展职业技能培训168.6万人次。积极推进企业、社会培训评价组织开展技能等级认定试点，共888家职业技能等级认定机构开展试点，11.2万人取得技能等级证书，居全国第三。全省新增高技能人才23.64万人。新设立技师学院6所，筹建技师学院2所，全省招生5.6万人，同比增长13%，在校生数达到17.4万人，创历史新高。成功举办以"时代点燃梦想，技能改变人生"为主题的首届浙江技能大赛，进一步营造了技能成才、技能报国的浓厚社会氛围。我省选手在全国第一届职业技能大赛中获得5金7银7铜的优异成绩，团体总成绩位居全国第四。

**四、创新方式引育人才，加大人才供给支撑**。我们抢抓窗口机遇，大规模开展"云招聘""云路演""云签约""云评审""云分享"活动。完成浙江引才云一期建设，打造权威人才需求信息发布主渠道。全年引进各类人才126万人，其中大学生115万人。牵线嘉兴市与北京理工大学合作共建高能级人才平台。全年新设立企业博士后工作站171家，新增博士后1612人。出台《浙江省职称评审管理实施办法》，进一步推进工程领域职称社会化评价改革，推进企业科研人员自主评聘改革试点。出台《事业单位工作人员培训实施办法》。人力资源服务业加快发展，全年实现营收1852亿元，发布全国首个行业发展白皮书，制定行政许可

承诺办法和产业园创建评估办法。同时，制定义务教育教师工资收入与公务员比较口径，实现不低于当地公务员平均工资水平。认真做好疫情防控一线医务人员待遇保障和抗击疫情表彰奖励工作，落实一线医务人员提前晋升专业技术岗位等激励政策。

**五、着力完善政策制度，促进社会保障可持续发展**。按照中央关于改革和完善基本养老保险制度的总体部署，以省政府名义出台《关于规范企业职工基本养老保险省级统筹制度的实施意见》。依法规范被征地农民参加基本养老保险工作，在省委省政府的高度重视和高位部署推动下，我们严格按照国家规定，科学制定政策，坚持专班运作、系统联动、连续作战，各地以高度的政治自觉和行动自觉，在最短时间内推动被征地农民参保政策平稳落地，确保了社会面的整体稳定。同时，积极打好社保减负组合拳，全年共为企业减负1176亿元。按照国家部署调整全省退休人员基本养老金水平，调整城乡居民基本养老保险基础养老金最低标准，每月提高10元达到每月165元。首次开展工伤保险基金省级调剂，出台《关于创建工伤预防常态化工作机制的指导意见》。开展职业年金基金市场化投资运营和城乡居民基本养老保险基金委托投资。上线社保省集中系统，为全面实施省级统筹提供信息化支撑。开展全省失业保险基金管理内控专项检查，全面实施社保基金第三方审计和基金安全评估。

**六、以防范化解矛盾纠纷为重点，维护劳动关系和谐稳定**。我们坚持"双维护"原则，加强疫情期间劳动关系指导协调，明确疫情防控期间劳动关系相关政策解答口径，合理平衡企业和职工双方的权益。制定出台《浙江省共享

用工培育规范指引》。认真总结我省贯彻习近平总书记关于农民工工作"八个有"的经验做法，扎实做好为农民工服务工作。深化"浙江无欠薪"行动，建设企业工资支付监管平台，在1万多个在建工程建设项目中推广应用。全省90个县（市、区）全部达到"无欠薪"标准，我省在2017—2019年国务院对省级政府年度保障农民工工资支付工作考核中连续三年位居第一。积极稳妥处置众泰汽车股份有限公司欠薪等重大事件。充分发挥浙江劳动人事争议调解仲裁网络平台优势，引导劳动者在线维权，稳妥处理劳动纠纷，90%的案件在仲裁阶段案结事了。

**七、以"最多跑一次"改革为牵引，加快推进数字化转型。**我们全面梳理制定全省人社政务服务事项清单（2020年版），开展政务服务2.0建设。实施"对标争先、改革创新"行动，坚持省市联动，推动人社重点领域和关键环节改革任务落地见效。推动群众企业"一件事"改革，制定出台12个"一件事"办理规范。会同省委组织部，牵头实施事业单位工作人员职业生涯全周期管理"一件事"改革，相关经验做法被人社部发文推广。大力开展人社系统"减窗行动"，全省系统人工办事窗口数量同比减少57%。制定《银行办理社保经办业务服务指引》地方标准，进一步规范"社银合作"。扎实开展人社服务快办行动，强化系统行风建设，组织开展窗口业务技能大练兵大比武活动，荣获全国人社窗口单位业务技能统一在线比试团体一等奖。

## 城乡就业

**【概况】** 全省城镇新增就业111.81万人，完成目标任务的139.8%；城镇失业人员再就业47.7万人，完成目标任务的159%；就业困难人员实现就业12.79万人，完成目标任务的182.7%。城镇零就业家庭51户、消除51户，实现动态归零。城镇登记失业率为2.79%，城镇调查失业率4.3%。

**【创业带动就业】** 全省开展创业培训4.43万人，其中大学生1.62万人。发放创业担保贷款33.78亿元，贴息1.81亿元，创业担保基金余额11.45亿元。扶持创业4.18万人，带动就业12.36万人。截至2020年底，建成创业孵化基地418家，其中国家级6家，省级63家，大学生创业园216家。人社部门举办各类创业大赛183场，在浙江经视录播"奇思妙想浙江行"创业节目17期。

8月19日至20日，第四届"中国创翼"创业创新大赛浙江省决赛在湖州举行，由省人力社保厅主办，湖州市人力社保局、安吉县政府承办，39个项目参加省级决赛。

11月10日至13日，第四届"中国创翼"创业创新大赛全国选拔赛和决赛在江西景德镇举行，我省2个项目获得三等奖，2个项目获得优秀奖，省人力社保厅获得优秀组织奖。

12月30日，"奇思妙想浙江行"2020创业大赛总决赛在浙江电视台举行，由省人力社保厅主办，11个项目参加总决赛。

**【高校毕业生就业】** 疫情期间，联动全省举办"2020百万高层次人才云聘会""2020高校毕业生云聘会""2020年高校毕业生校园招聘月"等系列活动4300多场，组织企业19万家，推出岗位145万个，吸引580多万人次参与，达成初步意向60多万人。9月23日，成功举办

2020年浙江省秋季人才交流大会，共组织600家单位参会，推出岗位1.2万个，活动当天接待1.5万余人次，达成意向4200人。

全年，举办大学生就业能力提升培训线上线下讲座共20期，参训9000人；共参加见习2.94万人，帮扶58058名2020届离校未就业高校毕业生实现就业；共举办高校毕业生公益性专场招聘会2448场，推出各类面向毕业生的岗位186万个，举办高校毕业生就业指导咨询专场422场，服务毕业生10.6万人次。

**【公共就业服务活动】** 根据2020年全国公共就业服务专项活动安排，全省开展一系列专项活动。

1月至12月，举办2020年省内余缺调剂系列招聘会10场，共组织企业1700家，提供岗位48359个。

1月至3月，以"春风送真情，就业暖民心"为主题，开展"春风行动暨就业援助月"活动，加大政策宣传，促进农村劳动者和就业困难人员等实现就地就近就业。

3月至6月，以"职等你来 就业同行"为主题，开展百日千万网络招聘专项行动，专项行动期间举办招聘会1313场次，40多万家用人单位参与招聘，提供岗位300多万个，其中31.1万家单位面向毕业生提供岗位231.7万个，网上求职人数近200万人，其中毕业生求职人数132.7万人。

4月至12月，举办就业援助等日常公益性专场招聘会共35场，组织用人单位1075家，提供岗位1.1万个。

5月，举办"百日千万网络招聘专项行动"招聘会4场，共组织企业5330家，提供岗位13.4万个。

6月至7月，举办2020年（第十三届）浙江省技能人才校企合作线上洽谈会。共组织省内225家企业与省内外103所职技院校参会，提供岗位6400个，意向输送职技院校毕业生（实习生）4000余人。

7月，以"'职'在民企，'就'有未来"为主题，开展民营企业招聘月活动。招聘月期间，全省各级公共就业服务机构组织1.9万家企业参加招聘月活动，提供岗位信息29.8万个，举办招聘活动483次。

10月至11月，以"稳就业政策助力 保就业服务筑桥"为主题，开展金秋招聘月活动。活动期间，全省举办招聘活动625场次，共组织3.2万家企业参加招聘月活动，提供维权及法律援助1.3万人次，发放就业政策等宣传材料16.8万份。

11月至12月，开展高校毕业生就业服务周活动。活动期间，全省共组织高校毕业生现场招聘会94次，现场参加单位7294家，提供就业岗位19.7万个，网络招聘会参加单位4716家，提供就业岗位7.9万个，开展直播带岗21次，观看5.2万人次；开展各类型就业创业指导59场，开展万名企业HR经理进校园活动60场，参加活动的经营性人力资源服务机构132家。

10月至12月，举办2020年浙江省技能人才岗位进校园系列招聘会16场，共组织企业3783家，提供岗位9.2万个，进场应聘近3.8万人，现场达成意向1万人。

10月至12月，以"集中攻坚稳就业，精准服务保民生"为主题，开展"就业创业服务攻坚季"活动。活动期间，全省登记离校未就业高校毕业生共7.27万人（截至12月底，实现就业 5.8 万人；帮扶就业困难人员尽快实现就业，零就业家庭实现动态归零）。

省职业介绍服务指导中心全年举办各类线上线下招聘会 65 场，组织单位 11888 家，提供岗位 28.4 万个。

（王　帆　刘渊慧　刘真真）

## 养老保险

【概况】　全省企业职工基本养老保险参保人数为 2989 万人，比上年增加 182 万人，其中在职职工参保人数为 2161 万人；享受待遇人数为 828 万人，比上年增加 40 万人；根据决算数据，基金收入合计 3009 亿元，支出合计 4144 亿元，累计结余 2324 亿元，基金支付能力为 9.6 个月。全省机关事业单位养老保险参保人数为 222 万人，其中在职参保人数为 153 万人，纳入基金支付的退休人数为 69 万人；当期基金收入 620 亿元，当期支出 615 亿元，累计结余 94 亿元。

【养老保险待遇】　7月，省人力资源和社会保障厅、省财政厅印发《关于 2020 年调整退休人员基本养老金的通知》（浙人社发〔2020〕35号），增加机关事业单位和企业退休人员基本养老金；9月，省人力资源和社会保障厅、省财政厅印发《关于调整企业职工死亡后遗属生活困难补助费等标准的通知》（浙人社发〔2020〕39号），同步增加计划外长期临时工、死亡职工遗属的生活补助标准。

【养老保险企业减负】　2月，省人力社保厅等4部门联合印发《关于阶段性减免企业社会保险费有关问题的通知》（浙人社发〔2020〕13号），

对中小微企业、以单位方式参保的个体工商户等免征 2—6 月（费款所属期，下同）养老、失业、工伤保险的单位缴费；对大型企业、民办非企业单位和社会组织等单位减半征收 2—4 月养老、失业、工伤保险的单位缴费。6月，人社部、财政部、税务总局发文部署落实延长社保减免政策实施期限，随后省人力社保厅等3部门印发了《转发人力资源社会保障部财政部税务总局关于延长阶段性减免企业社会保险费政策实施期限等问题的通知》（浙人社发〔2020〕33号），将免征中小微企业、减半征收大型企业社保单位缴费的政策分别延长执行到 2020 年 12 月底和 6 月底。我省实施阶段性减免社保费政策共为企业减负 951.8 亿元。

【养老保险省级统筹】　12月，省政府印发《关于规范企业职工基本养老保险省级统筹制度的实施意见》（浙政发〔2020〕31号），自文件印发之日起，我省统一养老保险政策执行、统一基金收支管理、统一基金预算管理、统一责任分担机制、统一集中信息系统、统一经办管理服务、统一激励约束机制。

（杨灯云）

## 失业保险

【概况】　2020 年末全省失业保险参保人数 1687.42 万人，比上年增加 125.73 万人。全年领取失业保险金人数 38.81 万人，比上年增加 4.75 万人。基金收入 72.82 亿元，支出 154.34 亿元，累计结余 166.88 亿元。

【失业保险待遇】　失业保险金人均领取水平

1510.76 元／月，比上年增加 7.89 元／月。为 38.81 万失业人员发放失业保险金 27.33 亿元，为 36.93 万失业人员缴纳职工基本医疗保险费 6.01 亿元，发放价格临时补贴 1.78 亿元。

7月，省人力社保厅与省财政厅联合出台《关于贯彻落实〈人力资源社会保障部财政部关于扩大失业保险保障范围的通知〉的实施意见》（浙人社发〔2020〕31号），规定 2020 年 3 月至 12 月，领取失业保险金期满仍未就业的失业人员、参保缴费但不符合领取失业保险金条件的失业人员，可以申领 6 个月的失业补助金。全年为 15.94 万失业人员发放失业补助金 2.87 亿元。

**【失业保险基金促进就业预防失业】** 全省失业保险基金促进就业预防失业支出 115.99 亿元，占基金总支出的 75.15%，主要给受疫情影响的企业返还社保费 92.87 亿元，惠及 55.8 万家企业 877.64 万名职工；另有东部试点支出 14.1 亿元；稳岗补贴项目支出 7.92 亿元，惠及 6.92 万家企业 205.7 万名职工；发放技能提升补贴 1.09 亿元，享受职工 6.47 万人次。

**【失业保险阶段性降低费率】** 根据国家和省阶段性降低失业保险费率的相关规定，将失业保险单位缴费比例下调政策从 2020 年 4 月 30 日延长实施至 2021 年 4 月 30 日。全年为 140.3 万家用人单位减征 90.96 亿元（按用人单位费率从 1.5% 降到 0.5% 计算）。

**【落实阶段性减免社会保险费政策】** 根据国家和省阶段性减免社会保险费的相关规定，对中小微企业免征 2020 年 2 月至 12 月（所属期，下

同）、对大型企业等其他参保单位（不含机关事业单位）减半征收 2 月至 6 月失业保险的单位缴费。全年减征失业保险费 32.06 亿元。

（王　帆）

# 工伤保险

**【概况】** 全省工伤保险参保单位 149.52 万家，参保人数 2546.14 万人，其中农民工参保 1384.17 万人。工伤保险基金收入 38.83 亿元，支出 62.34 亿元，累计结余 77.13 亿元。全年认定工伤人数 16.16 万人。

**【工伤保险待遇】** 7月，省人力资源和社会保障厅、省财政厅印发《关于 2020 年调整退休人员基本养老金的通知》（浙人社发〔2020〕35号），自 2020 年 1 月 1 日起，与养老金同步调整提高一级至四级工伤职工伤残津贴、工伤退休人员养老金标准，增加金额低于当地此次企业退休人员基本养老金调整平均额度 120% 的，补足到该标准。9月，省人力资源和社会保障厅、省财政厅下发《关于调整企业职工死亡后遗属生活困难补助费等标准的通知》（浙人社发〔2020〕39号），自 2020 年 1 月 1 日起，对符合条件的因工死亡人员供养亲属抚恤金，每人每月增加 110 元。另外，随着全省在岗职工年平均工资的公布，对工伤人员生活护理费标准进行了相应调整提高，较去年人均提高 170 元，增幅为 7.7%。全省享受工伤保险待遇人数为 172013 人，其中职业病 160 人；因工死亡 1211 人；领取一至四级伤残待遇 4079 人；领取五至十级伤残待遇 80250 人；领取无伤残等级工伤待遇 74229 人；领取因工死亡供养亲属抚恤金

待遇 12244 人；领取生活护理费 3028 人；安装辅助器具 342 人。

【减负政策】 按照《人力资源社会保障部、财政部、国家税务总局关于阶段性减免企业社会保险费的通知》（人社部发〔2020〕11号）、《人力资源社会保障部办公厅、财政部办公厅、国家税务总局办公厅关于印发〈关于阶段性减免企业社会保险费有关问题的实施意见〉的通知》（人社厅发〔2020〕18号）等文件通知和省里贯彻意见，2020 年面向企业等用人单位实施了一系列工伤保险费免减降缓政策：自 2020 年 2 月起，免征中小微企业工伤保险费，免征期限不超过 5 个月；对大型企业等其他参保单位（不含机关事业单位）工伤保险费减半征收，减征期限不超过 3 个月；对受疫情影响生产经营出现严重困难的企业，可申请缓缴社会保险费，缓缴期限不超过 6 个月，缓缴期间免收滞纳金；继续施行阶段性降低工伤保险费率政策（工伤保险基金可支付月数在 18—23 个月的地区，除一类行业外现行费率下调 20%；可支付月数在 24 个月以上的地区，除一类行业外现行费率下调 50%），并将实施期限延长至 2021 年 4 月 30 日等。通过一系列政策的贯彻落实，全省共减征工伤保险缴费 52.9 亿元，切实减轻了企业负担。

【工伤预防】 11月，出台《浙江省人力资源和社会保障厅关于创建工伤预防常态化工作机制的指导意见》（浙人社发〔2020〕44号），在全国人社系统率先建立机制、开展常态化工伤预防工作，推动工伤预防责任制的全面落实，有效降低工伤发生率。

【工伤保险省级调剂】 12月，在今年大规模减费降负、不少地方出现基金赤字的情况下，经过前期充分测算和评估，并请示省政府同意，与省财政厅共同下发《关于拨付 2019 年度工伤保险省级调剂金的通知》（浙财社〔2020〕145号），对玉环市、瑞安市、宁海市、兰溪市、松阳县、永康市、新昌县、缙云县、遂昌县、建德市、龙游县、江山市、庆元县等 13 个市县，共下拨工伤保险调剂金 5131 万元，保证了基金平稳运行和待遇发放。

【劳动能力鉴定】 全省共申请劳动能力鉴定 105108 人，96716 人鉴定了伤残等级，375 人评定了生活障碍程度。

（王 黎）

# 城乡居民基本养老保险

【概况】 全省城乡居民基本养老保险年末参保总人数 1146 万人，比上年末减少 53 万人，下降 4.4%，年度新增首次参保人数 21 万人，参保覆盖率巩固在 96% 以上。其中城镇居民参保人数 159 万人，农村居民参保人数 987 万人；参保女性人数 609 万人；60 周岁及以上领取养老金人数 535 万人（农村居民领取养老金 467 万人）。2020 年个人缴费水平全省平均 709 元／年，养老金水平全省平均 289 元／月，按时足额发放率保持 100%。全年全省城乡居保基金收入为 301 亿元，增长 70%；基金支出为 201 亿元，增长 12%；当年收支结余 100 亿元，年末滚存结余为 255 亿元，其中，年末个人账户结余 247 亿元，基金支付能力 15.2 个月，比上年末增加 4.8 个月。

**【城乡居民基本养老保险基础养老金标准调整】**
7月，随着国家基础养老金标准调整为93元（增加5元），我省再次调整提高省定基础养老金最低标准（增加10元），达到165元，位列全国第八。各统筹区在省定基础养老金最低标准基础上，根据地方实际予以适度提高，目前全省最高标准为260元，最低标准为170元，全省平均标准为233元。

**【城乡居民基本养老保险基金委托投资运营】**
根据人社部、财政部《关于加快推进城乡居保基金委托投资工作的通知》（人社部发〔2018〕47号）要求，我省已开展存量基金委托投资，2019—2021年共归集100亿委托全国社保基金理事会进行投资运营。2020年，省政府已与全国社保基金理事会进行城乡居保基金委托投资签约按计划到位了60亿元。

**【城乡居民基本养老保险扶贫】** 各地认真落实《关于加快实现贫困人员城乡居民基本养老保险应保尽保的通知》（浙人社办发〔2019〕2号），对年满60周岁、未领取国家规定的基本养老保险待遇的低保对象、特困人员，纳入城乡居保制度按月发放基础养老金。截至2020年底，低保、特困人员等参加城乡居民养老保险代缴费人数18.9万人，年代缴保费金额3279.6万元；享受城乡居民养老保险待遇人数24.9万人，其中按浙人社办发〔2019〕2号文件受益人数0.8万人，实现了符合条件的低保、困难人员享受待遇应发尽发。

**【个人缴费收入大幅增长】** 全省全年城乡居民基本养老保险个人缴费收入107.01亿元，增长294.7%。主要原因：一是规范被征地农民参加基本养老保险工作，原参加企业职工基本保险的超龄等人员平移至城乡居民基本养老保险，其一次性缴费收入同步转入城乡居民基本养老保险基金，金额达63.83亿元；二是根据浙人社发〔2020〕57号文规定，2020年提高了最低缴费标准、增设了高缴费档次，个人当期缴费收入增幅较大（131.1%）。

**【被征地农民养老保障】** 全省新增纳入养老保障的被征地农民39万人，其中参加被征地农民基本生活保障6.7万人，领取待遇人数1.8万人；参加职工基本养老保险32万人，领取待遇人数6.9万人；当年从基本生活保障转入职工基本养老保险人数23.6万人，领取待遇人数6万人。全省纳入养老保障的被征地农民共655万人，其中参加被征地农民基本生活保障129万人，领取待遇人数66万人；参加企业职工基本养老保险526万人，领取待遇人数292万人。期末累计从基本生活保障转入职工基本养老保险人数356万人，其中领取待遇人数242万人。当年被征地农民基本生活保障基金收入134万元，保障金待遇支出54万元，累计结余征地保障资金271亿元。

**【进一步规范被征地农民参加基本养老保险】**
12月，省人力社保厅、省财政厅、省自然资源厅、省税务局4部门出台了《进一步做好被征地农民参加基本养老保险工作的通知》（浙人社发〔2020〕61号），被征地农民参加职工基本养老保险不得超过法定退休年龄、不得通过一次性补缴方式增加缴费年限，原参加企业职工基本保险的超龄等人员平移至城乡居民基本养老保险，其一次性缴费收入同步转入城乡居民基本养老保险基金，涉及平移人数47410人，金额达63.83亿元，人均缴费收入13.5万元。

（沈中明）

## 社会保险基金监督

【基金监督制度】 5月，研究出台《关于印发浙江省社会保险基金监管系统应用规则的通知》（浙人社办发〔2020〕15号），规范了应用社会保险基金监管系统开展非现场监督的实施流程，明确了各级社会保险基金监督机构、社会保险经办机构、信息管理机构职责，建立了实时预警监控、定期数据核查、分级解决疑点信息等工作机制。

【基金监督检查】 3月至8月，聚焦数字化改革思路，研究提出对标争先改革创新"社保基金智慧监管试点"，选定湖州、金华开展试点。6月至8月，根据人社部部署，全省组织开展全省企业职工基本养老保险提前退休问题专项核查。检查以人社部下发的疑点数据为重点，围绕突破政策、违规审批和欺诈骗保等三方面问题查找风险隐患，自查面100%。6月至10月，根据人社部部署，全省组织开展失业保险基金管理内控专项检查，以失业保险"三个全面取消"和关系转移接续、重要信息变更、补贴发放、待遇支付等为重点开展检查，自查面100%，共发现60余个风险点。10月底，人社部组成检查组对宁波市本级及慈溪市开展失业保险基金管理内控抽查。6月至10月，组织完成实施三类审计项目：一是对省社保中心开展社保基金管理风险专项检查，二是对杭州市本级及临安区，湖州市本级及德清县，台州市本级及椒江区开展失业保险基金管理内控、2019年专项检查整改情况"回头看"及社保基金优惠利率政策落实情况检查，三是对绍兴市本级及柯桥区新昌县，金华市本级及永康市、兰溪市，丽水市本级及松阳县、缙云县开展社保基金安全评估复评。

【社保基金投资运营】 6月，会同省财政厅按时完成第二批40亿元城乡居民基本养老保险基金委托全国社保基金理事会投资运营工作。

【年金监管】 4月至7月，组织开展企业年金基金管理运营风险排查工作，将排查发现问题通报各企业年金基金管理机构、企业年金理事会，约谈有关单位负责人，督促限期整改到位。全省累计建立年金制度企业4472家，比上年增加494家；净资产490.99亿元，比上年增加88.86亿元。

（商卓群）

## 社会保险经办管理

【省本级社会保险概况】 省本级企业职工基本养老保险参保人数为44.37万人，享受待遇人数为13.72万人，月人均养老金水平为5330元；基金收入994亿元，支出1049亿元，累计结余433亿元，基金支付能力为4.96个月。省本级工伤保险人数为41.52万；基金收入2.20亿元，支出2.35亿元，累计结余3.05亿元。

【省本级社会保险待遇调整和发放】 根据省人力资源和社会保障厅、浙江省财政厅《关于

2020年调整退休人员基本养老金的通知》（浙人社发〔2020〕35号）文件，省社保中心积极调度全省经办机构准确把握政策要点，统一经办口径，加强部门间协调联动，确保7月底顺利完成养老金调整任务。全省779.5万名企业退休人员养老金调整，合计增发73.7亿元。省本级企业退休人员调整人数13.15万人，平均调整额度225.29元／月。2020年省本级离休、退休和退职人数为13.72万人，全年发放养老金为87.06亿元。全年共支付工伤保险待遇1.78亿元，2020年工伤伤残津贴、生活护理费、供养亲属抚恤金三项定期待遇调整涉及702人，月人均增加伤残津贴270.35元、生活护理费168元、供养亲属抚恤金110元。

**【社会保险稽核】** 印发《加强社会保险数据质量稽核工作方案》（浙社保〔2020〕6号）文件，以"数据稽核、系统防控"为主线，压实数据质量主体责任，夯实数据质量基础。以系统省集中工作为契机，在各地数据向省集中的过程中，制定数据校验规则，检查各地业务生产数据的真实、准确、完整情况。通过全民参保登记系统与民政、公安、司法等部门实现数据共享比对，核查死亡冒领、服刑人员违规人员违规领取等情况，并常态化开展工作。

**【社会系统省集中】** 在2019年完成省本级和金华试点工作的基础上，2020年全省新增9个地市完成社保系统向省级集中。目前除宁波之外，其他10个地市已经上线运行，目前总体情况良好。省集中社保系统覆盖了基本养老、工伤保险、失业保险、城乡居保等险种。省集中后我们可以通过系统实时监控全省业务经办，掌握各险种的参保人数和待遇发放情况。同时，省集中系统对接了人社部、税务、大数据、市场监管、医保局等外部单位，建立了与全民参保、人社一体化平台、社保卡管理系统、电子档案系统等内部系统接口。整个系统功能完善，接口齐全，服务畅通，基本保障了社保业务经办、公共服务等业务要求，实现了窗口、网上、自助、掌上等多渠道服务。社保系统省集中也解决了原先社保信息系统"孤岛"问题，各项业务报表能通过系统统计，真正做到用"数据说话"，为社保行政部门的政策决策提供基础数据。

（徐　洁）

# 人才开发和市场管理

**【高层次人才引进和人才项目洽谈】** 赴北京、武汉、成都、西安、哈尔滨举办系列引才活动，共接洽高层次人才3.8万余人，达成初步就业意向1.1万人次。线上线下结合举办"2020浙江－港澳现代服务业高端人才招聘"系列活动，组织173家单位参会，邀约配置人才630名，吸引2万余人参与。为落实省委全会精神，6月在浙江省人才服务平台开辟"揭榜挂帅"项目对接专区，向全国知名高校和科研院所定向推送"揭榜挂帅"项目。截至12月底，已有1197家企业发布1598个项目，总金额共计78.18亿元，有1093个项目被揭榜，其中揭榜成功266个，涉及金额10.89亿元。成功对接北京、武汉、成都等8个城市76所高校169家科研平台，71个专家及团队有初步揭榜意向，42个项目对接成功。全省大力实施各类引才活动，增强引才服务效果，全年引进各类人才126万人，其中来自海外 2.7 万人；新引进大学学历以上人才 114 万人，其中外籍人才 6399 人。

**【人力资源服务业发展】** 1 至 4 月，人力资源服务机构助力疫情防控和企业复工复产，共提供免费人力资源服务 22.7 万家次，实际到岗员工 92.7 万人，助力 3.8 万家规上工业企业员工到岗率达到 98.5%。3 月 4 日，召开全省推进人力资源服务机构助力企业用工保障视频会议。助力决战决胜脱贫攻坚，通过人力资源服务机构途径，直接解决建档立卡人员就业的有 47.2 万人，占浙江全省建档立卡人员的 28.6%。其中稳定就业 3 个月以上的 31.9 万人，"三区三州"和 52 个未摘帽贫困县地区的 1.8 万人。7 月 27-28 日，组织 20 家人力资源服务机构，赴四川开展就业扶贫和人力资源服务对接。9 月 7 日，印发《浙江省省级人力资源服务产业园创建和评估办法（试行）》（浙人社发〔2020〕40 号）。10 月 27 日，成功举办 2020 中国（浙江）人力资源服务博览会。11 月 5 日，成功举办中国（宁波）人力资源服务创新创业大赛。11 月 8 日，发布《2020 浙江省人力资源服务业发展白皮书》和机构榜单，这是全国首个人力资源服务业发展白皮书。截至年底，全省共有人力资源服务机构 5085 家，同比增加 952 家；全年营业收入 2288.29 亿元，同比增速 23.51%；从业人数 8.49 万人，举办各类现场招聘会 1.23 万场次，猎头成功推荐 4.2 万人，为单位提供服务 263.24 万家次，帮助实现就业和流动 1190 万人次。

**【大学生来浙暑期实践活动】** 为前移引才关口，提升就业质量，7 至 8 月，会同省委组织部、清华长三角研究院开展第二届"青年才俊浙江行"活动，组织清华、北大、复旦等 12 所高校的 54 名学生来浙开展实践和技术交流活动。合作完成项目 19 个，提出合理化建议 22 条，申请专利 1 项，获得企业好评。

**【人才服务数字化转型】** 建设浙江"引才云"平台，打造全省权威人才需求信息发布主渠道，初步建成覆盖岗位发布、视频面试、线上签约等全流程一体化的云端招聘体系，实现线下招聘"无纸化"功能。迭代省人才服务平台，完善省特级专家、省级引才计划等申报系统。截至 12 月底，平台总访问量达 670 多万人次，日活 1.1 万人，吸引来自全球 79 个国家和地区，国内 34 个省（区、市）的人才点击访问，累计为人才提供各类服务 228 万人次。依托浙江政务服务网、浙里办 APP 和省人才服务平台，建设省人才码平台，指导各市在省平台上搭建市级平台，实现全省"一张网"。截至 12 月底，平台上已归集全省政务服务、双创服务、生活服务等 3 大类 52 小类 2072 项服务事项。人才凭码可在线上快捷办理项目申报、政策兑现、安居落户、出入境等政务服务事项，在线下享受健康医疗、运动休闲、交通出行等优惠服务，初步实现"一码在手，服务全有、全省通用"。

**【流动人员档案管理服务】** 全年流动人员人事档案增至 23 万余份，全年受理"最多跑一次"10.4 万余件，窗口接待群众办事 2.6 万人次，网上办件总量为 2.5 万件。完成初定职称 3000 余人，中高级职称评审 1590 人。根据深入推进"最多跑一次"改革要求，已完成 22 万份档案影像化扫描，档案电子化率达 95.7%。

在此基础上，进一步精简材料、推动数据共享、流程再造，所有事项均实现"网上办、掌上办"。牵头"高校毕业生就业一件事"，完成事项梳理、办事指南编制等工作。指导杭州、金华两地开展档案管理服务跨区域办理，实现两地跨区域、跨层级通办。

**【挂靠党员教育管理工作】** 省人才市场人事代理人员党委原有党员9081人，按照应转尽转原则开展属地化管理工作后，已转出党员8278人，目前保留803人，支部从300个缩减到31个。同时，加强保留党员支部建设，探索建立符合流动人才党员特点的日常管理服务模式，制定规范化管理的"1+N"制度，利用翼党建平台基本实现数字化管理，受到中组部肯定，为全国流动人才党员教育管理提供了浙江经验。

**【青年人才培养】** 开展第四批浙江省"万人计划"青年拔尖人才评审选拔工作，共遴选优秀创新创业青年人才100名。

**【"三支一扶"工作】** 我省共有在岗"三支一扶"志愿者150人，其中，9月新招募志愿者111人，续签志愿者39人。150名志愿者已到丽水、衢州、金华、温州、舟山等服务地报到上岗，主要从事支农、支教、支医和扶贫等志愿服务。

（郑 伟 刘渊慧）

# 专业技术和留学人员管理

**【专技人才知识更新工程】** 推进继续教育基地发展壮大，新增杭州电子科技大学为国家级基地，浙江财经大学、浙江华博特教育科技有限公司为省级基地，指导41家省级基地制定年度培训计划；根据省级专业技术人员高研班引导目录，遴选确定256期省级高研班（其中经费资助56期），获批5期国家级高研班；累计培训高层次紧缺急需和骨干人才2万名，专业技术人员岗位培训220万人次。

**【专家选拔和服务】** 完成车俊书记主持的2020年省领导重点调研课题任务的研究，形成《打造高素质专业技术人才队伍对策研究》调研报告，为领导决策提供了参考；做好各类人才项目的选拔推荐工作，全省共新增享受政府特殊津贴专家100人，入选国家百千万人才工程10人，选拔钱江人才计划C、D类项目44项，部署了年度省万人计划青年拔尖人才的选拔工作，选拔青年拔尖人才100名，配合省委组织部开展"鲲鹏计划"和省海外引才计划遴选工作；深入开展专家服务基层工作，指导宁波、嘉兴专家服务脱贫攻坚服务团开展服务活动，累计选派666名专家赴黔西南州、延边州和云南泸水市开展服务活动，组织36名专家赴衢州、丽水开展服务活动，均取得显著成效。

**【博士后科研工作站】** 全省共建有博士后科研流动站96个，国家级博士后科研工作站261个，省级博士后科研工作站808个。会同省委组织部人才办、省财政厅，高质量完成车俊书记有关博士后重要批示的办理，并协助省财政厅制定了浙江省博士后经费管理办法，为我省博士后事业的发展拓展了空间；加大企业博士后工作站设站和招收力度，新设立企业博士后工作站171家，获批国家级博士后科研工作站

44 家，新招收博士后研究人员 1612 人；完成 2020 年省博士后科研项目择优资助工作，共资助 167 项，其中特等资助 10 人，一等资助 30 人，二等资助 127 人。

【职称制度改革】 第一时间出台激励我省疫情防控一线医务工作者职称评聘倾斜政策，鼓励和引导专业技术人员积极投身疫情防控一线；作为长三角合作人社专题组 2020 年轮值方，牵头制定出台了一体化示范区专技人才职称、职业资格和继续教育学时互认办法；研究制定了《浙江省职称评审管理办法》，规范评审程序，加强评审管理，确保评审质量；进一步扩大中小学教师自主评聘改革范围，推进安防工程等工程技术领域社会化评价改革以及吉利汽车研究院等重点企业科研人员的自主评聘改革；完成浙江省职称申报与评审系统的开发并投入使用，全年为全省 898 个评委会，3.4 万个法人用户和 14 万个人用户提供职称申报评审服务。

【职业资格考试管理】 会同省经信厅完善了工业设计职业资格制度，出台了《浙江省工业设计职业资格制度试点工作暂行办法》《浙江省工业设计职业资格考试实施办法》和《浙江省高级工业设计师职业资格评价条件（试行）》；做好疫情防控常态化下专业技术人员职业资格考试，顺利完成全年专业技术资格考试计划，全年考试报名 105.6 万人次，取得相应专业技术资格 22.5 万人次。

【留学人员创业和科技项目资助】 获人社部留学人员回国创业启动支持计划 5 项，人社部海外赤子为国服务行动计划 1 项。

【专家和留学人员科研服务活动】 专家助力东西部对口扶贫协作。根据四川省厅的需求，分别于 7 月、10 月，组织教育、医疗和农林产业领域专家，赴广元市、阿坝州开展脱贫攻坚服务活动，并与四川省专家中心签署专家资源共享协议。专家助力对口支援新疆阿克苏。根据省援疆指挥部的需求，10 月组织园区运营、创业扶持、风险投资等方面的专家，赴阿克苏开展智力帮扶活动，通过讲座、经验分享、现场辅导等方式，助力当地提升人才创新创业能力和园区运营管理水平。建立"留日人才之家"。"海外人才之家"是海外人才交流联谊、链接人才、以才引才的聚才平台，是党和政府支持海外人才创业创新的服务综合体。引导湖州市建立"留日人才之家"，发挥暖才、链才、引才和助才等四项作用，努力打通海外引才的"毛细血管"。9 月上旬，"留日人才之家"在湖州市人才创新创业服务综合体成立。

【海外高层次人才引进】 举办国际青年人才论坛。以论坛为名，行引才之实。面对今年全球疫情新情况，以"线上"+"线下"的模式，举办国际青年人才论坛。10 月下旬，会同湖州市举办首届世界青年博士南太湖论坛暨 2020 南太湖精英峰会，邀请海内外 800 多名优秀青年博士参会。11 月上旬，会同舟山市举办第二届中国（浙江）自贸试验区"海洋经济"国际青年人才论坛，邀请 1000 余名海内外青年人才参会。今年论坛实现了人才交流由"屏对屏"代替"面对面"，最大限度确保疫情期间人才洽谈不断链、项目引进不受阻。举办新加坡人才项目云路演对接会。10月30日,在杭州市智慧网谷小镇举办海外人才项目云路演对接会,并在湖州、嘉兴、绍兴设立分会场,以云端连线、在线互动的方式,与新加坡人才开展项目路演对接。对接会上,海外人才推介了32个项目,涉及人工智能、生物医疗、环保科技、新材料等多个领域,与我省80多个人才平台以及6家投资机构进行了交流洽谈。

【专业技术人才队伍建设、培养工作】 依托高研班平台,加强高层次人才队伍建设。根据《浙江省人力资源和社会保障厅办公室关于印发2020年度国家级和省级专业技术人员高级研修班计划的通知》(浙人社办发〔2020〕22号)文件,围绕数字经济、乡村振兴、疫情防控与科研、八大万亿产业、企业家能力等重点产业发展领域,举办国家级和省级高级研修班106期,完成9500人次高端人才继续教育。完善专业技术人员继续教育管理系统,推进专业技术人才岗位培训。专技人员继续教育系统注册人数12万人,累计发布在线课件107门,全年在线学习173万人次。加快数字化改革进程,提升专技人员公共服务数字化水平。已完成与台州、金华、衢州、杭州、绍兴、舟山、丽水、宁波、嘉兴等9个地市人社部门专技继续教育平台的数据对接,实现省集中归集数据近3000万条。已有经济、地勘工程、土管工程、测绘工程、环保工程、农业工程、农业技术、安全工程、食药监和海洋渔业等10个专业系列使用系统平台进行学时登记管理。自行注册和数据共享接入的专技人员涵盖59个行业,共计90多万人。

(汪小洲　郑　坤　韩凯军)

# 人事考试管理

【概况】 省人事考试院坚持"公平、公正、科学"的工作理念,成功克服新冠疫情带来的防控压力以及考点落实、考试叠加等方面工作压力,下半年完成了各项人事考试80余项,全年累计报名考生人数达到1283069人(2019年为1054973人),同比增长21.7%,总科目数超过2661660个(2019年为2422497个),同比增长9.9%;完成各类考试笔试命题22套、面试命题18套。一是完成各级公务员招考。累计报考人数达到386184人,其中2020年"省考"人数达到296752人;新增面向清华北大定向选调考试。二是完成各类专业技术资格考试。2020年累计报考人数达到681566人。其中,社会工作者考试报考人数超过14万人,占到全国考生的23.3%;二级建造师报考人数超过19万人,同比增长25.4%。三是完成各类社会化考试。其中,两次全省事业单位统考为省直单位和全省60个市县提供服务,累计报名考生超过21.4万人,同比增长将近一倍(98%)。全省各类人事考试报考总人数创造了历史最高点,为我省各级机关企事业单位选拔和评定了大量优秀人才,有效推动了我省高素质人才队伍的建设,为加快打造与建设"重要窗口"相匹配的人才队伍提供重要支撑。

【考试制度和考试安全】 8月,持续在全省人事考试系统开展"警示教育月"活动,加强人事考试作弊打击力度,净化考试环境,全省共认定和处理了考试违纪违规考生454人,取消全科成绩43人,取消单科成绩411人。

【考试管理机构建设】 全年共举办三次业务培

训，各市人事考试骨干力量和绝大多数县（市、区）的人事考务人员分别参加了培训，提升全省人事考试系统工作人员的业务能力。

（姜海峰）

# 职业技能建设

**【高技能人才培养】** 全省高技能人才达321.8万人，占技能人才总数的31.7%。2020年8月14日中共浙江省委办公厅浙江省人民政府办公厅印发《关于实施新时代浙江工匠培育工程的意见》的通知（浙委办发〔2020〕36号）。12月31日，我厅会同省财政厅公布2020年浙江省技能大师工作室名单，有40个项目单位入选。12月14日，人力资源社会保障部办公厅财政部办公厅发文公布2020年国家级技能大师工作室名单，其中，我省有5个技能大师工作室入选。

**【职业技能培训】** 全年开展大规模职业培训，全省参加补贴性职业技能培训人数为168.6万人。2月，会同省财政厅下发《关于在疫情防控期间支持企业开展线上职业技能培训工作的通知》（浙人社发〔2020〕9号）。8月，会同省财政厅下发《关于开展企业以工代训补贴工作的通知》（浙人社发〔2020〕36号）。9月，会同省财政厅下发《关于进一步加强职业技能提升行动管理的通知》（浙人社发〔2020〕41号）。12月，会同省市场监管局、省建设厅下发《关于开展营利性民办职业技能培训机构开办"一件事"改革的通知》（浙人社发〔2020〕59号）。

**【职业技能大赛】** 1月，我厅发文公布2019年度浙江省技术能手名单，83名在全省各类职业技能竞赛中取得优异成绩的选手获得"浙江省技术能手"称号。8月，浙江省人民政府办公厅发文公布关于举办浙江技能大赛的通知，2020年浙江技能大赛在宁波举行，大赛分省赛精选项目和世赛选拔项目，其中省赛精选项目28个，世赛选拔项目2个。9月，我厅发文公布2020年省级职业技能大赛计划，全省共组织开展省级比赛59项，其中，省级一类大赛26项、省级二类大赛33项。12月10日至13日，中华人民共和国第一届职业技能大赛（以下简称"第一届全国技能大赛"）在广州举行，大赛共设86个比赛项目，全国各省（区、市）、新疆生产建设兵团和有关行业组成36支代表队，共计有选手2557名，裁判2376名参与比赛，这是新中国成立以来首次举办的规格最高、项目最多、规模最大的全国性、综合性职业技能赛事。我省派出的95名选手参加了其中84个项目（珠宝加工、可再生能源两个项目没有选手参赛）比赛，我省选手在本届全国技能大赛上表现出色，共获得6金8银8铜52个优胜奖（其中：我省选手代表行业参赛获得1金1银1铜，按照人社部统计口径，奖牌数和团体总分未计算在我省），荣登团体总分第四名，展现了浙江工匠的精湛技艺和顽强品质，为浙江赢得了荣誉。

**【职业技能鉴定】** 1月，省人力资源和社会保障厅办公室印发《2020年浙江省职业资格鉴定计划的通知》，明确人社部门实施范围内45个职业的鉴定安排。3月下发《关于在技工院校开展职业技能等级认定试点工作的通知》（浙人社办发〔2020〕6号）。5月，《浙江省人力资源和社会保障厅关于有序恢复职业技能线下培训和技能人才评价活动的通知》，有序恢复职业技能线下培训和技能人才评价活动。7月13日，印发《浙江省职业技能等级认定试点工作指南（试行）》（浙人社办函〔2020〕9号）。8月，转发《人力资源社会保障部办公厅关于做好水平评价类技能人员职业资格退出目录有关工作通知》（浙人社办发〔2020〕27号），提出我省贯彻实施意见，确保了全省职业资格退出目录的平稳有序进行。11月，下发《关于开展职业技能等级认定试点社会培训评价组织遴选工作的通知》（浙人社办发〔2020〕35号）。12月，下发《关于开展全省技工院校职业技能等级认定试点评估工作的通知》（浙人社办函〔2020〕24号）。12月，全省水平评价类42个职业44个工种退出国家职业资格目录，实行社会化职业技能等级认定。截至12月31日，全省参加职业技能人才评价共计752882人次，获得证书624938人次，其中职业技能鉴定625622人次，获得国家职业资格证书513094人次。全省参加高技能人才评价268450人次，获得证书223082人次，占获证总数的35.70%。

**【职业技能等级认定】** 3月，《浙江省人力资源和社会保障厅办公室关于在技工院校开展职业技能等级认定工作的通知》（浙人社办发〔2020〕6号），在技工院校开展职业技能等级认定试点；7月，浙江省人力资源和社会保障厅办公室关于印发《浙江省职业技能等级认定试点工作指南（试行）》的通知（浙人社办函〔2020〕9号），全面推进等级认定试点工作。企业、技工院校、社会培训评价组织申报备案全部在一体化系统中无纸化运行。截至2020年12月31日，全省职业技能等级认定机构备案共888家，其中试点企业822家，技工院校65家，社

会培训评价组织1家。开展等级认定127260人次，发放等级证书111844人次，我省技能等级认定总量位居全国第4位。

**【职业技能评价管理】** 联合阿里巴巴（中国）教育科技有限公司、浙江旅游职业学院做好《呼叫中心服务员》《客户服务管理师》《营养配餐员》和《人工智能训练师》国家职业技能标准的开发工作。会同省海港集团、杭州第一技师学院等单位开展《起重装卸机械操作工》《电梯安装维修工》《空调制冷系统安装维修工》《电切削工》等4个国家级题库的开发编写工作，其中《起重装卸机械操作工》《电梯安装维修工》已通过终审。公布企业人力资源管理师等45个职业资格全省统考及定期鉴定考核方案；编辑出版18个职业58个等级考试指南（电子书），开发考前练习小程序，免费供考生学习。除企业人力资源管理师继续实行机考以外，在全省统一鉴定中对12个职业共20个等级全面推行机考，并由原来的提前组卷改为考前30分钟由系统自动组卷、自动推送。会同金华市人力社保局探索建立技能人才继续教育制度，金华市人力社保局制定出台了技能人才继续教育管理办法和学分管理办法，开发搭建了继续教育网上学习平台和手机端APP学习程序，建立了"线上"与"线下"相结合的继续教育公共服务体系，在全国率先探索建立了技能人才继续教育制度，《技能中国》对此进行了宣传报道。

**【公共实训基地建设】** 12月，人力资源社会保障部办公厅财政部办公厅发文公布2020年国家级高技能人才培训基地名单，其中，我省有5个项目单位入选。

【技工院校发展概况】 全省共有技工院校83所，其中技师学院28所；在职教职工总数13452人，其中文化技术理论课教师8272人，生产实习指导教师2621人，一体化教师4996人。招生人数5.6万人，在校学生17.3万人，毕业生人数3.5万人；全省技工院校培训社会人员39万人。6月，省政府下发《关于设立舟山技师学院、龙泉青瓷宝剑技师学院的批复》（浙政函〔2020〕61号），同意设立舟山技师学院、龙泉青瓷宝剑技师学院。

【技工院校教学管理】 全省技工院校新设专业和实施性教学计划实行备案制，共收取新设专业备案材料104份、实施性教学计划备案材料1181份。2月，开展疫情期间线上教学指导推广工作，全省61所技工院校制定了线上教学方案和总结材料并上报备案。率先全国开展技工院校思政课规范化建设工作，完成我省技工院校首批6所"思政课建设引领校"的综合评定，并继续推动第二批引领校建设。以加强技工院校教学管理工作的标准化和信息化建设为引领，统筹推进"浙江技工院校教学工作评价"体系建设。7月，人力资源社会保障部办公厅下发《关于公布2020年度劳动出版"技能雏鹰"奖（助）学金获奖名单的通知》，其中我省宁波技师学院刘宇城等7名同学获奖。9月至12月，根据人社部教材办统一部署，组织专家对全省技工院校教材内容进行排查，进一步规范了教材选用管理。12月，组织专家抽查了宁波、温州2个市地7所技工院校的实施性教学计划执行情况。

【技工院校教研教改】 全年组织开展全省技工院校教研教改活动共31次。4月，全省技工院校世界技能大赛工业机器人系统集成赛师资提升教研活动在线上开展。6月，全省技工院校学生思想政治·文化素养学习竞赛省级决赛在线上举办；首次开展浙江省技工院校十大最受欢迎专业评选活动，"浙江人社"微信公众号上的网络总投票数共22万。8月，全省技工院校电商教师新媒体运营能力提升教研活动在杭州开展。9月，技工院校学生学籍管理工作专题研讨会在杭州召开。10月，全省技工院校第五届学生数学素养知识竞赛在线上开展；全省技工院校建筑与艺术应用专业教师创意设计比赛在杭州举办；浙江省技工院校第三届学生男子3VS3篮球校际邀请赛暨首届学生3VS3（男子）篮球联赛总决赛在宁波举办；全省技工院校新能源汽车专业微课、微讲课教学比赛在杭州举办。11月，全省技工院校电气自动化设备安装与维修专业高级工段学生职业技能水平抽测在杭州开展；新时代机电一体化人才培育论坛活动在宁波举办；全省技工院校烹饪专业青年教师基本功比赛在金华举办；人力资源和社保保障部组织举办的第二届全国技工院校教师职业能力大赛总决赛在浙江举办，有全国30个省282名技工院校教师参赛，我省2人获一等奖、5人获二等奖、2人获三等奖，并获得优秀组织奖。12月，全省技工院校会计专业师生技能比赛在杭州举办；人力资源和社会保障部组织举办的第一届全国职业技能大赛在广东举办，来自全国各省（区、市）、新疆生产建设兵团和有关行业的36个代表团的2557名选手参赛，共有291名选手分别获得86个项目的金、银、铜牌。我省参加84个项目比赛，共获得金牌5枚、银牌7枚、铜牌7枚、优胜奖52个，团体总分位居第4名；我省技工院校师生学习习近平总书记在全国劳动模范和先进工作者表彰大会上的重要讲话精神和致首届全国职业技能大赛贺信精神第一批集中交流会在杭州举行，来自11个地市、不同办学层次的12所技工院校书记、校长作专题汇报交流。2020年全省技工院校教学业务调研重点课题立项34个，一般课题立项77个；重点课题通过结题33个，一般课题通过结题67个。

**【技工院校师资队伍】** 全省技工院校在职教职工总数13452人，其中文化技术理论课教师8272人，生产实习指导教师2621人，一体化教师4996人。

**【技工院校教材建设】** 根据中国就业培训技术指导中心的部署，2019年6月省教研所牵头杭州技师学院、广州市交通技师学院等8所学校组织开展新能源汽车检测与维修专业《国家技能人才培养标准》和《一体化课程规范》的编制工作。中国就业培训技术指导中心组织召开第三批国家技能人才培养标准和一体化课程规范评审会，新能源汽车检测和维修专业《国家技能人才培养标准》和《一体化课程规范》顺利通过验收。2020年省教研所组织开发的职业技能培训丛书中有6册荣获第33届华东地区科技出版社优秀图书二等奖，分别是《电类专业技师研修项目精选》《餐饮创业与管理》《无人机操控与维修》《康复与护理基础知识》《康复与护理实训技能》《工业机器人传感技术与应用》。

**【技工院校综合管理】** 1月，厅办公室印发了《转发浙江省人民政府办公厅关于切实做好新型冠状病毒感染的肺炎疫情防控工作的紧急通知》，指导技工院校做好疫情防控工作。2月，印发了《关于鼓励技工院校师生助力企业复工的通知》，鼓励技工院校积极响应省委、省政府的号召，组织动员技工学校、技师学院教师和学生参与复工，着力帮助企业解决"招工难、用工荒"问题。3月，印发了《关于做好技工院校春季开学有关工作的通知》，指导技工院校做好疫情期间开学工作。6月，经省技工院校高级专业技术职务任职资格评审委员会评审通过，温作锐等41位同志具有技工院校教师高级专业技术职务任职资格。9月，在第36个教师节来临之际，省人力社保厅党组副书记、副厅长刘国富赴杭州轻工技师学院，看望慰问技工院校教师。刘国富副厅长代表省人力社保厅向全省技工院校和职业培训机构全体教师和教育工作者表示亲切慰问，向为技工教育和职业培训事业无私奉献的全体离退休教师致以诚挚问候。11月，第二届全国技工院校教师职业能力大赛在杭州萧山技师学院举行。本次大赛共设9个比赛类别，我省9名教师参赛并全部获奖。其中，公共类、交通类比赛获一等奖2个（萧山技师学院、杭州技师学院），机械类、电工电子类、服务类、财经商贸类、工业综合与农业类、文化艺术与综合类比赛获二等奖6个（湖州工程技师学院（筹）、金华技师学院、浙江建设技师学院、杭州技师学院、温州技师学院），信息类比赛三等奖1个（杭州轻工技师学院）。另外，我省还被授予了组织奖。协调省内12所高水平技师学院对口支援南疆地区技工院校，在发展规划、基本建设、专业建设、教学改革、师资培养等方面进一步加大帮扶工作力度，推动受援学校办学水平和教育教学质量的提升。全年共选派教师赴疆支援22人次，接待新疆教师来浙培训76人次。

（吴　天　石越航　曹　莹）

# 事业单位人事管理

【事业单位人事管理】 1月，中共浙江省委组织部、浙江省人力资源和社会保障厅印发《关于贯彻落实事业单位工作人员奖励规定有关问题的通知》（浙人社发〔2020〕1号）。6月，浙江省人力资源和社会保障厅完成2019年度全省事业单位人员年报数据统计上报工作。12月，中共浙江省委组织部、浙江省人力资源和社会保障厅印发《浙江省事业单位工作人员培训实施细则（试行）》（浙人社发〔2020〕56号）。

【事业单位岗位管理】 11月，浙江省人力资源和社会保障厅、浙江省自然资源厅、浙江省生态环境厅、浙江省住房和城乡建设厅、浙江省交通运输厅、浙江省水利厅等6部门印发《关于加强工程技术类事业单位专业技术岗位结构比例动态调控的通知》（浙人社发〔2020〕56号）（浙人社发〔2020〕52号）。会同浙江省教育厅做好中小学正高级教师评聘工作，首次组织开展中小学正高级教师二级、三级岗聘任，聘任二级岗30人，评聘正高级教师135人，首次面向29个第四轮教育对口支援县（市、区）初中设置正高级教师特设岗位。及时做好省属事业单位清理规范整合后的人员转隶和岗位设置方案变更备案工作。浙江省人力资源和社会保障厅批复151家省属事业单位岗位设置方案，核准备案岗位变动4131人次，办理28个部门164家事业单位人员转隶2657人次，备案11家部门67家事业单位定期个人嘉奖709人。

【事业单位公开招聘】 7月，浙江省人力资源和社会保障厅、浙江省教育厅、中共浙江省委机构编制委员会办公室、浙江省财政厅等4部门印发《关于做好2020年全省中小学幼儿园教师公开招聘工作的通知》（浙人社函〔2020〕57号）。11月，浙江省人力资源和社会保障厅完成第三批面向西藏籍少数民族高校毕业生专项公开招聘，最终聘用15人。会同浙江省文化旅游厅、浙江省农业农村厅、浙江省卫生健康委员会等部门先后发出通知，为25个县市定向培养农业技术人员92名，为22个县市定向培养乡镇文化员43名，定向培养基层卫生人才1829名。浙江省人力资源和社会保障厅审核省属事业单位公开招聘方案389批次，审核备案省属事业单位通过公开招聘渠道新聘5031人。办理省属事业单位人员调动手续494人次。全省发布事业单位招聘岗位22000个，其中限招高校毕业生的7300个，未限招但向高校毕业生开放应聘的11000个，招聘高校毕业生的比例比往年提高了约5个百分点。

【疫情防控】 1月，浙江省人力资源和社会保障厅转发《人力资源社会保障部办公厅关于切实做好新型冠状病毒感染的肺炎疫情防控期间事业单位人事管理工作有关问题的通知》（浙人社函〔2020〕12号）。12月，浙江省人力资源和社会保障厅、浙江省卫生健康委员会印发《关于结合年度考核认真落实疫情防控一线医务人员激励奖励政策的通知》（浙人社函〔2020〕99号）。开展疫情防控表现突出人员及时奖励，全省事业单位集体奖励106个（记功24个、嘉奖82个），个人奖励858人次（记功25人、嘉奖833人）；落实一线医务人员优先晋升专业技术岗位激励政策，一线医务人员优先晋升953人次。

【部门间办事"最多跑一次"改革】 4月，启动事业单位工作人员职业生涯全周期管理"一件事"改革，列入浙江省委全面深化改革委员会2020年重点改革任务，写进浙江省委十四届七次全会决定。5月，中共浙江省委组织部、浙江省人力资源和社会保障厅印发《关于加快推进事业单位工作人员职业生涯全周期管理"一件事"改革的通知》。7月，中共浙江省委组织部、浙江省人力资源和社会保障厅印发《关于推行浙江省事业单位人事工资管理服务系统有关事项的通知》和《关于全面实施省级事业单位人员职业生涯全周期管理"一件事"改革的通知》（浙人社函〔2020〕54号）。7月，中共浙江省委组织部、浙江省人力资源和社会保障厅、浙江省大数据发展管理局印发《关于开展全省事业单位工作人员职业生涯全周期管理"一件事"改革验收工作的通知》。

（陈　曦）

# 工资福利

【持续推进事业单位收入分配各项改革工作】
围绕保障机构改革平稳实施，持续加强对绩效工资制度设计和改革问题的研究，调整完善了2020年度省属事业单位实施绩效工资政策；按照分类分行业的要求，加强对省属高校和省属科研院所绩效工资制度改革工作研究。建立了精神卫生津贴制度。推动落实了消防员工资制度改革。

【保障落实义务教育教师工资待遇】 根据国务院办公厅关于进一步保障义务教育教师工资待遇的相关文件精神，2020年1月，经省政府同意，会同省财政厅、省教育厅联合印发文件，明确了高标准、操作性更强的义务教育教师和公务员工资待遇计算比较口径，并开展督查指导工作。经过多年持续努力，全省90个县（市、区）已经落实义务教育教师工资收入不低于当地公务员平均工资水平要求。

【调整精减退职等人员生活困难补助费标准】
经省政府同意，会同省委组织部、省财政厅印发《关于调整精减退职人员生活困难补助费标准的通知》（浙人社发〔2020〕37号）和《关于调整机关事业单位工作人员死亡后遗属生活困难补助费等标准的通知》（浙人社发〔2020〕38号）两个文件，对我省机关事业单位精减退职、遗属和计划外长期临时工等三类人员补助标准继续进行调整。同比去年，三类人员中建国前参加革命工作的人员，补助费标准提高6%，建国后参加工作的人员，补助费标准提高5%。

【积极做好疫情防控期间待遇保障工作】 物质保障方面，会同省财政厅、省卫健委推动一线医务人员发放临时性补助工作；会同省财政厅、省卫健委对在疫情防控中承担重要职能、做出突出贡献的医疗和公共卫生事业单位等核增了一次性绩效工资总量；根据国家部署，落实对援鄂医务人员薪酬水平提高2倍工作，及时转发调整卫生防疫津贴标准，并将卫生防疫津贴扩大到一线医务人员。牵头做好人社领域关心关爱医疗队员和"一人一帮扶"工作。精神激励方面，统筹全省抗疫表彰活动，简化申报审批程序，及时开展抗疫先进典型表彰工作，组织实施全国抗疫表彰评选推荐工作。

【做好表彰奖励工作】 加强评比达标表彰制度

体系建设，出台了《浙江省评比达标表彰活动管理实施细则》，从适用范围、申请审批程序、组织实施、退出和撤销、监督管理等方面作出了全面规定，是我省规范评比达标表彰工作的基础性文件。召开了省功勋荣誉表彰工作领导小组年度会议，组织开展了全省评比达标表彰项目的申报审批工作。

（顾　凯　吴元利）

## 省级单位统发工资管理

【概况】 省级统发工资单位 185 家，统发工资人数 1.30 万人，应发工资 31.53 亿元，其中基本工资 6.45 亿元，津贴补贴 10.53 亿元，其他奖金等 14.55 亿元，代扣工资 5.38 亿元，实发工资 26.15 亿元。

【省级机关统发工资管理】 省级单位统发工资办公室全年审核办理五年晋级 1759 人，两年晋档 10309 人，职务晋升 3666 人，新增 798 人，减少 714 人。

【省属事业单位工资管理】 省属事业单位工资信息化管理 410 家，职工人数 8.12 万人；应发工资（不含应休未休年休假工资报酬）158.49 亿元，其中基本工资 36.24 亿元，绩效工资 84.04 亿元。基础性绩效工资执行类别为：执行财政全额补助标准事业单位 151 家，执行一类基础性绩效工资标准单位 9 家，执行二类基础性绩效工资标准单位 143 家，执行三类基础性绩效工资标准单位 29 家，自主分配单位 78 家。其中，财政适当补助单位 368 家，经费自理单位 42 家。

（王君兰）

## 劳动关系

【出台应对疫情稳定劳动关系政策】 1 月下发《关于积极应对新冠肺炎疫情切实做好劳动关系工作的通知》，对疫情防控期间劳动关系处理问题做出明确规定，第一时间引导企业稳妥处理劳动关系问题。1 月，研究制定疫情防控期间劳动关系相关政策解答，进一步明确和统一疫情防控期间劳动关系政策口径。2 月，针对疫情防控和企业复工复产的新变化，转发人社部等四部门《关于做好新冠肺炎疫情防控期间稳定劳动关系支持企业复工复产意见的通知》，对减轻企业负担、维护职工权益、加强矛盾处置和风险监测等做出进一步规定。

【组织疫情期间劳动关系情况集中调研】 4 月，省协调劳动关系三方四家组成联合调研组，对全省各地疫情期间劳动关系情况进行集中调研，全面了解疫情对劳动关系的影响，做好疫情期间劳动关系分析研判，研究提出进一步稳定劳动关系的对策建议。

【编制和谐劳动关系工作指引】 3 月，省三方四家办公室组织编制下发《浙江省企业和谐劳动关系工作指引》，系统梳理劳动用工风险点，提出规范操作建议，帮助企业提高劳动用工管理水平，为特殊时期企业依法规范用工、保障职工权益提供参考。

【落实优化新业态劳动用工服务意见】 4 月，研究制定《浙江省新业态劳动用工政策实施工作方案》，明确工作要求和时间表、路线图，指导督促各地抓好新业态劳动用工服务政策的落实落地。在杭州市钱塘新区等地开展电子劳动合同试点。将特殊工时审批清单式改革试点范围扩大到全省。指导湖州、衢州等地探索新业态从业人员职业伤害保障制度。

【国有企业工资决定机制改革】 稳妥推进国有企业工资分配制度改革，会同有关部门做好省属企业负责人2019年度年薪核定工作，召开省属企业工资分配交流研讨会，开展省属企业2019年工资总额备案审查，及时查处违规行为。

【开展企业薪酬调查工作】 组织开展2020年全省企业薪酬调查工作，向人社部上报2948家企业数据，同时，在人社部要求6个城市的基础上，拓展全省所有市开展2020年企业薪酬调查，调查企业数近2万家、岗位工种5000多个。第四季度，省、市二级发布39个技术工种分等级工资指导价位，指导各设区市定期发布人力资源市场工资指导价位。2019年全省就业人员平均工资为71523元，比上年增长8.5%。

（薛卫东）

# 农民工管理服务

【统筹协调】 3月，制定印发《浙江省农民工工作领导小组2020年工作要点》，提出五个方面19项工作任务，并明确了任务清单、责任清单，推动各地各成员单位抓好落实。8月，召开省农民工工作领导小组会议暨根治欠薪工作领导小组会议，通报今年以来我省农民工工作及根治欠薪工作情况、迎接全国农民工工作督察有关准备情况，安排部署下阶段全省农民工工作及根治欠薪工作，领导小组组长王文序副省长出席会议并讲话。省农民工工作领导小组办公室围绕习近平总书记主政浙江时提出的农民工工作"八个有"（农者有其地、来者有其尊、劳者有其得、工者有其居、孤者有其养、优者有其荣、力者有其乐、外者有其归）目标要求，建立会商研究机制，统筹协调相关成员单位及省发规院，围绕"八个有"进行深入调研，全面总结15年来我省贯彻"八个有"取得的成效，形成了《深入贯彻习近平总书记重要指示精神，持续推进农民工工作"八个有"主要做法》总报告及八个分专题报告并汇编成册，主要做法得到郑栅洁省长的批示肯定。

【关爱帮扶】 发挥省农民工办统筹协调作用，持续推动相关成员单位把农民工纳入"春送岗位、夏送清凉、秋送助学、冬送温暖"活动。6月，以省农民工办名义制定印发《浙江省百万农民工素质提升工程实施方案》，分部门协同指导和分地区具体落实，纵横两条线协同发力，全省年度培训农民工百万人以上，农民工素质能力进一步提升。9月，省人力资源和社会保障厅、市人力资源和社会保障局在杭州联合开展"送清凉送关爱"慰问活动，省人力资源和社会保障厅金林贵副厅长受厅党组书记鲁俊厅长委托，冒着高温酷暑，实地走访慰问了浙江省黄龙体育中心亚运会场馆改建项目，江干区艮北新区单元JG1601-R21-01地块（牛田村）拆迁安置房工程项目，向战斗在高温岗位生产一线的农民工送上防暑降温慰问品，并检查了解了企业夏季防暑降温措施、高温津贴发放等落实情况，宣传高温天气劳动保护政策。

【推进系统乡村振兴工作】 6月，制定印发《全省人社系统乡村合作创业带头人培训三年行动实施方案（2020—2022 年）》，提出力争到 2022 年年底实现创业组织者培训基本全覆盖的目标。7 月，制定印发厅 2020 年实施乡村振兴战略重点工作任务责任分工方案，推进工作落地落实。10 至 11 月，分别在湖州、绍兴、丽水举办了三期省级乡村合作创业带头人培训班，同时指导推动市地开展培训。年度省市县三级联动，共开展培训超过 100 班次期，培训创业组织者超过 4500 人次。深入开展调查研究，做好郑栅洁省长（时任副书记）领衔的《浙江乡村人才振兴的对策研究》课题涉及我厅子课题研究，形成了人力社保领域子课题调研报告。12 月，根据全省人社系统绩效考核评价办法，对年度全省各市、县（市、区）人社系统开展乡村振兴工作情况考核。我厅被评为 2020 年度乡村振兴战略实绩考核优秀单位。

【发展家庭服务业】 4 月，认真贯彻落实《浙江省人民政府办公厅关于促进家政服务业提质扩容的实施意见》（浙政办发〔2019〕70 号）有关要求，坚持问题导向、效果导向，制定印发省人力社保厅促进家政服务业发展三年（2020—2022 年）行动计划并抓好贯彻落实。5 月，完善员工制家政企业社保补贴政策《指导目录》事项业务经办标准，指导地方落实相关政策要求。5 至 10 月，指导温州市开展"家政服务业提质扩容领跑试点"工作，温州市家政领跑试点项目被评为系统"对标争先改革创新"竞争性试点优秀项目。指导全省家庭服务职业培训示范基地开展家政服务技能培训工作，推动各地积极开展各类家政服务技能竞赛活动。7 至 12 月，督促指导杭州、宁波、温州和金华四个中心城市深化家政扶贫政策措施和对接工作机制，圆满完成家政扶贫工作任务。

【国务院农民工工作督察组来我省实地督察考核】 根据国务院农民工工作领导小组通知，8 月，全国农民工工作督察组来我省开展农民工工作实地督察考核。我省成立工作专班，制定任务清单、责任清单，每周复盘推进，高标准做好全省农民工工作情况自查、召开督察反馈汇报会等工作，国务院督察组对我省农民工工作给予了充分肯定。

【全国优秀农民工和农民工工作先进集体评选推荐】 根据《国务院农民工工作领导小组关于开展全国优秀农民工和农民工工作先进集体评选表彰活动的通知》（国农工发〔2020〕4 号）有关要求，严格按照标准程序，坚持公开透明、自下而上、好中选优、注重行业类别的原则，认真做好我省全国优秀农民工和农民工工作先进集体评选推荐工作。我省共有 87 名农民工个人和 5 个先进集体受到国家表彰。

（韩朝利）

# 劳动保障监察

【概况】 我省全年共检查用人单位 12.37 万家，涉及劳动者 527.49 万人。立案办结各类劳动保障违法案件 1875 件，协调处理各类案件 17470 件。其中，立案办结工资类案件 1268 件，为 1.09 万名劳动者追发工资等待遇 14164 万元。向社会公布重大劳动保障违法行为 190 件，列入推送欠薪"黑名单"信息 171 条。向公安机关移送拒不支付劳动报酬罪 151 件，其中，公安机关立案 115 件。协调跨区域案件 122 件（其中外省发来协查 36 件，发往外省协查 86 件），办理"国务院互联网＋督查"及中国政府网线索 124 件、人社部根治欠薪进行时线索 521 件、人社部督办网络舆情 12 件。在国务院对省级政府 2020 年度保障农民工工资支付工作考核中，继续取得考核等级 A 级第一名的成绩。

**【劳动保障监察维权维稳】** 全省妥善处置因劳资纠纷引起的各类突发事件 20 起，涉及劳动者 443 人；向公安机关移送涉嫌拒不支付劳动报酬犯罪案件 151 件（其中，公安机关立案 115 件，法院判决入罪 29 件），涉及劳动者 3296 人，涉及金额 4670.59 万元。

**【劳动保障监察专项行动】** 5 月至 6 月，在全省组织开展清理整顿人力资源市场秩序专项检查，共出动执法人员 6057 人次，检查 10418 户次（其中用人单位 8668 户次，人力资源服务机构 1707 户次，未经许可和登记擅自从事职业中介活动的组织或者个人 43 户（人）），完成"双随机"抽查工作计划；查处发布（提供）虚假就业信息 2 件、发布（提供）的就业信息中含有歧视性内容 1 件、扣押被录用人员居民身份证和其他证件或者以担保或其他名义向劳动者收取财物 1 件；责令改正 14 件，责令退赔劳动者中介服务费、押金或其他费用 6.93 万元。

7 月下旬至 8 月，在全省开展根治欠薪夏季行动，共出动检查执法人员 3729 人次，检查用人单位 40263 户（建筑项目 5256 个，其中政府投资项目 1981 个）、涉及职工 166.22 万人，办结欠薪案件 1303 件（其中立案 43 件，通过协调等非立案方式解决 1260 件），为 5561 名劳动者追发工资及赔偿金 5053.07 万元（其中农民工 4515 名 4530.28 万元）。向公安机关移送涉嫌拒不支付劳动报酬犯罪案件 8 件，其中公安机关立案 5 件。公布欠薪严重违法单位 4 户，列入欠薪"黑名单"9 件。工资专户释放资金 32996.69 万元，减免农民工工资保证金 13344 万元，使用工程保函替代现金 18300.5 万元。

11 月至 2021 年春节前，组织开展了根治欠薪冬季专项行动，检查用人单位 70129 户，涉及 369.58 万人（其中农民工 307.25 万人），查处调处拖欠工资案件 5226 件（其中立案 257 件，通过协调等非立案方式解决 4969 件），涉及 3.13 万人 2.72 亿元（其中农民工 2.87 万人 2.45 亿元）。其中，检查政府投资工程项目 3295 个，国企项目 865 个。此外，公布欠薪严重违法单位 59 户，列入欠薪"黑名单"37 件。

**【"浙江无欠薪"行动】** 今年是"浙江无欠薪"行动开展的第 3 年，34 个县（市、区、开发区）通过了"无欠薪"验收。1 月，省人力社保厅开展保障农民工工资支付督查暨慰问春节留守农民工活动。4 月，对第 3 批 34 个县（市、区、开发区）进行"无欠薪"验收，全部创建达标并向社会予以公示。7 月 20 日，召开全省根治欠薪夏季行动专题部署会，通报上半年全省根治欠薪工作情况，对根治欠薪夏季行动进行部署。8 月，迎接国务院根治拖欠农民工工资工作领导小组对我省根治欠薪工作的考核，考核成绩连续 3 年位列全国 A 级第一。11 月，根治欠薪冬季专项行动现场推进会议在温州召开，会议对根治欠薪工作进行了总结与部署。12 月，召开全省深化"浙江无欠薪"行动暨"无欠薪"县（市、区）创建先进集体和先进个人表彰电视电话会议，王文序副省长出席会议并讲话，会议总结了2017年以来全省根治欠薪工作情况，表彰了"无欠薪"县（市、区）建设25家先进集体和100名先进个人，部署了2021年元旦春节期间根治欠薪工作。

三年来，全省劳动保障监察系统坚决贯彻落实习近平总书记关于根治欠薪工作的重要指示批示精神，按照省委、省政府决策部署，建立健全了一系列欠薪治理的体制机制制度体系，积极推进欠薪治理数字化转型，初步形成了具有浙江特色的根治欠薪格局，全省103个县（市、区、开发区）通过"无欠薪"创建验收，实现了省域范围"无欠薪"全覆盖，在织密扎牢民生保障网、持续优化营商环境、提升劳动者幸福感获得感安全感、维护社会和谐稳定等方面做出了积极贡献。

**【欠薪治理数字化转型】** 全省初步建立了覆盖事前、事中、事后的欠薪治理全过程监管闭环。一是开展事前预警监管。完善欠薪联合预警指挥平台应用，自2019年3月正式上线运行以来，截至年底，已监管223万户企业和8395个在建工程项目，触发有效预警3775条，办结3775条，预警信息的调查核实率、处置结果在线反馈率达100%。二是开展事中过程监管。建设企业工资支付监管平台，从用工实名考勤、工资确认和支付指令三个重点环节，打通各行业主管部门、银行机构和工程建设项目间的数据堵点，构建全过程监控、全链条可溯的工资支付监管体系，实现对企业工资支付行为的智慧监管，截至年底，累计发放农民工工资389.32亿元。三是开展事后集成处置。推进劳动纠纷一体化平台，积极推行基层劳动纠纷综合治理改革，开展劳动纠纷化解申请一窗受理，及时受理、调处欠薪纠纷，努力实现劳动纠纷化解"最多跑一地"和"矛盾不出企、纠纷不出镇"，切实维护好农民工合法权益。

（徐 迟）

# 调解仲裁

**【劳动人事争议调解】** 全省各级劳动人事争议仲裁委员会及基层调解组织案外处理劳动人事争议案件7.8万件，涉及劳动者人数8.7万人；调解成功率80%，完成省政府设定的年度考核目标，挽回损失16亿元。

**【劳动人事争议仲裁】** 全省各级仲裁委员会立案受理劳动人事争议案件5.9万件，涉及劳动者7.2万人。全省各级仲裁机构共审结案件6.6万件（含上年度结转案件），结案率94.2%，完成省政府设定的年度考核目标，挽回损失18亿元。终局裁决率58%，有88%的案件终结在仲裁环节。

**【调解组织和仲裁机构建设】** 全省已建立乡镇（街道）基层调解组织1486个，配备调解员3582人。规模以上企业建立调解组织3.6万家，配备专兼职调解员6.8万人。全省共有劳动人事争议仲裁委员会111家；劳动人事争议仲裁院108家，独立办公83家；全省共有仲裁庭225个，其中建筑面积60平方米以上、配备监控、投影、质证等设备的标准庭151个；建筑面积80平方米以上、配备数字化庭审系统的示范仲裁庭55个。在乡镇（街道）、工会等设立仲裁派出庭230个。仲裁院实际在岗在编专职仲裁员552人，辅助人员 272 人；兼职仲裁员 1507 人。2020 年共开展培训 215 次，培训人员 14925 人次。

**【法律援助工作】** 全省各级仲裁委员会均设立法律援助工作站，为 11975 名（含 9912 名农民工）符合条件的劳动者提供法律援助，涉及经济标的 3.1 亿元。

**【体制机制创新】** 4 月，印发《开展劳动人事争议调解仲裁案件处理回访工作的通知》（浙劳人仲〔2020〕1 号），用信息化手段实现每案必访。7 月，出台《全省劳动人事争议仲裁流程管理规定》和《全省劳动人事争议调解流程管理规定》（浙劳人仲〔2020〕3 号），规范劳动人事争议处理工作，提高案件处理质量，提升调解仲裁公信力。9 月，出台《浙江省劳动人事争议仲裁员行为准则》和《浙江省劳动人事争议调解员仲裁员廉洁规定》（浙劳人仲办〔2020〕1 号），加强劳动人事争议调解仲裁队伍行风建设，促进调解员仲裁员廉政自律，打造一支忠诚干净担当的高素质调解员仲裁员队伍。10 月，出台《浙江省劳动人事争议仲裁办案质量提升三年行动计划（2021—2023 年）》（浙劳人仲〔2020〕4 号），通过开展仲裁受理规范化、案件审理水平、仲裁文书质量、仲裁员队伍专业化水平、仲裁基础保障五方面提升行动，实现办案流程全面规范、制度体系系统完备、办案质量显著提升。11 月，省人力社保厅在安吉举办全省劳动人事争议仲裁技能比武竞赛，来自全省 11 个地市的 44 名仲裁员参加角逐。牵头签订《关于加强长三角区域劳动人事争议协同处理工作备忘录》。公布《第二批全省劳动人事争议调解仲裁培训师资库成员名单》（浙劳人仲〔2020〕5

号），完成师资库成员更新和考核续聘。12 月，会同省高级人民法院民一庭在杭州召开劳动人事争议仲裁诉讼衔接暨疑难问题研讨会。完成"建标准院、开标准庭、办标准案"试点，23 家试点单位通过验收评估。

**【"互联网＋调解仲裁"建设】** 4 月，发布《关于加强劳动人事争议网络调处工作的通知》（浙劳人仲院〔2020〕2 号）。9 月，推进完成宁波"掌上仲裁"微信小程序和温州网络仲裁庭、舟山网络调解室 2020 年全省人社系统"对标争先、改革创新"试点项目。全省共处理网络调解仲裁案件 1.7 万件，涉案金额 3 亿元，网络办案率达到 18%。

（常　宽）

# 政策法规

**【全面深化改革（最多跑一次改革）】** 将厅"最多跑一次"改革协调小组调整为全面深化改革领导小组，厅主要负责人担任组长，每月召开 1 次推进会。3 月，厅主要负责人在省深改委第八次会议上作改革工作述职。采取"省厅公布项目库、各市自行申报、省厅择优确定"方式，在全省系统开展"对标争先改革创新"竞争性试点工作，51 个项目参加竞争性试点，评选出 21 个优秀项目，并选报 16 个优秀项目在《竞跑者》刊登。夯实业务标准化基础，全面梳理发布全省人社政务服务事项清单（2020 年版），制定全省系统依申请政务服务事项业务经办规范，制作并发布全省系统 15 个高频事项业务经办规范动漫片。出台进一步规范全省系统行政许可事项办理的文件，规范全省系统行政许可文书和编号规则。深化"一件事"改革,对2019年已实施的"一件事"进行迭代升级,牵头实施13个"一件事"、配合实施9个"一件事"。实施"减窗行动",部署全省系统通过网上办、掌上办、人机联办、"无差别全科受理"等经办方式变革,实现人工窗口减少50%,并加强对老年人等特殊群体的关爱服务。稳步推进"证照分离"改革,将3项行政许可事项实行告知承诺制的范围扩大至全省,依托浙江人社一体化经办平台,启用省集中的"证照分离"事项审批功能。推进制定社银合作地方标准,《银行办理社保经办业务服务指南》被省市场监管局列入2020年第三批浙江省地方标准制修订计划,12月获专家审评通过。开展政务服务2.0建设,分三批做好事项情形分析、结构化拆解等业务梳理,进行表单与材料配置,开展业务系统对接改造,确定的222项事项全部接入政务服务2.0平台。深化机关内部"最多跑一次"改革,完成5个业务经办系统与内跑平台的对接改造,稳步推进事项应网办、尽网办。

【立法调研】 推动《浙江省劳动人事争议调解仲裁条例》《浙江省劳动保障监察条例》《浙江省工伤保险条例》等法规修改。开展《浙江省社会保险基金监督条例》等论证工作,积极与省人大、省司法厅沟通协调,列为2021年调研项目。提出2021年立法建议项目:《浙江省社会保险基金监督条例》《浙江省失业保险条例(修订)》《浙江省劳动人事争议调解仲裁条例(修改)》《浙江省职业技能培训条例》《浙江省劳动人事争议协商调解实施办法》。

【行政争议和行政复议诉讼处理】 举办全省

系统行政执法人员专业法律知识培训班和预防化解行政争议培训班,切实提高依法行政能力。开展全省系统行政执法公示制度全过程记录制度重大执法决定法制审核制度监督检查,抽取评查行政许可、行政处罚、行政确认案卷共198卷,实地走访查看社保经办、监察执法、信访仲裁等执法窗口单位40余家。制定《浙江省人力资源和社会保障厅2020年依法行政工作要点》,指导全省系统采取有效措施预防化解各类行政争议。做好2019年全省系统行政争议数据上报和分析报告。办理厅政府信息公开答复法核70件。反馈省人大、省政府、外厅局相关法规规章征求意见210件。办理厅行政规范性文件合法性审查20件,及时办理公民对厅规范性文件异议审查。参加行政复议和行政应诉共10件,全部胜诉。

【规范性文件管理】 完成行政规范性文件集中和专项清理,发布厅发有效行政规范性文件1003件、废止(失效)行政规范性文件67件,省政府发有效文件53件,建议废止(失效)12件、修改3件。开展全省系统政策法规梳理修改工作,重点对各级人社部门行政规范性文件和其他现行有效政策文件梳理修改。全省系统共梳理政策法规5577件,其中建议修改336件、建议废止485件。

【法制宣传和普法活动】 全面落实法治宣传教育责任清单制度,部署开展"七五"普法工作总结,印发实施《全省系统关于组织开展"防控疫情 法治同行"专项宣传活动的通知》《全省系统开展"崇尚法典精神 共筑美好生活"普法宣传活动方案》,组织开展"12·4"国家宪法日、"法律六进"等法治宣传活动，通过新闻发布会、问答解读、编印宣传手册等多种形式，集中开展政策法规宣传。配合开展全省系统窗口单位业务技能练兵比武活动，通过省赛选出队员代表浙江人社参加全国决赛，取得一等奖优异成绩。荣获 2020 年度浙江省法治政府建设（依法行政）先进单位。

（潘　剑）

# 规划财务和综合计划

【综合统计】 1 月，省人力资源和社会保障厅印发《关于 2019 年度全省人社系统绩效考评情况的通报》（浙人社发〔2020〕3 号）。5 月，省人力资源和社会保障厅印发 2020 年度《浙江省人社系统绩效考核评价办法》（浙人社发〔2020〕25 号）。7 月，省人力资源和社会保障厅下发《关于发布 2019 年浙江省全社会单位就业人员年平均工资的通知》（浙人社发〔2020〕32 号）。7 月，省人力资源和社会保障厅编制发布 2019 年浙江省人力资源和社会保障事业发展统计公报。

【规划管理】 9 月，省人力资源和社会保障厅办公室印发《关于成立浙江省人力资源和社会保障事业发展"十四五"规划编制工作领导小组的通知》。

【财务工作】 3 月，省财政厅、省人力资源和社会保障厅下发《关于下达 2020 年人力社保专项资金的通知》（浙财社〔2020〕35 号），明确各地市 2020 年人力社保专项资金分配金额。9 月，省财政厅、省人力资源和社会保障厅下发《关于印发浙江省人力社保专项资金管理办法的通知》（浙财社〔2020〕80 号），进一步规范人力社保专项资金管理，提高资金使用绩效。10 月，省财政厅、省人力资源和社会保障厅下发《关于提前下达 2021 年人力社保专项资金的通知》（浙财社〔2020〕111 号）。12 月，省人力资源和社会保障厅、省财政厅、国家税务总局浙江省税务局、中国人民银行杭州中心支行下发《关于印发浙江省企业职工基本养老保险基金省级统筹收支经办规程的通知》（浙人社发〔2020〕68 号）。12 月，省财政厅、省人力资源和社会保障厅、国家税务总局浙江省税务局下发《关于印发浙江省企业职工基本养老保险基金预算管理办法的通知》（浙财社〔2020〕83 号）。

（石孟华）

# 12333电话咨询服务

【概况】 省本级 12333 专线来电总量 21.28 万个，群众满意率 99%。处理省统一政务咨询投诉举报平台和省级惠企政策部门协同管理平台网上来信 19216 件，办结率 100%。

【电话咨询服务平台建设】 2 月，牵头梳理和发布人力社保疫情期间惠企政策，助力企业纾困。3 月，全省人社部门以"职业技能提升，改变你的生活"为主题共同组织开展"12333 全国统一咨询日"活动，宣传服务群众 50000 余人次。5 月，参加人社系统窗口单位"日日学，周周练，月月比"练兵比武在线学习活动。6 月，根据厅委托承接省级劳动保障监察投诉维权电话的接听登记业务。11 月，牵头修改和完善人力社保惠企政策。

（宋　磊）

# 信息化建设

**【人社数字化转型工作】** 完成国家"互联网+政务服务"考核相关工作，协助维护好事项的办事指南页面要素，保障网上办、掌上办事项的办事系统稳定、可用，办件数据根据归集要求统一归集到全省办件库。做好门户网站迎检各项工作，完成厅政府信息公开平台建设和门户网站信息资源库建设，把门户网站打造成展示人社形象的重要窗口。大力推进省一体化业务经办平台与社保、就业省集中信息系统对接，不断完善省一体化业务平台功能，支撑各地业务经办需求，除宁波外，其他地区已完成省一体化业务经办平台与社保、就业系统对接并上线运行。积极开展政务服务2.0建设，根据工作要求开展了事项目录拆解、收件办件配置、数据共享标注、业务系统对接和联调测试等工作，完成政务服务2.0全管控事项和半管控事项改造，通过省大数据局验收。完成"证照分离"改革全覆盖试点工作，建设并上线省人社行政许可审批系统，推动行政许可审批服务进一步优化，实现证照数据实时归集。涉企经营许可"证照分离"改革的技工学校审批、职业培训机构、人力资源服务许可、劳务派遣许可4大类均已纳入省集中平台，全省人社系统实现同一平台经办。开通人社"数据高铁"，优化数据归集方案并组织实施，提升数据归集实时性，事业单位人员基本信息、专业技术人员资格考试证书信息、职业技能证书信息、拖欠工资黑名单信息等数据实现与人社"数据高铁"专线对接。加大数据共享力度，依托省大数据局和人社部数据共享平台，扩大数据共享的范围，提升数据共享质量，支撑业务经办和决策分析数据共享要求。推进"掌上办公"，完成"浙政钉2.0"平台迁移工作，实现OA系统、欠薪联合预警、网络安全管理等系统应用迁移。

**【社会保障卡建设】** 全省持卡人数新增697.79万，总数达到6065.07万，超额完成"十三五"规划的5000万目标，基本实现"一人一卡"。电子社保卡持卡人新增1921.89万，总数达到3082.87万，占持卡人数的50.83%。8月，我厅与中国人民银行杭州中心支行联合印发《关于全面开展具有金融功能的第三代社会保障卡建设的通知》（浙人社办发〔2020〕30号），明确了我省第三代社保卡实施方案，并支持各地在社保卡上加载"交通联合"功能，12月完成全省第三代社保卡在人社部的注册审批和通用性测试。全面实现《人力资源社会保障信息化便民服务创新提升行动方案》中95项人社领域社保卡"一卡通"应用项目，89%新增和37%存量养老金通过社保卡发放，确定宁波、温州、台州为全国社会保障卡"一卡通"创新应用示范城市。在"两卡融合、一网通办"基础上，杭州、宁波、温州全市和湖州、嘉兴、绍兴、金华、舟山、台州部分地区凭电子社保卡实现移动医保支付。丽水、台州全市和其他地市部分地区的惠民惠农补贴资金通过社保卡发放。宁波、温州、绍兴、金华、衢州、台州等地开展农民工工资通过社保卡发放工作。全省累计实现跨部门应用84项，216项政府公共领域补贴资金发放到社保卡，市域内居民服务"一卡通"格局基本形成。

**【公共就业服务信息系统】** 浙江省人力资源网共计发布42216家单位招聘岗位85.65万个；

完成"全省统一的人力资源市场供求信息服务平台"（金华、衢州地区）试点工作；完成"申请发布人力资源招聘信息"事项政务2.0改造工作，并实现事项秒办；完成全省招聘信息数据归集。疫情期间，开发浙江省紧急用工发布平台，为880家企业发布紧急用工需求信息4.96万个。

**【重点业务系统建设】** 全省事业单位人事管理服务系统于3月上线试运行，在省直单位和试点地区运行平稳，其余地市的历史数据迁移和系统切换上线工作正稳步推进。浙江省专业技术职务任职资格申报与评审管理服务平台于2020年7月正式上线运行，以专技人才业绩档案库为基础，对接数据共享平台、公共支付平台，实现全省职称评审"一网通办"。建设省集中统一的社会保险信息系统，支撑企业职工基本养老保险省级统收统支制度，实现统一信息系统、统一经办服务和统一基金财务管理，推动跨层级、跨地区、跨部门信息共享和业务协同，建立健全了行政、经办、信息、监督"四位一体"的基金管理风险防控体系，对外完成了与省税务局、省医保局等省级政府部门以及与金融机构等外部单位系统接口开发和联调测试，对内与人社一体化系统、省卡管系统、省就业系统以及全民参保系统等人社内部系统对接，支持大厅办、网上办、移动办、自助办等多渠道服务形式。完成省集中社保系统基金财务系统建设，支持全省社保基金业务财务一体化。完成省集中社保系统工伤认定和劳动能力鉴定模块开发，支持全省工伤认定和劳动能力鉴定业务办理全流程一体化。完成全省除宁波以外所有地市社保系统的历史数据迁移、个性

化需求开发和系统上线应用等工作。建成全省统一的就业创业省集中系统，实现全省就业创业、失业管理等业务经办、网上办事、移动端办，实现全省就业形势和企业用工趋势分析、失业保险基金和就业补助资金电子化管理，完成全省除宁波以外所有地市就业系统历史数据迁移、差异化改造、个性化需求开发和系统部署上线等工作。

**【数据中心和基础设施建设】** 扩建浙江省人力社保数据中心硬件支撑平台，采用"以租代建"模式，通过向运营商整体打包，扩建"两地三中心"（主生产中心、同城容灾中心、异地灾备中心）省集中数据库系统平台，满足省集中系统、"最多跑一次"改革和数字化转型工作数据库存储、备份等需要。提升全省人力社保专网性能，完成全省人社业务主干承载网络迁移切换，做好原人社业务专网87个网络节点的停机撤销工作，提升政务外网线路带宽以满足省集中业务需要，按照人社部、大数据局要求，完成网络出口IPv6支持升级改造。加快推进政务信息系统上云，我厅目前现有41个业务信息系统应用程序已经实现政务云部署，系统上云率达到90%。做好业务专网安全管控，按照省委网信办专网安全管控体系试点工作要求，进一步完善专网安全管控平台功能，梳理省本级数据资产，目前全省除衢州地区外各市、县均已开展专网安全管控体系建设，通过安全管控核心平台（省市两级部署）+四个子系统（即网络安全管理核心平台、网络安全综合展示子系统、数据合规应用子系统、综合日志审计子系统、应急协调联动子系统）省市县三级部署，实现了全省省人社系统网络安全管理工作的信息化。

加强网络安全保障，根据等保2.0工作要求，从安全物理环境、安全通信网络、安全管理制度等方面对就业、社保卡管理等信息系统开展等保测评备案，组织开展真实环境下信息系统攻防演练工作，提升系统安全防护能力。

（王　津　刘真真）

# 宣传、培训、教育

【宣传工作重点】　1月，策划开展2019年全省及各市人力资源社会保障工作成就和特色亮点盘点，拍摄2019年人力资源社会保障工作宣传片，开展《2019年度全省人社十大改革案例》《2019年度全省人社十大新闻事件》宣传。2月至3月，策划开展"春暖复工路　我们在行动"战疫系列主题宣传。联合多家媒体分别推出"春天行动""春暖复工路"等公益性节目，滚动发布"全省招聘用工信息"，连续跟踪报道我省深化省际劳务合作机制、强化用工保障机制。2月11日至3月8日，共监测到"浙江复工用工"相关宣传报道共91.7万余条。其中，新华社报道26篇、人民日报36篇、中央电视台34篇。编制抗击疫情返岗复工人社工作时间轴，编发30期《全省企业用工保障信息简报》。参加四场浙江省新冠肺炎疫情防控工作新闻发布会，厅领导现场回应我省保障企业复产用工、减免社保费政策、促进高校毕业生就业等社会关注的问题。（2月12日第17场、2月19日第24场、3月2日第31场、3月16日第36场）。4月，《浙江人社》编辑部约请11个市人力资源社会保障部门主要领导，围绕"坚持稳中求进　勇于开拓创新　奋力推进人社治理体系和治理能力现代化"主题，畅谈本地

区年度工作的新思路、新目标、新举措。4月30日，省人力资源和社会保障厅印发《全省人力资源和社会保障领域重大（突发）网络舆情事件应对处置工作预案》（浙人社发〔2020〕21号），进一步规范人社领域网络舆情事件应对处置工作流程。5月，省人力资源和社会保障厅办公室印发《2020年全省人力资源社会保障宣传工作要点》（浙人社办发〔2020〕13号），并进一步明确2020年人力资源社会保障宣传工作任务清单。围绕"稳就业""人社扶贫"、深化"三服务""人社领域'最多跑一次'改革"、全省系统窗口单位技能练兵比武活动、全国技能大赛等人社重点工作开展主题策划宣传，积极开展"奋斗新时代""技展宏图"等人社领域先进典型宣传，围绕《保障农民工工资支付条例》和疫情防控期间人社领域针对稳岗就业、社保减负、技能培训、劳动仲裁等各方面工作出台的最新政策文件，做好政策普及宣传。积极开展技工院校"最受欢迎专业"新媒体平台线上评选活动，投票数超过28万。积极协调中央和我省主流新闻媒体采访，就社会公众关注的热点问题和有关政策进行解读。及时主动发布新闻通稿，经对人民日报、中国组织人事报、中国劳动保障报、浙江日报、浙江卫视、浙江在线、浙江发布等7家省级以上主流媒体的用稿统计，2020年共刊发全省人力社保系统工作新闻稿件1426篇，其中厅本级稿件203篇（浙江日报45篇、浙江卫视新闻联播30篇、浙江发布71篇）；全省系统在人社部《中国组织人事报》《中国劳动保障报》分别刊登稿件425篇、423篇；我省2020年新闻宣传工作得到了人社部的充分肯定，我厅考核位居各省市前列，并受到通报表扬。

**【宣传工作队伍和制度平台建设】** 加强厅"一网站、一杂志、一热线、一发布"四大宣传阵地建设。落实网站巡查制度,对厅门户网站栏目调整、信息更新加强日常监督检查。持续推进杂志全媒体宣传模式改革,完成12期杂志编辑发行。强化新媒体平台内容建设,2020年,"浙江人社"新媒体平台共发布信息1359条次,其中微信786条。修改完善各市县宣传舆情工作绩效考核评价标准,实行新闻舆论工作和信息采用情况督查通报制度。

**【网络舆情应对处置】** 加强日常监控,试运营"网络舆情指挥调度信息管理系统",实现人社舆情数据实时对接、指派、联动、处置反馈等全流程在线办理。实施全省人力社保新闻舆论周报、月报、季报制度。春节、五一、国庆及重大活动期间实行网络舆情工作三级响应和24小时值班制度,实施每日零报告。共监测处理网络舆情预警信息4248条,未发现重大舆情和重大突发事件。

**【人才培训活动】** 持续开展现代服务业高端人才培养,举办省级现代服务业高级研修班25期,培训学员1478人。行业涉及物流、金融、旅游、商贸、文化、科技信息服务等11大服务业领域。在疫情防控常态化形势下,突破性开展境外师资线上与线下融合培训模式,在境内实施出国班培训班3期,分别是:与省海港集团联合举办"涉海涉港高级人才境外培训班"1期,培训学员25人;与省科技厅联合举办"省信息通讯与数字经济国际化高端人才培训班"1期,线下培训学员203人,线上培训学员1807人;与省电影局联合举办"省影视产业国际化高端人才培训班"1期,培训学员119人。采用"引进来"模式,完成与海港集团联合举办国内境外班1期,培训涉海涉港年轻干部36人。

深入推进我省本土人才国际化培养工作,在现代服务业高端人才培养项目中加大对本土人才培养力度,拓宽培养模式;积极申报《长三角一体化背景下,我省涉海涉港本土人才国际化培养路径研究》调研课题,研究新形势下,我省紧缺急需人才培养新路径;积极和省商务厅、厅人才处等相关业务厅局和处室沟通,出台行业本土人才国际化培养和现代服务业高端人才培养实施意见,为创新引领行业人才培养搭建构架。

精准践行"三服务",聚焦企业人才需求。认真贯彻落实省委省政府提出的深入实施数字经济"一号工程"战略,结合自身职能,通过政企联动培养"数字工匠",连续四年携手华为举办浙江ICT人才联盟双选会,有效缓解企业数字人才需求急、数字人才需求量大的问题,为数字浙江、网络强省工作夯实人才基础。12月携手华为举办浙江ICT人才联盟双选会,首次引入浙江引才云平台线上线下同步揽才,来自杭州、南京等30多家企业和高职院校近400名学生参加。面对疫情下浙江中小企业的风险与机遇,特别开设"新格局下企业家文化素养与创新精神提升高级研修班",全省98名企业家代表参加。做好高级经济师"企业家能力提升"系列高级研修班组织工作,联合省级继续教育基地开展11期"企业家能力提升高级研修班",累计培训1018人次。

做好其他各类培训工作,举办完成"2020年度省部属单位军队转业干部培训班",历时48天,培训学员96人;提升事业单位工作人员素质能力，举办"事业单位负责人培训班"1期，培训学员52人；协助厅人事处举办"全省人力社保系统局长培训班"1期，培训学员58人；协助厅办公室举办"全省人力社保系统办公室主任培训班"1期，培训学员63人；做好专技人员移动端继续教育相关工作，年初完成2019年度移动端学习平台年检工作，抽查学习轨迹1万余条。完成2020年度移动端平台课件审核备案工作，累计审核课件时长7000余分钟，课件数量500余件，完成在线学习4357人次。疫情期间紧急增设疫情相关课件，加强对专业技术人员关心关爱，倡导多家学习平台减免继续教育相关费用，受益2741人次。

在浙江旅游职业学院的协同下，于10月26日至30日、11月2日至6日和11月9日至13日举办了三期省级乡村合作创业带头人培训班（列入省农业农村厅2020年度省级高素质农民示范性培训计划），培训采取现场教学与理论讲解相结合，分别在安吉县、绍兴市柯桥区和云和县举行开班式并进行现场教学，理论授课在杭州进行，参加人数分别为49人、46人和50人，其中第一期以村党支部书记（村主任）为主，第二期以村经济合作社、合作主体（合作企业、合作市场）和专业协会负责人为主，第三期以创业大户、返乡合作创业带头人（农民工、大学生、乡贤）为主。

（孙　凌　韩凯军　马友发）

# 科学研究

【课题研究】 根据厅党组的决策部署，按照围绕中心、把握重点、强化调研、注重实效的要求，就疫情对产业就业影响及应对、提高后疫情时期社会保障政策精准性等问题，开展了专题性研究，分别形成了《我省人社领域应对疫情的实践与思考》《后疫情时期社会保障如何发力》等课题报告。围绕省委、省政府和厅人力社保中心工作，开展其他相关重点课题研究：一是具体牵头完成省委车俊书记年度重点课题有关子课题《"十四五"时期深化人社领域共享发展、建设现代化公共服务体系的目标任务和重大举措研究》课题工作；二是具体牵头完成王文序副省长年度重点课题《"十四五"至2035年浙江人口结构变化趋势及人力资本提升研究》课题工作；三是根据厅领导指示做好有关城乡居保基金省级统筹有关课题研究工作；四是牵头完成我厅负责的省发改委课题《长三角养老保险和就业创业一体化》研究报告，并参与做好《推进长江三角洲人力社保公共服务便利共享专题研究报告》课题工作；五是协同相关处室做好有关人力社保事业发展"十四五"规划编制工作；六是开展了有关新业态从业人员职业伤害保障等部人科院合作课题研究工作；七是完成了有关《社会保险法》实施情况、技工院校培训需求、人工智能对纺织业就业影响等部劳科院合作课题研究工作；八是完成了省统计局立项课题《新时代浙江省高质量就业评价指标体系研究》；九是协同有关市县开展了"无欠薪"评查等基层样本类课题研究工作。

【课题立项结题】 根据厅年度工作会议的部署和要求，拟订科研课题选题指南，指引全省人力社保系统科研工作把握方向、突出重点、强化应用，以厅办公室名义下发了2020年度我省人力社保系统科研课题申报通知，共收到申报课题571项，经组织专家评审共有101个课题立项；并组织专家对上年度立项的课题成果进行了结题评审。

【志书、年鉴编纂工作】 推进通志编纂工作，《浙江通志·人力资源志》、《浙江通志·社会保障志》通过终审。同时，完成了《浙江人力资源和社会保障年鉴（2020）》编纂工作，并做好人力社保部年鉴、省政府志等有关志稿编写工作。

（洪　韬）

# 对口支援和结对帮扶

【对口支援】 7月，浙川两省人力资源服务机构助力脱贫攻坚推进活动在成都成功举行，遴选了43家机构进行了面对面的交谈，来自浙江的18家机构都与四川机构建立了紧密联系，其中有8家机构达成全面战略合作意向，开展15个业务项目合作。9月，2020"浙江—贵州"东西部劳务协作专场招聘会在黔东南州凯里市举办。来自浙江省39家企业现场招聘，提供7400个就业岗位，其中爱心岗位2000多个，招聘会有

近2200名求职者，初步达成意向近200人。9月，2020"浙江—湖北"东西部劳务协作专场招聘会在恩施州举办。来自浙江省41家企业现场招聘，提供近3000个就业岗位，其中爱心岗位2000多个，招聘会共吸引了600余名求职人员前来咨询，初步达成意向359人，其中家政服务行业较受欢迎。2020年，组织举办余缺调剂系列招聘会752场，参加企业1.9万家，提供岗位30.4万个，对接成功10.3万人。

【结对帮扶】 7月，在杭州举办云和县乡村旅游人才能力提升培训班，云和县有关部门、乡镇（街道）相关工作人员、村（社区）党支部书记、村主任、村（社区）集体经济带头人、乡村旅游相关产业创业者从业者、返乡创业青年、乡贤会、景区等相关负责人、合作创业主体（公司、专业协会）负责人等共计52人参加培训。9月，举办2020年"民族乡村振兴"干部能力提升培训班1期，共56名乡村干部、行业领头人及乡贤参训。

（王　帆　刘真真）

# 各市工作情况

# 各市工作情况

## 杭州市

【城乡就业】 4月，杭州市人力社保局会同市财政局、市经信局、市商务局、市交通运输局出台《关于进一步落实复工企业用工保障促进就业相关政策的通知》（杭人社发〔2020〕32号），12月，杭州市人力社保局会同市财政局、市商务局、市民政局、市农业农村局出台《关于进一步做好稳就业保就业工作的通知》（杭人社发〔2020〕121号），应对新冠肺炎疫情，落实稳就业、保就业政策，促进企业复工复产。实施"2020杭州就业援助精准服务计划"，发挥失业保险稳就业作用，对不裁员或少裁员的参保企业实施失业保险稳岗返还政策，向16.48万家企业返还社保费28.8亿元。实施杭州市新引进应届高学历毕业生本科1万元、硕士3万元、博士5万元的一次性生活补贴政策，全年发放补贴12.8万余人、发放金额17.96亿余元。实施高校毕业生求职创业补贴政策，全年发放补贴12518人、补贴金额3542.55万元。扩大大学生见习训练规模，新增见习基地115家，组织见习训练大学生7894人。杭州市政府办公厅出台实施《杭向未来·大学生创业创新三年行动计划（2020—2022年）》（杭政办函〔2020〕11号），设立6月13日为全国首个大学生"双创日"，全市无偿资助大学生创业项目561个、资助金额5193万元，35岁以下大学生新创办企业3594家、带动就业1.5万人。选拔杭州大学生杰出创业人才培育计划培育对象20人，开展大学生创业见习工作，审核拨付创业见习补贴31.97万元。举办第七届中国杭州大学生创业大赛，全球461所高校3743个项目报名参赛。开展创业培训9126人，其中网络创业培训5531人；发放创业担保贷款7.02亿元，扩大创业陪跑空间覆盖面、新认定市级"创业陪跑空间"7个。举办2020杭州国际众创大会、2020杭州国际创业马拉松等活动，杭州参赛项目《淘宝直播村播计划》《麻辣数据》在第四届"中国创翼"创新创业大赛省决赛中分获扶贫组和创新组一等奖，《光学智能三维数字化项目》获"奇思妙想浙江行"创业大赛总决赛冠军。全市城镇新增就业69.05万人，城镇失业人员再就业4.51万人，帮扶就业困难人员实现就业2.39万人，失业保险参保净增36.81万人，年末城镇登记失业率2.42%。应届高校毕业生就业13.1万余人、同比增长48.86%，其中研究生学历毕业生2.1万人，同比增长14.21%。发放用工社保补贴、自主创业社保补贴、公益性岗位社保补贴和岗位补贴、灵活就业社保补贴等各类补贴11.32亿元，惠及各类就业人员13.66万人。

**【社会保险参保情况】** 截至 2020 年底，全市职工基本养老保险、工伤保险、失业保险参保人数分别达 716.97 万人、633.36 万人、523.46 万人，比上年末分别新增参保 49.05 万人、76.69 万人、36.81 万人，全市基本养老保险参保率为 98.95%，基本实现"人人享有社会保障"。

**【社会保险政策】** 8 月，杭州市人力社保局、市财政局联合出台《关于建立城乡居民基本养老保险待遇确定和基础养老金正常调整机制的通知》（杭人社发〔2020〕76 号），从完善待遇确定机制、建立基础养老金正常调整机制、建立个人缴费档次调整机制、建立调整缴费补贴调整机制、做好个人账户基金保值增值等 5 方面，调整完善城乡居民养老保险制度，推动城乡居民基本养老保险待遇水平随经济发展而逐步提高。11 月，杭州市人力社保局、市财政局、市应急管理局、市税务局联合出台《关于印发杭州市工伤保险费率浮动实施办法的通知》（杭人社发〔2020〕93 号），进一步完善工伤保险费率决定机制，发挥工伤保险费率的杠杆作用，促进用人单位做好工伤预防工作，工伤保险行业浮动费率按照国家规定标准确定；一类行业分为三个档次，即在基准费率的基础上，可向上浮动至 120%、150%，二类至八类行业分为五个档次，即在基准费率的基础上，可分别向上浮动至 120%、150% 或向下浮动至 80%、50%。12 月，根据省统一部署，杭州市调整被征地农民参加养老保险政策，不再实行一次性补缴参加企业职工基本养老保险政策，规范 2020 年 1 月 1 日起被征地农民参加养老保险工作，全市被征地农民参加养老保险专项工作基本完成，实现全市 10.52 万相关人员参保规范。继

续提高企业退休人员养老金待遇，惠及全市企业退休人员 153.6 万人，其中，市区（不含临安区）企业退休人员 128.71 万人，月人均调整额度 151.09 元，调整后平均基本养老金水平 3272.86 元／月。调整城乡居民基本养老保险基础养老金标准，其中市区由每人每月 240 元提高到 260 元，临安区由每人每月 220 元调整到 260 元。落实阶段性减免企业社保费及社保费缓缴政策，为企业特别是中小微企业抗击新冠疫情、助力复工复产、稳企业稳就业提供政策支持，全市共减免企业社保费 369.17 亿元，惠及全市 39.74 万户缴费单位，税务部门审批企业社保缓缴申请 2.02 万户次，社保费缓缴总额 20 亿元。临安区完成社保融杭三年过渡，实现与市区统一政策目标。落实淳安特别生态功能区建设任务，支持淳安县完成提高城乡居民养老保险基础养老金标准和现有企业退休人员社会化管理待遇。市区第八轮企业退休人员健康体检顺利实施，标准提高到 400 元。企业退休人员社会化管理进一步深化，完成在杭央企和省属企业退休人员移交杭州市实行社会化管理工作。

**【社会保险经办管理】** 8 月，杭州市社会保险信息系统纳入省集中统一管理，社会保险业务切换使用省集中统一的社会保险信息系统，实现统一信息系统、统一经办服务和统一基金财务管理，推动跨层级、跨地区、跨部门信息共享和业务协同。社会保险政务服务数字化转型全面升级，8 个社保事项在"亲清在线"平台上线运行，累计服务用人单位和参保群众 346.3 万次、办件 78.6 万件，推出社保"易窗"智能服务平台，具有智能咨询、互动交流、业务画

像、在线窗口、决策支持等功能，业务范围涵盖所有社保可办事项，实现70%以上的咨询服务由人工智能完成，累计访问接待25万余人次。"社银合作"全面推进，全市7家合作银行共有服务网点707个，提供33个社保常用事项办理服务，可办事项率超过80%。加强社保基金监管，开展社保基金管理风险专项检查、失业保险基金管理内控专项检查、企业职工基本养老保险提前退休问题专项核查、全市社保经办机构工作人员及其直系亲属参保和待遇享受情况排查，加强经办风险防控。

【人才引进与开发】 2月，杭州市委办公厅、市政府办公厅出台《关于服务保障"抓防控促发展"落实"人才生态37条"的补充意见》（市委办发〔2020〕4号），提出实施新引进应届大学生租房补贴、支持高层次人才优先购房、提高高层次人才购房补贴标准、提高市本级公共租赁住房货币补贴标准、加强人才专项租赁住房建设力度、实施高层次人才专项奖励、加强抗疫人才招引服务等7项政策内容。12月，杭州市人才管理服务中心联合杭州市统计局编制发布《杭州市新制造产业紧缺人才需求目录》，聚焦新制造产业的高端装备、生物医药、节能环保、数字安防、新能源新材料五大重点发展领域，调查发布紧缺专业人才岗位需求情况。开展高层次人才分类认定工作，新认定高层次人才22883人，其中，A类4人、B类208人、C类654人、D类2230人、E类19787人。出台新一轮加快发展人力资源服务业实施细则，举办承办第三届"发现驱动·智创未来"杭州人力资源服务和产品创新项目路演、第三届中国杭州国际人力资源峰会、第八届中国（浙江）人

力资源服务博览会、第三届新视界·百猎峰会等品牌活动，开展百家人力资源服务机构助力复工复产活动，全市共集聚人力资源服务机构931家，提供各类人力资源服务5700万人次，帮助实现就业和流动538万人次。3月至11月，举办"创客天下·杭向未来 2020杭州海外高层次人才创新创业大赛"，分设留学人员项目和外国人项目两个专场，1456个项目进入海选，其中外国（非华裔）人才项目408个，至年末11个项目在杭签约落户。11月9日至20日，举办"2020杭州国际人才交流与项目合作大会"，39个外国高端机构和120名外国人才现场参会，会上欧盟研究与创新中心的中欧科技创新合作平台和世界银行、中国互联网金融协会的世界银行全球数字金融中心正式在杭揭牌，西安电子科技大学杭州研究院签约落地，全市累计签约项目401个、总额93.54亿元。杭州人才净流入率、互联网人才净流入率保持全国第一，连续10年入选"外籍人才眼中最具吸引力的十大城市"。

【专业技术和留学人员管理】 杭州市实施"131"中青年人才培养计划（2016—2020），以高层次人才为重点加快专业技术人才队伍建设，结合杭州市重点发展产业领域选聘钱江特聘专家101名，入选享受国务院政府特殊津贴专家13名，选拔产生50名享受杭州市政府特殊津贴人员。新设立国家级博士后科研工作站8家，省级博士后科研工作站35家，引进博士后研究人员530人。提升职称管理服务水平，优化实施初定中级职称一级审核和"全城通办"机制。推进实施中小学教师职称自主评聘改革，指导杭州高级中学等53所学校开展试点。组织职

称、职业（执业）资格考试 20 项，2020 年发放资格证书 49858 本，服务各行业人才发展。全市评审资助留学人员在杭创新创业项目 42 个，资助资金合计 1988 万元；4 人入选 2020 年中国留学人员回国创业启动支持计划，获资助 110 万元；5 个项目入选 2020 年度省"钱江人才计划"C、D 类项目择优资助，获资助 25 万元。

【职业能力建设】 杭州市深入实施"名城工匠"培养生态建设，发布《杭州市技能类紧缺职业（工种）目录（2020 版）》，培养高技能人才 4.42 万人，开展职业技能培训 22.99 万人次。新建省级技能大师工作室 5 家、市级技能大师工作室 25 家，组织市、区（县市）级技能竞赛 194 场，带动岗位练兵 11 万人次。扩建国家级培训基地建设项目 1 个。完善公共实训基地体系，全年实训、鉴定 14.87 万人次，其中高级工及以上实训 3.2 万人次。

【事业单位人事管理】 杭州市开展事业单位统一公开招聘，全年公开招聘事业单位工作人员 9283 人。规范事业单位岗位管理工作，调整核准 153 家市属事业单位岗位设置方案，办理事业单位岗位聘用变动认定 714 家次、5273 人次。依托浙江省事业单位人事工资管理服务系统，构建事业单位工作人员职业生涯全周期管理"一件事"平台，将出入编、社保、医保、公积金、市民卡等业务经办环节集成"一件事"，实现"一张表单申请、一个平台联办、一次不跑办成"，全年办件量 32294 件。

【工资福利】 杭州市根据疫情防控形势落实发放临时性工作补助、调整卫生防疫津贴标准、核增一次性绩效工资等关心关爱医务人员工资待遇政策。进一步明确义务教育教师和公务员工资待遇计算比较口径，加强对区、县（市）提高教师待遇工作的业务指导和监督检查，推动落实教师法定工资待遇。

【劳动关系】 杭州市贯彻落实国家、省关于妥善处理新冠肺炎疫情防控期间劳动关系要求，维护疫情防控期间劳动关系和谐稳定。完成"构建和谐劳动关系三年行动计划（2018—2020 年）"目标，深入开展区域性（园区）和谐劳动关系创建活动，协调劳动关系三方机制建设进一步加强，全市劳动合同签订率 99.4%。继续在钱塘新区企业和全市外商投资企业开展特殊工时审批清单式改革，探索逐步扩大试点范围。4 月，杭州市人力社保局出台实施《杭州市劳务派遣优化审批服务改革办法》（杭人社发（2020）31 号），劳务派遣行政许可按属地原则进行管辖分工，提高行政审批便利度。开展劳务派遣年度经营情况报告核验、劳务派遣用工情况双随机检查，不断规范劳务派遣用工行为。完善全市改革国有企业工资决定机制，继续深化国有企业工资分配制度改革。开展工资集体协商"集中要约行动"，推进行业性、区域性工资集体协商，全市签订工资专项集体合同 3.35 万余份，涵盖企业 6.83 万余家，覆盖职工 286 万余人。发布 2020 年杭州市劳动力市场工资指导价位。公布 2019 年杭州市区全社会单位在岗职工（含劳务派遣）年平均工资为 82009 元，与 2018 年的 73678 元相比，增加了 8331 元，增长 11.3%，扣除价格因素，实际增长 8.0%。

【农民工管理服务】 协调市农民工工作领导小

组各成员单位共同做好农民工服务工作，稳定和扩大农民工就业，有序推进农民工市民化。全年全市培训进城务工农民 3.81 万人，落实进城务工农民培训补贴 0.19 亿元，惠及农民工 1.70 万人。全市农民工养老保险、工伤保险参保人数分别达 317.70 万、354.11 万人。入选全国农民工工作先进集体 1 家，全国优秀农民工 13 人。

【劳动保障监察】 杭州市各级劳动保障监察机构监察检查用人单位 15.56 万余户（次），协调处置各类劳动保障违法案件 6951 件，其中，立案查处各类劳动保障违法案件 479 件，结案率 100%。组织实施人力资源市场秩序整治、根治欠薪夏季行动、在建工程项目"无欠薪"六项制度落实情况"飞行检查"、根治欠薪冬季专项行动等专项治理行动 4 次，检查用人单位 7814 户，针对性集中整治、规范劳动用工秩序。深入开展"杭州无欠薪"专项治理行动，构建市、区县、镇街、网格 4 级指挥体系。探索建筑行业制度规范、交叉检查、审计检查、飞行检查、智慧监察"五治"模式。全年为 2049 名劳动者追发工资待遇 3932.97 万余元，向公安机关移送涉嫌拒不支付劳动报酬犯罪案件 26 件，公安机关立案 14 件。

【调解仲裁】 杭州市开展基层劳动纠纷综合治理，实现劳动纠纷多元化解机制乡镇（街道）全覆盖。在全省率先试点建设人社领域群众诉求"一窗式"即接即办处理机制，市级层面在杭州市社会治理综合服务中心设立"劳动纠纷处理"窗口，各区、县（市）将信访、仲裁、劳动保障监察等力量融合入驻社会矛盾纠纷调处化解中心，乡镇街道统一设立无差别全科受理窗口，实现"一窗式"即接即办机制全覆盖。全市受理劳动人事争议案件 19377 件，结案 21020 件。

【信息化建设】 杭州市深入推进"人社服务快办行动"，加快数字化转型，全面提升网上政务服务能力，126 个政务服务事项 100% 实现跑零次、网上办、掌上办；个体劳动者就业等 12 个跨部门"一件事"实现联办，企业"五险一金"缴存登记等 9 个高频事项在"亲清平台"实现联办、简办、秒办，"企退人员节日慰问费发放"在"民生直达平台"实现无须申请、自动审核、即时到账。清理各类证明材料 113 项，证明材料压缩比为 96%。推进民生事项延伸至乡镇（街道）、银行网点就近办，全市 707 个银行网点可办理人社业务。加速"减窗行动"，全市人工办事窗口由 501 个减至 226 个，减少 55%。开展流动人员人事档案管理服务跨区域办理改革试点，杭州市、金华市两地于 2020 年 6 月 30 日起实现跨区域通办流动人员人事档案管理服务事项。"社保易窗"智能服务平台和灵活就业补贴管理模式改革等 2 个项目获省人力社保厅改革创新优秀试点项目，大学生创新创业"一件事"改革入选省人社系统"十大改革创新案例"、杭州市改革创新最佳案例。截至 2020 年 12 月，杭州市社会保障卡发卡 1241 万张，电子社保卡签发 421.57 万张。

【对口支援和结对帮扶】 杭州市人力社保部门继续实施《杭州市东西部扶贫劳务协作三年行动计划（2018—2020 年）》，制定推进千人转移就业、千人技能培训、千名创客培育、千名铁军攻坚等东西部扶贫劳务协作"四千行动"，与对口地区签订劳务合作协议27份，召开劳务协作会议63场。应对疫情协调相关部门开展扶贫专列接返工作，首趟湖北恩施扶贫专列搭载1071名恩施籍务工人员于3月19日抵杭，获人民日报、新华社、中央电视台等60余家媒体报道。年内，在对口帮扶地区举办专场招聘会51场，424家次杭州企业累计提供扶贫就业岗位5.6万个。发挥黔东南州驻杭"1+16"、恩施州"1+8"劳务协作工作站优势，为贫困人口来杭就业提供政策指导、权益维护等服务。与对口地区共同推进"教育＋就业"精准扶贫模式，继续招收200名恩施籍建档立卡贫困生到杭州第一技师学院、轻工技师学院就读，杭州帮扶资金给予每位学生每年1万元生活补助。择优评选10家就业扶贫"爱心企业"，给予每家5万元的一次性奖补。2020年度，贵州省建档立卡贫困人员在杭稳定就业9112人、新增就业3019人，其中黔东南州在杭稳定就业3885人、新增就业2002人；湖北省建档立卡贫困人员在杭稳定就业9512人、新增就业1600人，其中恩施州在杭稳定就业2150人、新增就业829人。杭州市劳务协作做法2次在国务院扶贫办《扶贫信息》推广。

**【获省级以上荣誉】**

## 荣誉集体

1.2020年全国清理整顿人力资源市场秩序专项执法行动取得突出成绩单位
杭州市富阳区劳动保障监察大队

2.2020年全国农民工工作先进集体
杭州市江干区人力资源和社会保障局

3.浙江省落实鼓励和支持就业创业政策力度大、提高就业创业服务水平成效明显的县（市、区）
富阳区

4.2020年全省人社系统"对标争先改革创新"竞争性试点优秀项目
杭州市灵活就业补贴管理模式改革项目
杭州市社保经办智能服务平台项目

5.2020年浙江省城市大脑场景典型案例
杭州城市大脑余杭平台·欠薪预警系统

6.2020年度全省人社系统绩效考评优秀单位
杭州市人力资源和社会保障局
富阳区人力资源和社会保障局
淳安县人力资源和社会保障局
西湖区人力资源和社会保障局
江干区人力资源和社会保障局
余杭区人力资源和社会保障局
上城区人力资源和社会保障局
下城区人力资源和社会保障局

7."浙江省巾帼文明岗"
余杭区人力资源和社会保障咨询服务中心
淳安县人力资源和社会保障局人社窗口

8.浙江省"无欠薪"县（市、区）建设先进集体
杭州市人力资源和社会保障局
杭州市富阳区人力资源和社会保障局
杭州市临安区人力资源和社会保障局

9.2020年"奇思妙想浙江行"创业大赛优秀组织奖
杭州市人力资源和社会保障局

10.2020年度全省劳动人事争议案件处理成绩突出单位

杭州市人力资源和社会保障局

杭州市下城区人力资源和社会保障局

杭州市西湖区人力资源和社会保障局

杭州高新技术产业开发区（滨江）人力资源和社会保障局

杭州市余杭区人力资源和社会保障局

11. 2020 年度全省劳动人事争议"互联网＋调解仲裁"成绩突出仲裁院

杭州市拱墅区劳动保障监察大队（杭州市拱墅区劳动人事争议仲裁院）

杭州市江干区劳动人事争议仲裁院

杭州市萧山区劳动人事争议仲裁院

12. 2020 年度全省劳动人事争议案件处理成绩突出基层调解组织名单

杭州市上城区湖滨街道劳动人事争议调解中心

杭州高新区（滨江）劳动仲裁院来就调律师工作室

杭州市富阳区东洲街道劳动人事争议调解中心

杭州市临安区锦北街道劳动人事争议调解中心

建德市梅城镇劳动人事争议调解中心

桐庐县分水镇劳动人事争议调解中心

## 荣誉个人

1. 浙江省东西部扶贫协作突出贡献奖

杭州市就业管理服务中心　　　　徐子江

2. 浙江省"无欠薪"县（市、区）建设先进个人

杭州市下城区人力社保局　　　　江海灵

杭州市江干区劳动保障监察大队　张　铭

杭州市拱墅区劳动保障监察大队　方迪峰

杭州市西湖区劳动保障监察大队　傅世男

杭州市滨江区劳动保障监察大队　李晓强

杭州市萧山区劳动和社会保障监察大队

　　　　　　　　　　　　　　　汤　勇

杭州市余杭区劳动保障监察大队　姚　安

桐庐县劳动保障监察大队　　　　虞剑平

淳安县人力社保局　　　　　　　袁　君

建德市劳动保障监察大队　　　　邵露霞

3. 2020 年度全省劳动人事争议案件处理成绩突出仲裁员

杭州市劳动人事争议仲裁委员会　郦　宁

杭州市上城区劳动人事争议仲裁委员会

　　　　　　　　　　　　　　　徐惟雅

杭州市下城区劳动人事争议仲裁委员会

　　　　　　　　　　　　　　　杨燕琪

杭州市拱墅区劳动人事争议仲裁委员会

　　　　　　　　　　　　　　　曹　静

杭州市江干区劳动人事争议仲裁委员会

　　　　　　　　　　　　　　　张彬晨

杭州市西湖区劳动人事争议仲裁委员会

　　　　　　　　　　　　　　　王　雄

杭州高新开发区（滨江）劳动人事争议仲裁委员会　　　　　　　　徐　靖

杭州钱塘新区劳动人事争议仲裁委员会

　　　　　　　　　　　　　　　周炜波

杭州市萧山区劳动人事争议仲裁委员会

　　　　　　　　　　　　　　　高　燕

杭州市余杭区劳动人事争议仲裁委员会

　　　　　　　　　　　　　　　孙中晖

杭州市富阳区劳动人事争议仲裁委员会

　　　　　　　　　　　　　　　李晓波

杭州市临安区劳动人事争议仲裁委员会

　　　　　　　　　　　　　　　唐婧雯

淳安县劳动人事争议仲裁委员会　　詹水娣

4.2020 年度调解仲裁案件处理工作成绩突出调解员

杭州市上城区小营街道劳动人事争议调解
中心　　戴潇洲

杭州市下城区东新街道劳动人事争议调解
中心　　姜维青

杭州市拱墅区科技工业功能区劳动人事争
议调解中心　　盛红娅

杭州市江干区劳动人事争议调解委员会
孔永高

杭州市西湖区劳动人事争议诉前调解工作室
向雨鑫

杭州市西湖区翠苑街道劳动人事争议调解
中心　　梁　樱

杭州高新区（滨江）浦沿街道劳动人事争
议调解中心　　朱建良

杭州市萧山区新湾街道劳动人事争议调解
中心　　许解而

杭州市萧山区劳动人事争议人民调解委员会
潘一清

杭州市萧山区所前镇劳动人事争议调解中心
王土锋

杭州市余杭区星桥街道劳动争议调解中心
沈子芳

杭州市富阳区鹿城街道劳动人事争议调解
中心　　金维维

杭州市临安区锦程街道人事劳动争议调解
中心　　徐智娟

建德市梅城镇劳动人事争议调解中心
李建平

桐庐县分水镇劳动人事争议调解中心
周　婷

淳安县清溪新城劳动人事争议调解中心
洪紫倩

（骆椿美）

# 宁波市

【城乡就业】　全市人力资源调查总数为 685 万人，本市户籍劳动力为 287.1 万人，外来劳动力为 397.9 万人。全年城镇新增就业 20.9 万人，接收高校毕业生 16.5 万人。就业登记人数达 480.29 万人，城镇登记失业率 2.22%，继续保持低位。为进一步做好稳就业工作。7 月，出台《宁波市人民政府办公厅关于进一步做好稳就业工作的实施意见》（甬政办发〔2020〕41 号）。8 月，人社、财政、人行联合下发《关于进一步做好稳就业工作实施细则》（甬人社发〔2020〕41 号）和《宁波市创业担保贷款实施细则》（甬银发〔2020〕107 号）。围绕减轻企业负担和激励企业招工用工，积极落实疫情期间助力企业复工复产系列政策；失业保险援企稳岗"零申报"快速发放补贴做法受到人社部新闻发布会公开点赞并在人社部召开的全国失业保险工作座谈会上作经验介绍。全年稳岗返还 13.79 亿元，惠及企业 9.11 万家，失业保险费返还 9109.41 万元，惠及企业 1180 家。深入实施"甬上乐业"计划，以"援企稳岗促发展""重点扶持促就业""夯实基础强服务"三大行动为抓手，大力支持和促进各类群体就业创业。2020 年全市发放创业者社会保险补贴 8524 万元，扶持创业实体 8524 家，其中，小微企业 7360 家，个体工商户 1122 家，网络创业 11 家，村级电商 31 家；发放创业带动就业岗位补贴 6083.8 万元，扶持小微企业 9304 家，带动就业 30426

人；发放创业场租补贴8759万元，扶持创业实体15874家；发放中小微企业吸纳就业贷款贴息264万元，扶持小微企业69家，带动就业3149人；发放各类创业担保贷款8.05亿元，继续保持全省领先。大力推进高质量就业社区村建设，新认定110家市级高质量就业社区村，全市累计建成高质量社区村514家。组织各类专场招聘会306场，提供免费服务56万人次，19.69万人次就业困难人员获得政策扶持。开发（保持）公益性岗位6591个，始终保持零就业家庭动态归零。

【社会保险参保情况】 截至2020年底，全市户籍人员养老保险参保率99.37%。全市企业职工基本养老保险、城乡居民基本养老保险、被征地人员养老保障、机关事业养老保险、工伤保险、失业保险参保分别为487.4万人、110.1万人、31万人、28.6万人、415.6万人、318.4万人，基本实现社会保险法定人员全覆盖。截至2020年底，累计发放社保卡995.32万张，签发电子社保卡490.50万张。完成社保精准扶贫三年行动计划收官工作，三年间累计将3.3万名未参保的贫困人员纳入养老保险覆盖范围。

【社会保险政策】 宁波市印发了《宁波市人力资源和社会保障局 宁波市医疗保障局 宁波市财政局 国家税务总局宁波市税务局关于阶段性减免企业社会保险费有关问题的通知》（甬人社发〔2020〕11号）、《宁波市人力资源和社会保障局 宁波市财政局转发浙江省人力资源和社会保障厅 浙江省财政厅关于2020年调整退休人员基本养老金的通知》（甬人社发〔2020〕38号）、《宁波市人力资源和社会保障局 宁波市财

政局关于调整企业职工死亡后遗属生活困难补助费等标准的通知》（甬人社发〔2020〕46号）、《宁波市人力资源和社会保障局 宁波市财政局关于调整被征地人员养老保障待遇和缴费标准的通知》（甬人社发〔2020〕48号）、《宁波市人力资源和社会保障局 宁波市财政局关于提高城乡居民基本养老保险基础养老金标准的通知》（甬人社发〔2020〕49号）、《宁波市人力资源和社会保障局 宁波市财政局宁波市自然资源和规划局 国家税务总局宁波市税务局关于进一步做好被征地农民参加基本养老保险有关工作的通知》（甬人社发〔2020〕53号）。另外印发《新业态企业先行和单行参加工伤保险经办指南》，对电子商务、网络约车、网络送餐、快递物流等新业态企业按规定为其从业人员先行或单独参加工伤保险提出了指导意见。

【社会保险经办管理】 省内率先落地阶段性减免企业社保费政策，为28.03万家企业减免社保费202.47亿元（其中养老160.5亿元，医保28.54亿元，失业5.89亿元，工伤7.54亿元），为9.11万家企业发放稳岗返还13.79亿元，4313家企业缓缴社保费11.12亿元。疫情期间调整窗口服务方式，推行"六个办"（网上办、掌上办、自助办、预约办、咨询办、邮寄办）为主的"不见面"服务，启用窗口自助服务体验区、深化窗口"一区三岗"建设。省内率先完成被征地农民参加基本养老保险整改工作获市委市政府主要领导批示肯定，按省政府统一部署推进社保信息系统省级集中工作。社保事项网办率93.32%、办件发生率100%，民生事项"一证通办"、服务事项"跑零次"、材料电子化、政务服务事项线上可办率均达100%，所有民生事项均实现"基层

办"。市大数据共享平台社保共享接口全年被调用2052万次,对外提供数据23.7亿条,调用其他部门接口1090万次。形成全市社保风控地图,被中国劳动保障报专栏报道。建成企业退休人员居家养老服务平台,养老保险待遇资格认证实现"无感智办",开展政策待遇"看得懂、算得清"咨询服务日活动,完成116家省部属企业7070名退休人员移交社区管理服务工作。全市建设施工企业以项目参加工伤保险人数95.6万人。全市提出工伤认定申请26392件,受理26346件,不受理46件。认定为工伤26335件。全市受理劳动能力鉴定申请21135人,工伤认定、鉴定工作整体平稳。全市社保卡经办服务网点达1282家,实现了全城就近通办、即时办结。不断推进社保卡集成应用,已全面开通102项社保卡在人社领域应用,非人社领域应用开通和资金发放项目均超50项。在全国探索以社保卡"特约商户"模式推进社保卡的多领域应用。首批388家特约商户涵盖群众日常生活,今年已累计吸引11.35万多社保卡持卡人,消费金额超1157.10万元。

**【人才引进与开发】** 深化打造"我选宁波、我才甬现"品牌。前期受疫情影响,市本级举办以线上对接为主的"我选宁波、我才甬现"全国巡回招聘活动46场,参会单位996家次,推出岗位数4838个,需求总人数27663名,线上线下参会人数14691名,达成意向2273名。6月,赴西安率先在全国开启线下赴外招聘会。全市举办赴外引才485场,共10862家(次)单位参会,需求人才311779人,共195109人(次)参会对接,达成初步意向48477人(次),其中市本级走进北京、武汉、西安、成都等28座城

市,组织2140余家(次)企事业单位,深入西安交通大学、复旦大学、哈尔滨工业大学等54所高校,开展招聘宣讲活动115场,共推出岗位需求总人数77108人,洽谈异地人才42328人(次),达成初步意向11291人(次)。依托中国宁波人才市场共举办764场线下招聘会,其中市本级市场121场、区县(市)分市场611场,高校分市场32场,共25719家(次)企业参会,提供岗位需求人数62.68万人(次),吸引21.26万人(次)进场求职,达成意向约5.86万人(次)。31年来首次举办全程网上"毕洽会",共995家单位参会,人才在线投递简历6451份,视频面试求职达2439人次。举办高层次青年人才招聘会——第二十二届高洽会,充分融入"规模+""产业+""区域+""青年+""数字+"元素,汇聚"246"万千亿级产业集群,首次采用线上线下同步对接的方式举办第二十二届高洽会,共有1017家单位参会,推出26471个岗位需求,邀请全国180余所高校参会,线上线下洽谈总人数21542人,达成初步意向3563人。率先在全省打响高层次人才线上招聘第一枪,举办"在浙里·甬抱你"2020宁波高层次人才云端系列招聘活动,吸引651家单位、905所高校1.4万名人才线上对接,达成初步意向1205人。举办3场"在浙里·甬抱你"高层次人才路演暨精准对接洽谈会,邀请54名高层次人才设摊自荐,展示个人履历、项目经验、科研成果和创新产品,达成对接260人。率先在全国推出直播带岗招聘新模式,通过抖音、B站、微博、公众号等平台载体,举办区县(市)人社局长同台直播带岗稳就业、直播进名企等直播带岗活动20场,为169家企业推介7016个岗位需求,直播浏览量408.5万

次，自主运营自媒体账号粉丝近20万人。截至2020年底，全市人才总量达285.5万人，新引进大学生16.55万人，同比增长20.3%，新增高技能人才6.74万人，同比增长14.4%。

**【专业技术和留学人员管理】** 宁波市全市共向黔西南州、延边州统筹选派1至12个月专技人才746人（2020年新增668人），完成年度指标任务（新增400人）的167%，选派数量位居全国前三，做好奋战在脱贫攻坚一线的专家事迹宣传工作。2020年宁波市专家对口帮扶黔西南行、延边行、丽水行项目入选人社部专家服务脱贫攻坚工作项目，成为全国61个专家服务脱贫攻坚工作项目之一，共选派18位专家赴延边州、10位专家赴黔西南州开展"专家人才对口帮扶行"系列活动。关心关爱疫情防控一线专技人才，参与起草市有关政策和市人力社保局关心关爱组工作方案。在甬派及宁波人社公众号上开设"战疫一线 专家在行动"专栏，共报道12期36个先进事迹，点击率50多万次。人社部《专技人才 抗疫先锋》电子专刊刊发《浙江宁波：众"智"成城 打赢战"疫"》。2020年全市共18名专家获评国务院特殊津贴专家。宁波市本土人才培养升级奖励第二、三批共审核通过57人，发放升级奖励770万元。宁波市新增专家免费旅游景点7处，体育场馆5处，2020年9月实现了甬舟专家服务一体化，舟山普陀山景区等5家景点、16家酒店等纳入两市人才服务范围，12月甬台专家服务一体化上线，台州神仙居等26家景点39家酒店等纳入服务范围。专家服务系统上线以来，专家公交出行累计突破38万人次，地铁出行突破31万人次，提供体育健身服务共2.8万人次，景点服务共0.7

万人次，两年共发放医疗补助1200余人次。推进职称改革创新工作，在宁波设立全省汽车工程高评委，目前我市2个万亿产业全部设立高级评审点，4个五千亿产业、6个千亿产业一半已设立高级评审点，数量位居全省首位。人社部汤涛副部长对宁波市博士后工作给予高度肯定，指出"浙江特别是宁波市的博士后工作很多方面走在了全国前列，经验做法值得总结推广"。人社部《人才工作信息》介绍了宁波市"揭榜领题"云对接活动的经验和做法。宁波市获评14家国家级博士后工作站，数量居全国前列、全省首位，占全省近三分之一。新建博士后工作站35家，超额完成年度目标并继续保持全省前列。大力推动设站单位人员招收工作，全年新招收进站博士后人员超160名。持续打造专技人才培养平台，组织人才工程开展活动：赴外地对标学习3次，赴东南大学研修班1期，赴湖南初心教育1次，产学研合作交流活动3次，学术论坛1次；协调各学科组开展学术活动9次，走进企业4次，义诊服务1次。组织开展"领军格物"活动5次，推出"领军探秘"节目35期，新组建了领军之家朗诵团。2020年省万人计划青年拔尖人才推荐工作，我市最终获评人数位居全省地市首位。起草《甬江人才培养工程·领军拔尖人才项目实施意见》，印发国际行业资质证书持证奖励意见，并进一步公布了2021年指导目录。组织2020年市级专业技术人员继续教育高级研修班项目和紧缺人才培训项目，开展专业技术人员继续教育基地和示范基地申报、认定工作。首次通过"线上＋线下＋全球直播"联动推进的形式举办2020中国·宁波人才科技周海外留学人才创业行活动。通过全球引才网络平台邀约了200名高层次海外留学人才及 200 个创业创新项目与宁波近 100 家企事业单位、高校科研院所进行对接洽谈，达成初步对接意向共 176 人次。

**【职业能力建设】** 制定实施宁波新时代工匠培育工程。贯彻落实浙江新时代工匠培育工程文件精神，制定出台宁波市新时代工匠培育工程实施方案。2020 年全市技能人才总量达到 180.15 万，新增 16.52 万；高技能人才数量 55.13 万，新增 6.74 万；高技能人才占技能人才总量达到 30.6%。大力实施技能提升行动，完成补贴性培训 52.67 万人次。成功承办首届浙江技能大赛，宁波代表队共获得 17 个项目的冠军，全省第一。在全国第一届职业技能大赛上，宁波选手获得 2 金 2 银 2 铜 15 优胜，占全省金牌数 40%，14 名选手入选世界技能大赛国家集训队，创历史最好成绩。

大力推动职业技能提升行动。全市共组织技能培训 14.07 万人次。陆续出台项目制培训实施办法、技能菁英实施办法、技能人才继续教育管理办法、培训合格证书管理办法、特种作业和特种设备操作人员技能补贴办法等相关配套政策。在全省范围内率先出台"以工代训"政策，率先在全省发放第一笔以工带训补贴。全年我市 36 万人次企业职工参加以工代训并享受补贴，补贴资金总额将达 6 亿余元。聚力实施项目制培训。及时发布"两目录一标准"，重点向社会发布技能提升培训目录、补贴标准和 69 项我市首批项目制目录。

深入打造"155"高技能人才公共实训体系。制定出台宁波市公共实训中心管理办法，全面推动各类公共实训基地建设。发挥好大师工作室开展技术研修、技术攻关和带徒传技

等功能，新建 10 家市级技能大师工作室。推进"1+4+10"技能创业孵化平台建设工作，完成 13 家基地的专家评审工作，开展技能创业培训 15000 余人。全年组织企业新型学徒制培训 1500 人，开展企业自主评价 26 家，评价 1500 人次，合格 1360 人；技能等级试点评价 1021 人次，合格 811 人，其中高技能人才评价 322 人。围绕疫情防控拓展线上培训。制定出台疫情期间职业技能线上培训办法，编制线上培训服务指南，全年开展线上培训的企业 418 家，培训人数 45000 人，涉及资金 3100 万元。全面推进技能人才继续教育，开发建设"宁波市技能人才继续教育网"，全年学习平台累计注册技能人才 1 万余人，上架课程 546 门，课程点播 30 余万课时。出台《宁波市高技能人才直接认定暂行办法》，2020 年共组织 3 次直接认定，直接认定近 2000 名高技能人才。制定高技能人才生活安居补助实施细则。对首次在甬就业且连续缴纳社会保险费满 1 年的技师和高级技师，未在宁波购买住房的，分别给予一次性 1 万元、3 万元的生活安居补助。

**【事业单位人事管理】** 宁波市发布公告 282 家次，招聘计划 6213 名，发布公示 492 家次，拟聘用公示 4784 名，办理录用手续 4171 名，审核办理 343 名工作人员交流调动。调整 551 家事业单位岗位设置方案；完成 2 万余人次岗位变动认定。开展事业单位专业技术二级岗位审核认定工作，聘任了 10 名专家。会同教育局做好 2020 年全市中小学正高级教师岗位竞聘工作，确定 7 名中小学教师专业技术三级岗聘任人选。全力推进事业单位工作人员职业生涯全周期管理"一件事"改革，在全省较早建成依托"浙

政钉"的市县一体管理服务平台，首批通过省联合验收组云验收，全年累计办件量达2万人次。根据省厅推广应用人事工资管理服务系统统一部署，全市3145家事业单位共计13.7万名工作人员基础数据按时入库，全年系统网上业务办理量达到8500余件。会同市委组织部制定《宁波市事业单位工作人员交流办法（试行）》（甬人社发〔2020〕28号），为规范人员交流工作、拓宽选人渠道、促进人才合理流动提供了制度保障。会同市委组织部制定《宁波市事业单位工作人员培训管理实施细则》（甬人社发〔2020〕47号），全面推进培训工作规范化。配合市委组织部联合下发《进一步关心关爱疫情防控一线基层党员干部和医务工作者的十条措施》，给宁波市援助武汉应对新冠肺炎疫情医疗队等6家单位和集体记功奖励，34家单位和集体嘉奖。对2名防控一线医学专家晋升专业技术二级岗，为211名一线医务人员优先晋升岗位等级。核增702名年度考核优秀指标，12名编外援鄂医疗队员通过公开招聘进入事业单位。规范疫情防控期间公开招聘工作，制定《2020年度宁波市人事考试防疫指南》，下发两期疫情防控期间公开招聘操作口径，及时明确非全日制研究生、择业期毕业生、中小学教师"先上岗后考证"等群体报考资格问题。连续第三年开展宁波市面向应届优秀高校毕业生选聘高层次紧缺人才活动，推出选聘计划239名，共有4235名考生报名，235名高层次紧缺人才进入考察体检，引才效果和品牌影响进一步提升。根据中央巡视组要求，集中开展全市事业单位工作人员不规范交流调动核查。全面核查2014年7月以来事业单位交流调动人员，纠正了事业人员三龄两历未核定、重要档案材料缺件、归档不及时等问题，发现事业身份作假人员1名。举办第二期事业单位领导人员专题进修班，《宁波市开展事业单位领导人员集中轮训的实践与思考》经验做法编入《中国事业单位发展报告2020》。连续举办6期省人事工资系统和"一件事"服务平台操作培训班。组织事业单位领导人员参加十九届四中全会网上集训。

【工资福利】 贯彻落实国家、省和市激励关爱疫情防控一线医务工作者的举措，截至2020年底发放301名援鄂医疗队员临时性补助1372万元，发放疫情防治一线医务人员临时性补助7471人次，金额1559万元。及时落实一线医务人员的防疫津贴、援鄂人员薪酬水平提高2倍等各项待遇措施。会同财政、卫健部门制定疫情防控中承担重要职能、风险程度高的医疗卫生机构和公共卫生事业单位核增一次性绩效工资总量办法。做好事业单位改革后绩效工资核定工作。明确绩效工资衔接原则，总体按整合改革后新单位的定类确定绩效工资水平，公益一类，按照机关收入水平相当原则确定，公益二类，在经费有保障前提下，按适当就高的办法调整，会同财政部门重新确定169家事业单位绩效工资水平。促进事业单位人员创业创新和公立医院薪酬改革。根据《关于进一步完善市属事业单位绩效工资政策推进人才创业创新的若干意见》（甬人社发〔2018〕136号）文件精神，结合事业单位的综合效益考核结果及经费结余情况，实施绩效工资水平动态调整，会同财政部门核定市属300多家事业单位2019年度绩效工资总量，并对65家2019年度考核优秀事业单位核定了绩效工资奖励。指导宁波大学、农科院等高校科研院所开展高层次人才激励、科研经费奖励、科技成果转化奖励等"X项目"的实施工作。根据《关于公立医院薪酬制度改革指导意见》（甬人社发〔2017〕126号）会同市卫健委、市财政局结合公立医院绩效考核、收支节余等情况，完成2019年度7家市级公立医院工资总量核定工作。做好义务教师待遇保障工作。结合省人社厅、省教育厅、省财政厅关于义务教师和公务员工资待遇比较口径精神，会同财政、教育部门出台我市操作性更为明确比较口径，各区县（市）均实现义务教育教师平均工资水平不低于当地公务员平均工资水平。调整三类人员待遇。根据省文件精神会同市委组织部、市财政局，于2020年11月出台了《关于调整精减退职人员生活困难补助费标准的通知》（甬人社发〔2020〕50号）和《关于调整机关事业单位工作人员死亡后遗属生活困难补助费等标准的通知》（甬人社发〔2020〕51号），调整提高我市精减退职人员、机关事业单位死亡职工遗属和计划外长期临时工的生活困难补助标准。实施工资信息化管理。根据省厅事业单位人事工资管理服务系统"省集中"的工作要求，指导完成全市在编事业单位人员工资基础数据校对、完善和导入工作，完成市本级300多家事业单位人事干部集中培训，实现人事工资管理省系统顺利平稳启用。

【劳动关系】 立足疫情防控和助力企业复工复产两手抓的现实形势，全力做好疫情期间全市稳定劳动关系工作。1月26日印发《关于转发浙人社明电〔2020〕3号文件切实做好新型冠状病毒感染肺炎疫情防控期间全市劳动关系工作的通知》（甬人社便签〔2020〕20号）。成立人社政策会商组，坚持每日会商，统一全市政策

口径，并在2月市政府疫情通报新闻发布会上发布了疫情期间职工工资权益保障的有关政策。协调劳动关系三方四家分别行动，指导服务区县市和劳动关系双方做好疫情防控、劳动关系等工作和复工准备。至4月19日，已完成1127家企业、3269名职工的调查，工资支付、休息休假等职工权益基本得到保障，企业依法用工情况总体较好。联合印发《关于做好当前稳定劳动关系工作的通知》（甬人社发〔2020〕14号），推出稳定劳动关系十项工作举措，印发《疫情期间劳动关系政策指南》《疫情期间十大典型劳动关系案例》，创新采用二维码形式分图片版和网页版进行推送宣传。宁波市着眼受疫情影响劳动用工领域可能出现的纠纷风险隐患，统筹实施"调处十法"，构建劳动关系纠纷风险隐患处置闭环，确保了劳动用工领域和谐稳定。3月24日，《中国劳动保障报》刊登了我市稳定疫情期间劳动关系的做法。同时，"调处十法"作为先进经验被国家协调劳动关系三方会议办公室、浙江省委办公厅等相关刊物刊载推广（分别为《信息交流》2020年第2期、《浙江信息（工作交流）》第34期）。扎实推进国有企业工资决定机制改革工作。6月下发《关于做好市属企业2019年度工资总额执行情况报送有关工作的通知》（甬国企工改办〔2020〕1号），督促、调研、培训及清算等国有企业相关工作。12月下发《宁波市人力资源和社会保障局关于做好2020年国有企业工资决定机制有关工作的通知》，明确2020年度国有企业工资指导线及工资增长调控目标较上年不作调整，并要求各单位对照企业在疫情防控中具体表现，加大奖惩力度，并在工资总额分配中予以体现。完成宁波市2020年企业薪酬调查工作。8月，出台《关于发布宁波

市2020年度企业人力资源市场工资指导价位及2019年度人工成本信息的通知》，并详细发布宁波市2020年度企业人力资源市场工资指导价位及2019年度人工成本信息，其中发布全日制就业人员职业（工种）392个，其中管理职能类职业（工种）32个、专业技术类职业（工种）126个、职业技能类职业（工种）234个；发布包含焊工、电工、防水工、车工、钳工等在内的40个技术工人职业（工种）分等级的工资指导价位；发布12个行业门类，共计1296个职业（工种）的工资指导价位；另外发布50个行业大类，共计4039个职业（工种）的工资指导价位，基本覆盖行业中比较普通、从业者较多的职位，适合不同行业、不同职业劳动者的需求。科学统筹，开展"和谐同行"劳动关系能力提升三年行动。8月，下发《关于印发宁波市"和谐同行"劳动关系能力提升三年（2020—2022年）行动计划的通知》（甬人社办发〔2020〕11号），正式启动宁波市"和谐同行"劳动关系能力提升三年行动。计划通过此次行动力争用三年时间对至少1万名企业劳动关系工作人员完成技能提升培训，打造一支劳动关系专业化队伍。筹建第一期15名的师资库，采取"1+4"线上与线下、通用与特色班相结合方式，分批完成了大部分区县（市）的年度培训任务，2020年累积培训并通过考核学员2302名。

【劳动保障监察】 全市各级劳动保障监察机构主动监察用人单位、主动检查用人单位2.1741万户，涉及劳动者60万人。接待受理投诉举报4314件；处理各类网络舆情584条；处理群体性和突发事件4件。立案查处劳动违法案件240件，行政处罚（处理）82件，清退童工24

名；责令补缴社会保险163人次。1至12月，处置各类工资纠纷4678件，为1.35万名劳动者追回被拖欠工资1.36亿元，其中，立案查处的欠薪案件数82件，涉及劳动者人数1359人，涉及金额1579.7万元，同比下降11.1%、25.2%和20.7%。列入拖欠工资黑名单9家。全市未发生因欠薪而引发影响社会的重大群体性事件、越级上访事件和极端恶性事件。

全市妥善处置因劳资纠纷引起的各类突发事件11起，110指令4768条；向公安机关移送涉嫌拒不支付劳动报酬犯罪案件18起，涉及劳动者318人，涉及金额345.92万元。

在2020年元旦、春节期间，全市组织开展农民工工资支付情况专项检查，共组织出动检查人员1521人次，组织现场咨询21次，印发宣传资料1.3万余份，接受咨询315次，检查各类用人单位12205户，其中抽查、督查在建项目1343个（其中政府投资项目和国企项目251个）。共处理欠薪纠纷2055件，为1.61万名劳动者追回工资1.32亿元，移送司法机关3件，列入欠薪"黑名单"1家，向社会公布严重违法企业29家。

开展根治欠薪夏季专项行动，共出动执法人员457人，检查用人单位5503家，涉及职工21.8946万人。重点检查各类在建建筑工程项目（含装饰）819个，其中政府投资项目208个，国企项目51个，其他项目560个；检查加工制造业企业2521家，批发零售业272家，住宿和餐饮业363家，居民服务业525家，其他单位1003家，为1526人追讨工资及赔偿金1255.76万元。

发挥市根治欠薪工作领导小组办公室的牵头协调作用，联合住建、水利、交通等成员单位，持续深化制造业企业、工程建设领域和企业欠薪失信行为专项治理，深入实施工程建设领域实名管理制度、工资专用账户制度等"六项制度"，全市各级劳动保障监察机构共处置各类工资纠纷4678件，立案查处的欠薪案件数82件，同比下降11.1%，涉及劳动者人数1359人，同比下降25.2%，涉及金额1579.7万元，同比下降20.7%，为1.35万名劳动者追回被拖欠工资1.36亿元，拖欠农民工工资问题得到有力遏制。

【调解仲裁】　全市两级仲裁机构立案受理案件11677件（其中人事争议24件），同比下降3.9%；共审结案件12573件，结案率97.1%、调解率74.9%，涉案金额3.83亿元；调解组织受理劳动争议案件16132件，同比下降9.4%；共调解结案16132件，调解结案率99%，涉案金额3.97亿元。市本级和鄞州区劳动人事争议仲裁院完成全省"建标准院、开标准庭、办标准案"试点工作。建成"掌上仲裁"平台并被评为年度全省系统"对标争先改革创新"竞争性试点优秀项目，全年网络办案率24.1%。推进劳动纠纷多元化解工作模式向村（社区）、工业园区延伸，建成鄞州区五乡镇宝同村、北仑区小港街道枫林社区劳动争议调解中心。成立海曙区西门街道、江厦街道和鄞州区云龙镇3家基层派出庭并通过验收，进一步提升派出庭办案比重，压实基层纠纷化解责任。

【信息化建设】　全力做好政府数字化转型考核工作，开展数据开放百日攻坚行动，全面对接政务服务2.0平台，创新打造浙政钉人社数转工作晾晒台，主动靠前推动各项考核任务的优

质、高效完成。优化升级"浙里办"人社服务专区内容，积极推进互联网应用整合，顺利实施局门户网站向省政府集约化平台的迁移。持续深化人社智慧中心。打造大数据分析智能引擎，充分应用在职业技能提升补贴、人才就业补贴发放、高校毕业生一次性补贴，有效推进各项补贴政策的落地见效。夯实基础，持续强化信息安全保障体系。完成浙江省公安厅组织的"护网2020"网络安全攻防演练组织工作，在全省近400多家参演单位中，宁波市人力资源和社会保障局在全市政府部门中排名第一。全力推进政务专网整合，基本建成全市人社系统专网安全管控平台，逐步构建"边界清晰、监管到位、安全可控、责任明确"的人力社保专网安全保障体系。

【对口支援和结对帮扶】　宁波市人力社保局认真落实对口支援整体联动、劳务协作、专家精准帮扶支援、技能人才培训协作、人力资源协作和劳动保障监察协作等六项工作机制。全国在宁波就业和居住的建档立卡贫困劳动力31.5万，全年吸纳对口地区建档立卡人员来甬稳定就业3710人。"进得来、稳得住、融得入"做法被全国政协汪洋主席给予肯定批示："在东部稳岗、防止和减少回流，宁波的做法应推广。"宁波市作为东部城市代表多次在全国、全省就业扶贫会议上作经验交流，作为东部城市唯一代表受邀参加国新办新闻发布会介绍宁波就业扶贫工作经验。会同市委组织部印发《关于做好2020年度东西部扶贫协作专业技术人才选派工作的通知》（甬人社发〔2020〕15号）。截至12月底，全市共向黔西南州、延边州统筹选派1至12个月专技人才746人（2020年新增

668人）。其中，选派12个月以上的72人（黔西南州32人、延边州40人），7至12个月166人（黔西南州103人、延边州63人）；选派1至6个月508人（黔西南州334人、延边州174人）。2020年宁波市专家对口帮扶黔西南行、延边行、丽水行项目入选人社部专家服务脱贫攻坚工作项目，成为全国61个专家服务脱贫攻坚工作项目之一。2020年共选派18位专家赴延边州、10位专家赴黔西南州开展"专家人才对口帮扶行"系列活动。赴受援地开设岗前技能培训班158次，培训人数达8930人次，其中建档立卡6968人，技工学校定向招收建档立卡家庭学生59人。宁波技师学院选派专业教师赴安龙县技工学校开展专业师资培训52人，继续做好贵州"对口协作安龙班""对口协作黔西南班"67名学生的教育培养，8月组织开展黔西南学生专项职业能力提升培训。特别是安龙班的韦顺水同学成功斩获了第46届世界技能大赛贵州省选拔赛塑料模具工程项目第一名，被央视《朝闻天下》专题报道。快速协调处理涉及对口支援地区务工人员欠薪案件3起，为8名务工人员追发被拖欠工资13.6万元。承办黔西南州劳动关系专题培训班教学任务，通过组织观摩在建项目"无欠薪"创建各项制度落实、实地考察基层劳动监察网格化监管平台，进一步加深了两地劳动保障监察工作交流。

**【获省级以上荣誉】**

### 荣誉集体

1. 浙江省抗击新冠肺炎疫情先进集体

    宁波市人力资源和社会保障局复产用工保
    障团队

2. 浙江省人社系统窗口单位业务技能练兵比武竞赛决赛荣获团体一等奖，优秀组织奖

    宁波市人力资源和社会保障局

3. 宁波市推进"六争攻坚、三年攀高"先进集体

    宁波市人力资源和社会保障局职业能力建
    设处

4. 2018—2019年度市级文明机关标兵单位

    宁波市人力资源和社会保障局

5. 宁波市争创全国文明城市"六连冠"集体嘉奖

    宁波市人力资源和社会保障局

6. 宁波市"五一"工人先锋号

    宁波市劳动保障监察支队

7. 浙江省"无欠薪"县（市、区）建设先进集体

    宁波市劳动保障监察支队

    宁波市海曙区劳动保障监察大队

    宁波市鄞州区劳动保障监察大队

8. 第四届"中国创翼"创业创新大赛浙江省决赛优秀组织奖

    宁波市就业管理中心

9. "奇思妙想浙江行"2020创业大赛优秀组织奖

    宁波市就业管理中心

10. 浙江省巾帼文明岗

    象山县行政服务中心人力社保局分中心

11. 2020年度全省调解仲裁案件处理工作成绩突出单位

    宁波市人力资源和社会保障局

    宁波市海曙区人力资源和社会保障局

    宁波市北仑区人力资源和社会保障局

    宁波市鄞州区人力资源和社会保障局

象山县人力资源和社会保障局

12. 2020年度全省调解仲裁案件处理工作成绩突出"互联网＋调解仲裁"仲裁院

 宁波市社会保险管理服务中心（市劳动人事争议仲裁院）

 宁波市奉化区劳动人事争议仲裁院

 慈溪市劳动人事争议仲裁院

13. 2020年度全省调解仲裁案件处理工作成绩突出基层调解组织

 宁波市海曙区石碶街道劳动人事争议调解中心

 宁波市江北区石甬江街道劳动人事争议调解中心

 宁波市镇海区招宝山街道调解中心

 宁波市北仑区小港街道劳动人事争议调解中心

 宁波市鄞州区五乡镇劳动人事争议调解中心

## 荣誉个人

1. 第一届中华人民共和国职业技能大赛中荣获重型车辆维修项目第一名金牌及全国技术能手称号

 宁波技师学院    蒋昕桦

 宁波技师学院    高诗惠

 宁波技师学院    陈旭杨

 宁波技师学院    徐佳杰

2. 东西部扶贫协作突出贡献奖

 宁波市就业管理中心   孙奇峰

3. 宁波市"六争攻坚"好干部

 宁波市就业管理中心   刘御斌

4. 宁波市第一批战"疫"先锋

 宁波市就业管理中心   钱义林

5. 宁波市第三批战"疫"先锋

宁波市社会保险管理服务中心（宁波市劳动人事争议仲裁院）  赵迎春

6. 宁波市第六批高层次人才优秀助创专员

 宁波市人才培训中心   许奇良

7. 宁波市五一劳动奖章

 宁波技师学院    夏琦男

8. 浙江省技术能手

 宁波天工兴业工业品设计制造有限公司

        谢 铿

9. 浙江省首席技师

 宁波技师学院讲师   刘发军

10. 浙江省首席技师、浙江省青年岗位能手

 宁波技师学院    夏琦男

 宁波天工兴业工业品设计制造有限公司

        朱森权

 宁波天工兴业工业品设计制造有限公司

        许明明

11. 浙江省"无欠薪"县（市、区）创建先进个人

 宁波市劳动保障监察支队  张锦炜

 宁波市江北区劳动保障监察大队 王 睿

 宁波市镇海区劳动保障监察大队 邵新良

 宁波市北仑区劳动保障监察大队 王飞久

 宁波市奉化区劳动保障监察大队 裘维辉

 余姚市劳动保障监察大队  马慧惠

 宁海县劳动保障监察大队  施展杉

 象山县县劳动保障监察大队  王李渊

 宁波国家高新区人力社保服务中心 陈屹挺

12. 2020年度全省劳动人事争议案件处理成绩突出仲裁员

 宁波市劳动人事争议仲裁委员会 童志雄

 宁波市劳动人事争议仲裁委员会 陆桑榆

 宁波市劳动人事争议仲裁委员会 林成杰

宁波市海曙区劳动人事争议仲裁委员会
　　　　　　　　　　　　　张亚辉
宁波市江北区劳动人事争议仲裁委员会
　　　　　　　　　　　　　蒋文斌
宁波市北仑区劳动人事争议仲裁委员会
　　　　　　　　　　　　　黄晓燕
宁波市鄞州区劳动人事争议仲裁委员会
　　　　　　　　　　　　　金　洁
宁波市奉化区劳动人事争议仲裁委员会
　　　　　　　　　　　　　张　蝶
余姚市劳动人事争议仲裁委员会　毛桂平
慈溪市劳动人事争议仲裁委员会　韩利迪
宁海县劳动人事争议仲裁委员会　胡　娟
宁波国家高新技术产业开发区劳动人事争
　议仲裁委员　　　　　　　　邵　洁
宁波东钱湖旅游度假区劳动人事争议仲裁
　委员会　　　　　　　　　　周敏捷

13. 2020 年度全省劳动人事争议案件处理成绩突出调解员

宁波市海曙区高桥镇劳动人事争议调解中心
　　　　　　　　　　　　　陈凤云
宁波市海曙区鼓楼街道劳动人事争议调解
　中心　　　　　　　　　　　夏蓉菁
宁波市江北区庄桥街道劳动人事争议调解
　中心　　　　　　　　　　　叶幸洲
宁波市镇海区骆驼街道劳动人事争议调解
　中心　　　　　　　　　　　陈春国
宁波市北仑区大碶街道劳动人事争议调解
　中心　　　　　　　　　　　张叶波
宁波市鄞州区钟公庙街道劳动人事争议调
　解中心　　　　　　　　　　黎　卓
宁波市鄞州区姜山镇劳动人事争议调解中心
　　　　　　　　　　　　　吴秋燕

宁波市奉化区溪口镇劳动人事争议调解中心
　　　　　　　　　　　　　竺行军
余姚市陆埠镇劳动人事争议调解中心
　　　　　　　　　　　　　钱　峰
慈溪市长河镇劳动人事争议调解中心
　　　　　　　　　　　　　陶云江
宁海县西店镇劳动人事争议调解中心
　　　　　　　　　　　　　胡龙波
宁海县劳动争议人民调解委员会　陈真亮
象山县丹东街道劳动人事争议调解中心
　　　　　　　　　　　　　张静素
宁波市高新区人力资源和社会保障服务中心
　　　　　　　　　　　　　王东秋
宁波市东钱湖镇劳动人事争议调解中心
　　　　　　　　　　　　　钱翠艳
　　　　　　　　　　　　（袁宏海）

# 温州市

【城乡就业】 温州市人力社保局相继制定出台"温 28 条""温 32 条"、《关于进一步做好稳就业工作的实施意见》等系列政策，形成就业前、中、后全就业链政策扶持体系，如设立 2 亿元的稳岗专项资金，发放"留岗留薪""双百工业企业"奖补，通过刚性兑现纾困惠企，力促全市就业结构改善、就业质量提升和重点群体保障，全力推进稳就业、保就业、促就业。一年来，全市新增城镇就业 14.16 万人，城镇失业人员再就业 43856 人，帮扶就业困难人员实现就业 4705 人，全年领取失业保障金 4.17 万人，零就业家庭动态清零；返还社保费 13.92 亿，惠及 7.78 万家企业、107.6 万名职工；发放创业担保贷款 2.2 亿元、贴息 673 万元、带

动就业 4315 人。年末，全市城镇登记失业率
1.79%、失业保险参保人数达 144.55 万人。全
新提标升级创业创新大会，2020 年首次冠名"长
三角·温州创业创新大会"，辐射半径延至长三
角三省一市、福建、江西等地，成为具有长三
角影响力的创业创新交流展示平台，也进一步
加厚了本土双创氛围。大会主题展共吸引来自
上海、江苏、安徽、福建宁德以及省内等 36 个
地市企业参展（线下 215 家、线上 194 家），线
下观展达 3.12 万人次，现场达成签约和合作意
向 507 个，成交及合作意向资金达到 2.53 亿
元。同时，配套举办长三角温州创业高峰论坛、
瓯江数智创新论坛、资本对接会等活动，在资
本对接会上有 7 家投资机构与 7 个创新项目达
成意向投资协议，协议金额累计达 1.9 亿元。

**【社会保险参保情况】** 温州市养老、工伤、失
业三项社会保险基金收入 350.86 亿元，支出
462.43 亿元，当年缺口 111.57 亿元，累计结
余 222.54 亿元。2020 年，温州市企业职工基
本养老保险参保人数 340.35 万人，比上年增
加 24.47 万人，其中企业单位身份参保 166.94
万人，同比增加 16.17 万人；灵活就业人员身
份参保 173.41 万人，同比增加 8.3 万人；企业
职工基本养老保险基金收入 225.54 亿元，支
出 331.98 亿元，当年缺口 106.44 亿元，累计
结余 166.99 亿元。机关事业单位基本养老保
险参保人数 30.51 万人，同比减少 0.85 万人；
机关事业单位基本养老保险基金收入 70.57 亿
元，支出 73.50 亿元，当年缺口 2.93 亿元，累
计结余 10.19 亿元。城乡居民基本养老保险参
保人数 213.89 万人，同比减少 6.08 万人；城
乡居民基本养老保险基金收入 41.76 亿元，支

出 30.21 亿元，当年结余 11.55 亿元，累计结
余 24.70 亿元。被征地农民基本生活保障参保
人数 32.59 万人，同比减少 2.47 万人；被征
地农民基本生活保障基金收入 13.49 亿元，支
出 16.58 亿元，当年缺口 3.09 亿元，累计结余
8.35 亿元。2020 年，全市户籍法定人员基本养
老保险参保率达到 97.08%。2020 年，温州市工
伤保险参保人数 313.41 万人，同比增加 36.22
万人；失业保险参保人数 144.55 万人，同比增
加 10.84 万人。全市工伤保险基金收入 5.04 亿
元，支出 7.48 亿元，当年缺口 2.44 亿元，累
计结余 9.47 亿元；失业保险基金收入 7.95 亿
元，支出 19.26 亿元，当年缺口 11.31 亿元，
累计结余 11.19 亿元。

**【社会保险政策】** 温州市人力社保局、温州市
财政局联合印发《关于建立温州市区城乡居民
基本养老保险待遇确定和基础养老金正常调整
机制的通知》（温人社发〔2020〕35 号），明确
从 2020 年起建立激励约束有效、筹资权责清
晰、保障水平适度的城乡居民基本养老保险待
遇确定和基础养老金正常调整机制，推动城乡
居民基本养老保险待遇水平随经济发展而逐步
提高。温州市人力社保局、温州市财政局联合
印发《转发浙江省人力资源和社会保障厅 浙江
省财政厅关于 2020 年调整退休人员基本养老金
的通知》（温人社发〔2020〕87 号），调整市区
31.22 万名企业退休人员基本养老金，人均增
加 145.54 元／月。本次基本养老金调整后，市
区企业退休人员（含退职人员）基本养老金月
平均水平为 2983.42 元。温州市人力社保局、
温州市财政局、温州市民政局联合印发《关于
明确温州市区城镇老年居民养老保障制度并轨

城乡居民基本养老保险制度有关问题的通知》（温人社发〔2020〕90号），将市区老年居民养老并轨到城乡居民基本养老保险制度。并轨后，水库移民中已领取待遇人员的养老金发放标准由每人每月565元一次性提高至816元。温州市人力社保局联合医保、财政、税务、经信、统计等部门，根据《关于阶段性减免企业社会保险费有关问题的通知》（浙人社发〔2020〕13号）、《关于延长阶段性减免企业社会保险费政策实施期限等问题的通知》（浙人社发〔2020〕33号），落实落细阶段性减免企业社保费工作。全市中小微企业（含以单位方式参保的个体工商户）免征2020年2月份至12月份（所属期，下同）企业职工基本养老保险、失业保险、工伤保险的单位缴费；大型企业及参加企业职工基本养老保险的民办非企业单位、社会团体等各类社会组织（不含机关事业单位）减半征收2020年2月份至6月份的企业职工基本养老保险、失业保险、工伤保险的单位缴费。企业只需向税务机关正常申报缴纳，申报的程序和缴费基数计算方法不变，减免额在申报时自动计算并直接扣减应缴费额。截至12月底，全市阶段性减免养老、失业、工伤保险费68.53亿元，惠及16.7万家企业。

【社会保险经办管理】 社会保险经办窗口开展"去窗"行动，打造业务"一站式"办理，窗口缩减率达53%。增设自助服务区，积极引导"自助办""网上办""掌上办"，全年累计业务量50.8万件，其中网上申报受理39.3万件。利用AI算法和记忆引擎，打造社保智能AI体系，为市民提供"一体多面"的全天候、标准化、多功能的智慧社保服务。2020年，经国家人社部

正式批准，温州市被列入首个国家"探索建立工伤医疗管理新模式"试点城市。温州市人力社保局按照"节简、高效、便企、惠民"的总体思路，认真制定了《"探索建立工伤医疗管理新模式"试点实施方案》，确定2个试点县（区）全力推进改革试点工作，并有效带动其他县（市、区）主动对接、及时跟进，初步形成了工伤保险和医疗保险管理深度融合机制，有效提升了办事效率，让工伤职工少跑5万多人次。2020年，温州市职工工伤认定1.9万人次，其中市本级2116人次；职工工伤与职业病致残等级鉴定1.2万人，其中市本级鉴定4566人，委托指导县（市）鉴定机构鉴定7514人；职工非因工伤残或因病丧失劳动能力程度鉴定564人，其中市本级鉴定391人，委托指导县（市）鉴定机构鉴定173人。

【人才引进与开发】 温州市共举办各类线上线下招聘会443场，参会单位2.9万家，提供岗位49万余个。温州人才网首创网络视频面试，全年举办网络招聘会289场、提供37万余个岗位。实施高校毕业生招引"510计划"攻坚行动，开展"创业之都欢迎您 来了就是一家人"全国巡回引才暨政策宣讲活动，全年组团2305家单位赴全国人才集聚城市举办温州专场招聘会83场，提供5万余个岗位，设立高校人才工作联络站148家。2020年，进一步扩大招录范围，组织温州市事业单位和龙头企业面向全球引进录用博士、硕士和2020届优秀本科毕业生工作。一是在去年全国"双一流"高校、世界知名923所大学的基础上增加浙江省12所重点高校的全部毕业生以及在温高校的优秀硕士毕业生和优秀本科毕业生；二是第一次把龙头企业

加入到面向全球的招才平台。通过面谈、考核和综合比选的方式共招录青年优秀人才133人，其中博士8人、硕士119人。首次实施线上线下"千企百校"人才合作对接活动，10月24日、30日、31日，分别三次组织我市近千家企业与200多家院校的代表进行线上交流洽谈毕业生就业、实习，科技合作等；11月12日，组织40多家与我市密切合作的院校代表来温与我市100多家企业代表在人民大会堂进行现场对接洽谈。通过线上线下交流，共谈成699项校企合作项目，持续有效推进我市企业与院校的深度合作。2020年，温州市进一步提升地区引才育才环境。一是完善行业协会（商会、学会）"专家库"建设和人才工作站考核机制。增设个人护理电器协会、机械工作学会和海外留学人员联谊会三个人才工作站。截至2020年底，已建成行业协会（商会、学会）人才工作站59个，异地温州商会人才工作联络站13家。二是推进县域特色产业园建设，温州民营经济人力资源产业园即将挂牌开园，市外10多家知名人力资源服务机构入驻产业园。三是激发人力资源服务机构作用。率全省之先组织实施人力资源服务机构年度报告制度；深入推进人力资源服务机构诚信服务主题创建活动，委托市人力资源服务业协会开展评审，6家企业获"诚信人力资人力源服务机构"称号。四是优化就业见习实训基地建设。截至2020年年底，温州市本级就业见习基地达42家，其中国家级1家、省级2家，年吸纳见习生40名；市本级大学生实训基地达45家，年吸纳实训生100名；市本级大学生驿站7家。全年发放高校毕业生来温求职路费补贴2074人，共计66.63万元。五是加强信息化建设。实现职称证书电子化管理，办

理职称初定362人；转接应历届毕业生人事档案3333份，接收国企退休人员人事档案1.9万份，近两年已累计实现流动人员档案数字化管理4.1万份。

【专业技术和留学人员管理】 温州市入选国务院政府特殊津贴6人。温州市博士后工作取得新的突破，出台博士后新政，纳入《人才新政40条》2.0版；全年新建国家级博士后科研工作站2家，省级工作站6家，新增进站博士后50人。国科大温州研究院获省级优秀博士后科研工作站称号。继续实施省市系列人才培养工程，择优开展了高层次人才创新技术项目重点资助、"扶工扶农"活动和面向欠发达地区科研项目课题资助、选派赴国内外进修学习、导师制结对培养等一系列培养措施，共涉及培养人员41人次。深入推进职称制度改革，出台《温州市职称评审管理实施细则》，从制度层面加强全市职称评审工作的程序性和规范性，进一步保证评审质量；制订《关于高技能人才参评工程技术领域职称工作的实施意见》，更好地引导广大民营企业技能人才参与职称评审，促进人才更好流动和发展；进一步加强自主评聘工作的规范化管理，对全市153所中小学教师中初级职称自主评聘单位名单进行统一发文核准；切实推进职称评审网上申报和管理工作，加强专业技术人员业绩档案库建设，指导各行业主管部门和行业协会按照程序和要求规范开展各专业系列职称评审工作，全年共晋升高级职称2921人，中级7828人；会同考试院加强与公安、卫生等部门的协调和配合，严格按照疫情防控要求做好各项专业技术资格考试的考务工作，累计参加考生10.27万人、通过考试取得相应资

格 1.14 万人。规范开展专业技术人员继续教育工作,制订《温州市专业技术人员继续教育学时认定登记管理办法》,加强我市专业技术人员继续教育学时认定登记的规范管理,提升工作质量;牵头做好全市专业技术人员一般公需科目继续教育学习的同时,积极指导各行业主管部门做好各系列专业科目和行业公需科目继续教育工作,全年累计完成专业技术人员继续教育 12.53 万人;结合我市产业发展需要,举办了 21 期省市级专业技术人员高级研修班,累计培训 1621 人。

**【职业能力建设】** 温州市人力社保局联合温州市财政局出台《温州市区职业技能提升行动培训补贴管理办法》,补贴项目更多、补贴范围更广、补贴标准更高、补贴对象更精准、监督管理更规范。同时,加大对紧缺工种的支持,紧缺职业(工种)补贴标准上浮 50%,对新兴产业等特定企业开展项目制培训的,补贴标准上浮 30%,全速推进职业技能培训。新政策得到省人力社保厅的肯定,被人民日报专报采纳为温州事例。2020 年全市共开展各类技能人才培训 18 万人次,其中高技能人才培养 3.68 万人,位居全省第二,农村劳动力转移培训 1.76 万人,大学生创业培训 5888 人。参加职业技能鉴定近 9 万人次,发证 7.64 万册,其中职业资格鉴定 6.23 万人次,发证 5 万余册;职业技能等级认定 1.17 万人次,发证 1 万余册;专项职业能力鉴定 1.6 万人次,发证 1.48 万册。结合制造业高质量发展战略和行业企业的培育引进需要,扩大紧缺岗位津贴目录,将 2020 年紧缺高技能人才岗位津贴目录扩大到 36 个工种,对新引进或新获得紧缺工种的技师、高级技师给予每月

500 元、1000 元的岗位津贴。以"人才新政"动态调整为契机,加大对高技能人才和平台支持力度。将对市首席技师奖励由 2 万元提高到 3 万元;将对市级技能大师工作室奖励由 3 万元提高到 5 万元;同时,在全省创新出台给予技能等级认定试点企业最高 10 万元奖励支持,鼓励企业积极开展等级认定试点。实施公共实训基地和技能大师工作室等平台建设项目,全年新建国家级公共实训基地 1 家,市级公共实训基地 2 家,国家级技能大师工作室 1 家,省级大师工作室 3 家,市级大师工作室 20 家。实施高技能人才培养评选工程,2020 年评选市"特支计划"高技能领军人才 10 人,市首席技师 30 名,为温州实体经济转型发展提供工匠人才支撑。同时,以技师学院综合改革全省试点为引领,大力推动技工教育改革发展,技师学院、工贸学院双双获批技能等级考核资格;新设东方技工学校,金海产业学院,逐步扩大技师学院办学规模,不断凸显技工教育对打造先进制造业"重要窗口"的阵地作用。随着国家职业资格目录全部推出,未雨绸缪全力开展评价改革,建立技能等级认定试点院校和企业 73 家,全年共开展技能等级试点认定 1 万余人次,逆势而上领跑全省。出台《关于开展高级工、技师直接认定的通知》,贯通技术技能人才成长通道,坚持以用为本,不拘一格选才理念,创新开展高级工和技师直接认定 404 人,通过多元评价改革,不断加大高技能人才选育力度。温州市人力社保局会同温州市财政局、温州市总工会、温州市团委、温州市妇联下发《关于举办 2020 年温州市职业技能大赛的通知》,进一步发挥职业技能大赛在高技能人才培养中的引领示范作用。全年共举办机械、汽车维修、鞋类、服装、

眼镜、家电维修、交通运输、家政、农业等 62 个市级职业技能竞赛项目，全年带动各地共举办 148 场技能大赛，近 1.5 万人参加比赛，带动 10 万多人岗位大练兵，产生了近 155 名温州市级技术能手。选拔 31 名选手参加浙江省首届技能大赛，获得包括两个第 1 名的好成绩。成功举办省首届石雕技能大赛，囊括全省前三，并选送参加国赛，同时还联合市教育局举办全市中职学校技能节师生技能大赛，通过竞赛比武，大力营造劳动光荣、技能宝贵、创造伟大的社会氛围。为做好常态化疫情防控中的稳就业工作，提升职工技能水平，大力推进以工代训补贴发放工作。创新推行一个政策、一个系统、一条信息"三个一"举措，依靠数据联通共享优势，实现企业申报兑现"零跑腿"，为全市 8.67 万家企业发放稳岗扩岗专项补贴 5.65 亿元，惠及职工 84.5 万人，实施速度、惠及范围、支出总额均居全省第一，获得广大企业一致好评，相关经验得到省厅和人社部工作专班的肯定推广。

**【事业单位人事管理】** 全市公开招聘 6596 人，其中高校毕业生 2258 人；市本级招聘 750 人，其中高校毕业生 229 人。办理全市事业人员交流调动 1312 人次，机构改革人员转隶 8119 人。会同市委组织部开展全市专业技术二级岗评审，择优确定 13 名拟聘人选。会同市教育局首次开展中小学教师专技二、三级岗评审推荐，出台《关于进一步完善中小学校专业技术岗位设置管理的通知》，调整提高中小学校专技中高级岗位结构比例控制标准。全年市级事业单位核准岗位设置 106 家、聘期考核 105 家，审核岗位聘用调整 5724 人。设立医护人员招录绿色

通道，对一线防疫人员优先晋升岗位等级全市 425 人；落实疫情防控一线人员激励政策，一线人员年度考核优秀等次比例核增 30%。审核办理 2020 年度市级事业单位年度考核 2.6 万人，核定优秀等次 4903 人。首次开展事业人员奖励工作，及时奖励全市嘉奖记功 209 人、集体记功 2 个。首次将事业科级干部培训纳入市委党校主体班次，将事业新进人员培训范围拓宽到区级单位，全年组织培训科级干部和新进人员 316 人。完成全市 19 万名事业单位工作人员的年报统计，协助市委组织部完成全市 780 余名事业单位领导班子报表统计。深入开展事业人员职业生涯全周期管理"一件事"改革，将事业人员"进退流转"等 7 项人事业务后续的编制、社保、公积金等 9 个经办事项集成"一件事"，重塑办事流程、优化部门协办，实现"一张表单申请、一个平台联办、一次不跑办成"，有效破解了机关内部多次跑、多头跑等痛点堵点问题。温州市"一件事"平台首批通过省验收并获好评，率全省之先实现事业人员户籍迁入"一件事"网办、实现平台与省社保卡系统互联互通。完成全市 16 万名事业人员信息采集，统一省人事工资系统业务办理，实现事业人事管理省集中，并以此为"一件事"平台唯一数据源。平台投入使用后，全力开展"一件事"改革攻坚，全年办件量达 3 万多件，位居全省第一。

**【工资福利】** 温州市人力社保局联合温州市委组织部、温州市财政局出台《关于调整退休干部职工管理服务活动经费标准的通知》。会同教育、财政部门建立教师工资与当地公务员工资长效联动机制，确保中小学教师平均工资收入水平不低于或高于当地公务员平均工资收入

水平,解决落实市本级义务教育教师与公务员收入的差距。落实疫情防控一线医护人员每人每天200元至600元不等的临时性补助,应发6574人,发放金额1285万元全部到位。颁发"中国人民志愿军抗美援朝出国作战70周年"纪念章131人。完成国家、省新冠肺炎疫情防控表彰先进集体和个人的推荐工作,全市获得先进集体34个,其中国家级1个、省级33个,先进个人99名,其中国家级4名、省级95名。对获得国家级表彰的个人按照有关规定及时落实相关待遇。分三批及时表彰我市新冠肺炎疫情防控一线工作先进集体和个人,其中先进集体25个,先进个人47名。持续推进工资跑改工作,完成人事工资系统全省集中管理,统一业务事项,简化办理流程。

**【劳动关系】** 温州市人力社保局对市区839家企业11.8万多名在岗职工的人工成本和职工工资报酬等数据进行采集,发布温州市人力资源市场工资指导价位。对纺织业、化学原料制造业、通用设备制造业等11个行业大类的155家制造业企业人工成本按季度进行动态监测。2020年,全市取得行政许可劳务派遣企业1505家,涉及劳务派遣人员6.15万人。温州市获评全国优秀农民工11名。

**【劳动保障监察】** 温州市共受理处置劳资纠纷举报投诉案件1350起,补发、清欠工资金额3245.65万元,涉及劳动者2993人,同比分别下降32.26%、43.64%和31.56%。鹿城、瓯海、乐清、文成、泰顺和经开区等6地全部通过了省政府的考核验收,全域创成省级"无欠薪"达标县(市、区),在全省"浙江无欠薪"平安建设

年度考核中,温州市位列第二。率全省之先创新打造工资支付监管"三个全覆盖",在实施住建、交通水利项目"两个全覆盖"的基础上,进一步扩延升级系统,以龙湾区为试点,将劳动密集型制造业、服务业企业纳入平台监管。截至2020年底,通过平台发放工资流水达179.8亿元,涉及农民工91.5万人次。率全国之先建立"建筑工地劳资专管员大轮训大考核管理机制",对全市建筑工程项目工地的劳资专管员开展技能轮训并考核,并将大轮训机制纳入《温州市房屋建筑及市政基础设施工程信用评价管理办法》。2020年11月,全省根治欠薪工作现场推进会在温州召开,省人力社保厅领导高度肯定了温州的经验做法和工作成效,要求全省各地深入学习借鉴,即行在全省推广应用。

**【调解仲裁】** 全市共处理劳动人事争议案件7940件,涉及劳动者8360人,其中十人以上集体争议案件21件,涉及劳动者582人;已办结7797件,结案率98.2%,涉案金额1.65亿元;调解结案6150件,调解率78.9%;一裁终局974件,一裁终局率59.1%。打造"互联网仲裁院"全省样板,率全省之先创新推出"云融合庭"办案模式,以当事人手机直连、庭审模式"菜单式"选择、网络平台"全流程"直播为抓手,有效破解异地劳动者维权难的困局。线上创新开发全省首个劳动仲裁智能咨询AI"温小仲",智能处理各类劳动仲裁问题,"温小仲"上线后累计服务2万余人次,问题有效命中率83%。做实做深做细基层业务监督指导工作,市本级建成网络庭审监控中心,对全市12个实体庭实现视频、语音动态监控,切实提升基层办案质量。

【信息化建设】 温州市全面推动人社数字化转型，提前完成人力社保系统省级集中工作。职工和城乡的错误率从最初的75%分别降低到0.45%和0.23%，实现了全市350多万参保人员及23亿条数据的省级集中；改造温州市一体化平台（市管事项），完成了对全市社保、医保近2000余个事项的全面梳理工作；5月正式上线事业单位人员人事管理模块，实现人事、工资内跑网上办；6月正式上线人社智能AI服务体系，是全省人社领域首个智能化服务平台，上线至今已接受12万笔业务咨询，咨询准确率91%。该项目获得2020浙江数据开放创新应用大赛决赛优胜奖；9月完成全市域安装部署工作，提前高质量完成人社系统专网安全管控体系建设，注册率达94.53%；率全省之先完成"对标争先改革创新"省级试点项目浙江"人社指数"评价体系建设。2020年度，超额完成社会保障卡扩面工作，实体卡累计发卡量885.23万张，新增35.68万张；电子社保卡累计发卡量512.55万张，新增322.41万张，完成率达205.36%，发卡量排名位居全省第二；成功入选全国社会保障卡"一卡通"创新应用综合示范试点城市，成为全国25个综合示范地区之一；实现多项补贴待遇统一入卡。充分发挥社保卡待遇领取功能，实现养老保险业务全流程用卡；建成社会保障卡"智慧大厅"。实现全业务全流程自助办，原市民卡窗口全部撤销，市民全年少跑35万趟。

【对口支援和结对帮扶】 积极开展东西部劳务扶贫对口支援工作，全力推进与四川省阿坝县、红原县、壤塘县、南部县的劳务协作、就业扶贫等系列活动。积极开展技能培训，发挥好技能人才的传帮带作用，做好就业技能培训工作，把技术送到贫困户手中。每月动态核实比对近30万在温建档立卡人员参保信息并录入系统，定期向对接城市推送就业岗位信息，鼓励对口帮扶地区相互推送就业岗位，提升对接效率和就业率。疫情期间各批次来温务工人员，均安排接站接机，免费安排食宿并发放生活必需用品。定期关心西部地区来温务工人员的生活，通过"帮扶、活动、维权"三位一体的"壤塘驻温务工人员管理服务中心"等在温基站为结对县在温务工人员提供一条龙服务。全年，温州市开展东西部劳务协作扶贫系列招聘会13场，提供岗位5589个，其中爱心岗位1515个，初步达成来温就业意向212人。全年新开发爱心岗位企业468家、岗位8534个，实际吸纳就业587人。

【家政服务业】 温州市人力社保局、温州市发展改革委和温州市商务局联合牵头落实的家政服务行业提质扩容"领跑者"行动取得一定的成效。根据温州实际情况，建立了由人社、发改、商务三部门联合牵头，20多家单位共同参与的促进家政服务业提质扩容联席会议制度；制定印发了《温州市家政服务业提质扩容"领跑者"行动工作方案（2020—2022）》《温州市促进家政服务业提质扩容2020年工作要点》等有关文件；对家政条例进行多次座谈、研究、修改，形成送审稿；改造升级"温州家服云"信息平台，优化提升用户体验和服务质量，全年核对查验从业人员2万余名，剔除有违法犯罪前科的不合格人员307名；联合东方职业技术学院成立温州家政学院、温州东方技工学校，签订校政企合作协议，为首批深度融合校企合作单位授牌；成功举办2020年温州市金牌家政能手大赛暨母婴护理职业技能大赛，以赛促练；举办长三角区域家政服务信用体系观摩会，60名专家领导莅临参观交流，深受参会人员好评；家政示范市场建设平稳有序，全年进场交流市民达1.56万人，完成服务订单8469份。

## 【获省级以上荣誉】

### 荣誉集体

1. 国家清理整顿人力资源市场秩序专项执法行动突出成绩单位

温州市劳动保障监察支队

2. 浙江人社系统窗口单位业务技能练兵比武竞赛三等奖

温州市人力资源和社会保障局

3. 浙江人社系统窗口单位业务技能练兵比武竞赛优秀组织奖

温州市人力资源和社会保障局

4. 2020年度调解仲裁案件处理工作成绩突出单位

温州市人力资源和社会保障局

瑞安市人力资源和社会保障局

永嘉县人力资源和社会保障局

苍南县人力资源和社会保障局

5. 2020年度调解仲裁案件处理工作成绩突出"互联网＋调解仲裁"仲裁院

温州市劳动人事争议仲裁院

温州市瓯海区劳动人事争议仲裁院

瑞安市劳动人事争议仲裁院

6. 2020年度调解仲裁案件处理工作成绩突出基层调解组织

温州市鹿城区丰门街道劳动人事争议调解中心

温州市龙湾区永中街道劳动人事争议调解中心

永嘉县瓯北街道劳动人事争议调解中心

平阳县昆阳镇劳动人事争议调解中心

7. 浙江省劳动人事争议仲裁练兵比武团体一等奖

温州市劳动人事争议仲裁院

8. 浙江省劳动人事争议仲裁练兵比武最佳庭审奖

温州市劳动人事争议仲裁院

9. 浙江省劳动保障监察执法技能大比武"团体总分一等奖"

温州市劳动保障监察支队

10. 浙江省劳动保障监察技执法能大比武"知识竞赛单项团体一等奖"

温州市劳动保障监察支队

11. 2019—2020年度《中国劳动保障报》新闻宣传工作做得好的单位

温州市人力资源和社会保障局

乐清市人力资源和社会保障局

12. 2020年度省级中小企业公共服务示范平台

浙江温州人力资源服务产业园

13. 2020年国家级高技能人才培训基地

温州技师学院

14. 2020年度"浙江省节水型单位"

温州技师学院

### 荣誉个人

1. 浙江省最美公务员

温州市劳动保障监察支队 潘剑龙

2. 2020年度调解仲裁案件处理工作成绩突出仲裁员

温州市劳动人事争议仲裁委员会　　王旭之
温州市鹿城区劳动人事争议仲裁委员会
　　　　　　　　　　　　　　　　李九里
温州市龙湾区劳动人事争议仲裁委员会
　　　　　　　　　　　　　　　　吴　杰
乐清市劳动人事争议仲裁委员会　周杜建
瑞安市劳动人事争议仲裁委员会　王光叁
永嘉县劳动人事争议仲裁委员会　王　林
文成县劳动人事争议仲裁委员会　苏孝鑫
平阳县劳动人事争议仲裁委员会　林元昆
泰顺县劳动人事争议仲裁委员会　徐小青
苍南县劳动人事争议仲裁委员会　曾一鸣
龙港市劳动人事争议仲裁委员会　张秀波
　　3.2020年度调解仲裁案件处理工作成绩突
出调解员
温州市劳动人事争议人民调解委员会
　　　　　　　　　　　　　　　　徐时娇
温州市鹿城区南郊街道劳动人事争议调解
　　中心　　　　　　　　　　　　杨康华
温州市龙湾区永中街道劳动人事争议调解
　　中心　　　　　　　　　　　　郑建立
温州市洞头区劳动人事争议人民调解委员会
　　　　　　　　　　　　　　　　吴琼琼
乐清市虹桥镇劳动人事争议调解中心
　　　　　　　　　　　　　　　　计　杨
永嘉县瓯北街道劳动人事争议调解委员会
　　　　　　　　　　　　　　　　周文吉
文成县劳动人事争议调解委员会　虞晓燕
泰顺县劳动人事争议调解委员会　吴光飞
苍南县钱库镇劳动争议调解中心　王教厅
温州市经济技术开发区劳动人事争议仲裁
　　委员会　　　　　　　　　　　余铁如
　　4."无欠薪"县（市、区）建设先进个人

温州市劳动保障监察支队　　　　夏琦辉
永嘉县人力资源和社会保障局　　周望欣
平阳县劳动保障监察大队　　　　林贤胜
　　　　　　　　　　　　　　（陈昭伦）

# 湖州市

【城乡就业】　制定出台《关于做好2020年市区失业保险稳岗返还政策执行有关问题的通知》《关于印发稳就业政策实施办法的通知》《关于扩大失业保险保障范围有关问题的通知》，支持企业稳定岗位，加大创业扶持力度，促进各类群体充分就业。吸引新员工8.53万人，推动全市城镇新增就业17.3万人，同比增长10.9%，城镇登记失业率降至1.5%。创新"共享员工"机制，组织线上线下余缺调剂招聘会72场，共享员工4700余名。全力开展线上技能培训，累计发放补贴2000万余元，惠及职工4800余人。出台以工代训补贴实施办法，强力推进企业以工代训，为100余家企业发放补贴400万余元。制定出台《关于制定保障企业复工用工十条措施的通知》《关于印发企业复工复产补助奖励配套实施办法的通知》《关于做好职业（技工）院校学生顶岗实习支持企业复工复产有关工作的通知》《关于印发全市工程项目复工复产补助奖励配套实施办法的通知》等，通过给予新招员工一次性生活补助、各类主体介绍就业一次性奖励、企业复工复产包车补贴、鼓励学生顶岗实习一次性生活补助等扶持政策，全力保障企业复工复产。在全省首推"复工码"，综合运用企业复工招募平台、开复工企业用工调查系统，结合公安、交通运输、三大运营商和社保数据库，全面排摸全市企业缺工情况和招工需求，精准掌握人员流动变化。全市落实复工复产补助奖励资金 1.04 亿元，发动湖州工程技师学院等 12 个中职学校 2376 名学生参与顶岗实习。

【社会保险参保情况】 全面落实《湖州市全民参保登记动态管理机制建设方案》《湖州市区城乡居民社会养老保险实施办法》等政策办法，实施全民参保计划，促进和引导各类单位和符合条件的人员长期持续参保，基本实现法定人员全覆盖。2020 年末，全市职工基本养老保险参保人数达到 159.08 万人、城乡居民基本养老保险参保人数达到 51.72 万人，失业保险参保人数达到 87.97 万人，工伤保险参保人数达到 129.81 万人。我市基本养老保险参保率为 98.6%。

【社会保险政策】 湖州市本级 18.466 万企业退休人员和 1.02 万名市直机关事业退休人员 2020 年养老金月人均增资分别为 141 元和 263 元。市区被征地农民基本生活保障金由原每人每月 810 元调整到 873 元。被征地农民基本生活补助金由原每人每月 656 元调整到 707 元。全市共有 1.86 万名贫困人员享受政府代缴（代缴金额从每人每年 200 元提高至 300 元），166 名贫困人员无须缴费直接领取待遇。贯彻落实《关于 2020 年调整退休人员基本养老金的通知》文件精神，及时调整湖州市 2020 年退休人员基本养老金。根据《关于建立城乡居民基本养老保险待遇确定和基础养老金正常调整机制的指导意见的通知》，调整全市城乡居民基本养老保险基础养老金和缴费办法。湖州市从 1 月 1 日起相应调整基础养老金，标准从每人每月 215 提高到 250 元，每人每月增加 35 元。出台《湖州市关于试行快递企业等新业态从业人员职业伤害保障办法》，建立新业态从业人员职业伤害"单工伤保险＋补充商业保险"保障模式，将万余名"快递骑手""外卖小哥"等新业态从业人员纳入工伤保险制度覆盖范围。在全省率先出台疫情下支持企业发展的"湖八条"，同时，出台《关于新型肺炎疫情期间社会保险费缓缴的实施办法》，对因受新型肺炎疫情影响，面临暂时性生产经营困难和参与防疫物资生产的我市企业，无力足额缴纳社会保险费的，可以缓缴养老保险、工伤保险和失业保险费；累计为 10.9 万家次企业减轻养老、失业、工伤保险负担 53.2 亿元。会同市中级法院、市检察院、市公安局、市司法局和市大数据局等六部门研究制定出台《湖州市涉刑退休人员养老保险待遇处置联合工作机制》。

【社会保险经办管理服务】 结合政务服务 2.0 建设工作，重点加强社保大厅智能引导服务建设，梳理改造原有 43 项"最多跑一次"社保事项，推动社保业务政务终端机上线。43 项社保业务实现"扫码办""刷脸办"。与公安、民政、工商、税务等部门实现信息共享，减少证明材料 30 项，12 个事项实现"一证通办"。持续推进新开办企业工商登记与社保登记同步办，全年通过企业开办一件事进来的开户单位总共 9791 家；通过企业开办一件事进来的注销单位总共 597 家。南浔区积极探索建立政务服务嘉湖一体化合作，推进两地城乡居保业务互联互享。梳理第一批社保经办事项 9 个，业务经办下沉至吴兴区、南浔区和南太湖新区 30 个乡镇（街道）便民服务中心及农信联社网点。

【人才引进与开发】 出台《关于制定出台湖州

市支持大学生创新创业相关实施细则的通知》《关于印发〈湖州市绿色产业基金实施办法（试行）〉等九个重大项目攻坚及招商引才新政实施办法的通知》等文件，围绕疫情防控和复工复产"两战赢"，面向全球发布"百个团队千名硕博十万大学生招引计划"，突出线上招聘主阵地，举办"在湖州等你"@百所高校大学生云选会、湖州名企云直播等"云招聘"活动279场。疫情得到控制后，第一时间启动线下招聘，组织赴青海、西安、云南等地高校开展校园招聘、百所高校湖州行等活动386场。深化市场化平台合作，拓展9360校地战略合作联盟建设，全市累计与253所高校签订战略合作协议，设立人才工作站（联络站）130个，建立实习（实训）基地701个。全年累计发布各类岗位22万个，招引大学生和其他各类人才15.9万人。累计建成大学生创业示范园39家、就业创业指导站11家，入驻企业达5262家，组织举办"中国创翼"省决赛等创业创新大赛22场，发放创业担保贷款6.33亿元，贴息3120.36万元，兑现创业类补贴9240.52万元；新增大学生创业主体9482家，带动就业3.06万人。研究编制人力资源协同发展指数目录框架，设计城市数字大脑驾驶舱展示模块，融通"就业创业码"开发上线指数信息采集平台，组织吴兴区高端装备、金属新材和德清县地理信息3个试点产业233家企业人力资源协同发展指数试点工作，形成我市三大试点产业人力资源协同发展指数体系。

**【专业技术和留学人员管理】** 围绕我市重点产业升级，深化完善"南太湖精英计划"，增设顶尖人才和青年人才专项，创业项目启动资金从600万元增加至1000万元，增设后续绩效、设

备研发补助各最高1000万元；加速引进产业层次高、带动能力强的高端人才项目。研究制定"南太湖精英计划"人才项目管理办法，优化遴选评审、资金拨付、绩效评估、退出管理等机制，深化以人引才、中介引才、以赛引才、双招双引等办法；组织遴选"南太湖精英计划"领军型创业创新人才和团队172个。完善"南太湖特支计划"实施办法，增设人力资源管理领军人才、后备培养人才两个类别，协同遴选本土特支计划领军人才184人。组织推荐国家百千万人才工程2人，入选"钱江人才计划"项目1个，拟入选省"万人计划"青年拔尖人才5人，均创历史新高。协同举办首届世界青年博士南太湖论坛暨2020南太湖精英峰会，积极参加G60人才峰会等活动，全力为人才项目提供政策咨询、资本嫁接等服务。

认真做好留学人员回国项目实施成效跟踪服务、创业启动支持计划申报等工作，2个项目入选"2020年度中国留学人员回国创业启动支持计划"，入选数列全省第一。组织开展"百名博士后集聚行动"，新建省级博士后工作站16家、引进博士后科研人员34人，成功创建国家级博士后工作站3家。指导新建吴兴数字经济、南浔光电产业、德清雷甸装备制造等3家"南太湖精英计划"产业园。协同完善"123"人才服务日机制，齐力打造人才创新创业全周期服务"一件事"专窗，建成全省首个"留日人才之家"，深入破解人才住房、子女教育等"关键小事"。

**【职业能力建设】** 配合市委人才办出台《关于实施新时代人才强市战略服务湖州高质量赶超发展的意见》文件，进一步加大技能人才培养

政策性扶持补贴力度。扩大职业技能提升补贴申领范围及标准，将申领条件从企业职工扩大到参加失业保险人员，补贴标准按技能等级给予1000-6000元不等补贴，政策覆盖面更广；扎实推进企业新型学徒制，把企业新招用和新转岗人员纳入学徒范围，通过校企合作，给予企业每人每年最高6000元补贴等。深入贯彻落实国家省市关于线上职业技能培训工作精神要求，将该项工作纳入《湖州市人民政府关于应对疫情支持企业健康发展的八条意见》（"湖八条"）予以广泛推进。鼓励企业结合生产经营实际，组织职工依托网上平台资源，开展线上职业技能提升。考虑防控工作实际，通过服务专员一对一送政策、送服务，申报办理"不见面"备案等形式简化程序、加快进度，累计已发放补贴2000万余元，惠及职工3万余人。将开展企业以工代训作为常态化疫情防控稳就业重要举措去落实。通过召开座谈会，与重点行业主管部门及税务、市场监管等部门对接，摸清我市现状，出台市本级以工代训补贴政策文件，并全力组织实施。依托浙江政务服网、人社一体化平台等，开展线上申报、线上审核、线上复核；组织三区乡镇街道、区人力社保经办人员专题培训会，做到补贴政策清、标准清、要点清、明细清"四清"，累计涉及企业9278家，发放补贴资金4500余万元。大力开展各类国家、省市级高技能人才项目建设工作。夯实高技能人才培养平台，成功申建国家级高技能人才培训基地和国家级技能大师工作室各1家、省级技能大师工作室4家、市级技能大师工作室21家，其中国家级项目入选数量位列全省第一。宣传遴选高技能人才先进典型，通过举办国家行业技能大赛和参与世界技能大赛，今年我市共获评"全国技术能手"5人；安吉高级技工学校学生杨应政获得第45届世界技能大赛银牌，受到人力社保部和省主要领导接见。配合市委组织部人才办，开展2020年"南太湖特支计划"高技能领军人才选拔培养工程，共遴选"南太湖特支计划"高技能领军人才11人，积极开展第六届湖州市首席技师（南太湖新技师）认定工作，共认定湖州市首席技师11人。

【事业单位人事管理】　大力支持在疫情防控工作中表现特别优秀干部破格晋升岗位等级，为市大数据服务中心许彪和市粮食综合服务中心钱国良办理提前在高一级岗位聘任审核备案手续。协调事业人员"一件事"改革工作。按照全省统一部署，湖州市迅速行动、协同配合、统筹推进，有序推进各项工作，事业人员"一件事"经办系统平台正式上线试运行。目前基本实现了"一张表单申请、一个平台联办、一次不跑办成"的改革目标。人事工资系统是事业人员"一件事"平台唯一数据来源，根据省厅推进事业单位人事工资系统部署安排，8月10日前完成与省人事工资系统对接，8月15日我市系统正式上线运行，系统上线运行后，最大限度减少了数据的手工录入，实现三方面目标：一是人事工资业务"一网通办"，二是人员基本信息"一网通览"，三是公开招聘信息"一网发布"。

【工资福利】　推进事业单位绩效工资改革。结合市属事业单位2019年度绩效工资结算情况与机构改革后情况，结合现有绩效工资运行办法和事业单位经费保障类型，坚持"一事一议"原则，进一步充实"绩效工资总量+X"运行模式，在高校、医疗等单位试点基础上，对市委党校、社会福利院、特种设备检测研究院、交通规划设计院、城市规划设计院等职能定位、工作任务发生变化的事业单位设立符合单位特点的绩效工资“X”项目，配套实施绩效工资单列、调整经费模式等政策。根据健康中国先行示范区建设要求，根据我市公立医院薪酬制度改革政策，按照“两个允许”基本原则，结合经济发展、财政情况、医院绩效考核等因素，进一步完善公立医院薪酬制度，完成2020年公立医院薪酬核定；积极配合卫健委推行内部分配制度改革，稳步推进医联体薪酬制度建设。落实新冠肺炎疫情期间各类待遇保障。根据国家、省市文件精神，密切关注疫情发展，及时跟进国家和省防控期间各类人员待遇政策，落实疫情防控一线工作人员临时性工作补贴、临时生活补助、出差补助等援鄂医务人员保障政策；确定机关事业单位工作人员隔离治疗或医学观察期间工资福利发放口径；配合市委组织部研究我市激励关爱疫情防控期间基层党员干部和医务工作者举措方案；督促指导卫健部门制定一次性核增绩效工资总量方案，明确卫生防疫津贴发放范围和标准，确保各类补助落实到位。配合市委市政府开展新冠肺炎疫情防控中表现突出先进集体的及时性表彰奖励活动，对湖州市援鄂、温抗击新冠肺炎医疗队等6个集体进行了表彰。在市委市政府、市委组织部指导下，积极做好全国抗疫先进个人的推选申报工作，我市邹晓月、周庆、陈建如3人获得全国抗击新冠肺炎疫情先进个人荣誉。配合市委组织部、市防控办，了解周边地市信息，积极推进省级和市级抗击新冠肺炎疫情表彰工作开展。组织开展2020年度全市表彰表扬项目征集工作，指导区县、市级部门做好项目预申报，做好申报项目方案设计及整合完善，完成2020年度全市表彰表扬项目申报工作和后续向区县的批复转发工作。根据市委市政府指示精神，与市级相关部门积极沟通，顺利完成市级两项表彰活动的开展；组织开展市级五项表扬子项目再次申报工作，协助市委完善项目流程和设计方案，推进表扬项目开展。顺利完成抗美援朝纪念章申报和发放工作。

**【劳动关系】** 深化和谐劳动关系建设，新建劳动关系和谐企业44家、和谐园区3家。加强新业态劳动用工指导服务，完善实施特殊工时审批备案。实行特殊工时清单式管理企业212家，涉及工种362个、职工21452人。稳步推进国有企业工资决定机制改革。召开国有企业工资决定机制改革政策说明会，部署推进国有企业工资决定机制改革。深入分析上年度国有企业负责人薪酬情况，实现国有企业负责人薪酬管理逐步规范。发布湖州市2020年度358个人力资源市场工资指导价位。培训企业项目经理和劳资专管员2000余名。

**【农民工管理服务】** 制定出台《湖州市贯彻落实〈保障农民工工资支付条例〉实施方案》，将根治欠薪工作纳入市委市政府对各区（县）政府的综合考核，同时，把“浙江无欠薪”列入平安考核专项指标，南浔区、南太湖新区通过“无欠薪”创建验收，“无欠薪”县区建设实现全覆盖。按照优化营商环境，减轻企业负担的要求，联合市建设局创新农民工保证金“一件事”改革，在全省首创信用良好企业免缴农民工保证金制度，已为156家符合条件的企业办理农民工保证金免缴手续，免缴保证金 7225 万元，切实为企业减轻了负担，释放了流动资金。推广省工资支付监管平台应用，动态监管用工单位和务工人员基本信息、考勤、工资支付等用工信息，逐步实现政府主管部门、建设单位、承包企业、农民工、银行等各方信息互联互通。截至 2020 年末，全市在建工程项目平台注册率、完成银行签约率、实现线上发薪率分别达到 87.7%、72.8%、52.4%。

【劳动保障监察】 组织企业规范劳动用工座谈会百余场次，赴企业上门服务 300 余人次，开展清理整顿人力资源市场等专项行动 5 次，检查用人单位 2.65 万家，涉及劳动者 47.52 万人，纠正不规范用工行为 197 起，处置欠薪等劳动纠纷投诉举报 1.23 万件，受理欠薪案件 3078 件、涉及劳动者 6597 人，立案查处各类劳动用工违法行为 36 起，以涉嫌拒不支付报酬移送公安处理 11 件，全市未发生因欠薪等劳动纠纷引发的各类群体性事件、信访事件及极端事件，实现全市劳动用工规范有序，劳动关系更加和谐稳定。充分利用数字化治理思维，深度整合"互联网＋监管""双随机一公开"和劳动保障各类专项行动，共检查用人单位 2.65 万家。畅通各类投诉举报渠道，落实乡镇（街道）的排查化解责任，坚持治欠办牵头与建设、水利、交通等部门建立工作专班，一案一策落实处置措施，加强行政执法，深化行政执法与刑事司法衔接机制，强化惩戒力度，移送涉嫌拒不支付劳动报酬案件 11 件，向省人社厅报送拖欠工资"黑名单" 2 个。

【调解仲裁】 妥善处置疫情期间劳动争议。全市劳动仲裁机构灵活运用"互联网＋调解仲裁"模式，依托浙江省劳动人事争议调解仲裁网络平台，及时受理网上仲裁申请，帮助劳动者实现"动动手指、在家维权"；开展"不见面"云调解，使用多方视频会议方式，由承办仲裁员建立专案群组在线调解，由案件当事人对调解书签字确认后再回传至仲裁委员会盖章生效，全程沟通文字和视频录像同步记录；开通涉疫政策咨询热线，每天安排专人值守，实时答疑解惑。通过引导当事人线上申请劳动仲裁，对有调解意向的当事人安排电话、网络调解，使用仲裁专递签署文书的形式，全年实现 26.6% 的仲裁案件通过网络平台处理，为劳动者维权提供了更便捷的渠道。按照省厅要求，以"建标准院、开标准庭、办标准案"为目标，在前期推进、指导各"三标"试点单位抓紧对标对表完成建设任务的基础上，完成仲裁标准化试点建设任务。组织开展仲裁庭审网络直播活动，公开接受社会法律监督。严格落实调解仲裁案件回访制度。5 月，全市劳动仲裁机构与两级法院等多部门又联合开展了"疫情影响下劳动关系处置暨裁审衔接"专题研讨会，推动裁审衔接工作发挥实效。深化长三角区域一体化合作，首期"湖州—浦东—无锡—宣城"四地劳动人事争议区域化解工作联合培训班在湖州安吉成功举办，开展区域劳动人事争议调解仲裁工作共建活动。全市县区仲裁院入驻矛盾纠纷调处中心办公。

【劳动保障电话咨询】 受理市 12345 热线来电 733 件。

【信息化建设】 实施业务系统"健康码"接口对接工作，提供防疫信息快捷登记和扫码服务，进一步完善线上服务渠道。对接大数据局、三大电信运营商，协助实施湖州"复工码"建设。8月3日，湖州市社保、就业省集中系统顺利上线。截至2020年年末，市社保、就业省集中系统累计办理业务339718笔，其中网办177591笔，自助办730笔，掌办3654笔，整体基本稳定，较好地支撑了人社业务服务。全市社保卡累计持卡数330万张，达到常住人口数的100%，电子社保卡签发数达到110万张，开通缴费结算人数11万人。实现全市480余家"市民卡合作银行网点"营业，标准服务。由市府办牵头组建了"市民卡建设工作专班"，统筹市民卡应用服务体系建设，有序推进市民卡应用对接及系统改造，有效开展就医购药快捷支付，公交无差别乘车以及停车场无感支付等便民应用项目。实施和完善了"湖州人社"微信小程序、"智能答"咨询系统、"智能管"基金智能监管系统等建设工作，有效支撑了"就业创业码""网购式"服务和人力资源协同指数等创新试点项目工作。依托湖州城市数字大脑，与湖州市大数据局合作建设"湖州人社整体智治驾驶舱"。完成市级首批自建18个事项政务2.0开发、配置和测试工作，协助业务部门完成政务2.0大厅改造。

【**对口支援和结对帮扶**】 贯彻落实《湖州市发展和改革委员会湖州市财政局湖州市人力资源和社会保障局关于做好湖州市助力东西部扶贫协作地区就业脱贫工作的通知》《湖州市发展和改革委员会湖州市财政局湖州市人力资源和社会保障局关于明确就业扶贫政策执行有关问题的通知》文件精神，完善配套实施办法，着力加大交通、探亲、就业、租房等补贴力度，吸引对

口地区建档立卡人员来湖就业。精准摸排企业用工需求，理清"岗位供给清单"和"用工缺口清单"，分批次组织企业赴河北邢台、云南昭通等地开展就业扶贫工作，与云贵川皖等22省签订劳务合作协议74份，新建劳务合作站48家。

【**获省级以上荣誉**】

## 荣誉集体

1. 人才招引工作突出贡献集体

湖州市人力资源和社会保障局

2. "三服务"活动突出贡献集体

湖州市人力资源和社会保障局

3. 全国文明城市复评集体三等功

湖州市人力资源和社会保障局

4. 科技创新加速行动先进集体

市局专业技术人员管理处

5. 制造业高质量发展先进集体

湖州市人才资源开发管理中心

6. 小微企业纾困先进集体

湖州市社保事业管理中心

7. 稳外贸稳外资先进集体

湖州市就业管理服务中心

8. 第四届"中国创翼"创业创新大赛浙江省决赛优秀组织奖

湖州市就业管理服务中心

9. 第四届"中国创翼"创业创新大赛浙江省决赛特别贡献奖

湖州市就业管理服务中心

10. 社会矛盾纠纷调处化解中心建设突出贡献集体

湖州市仲裁院

11. "矛盾纠纷排查见底"突出贡献集体

湖州市劳动保障监察支队

12. 2020年度清理整顿人力资源市场秩序专项执法行动取得突出成绩单位

湖州市劳动保障监察支队

13. 2020年度浙江省劳动保障监察执法技能大比武优秀组织奖

湖州市劳动保障监察支队

14. 2020年度浙江省劳动保障监察执法技能大比武团体三等奖

湖州市劳动保障监察支队

15. 全省人社系统绩效考核优秀单位

湖州市人力资源和社会保障局

南浔区人力资源和社会保障局

德清县人力资源和社会保障局

长兴县人力资源和社会保障局

安吉县人力资源和社会保障局

16. 省级巾帼文明岗

吴兴区人力社保大厅

## 荣誉个人

1. "无欠薪"县（市、区）建设先进个人

湖州市劳动监察支队　　　　　汪满满

2. 入选人社扶贫助力全面建成小康社会优秀成果名单

南浔区人力社保局　　　　　张国群

3. 2020年度调解仲裁案件处理工作成绩突出仲裁员

南浔区人力社保局　　　　　朱佳宾

（庄梦芸）

# 嘉兴市

【城乡就业】　全面落实统筹城乡就业，全市城镇新增就业19.81万人，年末城镇登记失业率1.74%。帮扶就业困难人员实现就业17364人，失业人员实现就业5.82万人。持续深化统筹城乡就业改革，出台《嘉兴市就业工作领导小组关于建立嘉兴市稳就业工作协调机制的通知》，确立四个工作目标，建立五大工作机制，落实十五项具体工作措施。有效落实就业精准帮扶，2020年分别落实全市就业困难人员灵活就业社保补贴1.32亿元、享受补贴人数36992人，市本级残疾人"三小车"公益性岗位补贴155.8万元、享受补贴人数172人次。完成2020年度离校未就业高校毕业生就业帮扶4991人，发放困难家庭毕业生求职创业补贴313.5万元，享受补贴1045人。全面优化城乡创业生态环境，2020年全市办理创业贷款351笔，发放创业贷款11669万元，认定农村电子商务创业孵化园4家，县级服务中心16家，发放农村电商创业就业各类补贴合计143.2万元，举办乡村振兴带头人培训班34期。健全公共就业服务体系，推进各级人力资源市场智能化改造，2020年全市8家人力资源市场共举办招聘会468场，进场单位21325家次，累计提供岗位353002个，进场求职198777人次，达成就业意向69618人次。

【社会保险参保情况】　基本养老保险户籍人口法定参保率为97.26%，全市职工基本养老、机关事业养老、城乡居民养老、失业、工伤保险参保人数分别是262.28万人、14.86万人、63.43万人、156.37万人、228.53万人。

【社会保险政策】　持续推进机关事业单位养老保险改革工作，嘉兴市累计采集单位数2890家，共9.81万人纳入机关事业单位养老保险

系统参保缴费，已基本实现人员全覆盖。2020年，企业退休人员基本养老金实现"十七连调"，人均月增资137元，城乡居民基本养老保险基础养老金标准人均月增20元。深化企业职工退休联办一件事，全市全年审批退休（退职）近5.63万件。扎实推进被征地农民参加基本养老保险工作，创新"一群"保联动、"一表"明底数、"一网"定责任、"一图"控风险的"四个一"工作法，获浙江省省长郑栅洁批示肯定。疫情期间，在全省率先出台工伤保险政策，将疫情期间临时招用的所有人员纳入工伤保险参保范围。探索工伤联办一件事，在省级统一平台建立的基础上，通过工伤申报系统与社保信息系统对接，实现工伤认定结果、劳动能力鉴定结果等基础数据实时共享，将"工伤认定、工伤保险待遇支付、劳动能力鉴定"三项业务整合为一件事办理。2020年，全市完成工伤认定1.4万件，劳动能力鉴定1万件，受理因病丧失劳动能力鉴定1400件。加强失业保险基金收支管理。失业保险基金当年收入7.88亿元，支出14.44亿元，累计结余8.92亿元，支付能力18个月。2020年，全市稳岗补贴支出9281.66万元，发放企业2.17万家。开展失业保险稳就业社会保险费返还工作，全市共返还社会保险费11.63亿元，返还企业数5.9万余家；累计技能提升补贴支出327.82万元，补贴2036人次。

【社会保险经办管理】 征收企业养老保险基金171.47亿元、机关事业养老保险基金37.29亿元、城乡居民基本养老基金23.17亿元、工伤保险基金2.91亿元，发放职工基本养老保险待遇262.08亿元、机关事业养老保险待遇41.20

亿元、城乡居民基本养老保险待遇23.97亿元、工伤保险待遇支出5.59亿元。一是深化"最多跑一次"改革。通过跨层级、跨部门事项联办，实现企业开办"一日办结"，个人事项"一证通办"。二是实施"全民参保计划"。全面落实退役士兵基本养老保险的接续工作。三是确保养老保险、工伤保险待遇按时足额发放。四是完成社保信息系统省、市集中。实现企业职工社保业务经办系统、社保基金财务系统省集中管理。五是推进被征地居民参保工作。全市纠正和规范32713名被征地折算补缴人员的参保信息和待遇发放。

【人才引进与开发】 打造面向全球的长三角人才集聚"强磁场"和"青创之城"，以升级引才聚才政策为引领，以打造高端人才队伍为重点，以优化人才发展环境为依托，2020年人才引进实现逆势增长；入选"省万"青年拔尖人才9人，遴选领军人才项目261个，引进大学生10.8万名、硕博人才5655名。出台《嘉兴市大学生"550"引才实施意见》，计划用5年时间引进50万名大学生。出台《嘉兴市本级人才房票实施办法》，推动人才安居从"事后补贴"向"事前给予"转变。落实各项人才政策，全市人力社保系统拨付人才资金5.9亿元。实施"创新嘉兴·精英引领计划"，拓展配额遴选、激励评优、直接纳入等遴选通道。修订引才大使认定与管理办法，强化中介引才，新聘请12名海外引才大使和7名国内引才大使，布局全球引才。深化人才活动，举办第七届嘉兴国际人才交流与合作大会，"嘉"人有约·携手同"兴"——海外高层次人才云招聘系列活动；举办企事业单位重点人才工作风采展，引导用人单位发挥引才育才主体作用，更好发挥人才作用。持续做优"助企聚才"及高校毕业生促就业工作，全市共举办各类现场招聘活动668场。突出"云模式"开展招才引智，举办"浙里'嘉'YOU·携手同'兴'"人才云聘系列之嘉兴"千企百校"云招聘，吸引全市578家企事业单位参加，宣传覆盖157所高校。开展"嘉"人有约·携手同"兴"嘉兴"千企百校"云招聘暨直播带岗云招聘活动，全市420多家企业参加，推出近8000个就业岗位。举办第二届"学子回嘉"大学生就业创业推介会暨夏季人才专场招聘会，吸引1200多名嘉兴籍海内外大学生和在嘉高校毕业生以及120多家我市企业单位参会，300多位人才成功与招聘单位达成引进意向。大力发展人力资源服务业，举办全市人力资源服务业发展推进会，表彰抗疫复工先进人力资源机构，发布行业蓝皮书，启用平湖线上人力资源产业园。举办长三角人力资源发展高峰论坛，组织开展全国人力资源服务大赛全市选拔赛等，持续深化市场化引才。疫情期间，先后建立企业复工招募平台，举办网络招聘节，成立"人力合作银行"，组建人力资源企业志愿服务队，助力企业复工复产，线上线下招聘新员工18万人，在全社会营造"求职创业来嘉兴"的浓厚氛围。

【专业技术和留学人员管理】 加强专业技术人员管理服务，新增专技人才23927名，其中专业技术资格22065人，执业（职业）资格1862人。首次在19家民营企业中开展职称自主评审试点，共评选通过工程师358人、助理工程师266人，开展专技人员继续教育达17万人次。推进高层次人才队伍建设，6人入选享受国务院政府特殊津贴人员，5个项目入选省"钱江人才C、D类"项目择优资助，1个项目入选人社部专家服务基层项目。强化引才平台建设，新建博士后工作站13家（其中国家级1家）、授牌博士后工作站13家、进站博士后22人，7位博士后获得省级博士后科研项目择优资助，选拔第三批市杰出人才培养人员157人。

【职业能力建设】 全市高技能人才总量27.92万人，占技能劳动者比重30.5%，新增高技能人才1.52万人。首次遴选40名嘉兴高技能拔尖人才，将高技能人才列入人才认定分类目录享受相应政策待遇。开展以工代训补贴工作，全市发放以工代训补贴资金2.54亿元，补贴企业4.59万家，补贴职工62万人。开展新型企业学徒制培训3000人次，完成长期护理保险护理人员培训2943人次，完成补贴性职业技能培训13.36万人次。全市共组织50个项目市级职业技能竞赛，参加人数6700人，产生180名技师和3000名高级工。在第一届全国职业技能大赛上，我市选手摘得一块银牌和一块铜牌。全市共有技工院校五所，其中技师学院三所、高级技工学校两所，分别是嘉兴技师学院、平湖技师学院、桐乡技师学院、海宁高级技工学校和海盐高级技工学校；新筹建嘉善技师学院，在校生规模17095人，当年度毕业生4586人。

【事业单位人事管理】 全市事业单位工作人员共计66977名，其中嘉兴市属事业单位工作人员11045名，实行全员聘用制管理。全市事业单位管理人员4711人，专业技术岗位62959人（含双肩挑1474人），工勤技能岗位781人。全年退休985人，开除13人。根据增编增岗的要求，对21家市级机关部门所属的56家市属事业单位进行了岗位设置方案核准备案，其中12家事业单位为新设立单位。及时办理岗位聘任认定工作，全年共受理岗位聘任备案1600余人。集中统一组织市属事业单位公开招聘工作，共有52家事业单位，推出75个招聘计划，实际聘用73名。根据行业、专业特点，指导教育行业公开招聘教师192名，其中应届毕业生105名；卫健行业公开招聘医护人员198名。组织高层次紧缺人才公开招聘，招聘高层次紧缺人才46名，其中博士研究生6名。根据省人力社保厅就业援藏工作统一部署，面向西藏少数民族高校毕业生，招聘西藏籍高校毕业生1名。推进事业单位"一件事"改革，将事业单位公开招聘、调入、调出、岗位变动、解聘、开除、退休7个事项和编制管理、养老保险、医疗保险、工伤保险、失业保险、公积金6个具体业务，通过"一件事"平台并联办理，形成"7+6"框架，实现"一张表单申请、一个平台联办、一次不跑办成"。2020年，办理人事工资业务1038笔。

【工资福利和表彰奖励】 核增新冠肺炎疫情防治一线医务人员薪酬待遇，发放金额167万元，涉及一线医务人员318人。核定嘉职院绩效工资总量4645万元（含上浮50%部分）。核增市疾控中心、市急救中心2家事业单位一次性绩效工资总量119万元。做好抗美援朝出国作战70周年纪念章统计发放工作，受理审核438人，分三批次实际发放434人。规范评比达标表彰工作，全市共开展表彰项目9个、通报表扬项目26个。推荐省表彰奖励5批次，其中先进集体31个、先进个人86名。

【人事考试管理】 全市设考点的考试项目21项，涉及考生8.42万人次。组织开展中央机关及其直属机构考试录用公务员笔试、全市公务员录用笔试、市属事业单位招聘笔试等人才选拔类考试，涉及考生29875人。组织实施全国监理工程师、执业药师、注册电气工程师、注册环保工程师、一级和二级造价工程师、注册安全工程师、一级注册消防工程师、一级和二级建造师执业资格考试，以及全国计算机技术与软件专业资格（水平）考试、社会工作者职业水平考试。开展浙江省档案初中级专业技术资格电子化考试、浙江省药学初中级专业技术资格电子化考试、全国经济专业技术资格电子化考试等。其中，高级经济师首次实行全国统一考试，也是全市第一次承办高级经济师考试任务，本次考试考点设在嘉兴学院，报考人数共有215人，平均到考率为77.21%。查处考试违纪违规，全年共对12名违纪考生给予当次该科目考试成绩无效的处理。

【劳动关系】 召开协调劳动关系三方会议，发布《致全市广大企业和职工的倡议书》，引导企业关爱职工、职工支持企业，做好疫情期间劳动关系风险防控，维护全市劳动关系和谐稳定。举办劳动关系协调员职业培训，市本级300多名企业法人、人力资源岗位管理人员和劳动关系协调员参训。发布2020年度嘉兴市人力资源市场工资指导价位及2019年度嘉兴市行业人工成本信息，共发布467个全日制就业人员职业（工种）、13个不同国民经济行业、9种不同登记注册类型、4类企业规模、14个不同岗位等级以及5种不同学历工资指导价位。全市人力社保系统办理来信98件、接待来访146批、办理网上信访 3356 件、办理政务热线 1840 件。

**【农民工管理服务】** 组织开展全国优秀农民工和农民工工作先进集体评选表彰推荐，车建国等 7 位农民工获得"全国优秀农民工"称号，桐乡市高桥街道人力资源和社会保障所获得"全国农民工工作先进集体"称号。

**【劳动保障监察】** 嘉兴经济技术开发区顺利通过省政府复核验收，实现了"无欠薪"县（市、区）创建市域全覆盖目标。"互联网＋监管"人社事项全市认领率、监管事项表单配置率、掌上执法率和引用信用率均达 100%。组织各成员单位就欠薪高发、易发的重点领域，重点行业开展专题研究，在欠薪源头性治理，低、小、散租赁企业用工管理等关键环节取得突破。2020 年，全市主动监察用人单位 9628 家，完成书面审查与信用等级评价 32999 家；调处欠薪案件 1044 件，累计为 4200 多名劳动者追发工资等待遇 3600 余万元，对 69 家违反劳动保障法律法规的企业做出了行政处罚（处理），向公安机关移送涉嫌拒不支付劳动报酬案件 7 件。

**【调解仲裁】** 聚焦数字赋能，推广"互联网＋调解仲裁"工作，打造线上线下并行的争议处理机制，快速稳妥化解矛盾纠纷，提升办案质效。全市各级劳动人事争议仲裁机构全年立案受理案件 3421 件，涉及劳动者 5484 人，涉案金额 14642.91 万元。全年仲裁结案率 96.5%，调解成功率 88.4%，网络办案率 18.0%。

**【信息化建设】** 推进社保信息系统、就业信息系统、事业单位人事管理服务系统、行政许可事项审批系统的省级集中工作，在社会保险、人事人才、劳动监察方面开展信息系统市级集中建设。启动全市网络和信息安全建设工作，推进人力社保专网管控工作稳步落实，完成专网安全管控体系建设。2020 年 11 月 24 日至 25 日，长三角社会保障卡居民服务"一卡通"集中调研会议在嘉兴召开，人社部信息中心，上海市、江苏省、浙江省及安徽省人力社保部门社保卡工作负责人等参加会议。做好"第三代社保卡"的发行准备工作，完成卡商、机具商的招标确认，合作银行的扩面，进行三代卡环境的改造工作。全市更换 1.3 万台刷卡设备中的 PSAM 卡；拓展社会保障卡的各类应用，除在人社领域 77 项应用外，在城市公交、地铁、公共自行车、旅游景区、图书馆、智慧书房等领域拓展应用；扩大各类待遇资金通过社保卡发放，目前嘉兴市范围内全部实现涉农惠民资金通过社会保障卡发放。

**【对口支援和结对帮扶】** 与对口地区开展互访 23 次，推送就业岗位 17696 个，开发爱心岗位 3397 个。到受援地开设电商创业培训班 4 次、岗前技能培训班 4 次，累计培训人数 360 人。全市开展建档立卡稳岗培训 4331 人，培训致富带头人 2970 人，创业成功 34 人，带动贫困人口 223 人。到受援地举办招聘会 12 场次，组织 256 家企业，提供就业岗位 8200 个，引进了 461 名建档立卡贫困人员到嘉兴稳定就业。中西部省份建档立卡人员在嘉兴就业 225468 人，新增就业 32319 人。全市为对口地区建档立卡人员发放就业补贴 37.2 万元，发放交通补贴 6.7 万元，惠及建档立卡贫困人员 155 人次。

**【获省级以上荣誉】**

## 荣誉集体

1. 2019—2020年度《中国劳动保障报》新闻宣传工作做得好的单位

嘉兴市人力资源和社会保障局

2. 2020年度中国人事报刊宣传工作做得好的单位

嘉兴市人力资源和社会保障局

3. 浙江人社系统窗口单位业务技能练兵比武竞赛二等奖及优秀组织奖

嘉兴市人力资源和社会保障局

4. 全省"无欠薪"县（市、区）建设先进集体

平湖市人力资源和社会保障局

嘉兴市劳动保障行政执法队

5. 2019年度全省劳动人事争议"互联网＋调解仲裁"成绩突出仲裁院

嘉兴市劳动人事争议仲裁院

6. 2020年全国"敬老文明号"

嘉善县养老保险服务中心

7. 全省落实鼓励和支持就业创业政策力度大、提高就业创业服务水平成效明显的县（市、区）

嘉善县人力资源和社会保障局

8. 全省劳动人事争议案件处理成绩突出单位

平湖市人力资源和社会保障局

南湖区劳动人事争议仲裁院

9. 全省人社系统绩效考评良好单位

海盐县人力资源和社会保障局

10. 全省劳动人事争议"互联网＋调解仲裁"成绩突出仲裁院

海宁市劳动人事争议仲裁院

嘉兴市南湖区劳动人事争议仲裁院

11. 全省人社系统绩效考评优秀单位

南湖区人力资源和社会保障局

桐乡市人力资源和社会保障局

12. 调解仲裁案件处理工作成绩突出单位

南湖区人力资源和社会保障局

桐乡市人力资源和社会保障局

13. 全国优秀农民工先进集体

桐乡市经济开发区（高桥街道）人力资源和社会保障管理所

## 荣誉个人

1. 全省劳动人事争议案件处理成绩突出仲裁员

| 嘉善县人力资源和社会保障局 | 万玉明 |
| 平湖市人力资源和社会保障局 | 叶芮 |
| 秀洲区人力资源和社会保障局 | 曹颖霞 |
| 平湖市人力资源和社会保障局 | 沈中华 |
| 海盐县人力资源和社会保障局 | 金海英 |
| 海宁市人力资源和社会保障局 | 杜瑜 |
| 桐乡市人力资源和社会保障局 | 周佳英 |

2. 全省"无欠薪"县（市、区）建设先进个人

| 海盐县人力资源和社会保障局 | 沈臻杰 |
| 海宁市人力资源和社会保障局 | 胡云峰 |
| 秀洲区人力资源和社会保障局 | 高桢巍 |
| 南湖区人力资源和社会保障局 | 夏滨 |
| 桐乡市人力资源和社会保障局 | 李梵 |

3. 全省调解仲裁案件处理工作成绩突出仲裁员

陈力

4. 2020年"浙江省担当作为好干部"

秀洲区人力资源和社会保障局 王其方

（李清）

# 绍兴市

【城乡就业】 全市新增城镇就业25.37万人，全市城镇登记失业率为1.72%，10.74万城镇失业人员实现再就业，其中3.11万就业困难人员实现再就业。评选认定市级创业孵化示范基地3家。

针对受疫情影响省外务工人员返岗难问题，组织从"家门口"到"厂门口"的就业大巴车。全市累计开行1094辆大巴、40列火车、1架包机（拼机），接返企业员工3.61万人；开行全国首趟湖北潜江至绍兴就业大巴、湖北恩施至绍兴就业专列，受到人民日报、央视新闻联播等媒体关注并报道。3月底全市省外员工返岗115.3万人，规上工业企业员工返岗率达到93.3%。

发放63736.02万元稳岗返还资金，有效引导企业稳定岗位，不发生规模性裁员。其中社会保险费返还59202.52万元，涉及企业3.52万家，惠及职工64.12万人；稳岗补贴4533.50万元，涉及企业1.48万家，惠及职工15.65万人。积极贯彻落实失业保险扩围政策，全年发放失业补助金2128.03万元，惠及职工1.18万人。

绍兴市累计吸纳中西部22个省到我市稳定就业共计52522人，其中四省建档立卡贫困人员来绍稳定就业共计22210人。赴受援地共组织举办劳务协作招聘会8场，提供岗位2221个，其中爱心岗位369个。

举办"数字引擎 创响绍兴"第二届中国·绍兴数字经济全球创业大赛，200余个项目报名参赛，6个项目已在绍兴越城区落户，共注入资金3900万元。举办大学生创业创新大赛和助推乡村振兴创业创新大赛等创业大赛。

【社会保险参保情况】 绍兴市基本养老保险参保369.16万人（其中职工养老保险257.42万人，城乡居民养老保险94.92万人），绍兴市户籍法定人员基本养老保险参保率达到99.47%。全市工伤保险、失业保险参保人数分别达到172.07万人、131.49万人。减免企业养老、工伤、失业保险费71.61亿元。

【社会保险政策】 自2020年7月1日起，绍兴市企业职工基本养老、工伤、失业保险参保人员月缴费基数最高封顶数确定为17880元，最低保底数确定为3322元（仍旧执行2019年个人缴费基数下限标准）。2020年度灵活就业人员的基本养老保险费缴纳标准分每人每月597.96元（2019年灵活就业人员缴费下限）、643.68元、858.24元、1072.80元、2145.60元、3218.40元六个档次。

城乡居民基础养老金标准从180元/月调整为215元/月，并对65岁及以上参保城乡老年居民予以适当倾斜，已年满65岁、70岁、75岁的参保城乡老年居民每月在基础养老金标准基础上分别加发10元、15元、20元；从2020年1月1日起，城乡居民基本养老保险个人缴费档次调整为9档，分别为：每年100元、300元、500元、800元、1000元、1500元、2000元、3000元、5000元，其中100元档次限低保对象、特困人员、残疾人、低保边缘户等困难群体参保，由区、县（市）财政全额代缴；缴费档次100元、300元的财政按30元补贴；缴费档次500元、800元的财政按80元补贴；缴费档次1000元、1500元、2000元、3000元、5000元的财政分别按250元、375元、500元、600元、600元补贴。

调整企业退休人员养老金标准，月人均养老金从2388.53元调整至2509.48元，月平均增资120.95元，连续第16年提高退休人员养老金水平。

【**社会保险经办管理**】 完成社保信息系统省集中工作，在"互联网＋绍兴人社"社保信息系统全市6个统筹区全部顺利上线完成市集中的基础上，社保省集中系统于2020年8月4日如期切换上线。优化社保政策宣传服务，通过进一步扩大社保政策宣传覆盖面，不断推出多种形式进行政策宣传，提升社保政策宣传服务力度。疫情期间，大力推行微信宣传不见面操作指南。为防止办事群众在社保窗口聚集，大力倡导社保业务网上办、掌上办，推出多期退休、停续保、灵活就业人员参保等"不见面办"操作指南。

【**人才引进与开发**】 绍兴市举办人力资源招聘会459场，提供岗位22.9万个。新增就业大学生12.23万人，其中硕博士5623人，同比增长35.2%。新增博士后46人，国务院特殊津贴获得者2人。

结合"三服务"要求，对全市人才需求最旺盛的近1000家重点企事业单位进行走访，深入企业与单位负责人、人力资源部门负责人面对面对接，推介绍兴人才政策、人才平台，摸排高层次人才需求、高校毕业生需求、技能人才需求和科技项目需求1.8万个。

举办春秋季"活力绍兴　智引全球"招才引智系列活动，开发"淘岗网"线上招聘平台，全年在370余所高校举办线上线下招聘会1200余场，收到简历13.29万份，并结合"绍兴周"举办5场线下高层次人才专场招聘。举办"暖绍兴·筑梦城"千名硕博人才对接绍兴十大产业集群活动，来自全国140余所高校的929名硕博人才与全市69家用人单位开展现场对接招聘。经过对接交流，408名人才现场投递简历760份。

市直、上虞区、嵊州市3个人力资源服务产业园以"一园三区"模式，成功创建成为省级人力资源服务产业园，共入驻机构72家，为4万余家企业提供人力资源服务17万人次，实现产值23.6亿元，税收5306万元，市直园区获得2020年度中国人力资源服务产业园最具特色园区、浙江省双创示范基地。

举办以"汇聚八方人力资源　助力十大集群发展"为主题的第二届绍兴人力资源发展大会，促成250余家重点产业企业、省内外70余家职技院校、50家人力资源服务机构对接洽谈，达成企业与院校合作意向223家次，签署"订单式"合作培养协议5份。针对十大重点产业集群，委托第三方调研357家先进制造业企业，编制人力资源指数，为企业储备和使用人力资源提供科学方案。

【**专业技术与留学人员管理**】 全市共7家单位获批设立国家级博士工作站，其中杭州湾上虞经济技术开发区管理委员会为全市首家国家级园区类博士后工作站，新建省级博士后科研工作站16家，全市博士后工作站达到96家，新引进博士后46人，组织申报省博士后科研项目择优资助工作，9个项目成功入选。2人入选享受国务院政府特殊津贴，2个项目入选"钱江人才计划"D类项目。

组建各类中高级评审委员会37个、下放中

高级评审委员会 18 个、实施自主评聘单位 85 家、社会化评价中评委 5 个。首次开展高技能人才参评工程系列职称工作，组建绍兴市高技能人才参评工程专业技术职务任职资格（中级）评审委员会；拓展职称社会化评价工作，将工艺美术中级评审列入社会化评价范围；更大范围内开展中小学教师职称自主评聘改革试点，开展中等职业学校教师职称过渡。

绍兴首次承办全国博士后"数字化及 AI 技术与生物医药"学术论坛，来自全国各地高等院校、科研院所、企事业单位生物医药相关专业的 83 名博士后参加学术交流。

举办"韩你来浙里"首届在浙留韩校友交流会，来自成均馆大学、梨花女子大学、首尔大学、高丽大学、延世大学等 40 余所韩国知名高校的 130 余位留学生相聚绍兴，让他们进一步了解绍兴城市概况、产业结构和创业生态等。会上还举行了"浙江留韩校友会活动基地"授牌仪式。

【职业能力建设】 绍兴市开展职业技能培训 17.81 万人次，新增高技能人才 2.21 万人，全国技术能手 3 人，省级技能大师工作室 3 家。在全省率先出台首个地市级技能提升行动方案、探索开展项目制培训，实现技工教育全市域覆盖，开展新型学徒制、校企合作、订单班等形式的技能人才培养协同机制，累计使用职业技能提升行动专账资金 3.44 亿元。

绍兴市入选全国首批新业态技能提升试点城市，与"美团"合作对 2500 名"网约配送员"进行岗位技能培训，培训以线上线下结合模式进行，包括交通安全、卫生安全等方面内容，并逐步向其他新职业推广。

绍兴市在天津、江西、云南、贵州四地招引技能人才，走访对接全国 30 余所高职院校，举办供需洽谈会 8 场，达成政府、院校、企业有关合作项目 43 个，校企订单班 2 个。

绍兴市选手在世界技能大赛选拔赛中，2 名选手入围国家集训队，4 个项目获得浙江省第一名，3 个项目获得浙江省第二名；在省技能大赛中 2 个项目获得第一名，4 个项目获得第二名，3 个项目获得第三名。全市全年共举办职业技能竞赛 50 场，参赛人数超过 1 万人，通过竞赛认定绍兴市技术能手 76 人。

【事业单位人事管理】 绍兴市公开招聘事业单位工作人员 3224 人，组织开展事业人员培训 636 人。首次自主开展绍兴市二级岗位竞聘，聘任专家 11 人。推进事业单位工作人员职业生涯全周期管理"一件事"改革，改革红利惠及全市 8 万余名事业人员。

【工资福利】 试行"绩效工资总量 +X"项目管理模式，以绍兴市市场监管局下属事业单位作为改革试点，加大高层次人才激励、科研经费绩效奖励、科技成果转化奖励，单位可自主制定收入公配倾斜政策，优绩优酬。同时严格规范事业单位各类津补贴、奖金的发放，全面推进事业单位工资福利发放制度化、规范化。

【劳动关系】 按照中央、省市有关加强"六稳"、"六保"的系列指示，强化风险预警机制、深化形势分析研判，倡导劳资双方共克时艰，确保了疫情期间我市劳动关系和谐稳定。组织开展第七批市级劳动关系和谐企业评审，新增 140 家企业获此殊荣，顺利完成平铜集团职工劳动关系处置工作。

**【农民工管理服务】** 出台《设置专业速裁庭建立拖欠农民工工资争议速裁机制实施方案》及办案规则等制度，工资速裁庭将标的额不超过省平均工资、已达成调解协议但未履行、事实清楚且争议不大等3类单一劳动报酬案件实现快速立案、审案、结案。

**【劳动保障监察】** 绍兴市劳动保障监察机构办结各类举报投诉案件1762件，共为2267名劳动者追讨劳动报酬2356.7133万元，做出行政处罚案件23件，罚款金额20.76万元。完成60632家企业的书面审查工作，评定产生诚信5A级企业278家，失信企业6家。

**【调解仲裁】** 绍兴市仲裁机构和调解组织案外处理案件8374件，涉及劳动者10194人，涉案金额达21260万元。其中，达成调解协议3274件。优化劳动人事争议调解仲裁服务，将信息化、数字化手段融入仲裁办案模式，充分运用省劳动人事争议调解仲裁平台，提供在线申请、在线分配调解组织和调解员，在线调解、网络庭审等服务。

**【劳动保障电话咨询】** 绍兴市市级投诉咨询热线接听量总计1554余起；通过"一线受理全市协办"移交督办案件共计104起，其中五日内调处督办案件94起，回访投诉人满意率达100%。

**【信息化建设】** 率先在全省上线事业人员"一件事"改革平台，实现"一张表单申请、一个平台联办、一次不跑办成"，有效提高事业单位工作人员职业生涯管理效率，全市累计办理1万余件。

**【对口支援和结对帮扶】** 绍兴市累计吸纳中西部22个省到我市稳定就业共计52522人，其中四省建档立卡贫困人员来绍稳定就业共计22210人。绍兴赴受援地共组织举办劳务协作招聘会8场，提供岗位2221个，其中爱心岗位369个。

**【获省级以上荣誉】**

### 荣誉集体

1. 2020年度全省人社系统绩效考评优秀单位

上虞区人力资源和社会保障局

2. 2020年度全省劳动人事争议案件处理成绩突出单位

越城区人力资源和社会保障局

上虞区人力资源和社会保障局

3. 2020年度全省劳动人事争议"互联网+调解仲裁"成绩突出仲裁院

诸暨市劳动人事争议仲裁院

嵊州市劳动人事争议仲裁院

4. 浙江省"无欠薪"县（市、区）建设先进集体

上虞区人力资源和社会保障局

5. 2020年度全省劳动人事争议案件处理成绩突出基层调解组织

柯桥区马鞍街道劳动人事争议调解中心

诸暨市大塘街道劳动争议多元调解中心

新昌县镜岭镇劳动人事争议调解中心

### 荣誉个人

1. 2020 年度全省劳动人事争议案件处理成绩突出仲裁员

| | |
|---|---|
| 绍兴市劳动人事争议仲裁委员会 | 董银红 |
| 越城区劳动人事争议仲裁委员会 | 周伟群 |
| 柯桥区劳动人事争议仲裁委员会 | 赵 兰 |
| 上虞区劳动人事争议仲裁委员会 | 胡晓斐 |
| 诸暨市劳动人事争议仲裁委员会 | 楼 颖 |
| 嵊州市劳动人事争议仲裁委员会 | 丁 炯 |
| 新昌县劳动人事争议仲裁委员会 | 吕超琪 |

2. 2020 年度全省劳动人事争议案件处理成绩突出调解员

越城区东湖街道劳动人事争议调解中心
林 峰
柯桥区钱清街道劳动人事争议调解中心
孙国祥
上虞区司劳动争议人民调解委员会 朱文龙

3. 浙江省"无欠薪"县（市、区）建设先进个人

| | |
|---|---|
| 柯桥区劳动保障监察大队大队长 | 朱建琴 |
| 诸暨市劳动保障监察大队大队长 | 赵 伟 |
| 嵊州市劳动保障监察大队监察员 | 俞 慧 |

（潘洲彬）

### 机构设置

#### 一、机关处室

办公室
政治处（机关党委）
政策法规处
财务与社保基金监督处
就业促进和失业保险处

人才综合处
社会保险处
事业单位综合管理处
专业技术人员管理处
职业能力建设处
劳动关系和农民工工作处
仲裁信访处

#### 二、直属单位

绍兴市就业促进和人力资源服务中心
绍兴市社会保险事业管理服务中心
绍兴市劳动保障监察支队
绍兴市人力资源和社会保障信息中心
绍兴市职业技能开发指导中心
绍兴市专家与留学人员服务中心

## 金华市

【城乡就业】 提请金华市新型冠状病毒感染的肺炎疫情防控工作指挥部办公室名义印发《关于做好复工企业用工保障的通知》（金市疫情防指办〔2020〕19 号）、《关于保就业稳人才的若干意见》（金市疫情防指办〔2020〕60 号），扎实做好"六稳"工作，落实六保任务，帮助企业渡过难关，稳定劳动用工，强化人才储备。全市城镇新增就业 26.63 万人，失业人员再就业 3.39 万人，城镇登记失业率 1.63%；全市返还社保费 9.7 亿元，惠及 5.4 万家企业和 86.5 万余名职工；全市发放稳岗补贴 6000 多万元，惠及 6000 余家企业和 15 万余名职工；全市失业补助金累计发放 9351 人，金额 2038 万元；全市创业担保贷款累计发放 691 笔，近 2.3 亿元，贴息 694 笔，近 1000 万元，新认定 25 家创业

孵化基地；开发就业智配直享系统，入围"2020年度中国就业十件大事及地方就业创新事件"中的地方就业创新事件，相关做法经省人力社保厅总结提炼后获国务院办公厅信息刊发推广。

**【社会保险参保情况】** 全市基本养老保险参保人数 392 万人，比上年减少 4 万人，参保率为 97.41%；失业保险参保人数 117.51 万人，比上年增加 19.41 万人；工伤保险参保人数 202 万人，比上年增加 13.2 万人；被征地农民基本生活保障参保人数 21.5 万人，比上年减少 2.79 万人。

**【社会保险政策】** 提请市政府印发《金华市人民政府关于进一步完善城乡居基本养老保险制度的意见》（金政发〔2020〕24 号），从 2020 年 1 月 1 日起，实施全市统一的城乡居民基本养老保险制度，城乡居民基本养老保险个人缴费档次调整为 6 档，最高可以缴纳 7500 元。联合市财政局印发《关于调整全市城乡居民养老保险基础养老金标准的通知》（金人社发〔2020〕87 号），从 2020 年 1 月 1 日起，确定全市三档月基础养老金标准分别为每人每月 190 元、230 元、260 元，其中市区月基础养老金标准由每人每月 215 元调整为 230 元，全市城乡居民月人均基础养老金由 26 元提高至 226 元。上调企业退休人员基本养老金，金华市区人均调整待遇 134.92 元，调整后月基本养老金为 2543.79 元。先后印发《关于推进工伤补充保险的指导意见》（金人社发〔2020〕11 号）、《关于开展新业态从业人员职业伤害保障试点的指导意见》（金人社发〔2020〕65 号），探索建立新业态从业人员职业伤害保障机制，为新业态从业人员职业伤害保障制度全覆盖、待遇全保障提供制度基础。

**【社会保险经办管理】** 深入推行人机联办"机器换窗、人机联办"经办模式，全市人社系统窗口数量从 171 个减少到 87 个，减窗率达到 71%。市本级从原来的 30 个减少到现在的 10 个，减少三分之二，全市网办实际受理率提高到 80%。推进乡镇社区延伸、社银合作等基层网点全覆盖，全市 147 个乡镇（街道）可办理业务 83 项，368 个银行、邮政代办网点可办理业务 67 项，实现 50% 业务在银行网点可就近办理。打造 10 个村（社区）人社服务示范点，为群众提供全时段材料收递、智能自助办事、服务人员疑难事项上门办等"就近办"一站式服务。

**【人才引进与开发】** 提请出台《金华"双龙引才"新政 20 条意见》（金委发〔2020〕6 号），全年共新引进高校毕业生 11.5 万名、硕士以上学历人才 4900 名。举办"湖北高校金华行""长三角（金华）百名青年人才科创行动"等活动 120 余场。全年新建博士后工作国家站 1 家、省级站 16 家，新建站数同比增长 21.4%，累计建站数达 79 家，成立全国首家影视行业博士后工作站。新建面积 1.5 万平方米的浙中人力资源产业园，承办全国人力资源大赛浙江选拔赛，金华代表队成绩位列全省第一。

**【专业技术和留学人员管理】** 完成专业技术人员继续教育培训 7.2 万人，全年新增专业技术人才 3.6 万人。开展 321 专业技术培养人才选拔工作，全市共有 19 名入选一层次、80 名入选二层次培养对象。启用专业技术职务任职资格申报与评审管理服务系统，建成专业技术人员"一证、二库、三平台"的管理服务体系，创新推广"云面试"评审新模式，实现职称申报、审核、评审、公布、发证"一网通办"。深化职称制度改革，进一步推进中小学教师职称评聘改革试点工作，全市新增自主评聘试点学校30所。开展专技六百行动，组织实施百场专家助力企业行、入百企直评工程师、培养百名企业优秀工程师、百场乡村振兴专家行活动、直评百名职业农民、百名高层次人才提升培训等活动；全市组团服务企业508家，对接解决技术难题近1000个；入企宣讲135场，乡村振兴提供助力专场活动104场；直评企业创新型工程师90名。

**【职业能力建设】** 做好技能提升培训工作，对全市经营困难企业开展以工代训直补，全年开展补贴性职业技能提升培训49万人，职业技能提升专账资金支出总量3.4亿元。发布含43个工种的紧缺工种目录，发放972名高技能人才技师津贴226万元。组织认定第二批市级技能领军人才，认定"技能大师"10名、"首席技师"20人、"技能之星"201人。全年共新增45家培训机构，31家技能等级认定单位。选派8名选手参加首届国家技能大赛，有7个项目获优胜奖，5名选手入围国家集训队，备战第46届世界技能大赛。组织30名选手参加浙江省首届技能大赛的27个项目比赛，13人获"浙江省技术能手"称号，9人获"浙江青年岗位能手"称号，2人获"浙江省巾帼建功标兵"称号。全市开展组织实施68场比赛80个工种的技能竞赛，参赛人数达到1.4万人次。

**【事业单位人事管理】** 全市公开招聘事业单位工作人员3958人，其中市本级696人。完成市本级事业单位改革人员的转隶和重新设岗工作。坚持"以用为本"做好事业单位人才引进工作，指导市本级事业单位通过人才引进招聘方式，录用硕士研究生311人、博士研究生14人、副高以上职称21人。招聘西藏籍高校毕业生1名。拟定全市中小学岗位结构比例调整办法，适当提高全市中小学岗位结构比例。核准市本级154家事业单位岗位设置方案，办理岗位晋升5118人次。完成年度专业技术二、三级岗位申报评选及聘任工作。规范有序开展事业单位人员交流，完成397人次交流业务。加快推进部门间"最多跑一次"改革，完成省人事工资管理服务系统试点和事业单位人员全周期管理"一件事"改革任务，解决事业单位业务办理的"多头跑""反复跑"问题。

**【工资福利】** 落实医务人员疫情防控相关待遇，调整新冠肺炎防治单位卫生防疫津贴，落实疫情防控临时性工作补助，核增一次性绩效工资总量。建立中小学教师和公务员工资收入水平联动机制，确保中小学教师平均工资收入水平不低于或高于本地公务员平均工资收入水平。积极探索提升事业单位收入途径，落实市直事业单位绩效上浮、高层次人才绩效工资和职业院校社会化服务收入提取政策。全市发放"中国人民志愿军抗美援朝出国作战70周年纪念章"1364枚。

**【劳动关系】** 疫情期间建立"135"工作举措，由市政府组织开展"一次"全市稳定劳动关系动员部署会，统一全市疫情期间劳动关系工作政策口径，明确属地和部门职责；充分发挥基层综合治理平台、省人社厅一体化平台、协调劳动关系三方平台"三个平台"治理作用，推动纠纷预防化解；建立健全助企扶企、政策宣传、排查处置、纠纷不上交、专项督查"五项工作机制"，进一步完善风险防控体系。收集疫情期间稳定劳动关系的好做法、好典型，总结提炼全市企业稳定劳动关系的"六法六例"，积极引导企业建立稳定劳动关系长效机制，形成企业维护职工、职工维护企业的良好氛围。出台《关于实施特殊工时岗位审批清单式管理的通知》，全市推广特殊工时岗位清单式管理，93家企业获得许可，涉及员工3.4万人。

【农民工管理服务】 履行农民工工作领导小组办公室综合协调职能，完成全市人社系统和市级相关部门资料收集、台账整理等工作，圆满完成迎接国务院全国农民工工作督察组督察工作，并获得"全国农民工工作先进集体"荣誉。落实花园村乡村振兴综合改革工作，提高花园村乡村教师中高级岗位比例结构，施行企业人才集合年金制度。明确乡村合作创业带头人培训作为创业培训重点列入职业技能提升行动范畴，所需资金由职业技能提升行动专项资金列支。开发公益性岗位296个，发放公益性岗位补贴57.72万。

【劳动保障监察】 高标准完成国务院对省保障农民工工资支付考核实地督察任务，获省治欠办表扬；全市所有县（市、区）通过"无欠薪"验收，全域完成"无欠薪"创建；连续两年在省对市保障农民工工资支付考核中获评A等次；基层劳动纠纷综合治理竞争性试点项目获评省

厅优秀改革项目；荣获"2020年全国清理整顿人力资源市场秩序专项执法行动取得突出成绩单位"。全市共调处劳动纠纷案件1.39万余件，基层劳动纠纷化解率达96.55%；处置各类欠薪案件254件，为770名劳动者追发工资786万元，案件、人数、金额同比下降63.7%、55.4%、59.5%。

【调解仲裁】 联合市总工会印发《关于联合建立劳动争议调解仲裁法律援助工作衔接机制的实施方案》，建立劳动争议仲裁的司法、工会"双援助"工作体系。联合市中院印发《关于妥善处理涉新冠肺炎疫情劳动争议的通知》，全力做好涉疫劳动争议处理。金华市、婺城区和义乌市劳动人事争议仲裁院成为全省首批劳动人事争议仲裁"建标准院、开标准庭、办标准案"试点验收合格单位。全市劳动人事争议仲裁机构共审理办结仲裁案件6578件，结案率为98%，调撤结案5897件，调解率为87%，终局裁决529件，终局裁决率59.8%。

【信息化建设】 推进美好人社指数2.0建设、市政府办事大厅政务服务2.0改造需求对接、人社局浙政钉2.0升级迁移。做好人社系统省集中建设，进一步优化就业、社保系统对接，做好系统功能完善、数据迁移，有效推进网上办、掌上办、自助办的系统优化及对接工作。保障事业单位工资系统顺利上线，促进事业单位工作人员职业生涯周期管理"一件事"改革工作对接。全市新增发放社保卡18万张，签发电子社保卡145万张。进一步推进第三代社会保障卡工作，进行全面完善及测试，为打造"社保卡多元化服务生态圈"夯实应用基础。

**【对口支援和结对帮扶】** 为全面助力决战决胜脱贫攻坚，采取多重举措与对口地区开展劳务协作，累计吸纳中西部22个省份建档立卡贫困人员39.66万人到金华就业。创新建立"十县连廿县"机制，全市累计对接专巴7492辆、专列54辆、专机7架，接回省外务工人员24.03万人，其中建档立卡贫困人员3.74万人，获中央电视台10余次报道；组织实施"春暖牵手、就业金华"行动，全力服务建档立卡人员来金就业，今年累计建成劳务协作基地128个，开发"爱心岗位"2.13万个，获《浙江日报》头版头条报道；与中西部地市开展定期交流互访，签订劳务合作协议179份，将中西部省份超70所职技院校纳入我市"百校千企就业合作联盟"，有效促进技能人才培育和引带。

**【获得省级以上荣誉】**

### 荣誉集体

1. 全国农民工工作先进集体
金华市人力资源和社会保障局

2.《中国劳动保障报》新闻宣传工作先进单位
金华市人力资源和社会保障局

3.2020年全国清理整顿人力资源市场秩序专项执法行动取得突出成绩单位
金华市劳动保障监察支队

4. 浙江省"无欠薪"建设工作先进集体
金东区人力资源和社会保障局
义乌市人力资源和社会保障局
浦江县人力资源和社会保障局

5.2020年度全省人社系统绩效考评优秀单位
金华市人力资源和社会保障局
东阳市人力资源和社会保障局
义乌市人力资源和社会保障局
永康市人力资源和社会保障局

6. 全省人社系统窗口单位业务技能练兵比武竞赛团体三等奖、优秀组织奖
金华市人力资源和社会保障局

### 荣誉个人

1. 浙江省优秀共产党员
永康市人力资源和社会保障局　　王　海

2. 全省机构改革工作先进个人
金华市人力资源和社会保障局　　徐庆妹

3. 浙江省东西部扶贫协作突出贡献奖
金华市就业服务中心　　陈　武

4. 浙江省"无欠薪"县（市、区）建设工作先进个人
金华市劳动保障监察支队　　陈　东
婺城区劳动监察大队大队长　　楼颖峰
兰溪市劳动监察大队大队长　　杨剑涛
东阳市劳动监察大队大队长　　蔡航云
武义县劳动监察大队大队长　　徐　暄
磐安县劳动监察大队副大队长（主持工作）　　李妙陆

5. 全省人社系统窗口单位业务技能练兵比武竞赛优秀选手
婺城区人力资源和社会保障局　　杨文浩

6.2020年度全省劳动人事争议案件处理成绩突出仲裁员
金华市劳动人事争议仲裁委员会　　方新元
婺城区劳动人事争议仲裁委员会　　黄立忠
金东区劳动人事争议仲裁委员会　　陈红磊
义乌市劳动人事争议仲裁委员会　　王晓明

义乌市劳动人事争议仲裁委员会　　楼旭定

东阳市劳动人事争议仲裁委员会　　张雪芳

永康市劳动人事争议仲裁委员会　　吴华锋

兰溪市劳动人事争议仲裁委员会　　赵　旋

浦江县劳动人事争议仲裁委员会　　倪少聪

金华市劳动人事争议仲裁委员会（开发区）

吕旭光

7. 2020 年度全省劳动人事争议案件处理成绩突出调解员

金华市劳动争议联合调处中心　　刘　桦

金华市劳动争议联合调处中心　　章　文

金华市婺城区白龙桥镇劳动人事争议调解

中心　　汪道勇

金华市金东区澧浦镇劳动人事争议调解中心

余朗杰

义乌市大陈镇劳动人事争议调解中心

杨一彪

普洛药业股份有限公司劳动争议调解中心

（东阳市）　　张兰蓉

永康经济开发区劳动人事争议调解中心

李洪喜

永康市劳动争议联合调处中心　　王学智

浦江经济开发区管委会劳动人事争议调解

中心　　缪永兴

武义县泉溪镇劳动人事争议调解中心

金　帅

武义县桐琴镇劳动人事争议调解中心

汤一锋

（徐　超）

# 衢州市

【城乡就业】　全市城镇新增就业 7.4 万人，完成目标任务的 370.23%；年末城镇登记失业率 1.78%，维持在较低水平；帮扶就业困难人员实现就业 5384 人，完成目标任务的 269.2%；城镇失业人员实现再就业 4.06 万人，完成目标任务 290.19%。在疫情期间，为保障企业复工复产，我们坚持市县联动、一体推进，采用专人驻点服务、专车专列接返，全市 88 辆专车接返 2514 人，7 辆专列接返 3337 人，共接返省外员工 5851 人，相关做法被《央视新闻》两次报道。

【社会保险参保情况】　衢州市养老、工伤、失业三项社会保险基金收入 120.46 亿元，支出 132.28 亿元，当年缺口 11.82 亿元，累计结余 50.35 亿元。2020 年，衢州市企业职工基本养老保险参保人数为 84.23 万人，比上年同期增加 6.03 万人；其中企业单位身份参保 40.76 万人，同比增加 3.65 万人；灵活就业人员身份参保 43.47 万人，同比增加 2.38 万人；企业职工基本养老保险基金收入 71.93 亿元，支出 90.14 亿元，当年缺口 18.21 亿元，基金累计结余 9.52 亿元。机关事业单位基本养老保险参保人数 9.3 万人，同比增加 0.25 万人；机关事业单位基本养老保险基金收入 24.7 亿元，支出 24.62 亿元，当年结余 0.08 亿元，累计结余 13.91 亿元。城乡居民基本养老保险人数为 86.65 万人，基金收入 19.25 亿元，支出 10.85 亿元，当年结余 8.4 亿元，累计结余 19.46 亿元。被征地农民基本生活保障参保人数 2.4 万人，同比减少 0.12 万人；被征地农民基本生活保障基金收入 6.12 亿元，支出 5.24 亿元，当年结余 0.88 亿元，累计结余 17.35 亿元。衢州市法定户籍人口基本养老保险参保人数为 202.97 万人，参保率为 99.75%。2020 年，全市工伤保险参保人数为 47.09 万人，同比增加 2.57 万人。失业保险参保人数 38.41 万人，同比增加 3 万人。全市工伤保险基金收入 1.71 亿元，支出 2.18 亿元，当年缺口 0.47 亿元，累计结存 1.66 亿元。

【社会保险政策】 衢州市人力社保局联合医保、财政、税务、经信、统计等部门，根据《关于阶段性减免企业社会保险费有关问题的通知》（浙人社发〔2020〕13 号）、《关于延长阶段性减免企业社会保险费政策实施期限等问题的通知》（浙人社发〔2020〕33 号），落实落细阶段性减免企业社保费工作。全市中小微企业（含以单位方式参保的个体工商户）免征 2020 年 2 月份至 12 月份（所属期，下同）企业职工基本养老保险、失业保险、工伤保险的单位缴费；大型企业及参加企业职工基本养老保险的民办非企业单位、社会团体等各类社会组织（不含机关事业单位）减半征收 2020 年 2 月份至 6 月份的企业职工基本养老保险、失业保险、工伤保险的单位缴费。企业只需向税务机关正常申报缴纳，申报的程序和缴费基数计算方法不变，减免额在申报时自动计算并直接扣减应缴费额。全市全年共减免养老、工伤、失业保险费 19.89 亿元，惠及企业 2.59 万家。

【社会保险经办管理】 社会保险经办窗口积极推进减窗行动，打造业务"一站式"办理，政务大厅人工窗口精简率达 50%。持续推进"网上办""掌上办""自助办"，人社窗口"政务服务办件线上受理率"达到 98.99%。全面推行机关事业单位工作人员职业生涯全周期"一件事"线上经办，全年共办理公务员及事业单位招录、调动 1150 人。积极推行"一通道、二优化、三机制、四举措"，坚持传统服务方式与智能化服务创新并行，着力破解老年人办事不便、运用智能技术困难等问题。2020 年，衢州市职工工伤认定 4989 人次，其中市本级 1025 人次；职工工伤与职业病致残等级鉴定 2364 人，其中市本级鉴定 999 人，委托指导县（市）鉴定机构鉴定 1365 人；职工非因工伤残或因病丧失劳动能力程度鉴定 186 人，其中市本级鉴定 80 人，委托指导县（市）鉴定机构鉴定 106 人。

【人才引进与开发】 创新开展"8.8"人才服务月系列活动，线上举办为期 1 个月的网上交流会，线下组织"4+6"系列招引活动，累计发布岗位 4461 个，来自北大、浙大等 29 名青年学子零距离了解衢州。

【专业技术和留学人员管理】 新建 17 家市级专家工作站，新建博士工作站 40 家。实现高层次人才津贴首次实现全程网上申报，共计审核、发放高层次人才津贴和一次性奖励 856 笔，总计 1556 万元。邀请省人力社保厅、省农科院等 20 名专家，来衢州开展"千名人才帮乡村"之省级专家服务衢州行活动。

【职业能力建设】 开展"线上＋线下"职业技能培训 44995 人次，其中高技能人才取证数 7538 人，培养数 9489 人，新型学徒制培训 1414 人次。2020 年共评选衢州市技能大师工作室 15 个、衢州市高技能人才公共实训基地 4 个、衢州市企业培训示范基地 4 个。首次承办浙江乡村振兴职业技能大赛，来自全省 26 个加快发展县的 92 名选手参加了餐厅服务、茶艺、乡村讲解、电商直播的竞赛。成功举办 2020 年衢州市乡村振兴职业技能大赛柯城场、龙游场、常山场活动，共 161 名相关工种的从业人员参与比赛。

【事业单位人事管理】 会同组织、编制部门分别于 5 月 8 日和 7 月 15 日对外发布市县联动事业单位人才引进和公开招聘公告，共推出高层次紧缺人才引进职位 667 个，公开招聘事业单位工作人员职位 1292 个，"智汇衢州"品牌效应初步显现，有力地推进了人才引进工作，全年事业单位共招聘工作人员 2366 人，其中硕士研究生及以上人才 386 人。会同考试院顺利完成公考笔试、公考面试、选调生考试等考务工作。组织实施"智汇衢州"市县联动公开招聘市属事业单位工作人员考试，共有 6483 名考生参考，比 2019 年增幅达 16%。完成了一建、社工、经济、二建等 16 批次职业（执业）资格考试和 2 批次职称计算机考试的组织实施工作，共有考生 20551 人。

【工资福利】 全面完成 442 名事业单位机构改革人员的工资关系接转手续，出台了《进一步激励关爱基层党员干部和医务工作者在疫情防控一线担当作为的二十条措施》，大力推进事业单位人才高地系列政策制定实施，改革完善机关事业单位政府综合目标考核奖发放办法，研究制定了部分市属事业单位突出绩效目标考核奖实施办法。对新冠肺炎疫情防控、文明城市创建等专项工作进行了行政奖励，共涉及 77 个集体和 296 名个人，其中集体二等功 8 家、三等功 29 家、集体嘉奖 40 家；个人二等功 26 人、个人三等功 118 人、个人嘉奖 152 人。

【劳动关系】 全市 6 个县（市、区）和智造新城全部一次性通过考核验收，实现创建全覆盖，圆满完成既定目标。在 2020 年 12 月 29 日全省根治欠薪表彰会上，我市有 2 个集体、6 名个人得到表彰（市劳动保障行政执法队、衢江区劳动保障行政执法队；市住建局吴群、柯城高骞、江山徐饶燕、常山周木金、开化汪家富、智造新城张哲都）。

【劳动保障监察】 将 1100 多页电子台账上传省劳动保障监察信息系统，并全面开展自查，形成自查报告报省领导小组办公室。省保障农民工工资支付工作考核组赴常山县、衢江区开展检查考核，共检查 20 个在建工程项目，考核结果为 B 等次。

【调解仲裁】 全市各级共处理劳动人事争议案件 2196 件，其中各仲裁院立案处理劳动人事争议案件 1537 件，结案 1525 件，调解 1260 件，网络办案率 17%，结案率和调解率分别为 99.2% 和 82%。

【劳动保障电话咨询】 通衢问政一共受理网络咨询事项 183 件，办结率 100%。即时办结"12345"政府服务热线交办工单 188 件。

【信息化建设】 "百姓秘书"项目入选浙江省"观星台"在建应用。全市新增电子社保卡 710562 张，电子社保卡覆盖率达到 58.85%；新增实体社保卡 60423 张，完成率 109.86%；开通社保卡应用 468 项，其中人社领域社保卡应用 92 项，开通率 100%。完成公务员、事业单位工作人员生命周期"一件事"改革相关系统对接。

**【对口支援和结对帮扶】** 共吸纳中西部建档立卡人员来衢稳定就业达1.6万人，创历年新高。赴云南保山、四川绵阳等地举办专场招聘会，赴湖南开展人力资源交流考察情况，并在衢州保山两地首次设立省际人才劳务服务工作站浙江衢州—云南保山站，建立省际"劳务协作互助"平台。

## 【获省级以上荣誉】

### 荣誉集体

1. 省根治欠薪工作领导小组授予"无欠薪"县（市、区）建设先进集体

衢州市劳动保障行政执法队

2.《中国劳动保障报》2020年度新闻宣传工作先进单位

衢州市人力资源和社会保障局

3. 全省练兵比武现场竞赛优秀组织奖

衢州市人力资源和社会保障局

4. 全省劳动保障监察、劳动人事争议仲裁练兵比武活动监察比武　团体二等奖、知识竞赛单项团体第三名以及仲裁比武优胜奖、最佳庭审奖、优秀案例奖

衢州市人力资源和社会保障局

5. 浙江乡村振兴职业技能大赛优秀组织奖

龙游县人力资源和社会保障局

江山市人力资源和社会保障局

### 荣誉个人

1. 浙江省"无欠薪"县（市、区）建设先进个人

衢州市人力资源和社会保障局　　张哲都

2. 2020年度全省劳动人事争议处理成绩突出仲裁员

衢州市人力资源和社会保障局　　朱振国

柯城区人力资源和社会保障局　　高　翔

衢江区人力资源和社会保障局　　程　凯

常山县人力资源和社会保障局　　叶怡静

开化县人力资源和社会保障局　　郑丽芬

3. 浙江省东西部扶贫协作突出贡献奖

衢州市人力资源和社会保障局　　华　健

4. 衢州市抗击新冠肺炎疫情先进个人

衢州市人力资源和社会保障局　　华　健

5. 全国岗位练兵明星

江山市人力资源和社会保障局　　徐饶燕

开化县人力资源和社会保障局　　江艳阳

6. 人社部颁发全国最美战役社保人

柯城区人力资源和社会保障局　　赖慧峰

（王晓乙）

# 舟山市

**【城乡就业】** 7月，舟山市人民政府办公室出台了《关于进一步做好稳就业工作的实施意见》（舟政办发〔2020〕62号），全面贯彻落实党中央国务院、省委省政府关于"六稳""六保"的决策部署，突出在疫情背景下，通过加大产业发展力度、减轻企业成本负担、拓展多样就业渠道、强化重点群体帮扶、开展职业技能培训等多举措来稳就业、促就业。10月，舟山市人社局、财政局联合出台了《关于进一步做好稳就业工作的实施细则》（舟人社发〔2020〕97号），明确了创业平台运营补贴、创业服务补贴、农民工一次性创业补贴等6项政策的具体操作依据。

积极营造创业创新良好氛围。继续面向全国组织举办2020年中国·浙江舟山群岛新区全

国大学生创业大赛。大赛以"智汇新区、梦起东海"为主题，先后在上海、厦门、西安、杭州举办城市赛，在舟山举办总决赛。大赛共征集到项目 147 个，最终"黑科技赋能文化、文旅及文创"获得金奖。开展以"汇聚奇思妙想、迸发双创活力"为主题的 2020 年舟山群岛新区第七届创新创业大赛，首次将四川省达州市创业项目纳入参赛范围，实现了山海协作的创业连线，达州市的"小玫瑰大产业"和"扎根红色万源 践行扶贫使命"入围全市决赛。最终定海区参赛项目"万坞互联大数据生态系统服务"获大赛一等奖。启动以"创享青春、逐梦前行"为主题的"大学生创业之星"评选活动，择优选出 10 位"大学生创业之星"，授予"大学生创业之星"荣誉称号，颁发荣誉证书并授予奖金。全年，发放创业担保贷款 363 笔，贷款总额 7630.5 万元；发放创业担保贴息 413 笔，贴息总额 580.02 万元。

推进高质量就业。做好企业复工复产期间的用工服务保障。专门组建工作专班，依托大数据平台，全面摸排舟山市重点企业复工用工、缺工以及接返人员需求等情况，形成复工复产基础数据库，并积极组织力量，通过包车、专机、专列等形式，批量接返外地务工人员逾1.5 万人。6 月，舟山市就业管理中心印发《关于做好 2020 年度高质量就业社区（村）建设活动的通知》（舟就〔2020〕4 号），推动各县（区）、功能区开展高质量就业社区（村）建设活动。新增高质量就业社区（村）50 个，经县区推荐、市级综合评定，确定临城街道桃湾园社区等 20 家为市级高质量就业社区（村）。9 月，集中征集就业见习岗位 179 个。新增见习基地38 家，至年末全市累计共有见习基地 153 家，

见习规模 522 人，发放各类见习补贴 202.64 万元。全年新增城镇就业人员 40112 人，城镇登记失业人员再就业 4355 人，其中就业困难人员再就业 2209 人，完成创业培训 4288 人次，年末城镇登记失业率 1.55%，零就业家庭实现"动态归零"。

【社会保险参保情况】 截至 2020 年末，全市养老保险、失业保险、工伤保险参保人数分别达到 83.95 万人、25.82 万人、40.11 万人。其中，职工基本养老保险 60 万人，比上年新增3.76 万人；机关事业单位养老保险 5.79 万人，比上年减少 0.04 万人；城乡居民基本养老保险 18.15 万人，比上年减少 1.47 万人；被征地农民基本生活保障 1.77 万人，比上年减少 0.3万人。全市养老保险户籍法定人员参保率达到95.77%。

【社会保险政策】 7 月，舟山市人社局、市财政局下发《关于贯彻落实扩大失业保险保障范围政策的通知》（舟人社发〔2020〕65 号），落实大龄失业人员失业保险延长待遇政策，自 2019年 12 月起，对领取失业保险金期满仍未就业且距法定退休年龄不足 1 年的失业人员，继续发放失业保险金至法定退休年龄。阶段性实施失业补助金政策，2020 年 3 月至 12 月领取失业保险金期满仍未就业的失业人员、参保缴费不足 1 年或参保缴费满 1 年但因本人原因解除劳动合同的失业人员，可以申领 6 个月的失业补助金，标准为每人每月 500 元。进一步推进失业保险金"畅通领、安全办"，对超过法定退休年龄但尚未依法享受基本养老保险待遇的参保失业人员，可申请办理失业登记和失业保险金

领取手续；取消失业保险金申领 60 日限制，失业人员可在失业期间随时办理失业登记并申领失业保险金。8 月，市人社局、市财政局、市税务局、市应急管理局印发《舟山市工伤保险浮动费率管理办法》（舟人社发〔2020〕79 号），进一步完善工伤保险费率调整机制，社会保险经办机构在用人单位按行业基准费率缴纳工伤保险费的基础上，根据用人单位上年度（自然年度）的工伤保险费支缴率、工伤事故发生率、安全生产管理及职业病危害程度等因素，核定该用人单位当年度工伤保险费率档次。10 月，市人社局、市财政局出台《关于建立城乡居民基本养老保险待遇确定和基础养老金正常调整机制的实施意见》（舟人社发〔2020〕96 号），从 2020 年 1 月起，对 65 周岁及以上参加城乡居民基本养老保险的老年居民，增发 10 元 / 月的老年养老金，同时对现有缴费档次和补贴标准进行调整，建立城乡居保待遇调整和基础养老金正常调整机制，进一步完善我市城乡居保制度。做好基本养老保险待遇调整与发放，从 2020 年 1 月 1 日起，机关事业、企业退休人员基本养老金分别调整为人均每月 7150 元、2723 元。12 月，市人社局、市财政局、市自然资源局、市税务局印发《关于进一步做好被征地农民参加基本养老保险有关工作的通知》（舟人社发〔2020〕121 号）。进一步规范被征地农民参加基本养老保险，坚持参加养老保险必须依法依规；同时，在城乡居民养老保险制度内增设一档高缴费档次供被征地农民选择。

落实企业降费减负政策。落实阶段性社会保险费减免，对全市中小微企业免征 2 月—12 月份养老、失业、工伤保险的单位缴费部分；对全市大型企业减半征收 2 月—6 月份养老、失业、工伤保险的单位缴费部分，全市累计减免社保三险 12.56 亿元，其中基本养老保险费 11.6 亿元，失业保险费 0.42 亿元，工伤保险费 0.54 亿元，惠及全市 2 万余家企业；积极落实失业保险稳岗返还政策，为受疫情影响较大的中小微企业返还其 2019 年 12 月缴纳的社会保险费，共返还社会保险费 1 亿元，惠及企业 8287 家、职工 9.5 万人；对不裁员或少裁员的参保企业返还其上年度实际缴纳失业保险费的 50%，返还失业保险费 3094 万元，惠及企业 4120 家、职工 11.4 万人。继续实施失业保险单位缴费比例下调政策，全市失业保险单位费率 0.5%、个人费率 0.5% 的政策执行时间延长至 2021 年 4 月 30 日，累计为 1.6 万余家企业减负超 1.25 亿元；继续实施阶段性降低工伤保险费率政策，2020 年 1 月 1 日至 12 月 31 日，对除一类行业外的其他各类行业现行工伤保险费率下调 50%，全市累计减征近 6000 万元。

【社会保险经办管理】 6 月，市人社局办公室印发《舟山市工伤认定工作规程》（舟人社办发〔2020〕7 号），规范全市工伤认定工作，进一步明确工伤认定申请、受理、调查核实、作出决定、送达、效力等事项。8 月 3 日，我市正式启用全省统一社保业务经办系统，结合省建系统特点，及时调整网报渠道、社保费征缴期及退休手续、参保中断办理时间，实现业务办理省集中。10 月，深入推进社区（村）等基层调查认证工作，并通过认证数据统计分析，建立社保经办机构自主认证机制，全面取消全市 33.27 万退休待遇领取人员年度资格认证，率先全省实现"无感智证"。10 月，市人社局、财政局、民政局、医保局、档案局印发《舟山市国有企业退休人员社会化管理服务工作实施细则》（舟人社发〔2020〕101号），自颁布之日起施行，国有企业参保人员办理退休手续后，其管理服务工作与原企业相分离，人员移交街道（乡镇）和社区实行属地管理提供相应管理服务，并通过社会化发放确保退休人员基本养老金按时足额发放到位。

加强基金安全监管。社会保险经办全面取消手工办理、取消现金业务、取消社银人工报盘。委托第三方机构开展工伤保险基金专项检查，分统筹区对企业职工养老保险、工伤保险、失业保险基金运行情况进行安全评估。开展2019年以来企业职工提前退休专项核查，从政策落实、审批管理和违法违规三方面对298名特殊工种、74名因病丧失劳动能力和3名企业军转职工人员提前退休进行专项检查。完成对失业保险基金从组织机构控制、业务运行控制、基金财务控制、信息系统控制、内部控制管理与监督5个方面47项指标逐项抽查，重点突出关系转移接续、重要信息变更、补贴发放、待遇支付等重点业务。加强与公检法等相关部门联系对接，完成市中院获取的83份刑事人员和部稽核系统90名疑似判刑人员数据核查，对超发待遇进行清算追回。至年末，已追回超发待遇214.36万元。

【人才引进与开发】 紧紧围绕自由贸易、城市建设等重点领域，全年新引进紧缺高端人才88人。9月，会同市委人才办、市财政局出台了《关于调整市级机关事业单位紧缺专业人才引进管理流程的通知》（舟人社发〔2020〕85号），从岗位确定、人选入职、经费保障、日常管理、工作监督等方面进一步规范机关事业单

位紧缺专业人才引进管理办法。10月，会同市委人才办、市财政局出台了《舟山市鼓励企业引进紧缺高端人才实施办法（试行）》（舟人社发〔2020〕100号），对市外引进到舟山企业工作的人才引才补助进行了明确，压实主体责任，进一步优化完善"谁引进、谁使用、谁负责"的工作体系。积极围绕市委、市政府关注的重点问题和自贸区建设的重点领域，全年开展重点调研课题10个，行业论坛、智慧沙龙、教学研究等专业指导活动9场，进一步提升人才综合效能。

持续实施"高校毕业生聚舟计划"。8月，市政府办公室印发《关于进一步优化城镇落户政策的通知》（舟政办发〔2020〕75号），出台落户新政，以"最低门槛"落户吸引青年人才来舟。试行人才落户"租售同权"政策，其适龄子女就读义务教育学校可享受"有户有房"政策。实施"云端招聘＋直播带岗"线上招聘全新模式，举办"千企百校"高校毕业生云端招聘季等线上招聘活动36场、"直播带岗"6场。首次采用"线下专场＋驻点代招"模式，从5月起赴兰州等18个城市35所高校举办了54场校园招聘会，并与浙江师范大学、金华职业技术学院、兰州理工大学等6所院校签署市校人才工作合作协议。是年，引进各类高校毕业生13652人，再创历史新高，其中硕士研究生537人、博士研究生103人，同比分别增长55.65%和6.2%。

发展人力资源服务业。9月，市政府办公室印发了《关于加快人力资源服务业发展的实施意见》（舟政办发〔2020〕88号），力争通过五年努力，全市集聚人力资源服务机构达到250家以上，产业规模达到50亿元以上，培育人力资源服务龙头骨干企业5家以上，并提出了建

设我市人力资源产业园的目标方向。9月底，成立舟山市人力资源服务业协会，首批会员单位67家，涉及我市人力资源服务机构、院校、人才市场和实体企业。至年末，全市共有各类人力资源服务企业182家，其中职业中介类57家、劳务派遣类125家。全年新办理人力资源服务许可14家、劳务派遣20家，并有3家机构入选"全省人力资源服务业榜单"。

【专业技术和留学人员管理】　5月，市人社局、市经信局出台《舟山市水产加工行业初、中级专业技术职务任职资格评价条件》（舟人社发〔2020〕106号），建立了以水产加工人员的工作绩效、创新成果为核心的量化评价标准，使评价更加科学化、规范化。6月，市农业农村局、市人社局出台《舟山市职业农民农业技术中级职称评价条件（试行）》（舟农发〔2020〕34号），将返乡创业大学生、农创客等职业农民纳入职称评审范围，进一步健全乡村人才评价体系。深入推进教育系统职称制度改革，在全市9所普通高中、17所中小学开展中初级职称自主评价工作。实施专业技术人才知识更新工程，对市专业技术人员继续教育平台进行升级改造。加大高层次人才培养力度，是年，郑国栋、张中雷、张国强入选享受政府特殊津贴人员；潘依雯、张小军入选省"万人计划"青年拔尖人才。新设立省级博士后工作站2家（舟山市质量技术监督检测研究院、浙江黎明智造股份有限公司），全市共有博士后工作站11家，其中国家级2家、省级9家。至年末，全市有专业技术人员98908人，其中高级职称专业技术人员7363人、中初级职称专业技术人员91545人。

【职业能力建设】　1月，市人社局、市财政局出台《关于做好本市受疫情影响企业职工线上职业培训补贴工作的通知》（舟人社发〔2020〕18号），将疫情期间停工半停工企业职工培训纳入职业技能提升行动专账资金补贴范围。"一企一策"帮助企业制定培训方案，推动受疫情影响企业职工线上职业培训，共有83家企业完成线上备案，开展职工培训人数3909人次。11月，市人社局、市财政局出台《关于实施以工代训补贴工作的通知》（舟人社发〔2020〕104号），以工代训补贴采取全程网报的形式，通过自主申报和大数据比对相结合的方式，自动筛选产生符合以工代训补贴条件的人员清单。全市350家企业发起以工代训补贴申请，涉及补贴人数11820人，发放补贴金额613.55万元。2020年，全市开展补贴性职业技能培训41235人次，实施职业资格鉴定和技能等级认定20924人。新增高技能人才9133名，技能人才总量达21.33万人，其中高技能人才7.2万人，占技能人才总量的33.7%。开展企业新型学徒制试点工作，定制开办智能楼宇管理高级工班等，全年639个员工注册为企业新型学徒制学员。7月，舟山技师学院获省政府正式批文，成功摘筹。开展职业技能等级认定试点工作，6月12日，全省首批第三方评价机构职业技能等级证书颁发仪式在舟山举行，舟山市技师学院（筹）26名学生获得我省首批第三方评价机构技能等级证书，舟山正式启动技能人才评价重大改革工作。全年完成13家企业和1家第三方评价机构在省平台上备案，已有8家企业和第三方评价机构开展了技能等级认定工作，5219人获技能等级证书。持续开展职业技能大赛，是年开展了绿色石化、临港制造、海洋旅游、综合服务 4 个行业领域 17 个职业（工种）的市级一类比武和 2 个职业（工种）的市级二类比武，全市 1500 余名一线职工直接参与一类大比武活动，通过大比武活动晋升技师 73 人、高级工 121 人，1 人获"舟山市技能大师"称号，52 人获"舟山市技术能手"称号。是年，浙江首届技能大赛在宁波举行，我市选派 33 名选手参与了全部 30 个项目的比赛，我市取得 1 个第一、1 个第二、2 个第四、1 个第五的历史最好成绩。

**【事业单位人事管理】** 针对事业单位机构改革以及清理规范整合后单位被取消机构规格、原设置比例不同的跨行业单位划转至同一主管部门、原设置比例不同的多个单位合并为同一单位等一系列新情况，制订解决方案，审核完成 32 个主管部门下属 135 家事业单位岗位设置方案。优化中小学校岗位设置，10 月，市人社局、市教育局印发《关于进一步完善中小学校专业技术岗位设置管理的通知》，完成教育系统专技二级岗人选推荐和三级岗聘任工作，激励资深拔尖教师。为甬舟铁路项目办紧缺急需专业技术人才核准副高特设岗位，调动重点项目一线人才积极性。选取浙江国际海运职业技术学院等 6 家事业单位作为试点，指导单位根据系统性、客观性和规范性的原则，明确各岗位的职责任务、工作标准和聘用条件，完善事业单位岗位管理和聘用工作，打破"因人设岗"顽疾，提升岗位精细化管理水平。做好事业单位公开招聘工作，围绕重点项目建设需要，采用"多批次、小规模、专业化"招聘方式，市本级发布公开招聘公告 31 个，推出岗位 374 个，招聘计划 646 个，开展各类招聘考试共 26 次，入围

体检考察 410 人。首次启动城市建设和城市管理领域人才专场招聘，共推出自然规划、住建、城管等相关系统 28 个岗位计划招聘 29 人，经考试有 20 人入围体检考察，市本级入围 5 人，其中"双一流"高校本科毕业生 8 人、硕士研究生 12 人。

关心关爱疫情防控一线人员。积极推进落实各级党委政府在岗位晋升、年度评优、先进奖励等方面关心关爱疫情防控一线人员政策。实施疫情期间及时奖励，联合市委组织部先后三批对我市 31 名援鄂医疗队员和在新冠肺炎疫情阻击战中表现突出的 7 个集体和 62 名个人给予及时嘉奖。为抗疫一线医务人员审核发放临时性补贴 205 万元，涉及 897 人次。完成全国、全省、全市抗击新冠肺炎疫情表彰推荐评选工作，我市共产生 2 名全国先进个人、30 名省先进个人、10 个省先进集体、2 名省优秀共产党员、3 个省先进基层党组织、200 名市先进个人、50 个市先进集体、40 名市优秀共产党员、20 个市先进基层党组织。为全市 17 位符合条件抗疫一线人员优先办理职称（岗位）申报（晋升），其中 4 位突破单位岗位结构比例晋升。为全市抽调疫情防控一线事业人员核增年度考核优秀名额 249 个，其中卫健系统医护人员核增优秀名额 156 个。

全面推进事业单位工作人员职业生涯全周期管理"一件事"改革，完成全市 250 多万条信息采集和数据导入，7 月 15 日"一件事"平台和人事工资系统同步正式运行，与省内试点市同时实现"一件事"平台与省人事工资系统的数据贯通。完成事业单位人事管理与出入编、养老保险、医疗保险、工伤保险、失业保险、公积金等 6 个平台的数据共享，与户口迁入和社保

卡实现数据推送，7 个事项后续经办业务由原来的 51 份材料缩减到 7 个表单和 9 个附件，613 项信息项经两次压缩减至 198 项，压缩率为 68%，并承诺"一件事"发起业务一日之内办结，比省定标准再提速一倍。事业"一件事"办件率位于全省前列。

【工资福利】 调整卫生防疫津贴标准，一类津贴标准为每人每月 560 元，二类津贴标准为每人每月 450 元，三类津贴标准为每人每月 350 元，四类津贴标准为每人每月 260 元；调整机关事业单位精减退职、遗属和计划外长期临时工生活困难补贴标准，分别调整至 1605 元 / 月、1335 元 / 月、1165 元 / 月，月增资分别为 75 元、60 元、55 元。

【劳动关系】 开展新冠疫情防控工作，成立了舟山市因疫情引发群体性劳资纠纷事件工作领导小组，指导全市防疫期间劳动关系调整工作。编制了《舟山市人力资源和社会保障局因疫情引发群体性劳资纠纷事件应急预案》，梳理出《舟山市疫情防控期间工资口径汇总》《关于新冠肺炎疫情防控期间劳动关系政策及维权指引》和《疫情期间企业生产经营法律问答手册》，指导用人单位和劳动者规范企业发展和职工权益的关系，引导职工与企业同呼吸共命运，共同渡过难关。6 月，市人社局、市总工会、市工商联、群岛新区企业联合会 / 企业家协会印发《关于加强基层协调劳动关系三方机制建设的通知》（舟人社发〔2020〕53 号），进一步完善我市协调劳动关系三方机制工作体系，更好地发挥基层协调劳动关系三方机制在构建和谐劳动关系、推进和谐企业和和谐园区建设中的积极

作用。是年，全市最低月工资标准为 1800 元，非全日制工作的最低小时工资标准为 16.5 元。至年末，全市企业劳动合同签订率 98.1%。

【劳动保障监察】 全年开展劳动保障双随机抽查 438 起，监督检查用人单位 1260 家，涉及劳动者 4.9 万余人。全市各级防处机构协调处理欠薪案件 250 件，为 3454 名劳动者追回工资 6952.3 万元，结案率 100%，全年未发生突出的欠薪上访、群访和恶性事件。强化欠薪舆情应对与处置，建立"市 + 县（区）+ 乡镇（街道）"三级欠薪舆情反馈和应对机制，组建舆情信息共享、联合处置的工作钉钉群，快速把握欠薪舆情应对主动权，全年共处置完毕欠薪舆情 111 起。

深入开展根治欠薪夏季、冬季专项行动，全市各级防处机构扎实做好在建工程项目"三查两清零"工作，对全市所有在建工程进行地毯式排摸，期间共检查用人单位 1412 家，涉及职工人数 6.9 万人，责令 43 家企业追发 795 人工资及赔偿金 100.52 万元。开展鱼山石化基地根治欠薪专项工作，先后 30 余次前往鱼山岛，全力攻坚鱼山项目，召开各类协调会、座谈会、培训会 21 次，形成石化类项目分账管理三方协议及补充协议，推动鱼山绿色石化基地在建项目总包单位完成银行代发、分账管理等长效机制落实，在岛 40 多家总包单位顺利签订完毕三方协议及补充协议，实行工程款和工资款分账管理，全年通过专户发放工资 9.03 亿元，涉及农民工 6.73 万人。岱山县顺利通过省级"无欠薪"县（区）创建的考核评审，至此全市"无欠薪"县（区）全部创建成功。

打造"工程建设领域工资支付全过程监管平

台"，建立多部门数据互联共享监管信息库，实行分账管理网上监管，实名制管理网上登记，银行代发网上监管，实现工资支付数字化"智治"监管。全年共监管工资发放 10.02 亿元，涉及农民工 48002 人。平台入选省"对标争先改革创新"优秀试点项目、省政府"观星台"优秀项目、省"互联网＋监管"基层智能监管创新应用、2020 全国数字政府优秀案例 50 强。

【调解仲裁】 8 月，市人社局印发《推进"东海渔嫂"劳动纠纷调解工作室建设工作方案》（舟人社发〔2020〕77 号），全市共打造"东海渔嫂"劳动纠纷调解工作室 8 家。为解决基层调解组织力量不足问题，舟山市仲裁委先后与海事局成立"邵老师"劳动纠纷调解工作室，与上海瀛泰（舟山）律师事务所成立"东海渔嫂"劳动纠纷调解工作室，累计接受各类劳动纠纷维权帮扶类电话咨询 301 件，累计办理法律援助 73 件，参与电话调解、现场调解 35 件。创新打造"两庭一室"，即标准化科技仲裁庭、网络仲裁庭和网络调解室，实现了劳动纠纷异地调解仲裁"跑零次"。是年，全市通过网络办案 263 件，网络办案率达到 20.6%，办案效率从平均 45 天缩减到 35 天。项目入选省"对标争先改革创新"优秀试点项目。是年，全市各级仲裁机构立案受理劳动争议案件 1458 件，上期结转 98 件，涉案人数 1592 人，涉及金额 12148.43 万元。审理结案 1489 件，结案率为 95.7%，其中调解撤诉 1175 件、调撤率 78.9%，结案金额 3667.85 万元。

【信息化建设】 12 月，人社信息一体化（三期）建设通过专家验收。进一步完善数据质量、统一数据标准、扩展应用功能，实现智能消息精准推送和服务运行全程监控。通过人社标签库建设，实现人社大数据在信用评价、人物画像、轨迹分析、业务引导、主题分析等方面的应用。完成省人社厅专网安全管控体系市县两级试点建设工作，与省厅联动运行，项目于 12 月 4 日通过专家初验，进入试运行阶段。开展电子社保卡宣传和签发、第三代社保卡发行申请工作，积极推广、开展社保卡应用，目前已实现在非人社领域社保卡应用 22 项，非人社领域待遇发放 20 项。完成第三代社保卡合作银行招标、制卡商招标评审工作，向省厅提交舟山市第三代社会保障卡发行申请与三代 PSAM 卡申请，为 2021 年第三代社会保障卡正式发行做好基础工作。截至 2020 年 12 月 31 日，实体社保卡新增 25086 张，电子社保卡新增签发数 283452。

【对口支援和结对帮扶】 精准聚焦舟山紧缺用工行业，持续深化东西部劳务协作，创新实施"订单"扶贫机制，通过"技能提升＋订单就业"双管齐下，为舟山产业发展"订制"技能人才，为西部贫困劳动力就业增收"订制"高薪岗位，为全面建成小康社会"订制"人社发展路径。是年，全市先后开办了机电、旅游管理、海员等专业订单班，累计培养学员 400 余人。创新实施东西部劳务协作"订单"扶贫机制作为"人社扶贫工作优秀案例"，入选 2020 年全国"人社扶贫助力全面建成小康社会优秀成果"，并作为全国三个优秀案例代表之一上台宣讲，受到人社部张纪南部长亲切接见。是年，全市帮助中西部 22 省贫困人员在该市稳定就业 7030 人、帮助对口帮扶 4 省贫困人员在该市稳定就业 1943 人。

**【获省级以上荣誉〔含所属县（区）〕】**

## 荣誉集体

1. 全国爱国拥军模范单位

舟山市普陀区退役军人创业园服务中心

2. 全国"人社扶贫助力全面建成小康社会优秀成果"

舟山市创新实施东西部劳务协作"订单"扶
贫机制

3. 浙江省"无欠薪"县（市、区）建设先进集体

舟山市人力资源和社会保障局

4. 浙江省退役军人工作模范单位

定海区人力资源和社会保障局

舟山市普陀区退役军人创业园服务中心

5. 省级"示范数字档案室"

舟山社会保险事业管理中心

舟山市就业管理中心

6. 第二届（2020）数字政府特色评选50强创新提名奖

舟山市人力资源和社会保障局（工程建设
领域"工资＋工伤"监管平台实践案例）

7. 2020年全省人社系统"对标争先改革创新竞争性试点"优秀项目

劳动人事争议网络仲裁庭、网络调解室建
设项目

建设企业工资支付监控机制项目

8. "奇思妙想浙江行"2020创业大赛优秀组织奖

舟山市人力资源和社会保障局

9. 2020长三角·温州创业创新大会优秀组织奖、优秀展示奖

舟山市人力资源和社会保障局

10. 第四届"中国创翼"创业创新大赛浙江省决赛优秀组织奖

舟山市人力资源和社会保障局

11. 2020年度全省劳动人事争议案件处理成绩突出单位

舟山市普陀区人力资源和社会保障局

12. 2020年度全省劳动人事争议"互联网＋调解仲裁"成绩突出仲裁院

舟山市定海区人力资源和社会保障局

13. 2020年度全省劳动人事争议案件处理成绩突出基层调解组织

岱山县秀山乡劳动人事争议调解中心

嵊泗县嵊山镇人民政府劳动人事争议调解
中心

14. 浙江省劳动人事争议仲裁"建标准院、开标准庭、办标准案"实现验收合格单位

舟山市普陀区劳动人事争议仲裁院

15. 浙江省劳动保障监察练兵比武团体总分三等奖

舟山市代表队

16. 浙江省劳动保障监察执法练兵比武知识竞赛单项团体二等奖

舟山市代表队

17. 浙江省劳动人事争议仲裁练兵比武优胜奖

舟山市代表队

## 荣誉个人

1. 浙江省优秀共产党员

舟山市就业管理中心 　　　　　王剑峰

2. 2020年度全省劳动人事争议案件处理成绩突出仲裁员

舟山市劳动人事争议仲裁委员会　　王　宏

舟山市定海区劳动人事争议仲裁委员会

张存健

舟山市普陀区劳动人事争议仲裁委员会

戴 妮

岱山县劳动人事争议仲裁委员会　　叶开浩

3. 2020 年度全省劳动人事争议案件处理成绩突出调解员

舟山市普陀区六横镇劳资纠纷调解中心

张鹏杰

岱山县高亭镇人民调解委员会　　刘 杰

嵊泗县黄龙乡劳动人事争议调解中心

周 艳

4. 浙江省劳动保障监察执法练兵比武业务能手

舟山市劳动监察支队　　　　　陈韵蕴

5. 浙江省劳动人事争议仲裁练兵比武最佳仲裁员

舟山市劳动人事争议仲裁院　　　王 宏

6. 全省人社系统窗口单位业务技能练兵比武优秀选手

舟山市定海区人力资源和社会保障局

徐 洁

（安佳媚）

# 台州市

【城乡就业】　全年城镇新增就业 19.67 万人，登记失业人员再就业 2.7 万人，城镇登记失业率为 1.35%。实施“高校毕业生就业创业助飞专项行动”，促进 10582 名高校毕业生在台实现就业。启动第五届“创赢台州”（电商直播）创业大赛；发放创业担保贷款 1.78 亿元，贴息1814.6 万元。开发全省首家自主调剂劳动力余缺调剂平台。共建扶贫基地 72 家，为 3916 名就业困难人员发放灵活就业社保补贴 2369.79万元。

全年促进乡村就业 39221 人，扶持“雁归”创业企业 2677 家，开展技能职业培训补贴 28914 人，开展乡村合作创业带头人培训 52期，组织创业导师到基层农村开展创业服务 80期。3 月，印发《关于应对新型冠状病毒肺炎疫情加强企业用工保障的意见》（台防指〔2020〕25 号），6 月，台州市人民政府办公室印发《关于进一步做好稳就业工作的通知》（台政办发〔2020〕20 号），加强企业用工保障，稳定就业。返还社会保险费（含稳岗补贴）10.8 亿元，惠及企业 65434 家，兑现交通补贴、就业补贴等资金 1.97 亿元。开展“千辆包车接员工”和“驻点招工”行动，动员接返新老员工 25.35万人。

【社会保险参保情况】　全市企业职工基本养老保险参保人数为 248 万人，比上年末增加 24 万人。城乡居民基本养老保险参保人数为 193 万人，比上年末减少 13 万人，其中，60 周岁以下参保人数 127 万人，比上年末减少 11 万人。失业保险参保人数 112.78 万人，比上年末增加 12.72 万人。工伤保险参保人数为 244 万人，比上年末增加 26 万人。

【社会保险政策】　5 月，出台《关于建立和完善城乡居民基本养老保险待遇确定和基础养老金正常调整机制的通知》（台人社发〔2020〕34号），建立全市统一的待遇确定和调整机制，对65 岁及以上参保老年居民的基础养老金在规定标准上每人每月再增加 10 元。将低保边缘户纳入财政全额代缴对象，将其他个人最低缴费档次由原来100元统一调整到300元，实现城乡居民基本养老保险缴费档次、待遇标准等主要政策在全市范围内统一。从2020年7月1日起，全市城乡居民基本养老保险基础养老金标准由每人每月180元提高为190元。6月，出台《台州市关于建立工伤预防常态化工作机制的指导意见》（台人社函〔2020〕16号），开发工伤预防"一图一码一指数"系统，推动工伤预防常态化机制建设。平稳推进企业职工养老保险省级统筹和被征地农民参加基本养老保险工作。

全面实施阶段性减免企业社会保险费，全年全市为企业减轻社保费负担71.99亿元。免征中小微企业2020年2月至12月、减半征收大型企业2020年2月至6月基本养老保险、失业保险、工伤保险的单位缴费，减半征收企业2020年2月至6月基本医疗保险的单位缴费，全年为全市企业减负65.02亿元。将失业保险缴费比例从1.5%下调至0.5%，全市企业减负5.64亿元。工伤保险基金累计结余可支付月数在18至23个月的统筹地区（三门县）费率下调20%，累计结余可支付月数在24个月以上的统筹地区（市区、仙居县）费率下调50%，全年为全市企业减负1.33亿元。

【社会保险经办管理】 落实疫情期间窗口防控管理，开展"不见面"服务，优化线上办理流程，推动掌办、网办、邮寄办。升级迭代公民和企业"一件事"，巩固退休、社保关系转移接续等已有改革成果，省内创新开展工伤畅e办。提供便捷服务，实现49个社保事项全市通办，可办率达92.45%。提升和优化窗口经办服务，开展服务礼仪培训、全市社保经办服务"提升

季"活动，推动社保业务"扫码办"，增强大厅自助办，完成减窗57%。做好社保系统省级集中工作，系统上线工作顺利平稳过渡。

【人才引进与开发】 全年新引进"500精英计划"创业创新人才201名，落地人才创业138家，新认定市级"500精英计划"创业创新园5家，实现市级园区县（市、区）全覆盖。开展"500精英计划"成长助飞行动，为人才企业制订"一企一策"的定制化方案，新增规上人才创业企业6家。深化"以赛引才"，启动智汇台州·2020"500精英"人才系列创业大赛；全力打造台州创业创新学院。推出"青年英才聚台州"计划，实施五大行动、十项新政、百校招聘、千企联动、十万岗位。市县联动开展152场"智汇台州·百校引才"活动，组织2281家次企业，实地赴128所高校开展招聘活动，达成意向近2万人。全年新引进高校毕业生7.1万人。

8月，举办台州人力资源服务业发展论坛，邀请南京、杭州、宁波、温州、湖州、金华等省内外人力资源协会负责人参加。8月17日，在上海举办人才新政2.0新闻发布会，推介台州人才政策和创业创新环境。10月17日至18日，在西安举办2020"智汇台州"第八届台州市高层次人才智力合作洽谈会暨"青年英才聚台州"计划启动仪式，46253人同步直播观看开幕式，共接待求职者2992人，达成意向1434人，其中硕博人才229人，本科1185人。11月，2020上海·台州周活动人才系列专题活动在上海举行，举办高层次人才封闭式洽谈会、博士后科研项目合作洽谈会、高层次人才项目路演等专场活动。承办2020"500精英计划"人

才系列创业大赛总决赛、智能制造领域人才项目专场路演、生物医药行业青年博士对接会、人力资源服务业发展论坛等国际人才大会活动。举办长三角（台州）生物医药产业人力资源融合发展论坛，220 家机构和生物医药企业负责人参加论坛，开展对接合作。

【专业技术和留学人员管理】 印发《台州市博士后工作管理办法》（台人才领〔2020〕58 号），加大政策扶持和管理服务工作力度。新建省级以上博士后科研工作站 14 家，其中国家级 4 家、省级 10 家，新建市级博士后创新实践基地 13 家，新引进博士后研究人员 31 人。在西安、上海等地举办 4 场博士后科研项目合作洽谈会。组织企业 59 家次，29 家省内外高校、科研院所，95 位教授、博士围绕 72 个博士后科研项目合作开展洽谈，有 42 个项目建立合作关系。

全市 7 家三级以上医院和 12 家医共体组成医院继续开展自主评聘工作，新增 35 所（共 41 所）普通高中实行自主评聘改革，落实深化中等职业学校教师职称制度改革工作。

【职业能力建设】 全年全市开展职业技能培训 17.58 万人次，使用职业技能提升行动专账资金 3.92 亿元。新增技能人才 9.38 万人，技能人才总数达到 116.33 万人。新增高技能人才 2.22 万人，高技能人才总数达到 39.15 万人。

联合市财政局制定出台《台州市职业技能提升行动实施细则（2019—2021 年）》（台人社发〔2020〕30 号），推进企业职业技能等级认定试点，共有 202 家企业完成职业技能等级认定试点备案，发证 30908 本，成功举办台州市首届职业技能大赛，一类项目 15 个、二类项目 7

个，共产生 15 名台州技能大师、50 名台州市技术能手。台州市"吴先金技能大师工作室" 3 件大型根雕作品入选世界技能博物馆收藏。

开展台州市技工院校市级专业（学科）带头人评选，评定市级专业（学科）带头人 26 人，涉及 19 个专业。高技能人才成果首次亮相 2020 国际人才合作洽谈大会。全市 9 所技工院校、9 个制造业类和 8 个非遗项目在大会中展示。

【事业单位人事管理】 6 月正式启用全省事业单位公开招聘信息统一发布平台，通过平台办理公开招聘方案备案及拟聘人员公示审核，发布 35 则事业单位公开招聘公告、11 则拟聘人员公示。建设运行事业单位工作人员职业生涯全周期管理"一件事"平台，会同市委组织部等 6 部门联合印发《关于开通使用台州市事业单位工作人员职业生涯全周期管理"一件事"改革管理服务平台的通知》（台人社发〔2020〕43 号），打造一站式服务平台，覆盖 3353 家事业单位、10.1 万事业人员，材料压缩 72.4%、时限压缩 88.7%。完成全省人事工资系统服务平台试点，联合市委组织部印发《关于启用浙江省事业单位人事工资管理服务系统有关事项的通知》（台人社发〔2020〕45 号），推进事业单位人事管理数字化转型。

全年组织 2 次市属事业单位公开招聘，共 64 家单位，137 个招聘岗位，计划招聘 183 人，实际招聘 147 人。

【工资福利】 2 月，会同市财政局、市卫健委、市医保局等单位下发《关于明确新型冠状病毒感染的肺炎疫情防控工作有关补助标准、医疗经费保障政策的通知》（台财社发〔2020〕6号）。每月审核一线医务人员和防疫工作者的临时性工作补贴。9月，印发《关于印发〈台州市行政奖励实施流程规范〉的通知》（台人社发〔2020〕52号），规范行政奖励实施过程中的申报、审批等程序。配合市委组织部推荐申报4名全国抗疫先进个人、1个全国抗疫先进集体，以及75名全省抗疫先进个人、26个抗疫先进集体。

**【劳动关系】** 梳理现行有效的劳动保障法律法规和疫情以来出台的助企补助政策，编撰《台州抗疫助企规范用工100问》，出台《关于新冠肺炎疫情防控期间劳动关系相关政策解答》。联合出台《关于开展2020年集体协商要约行动的通知》（台总工〔2020〕6号），引导企业通过与员工协商，采取调整薪酬、轮岗轮休、缩短工时等方式稳定工作岗位，尽量不裁员或少裁员。疫情发生以来，台州全市未发生大规模裁员事件，劳动关系和谐稳定。

**【劳动保障监察】** 全年全市共受理处置欠薪投诉案件716起，涉及劳动者1642人，涉及工资1541.12万，同比分别下降47%、66%和45.7%，基层调解组织共受理劳动纠纷案件29568件，化解率达98.52%，未发生重大影响社会稳定事件。实施根治欠薪冬季攻坚专项行动，全市共检查用人单位4127家，提前介入化解欠薪隐患422起，第一时间责令补发工资1968.73万元。温岭、天台、仙居、三门四个创建单位顺利通过"无欠薪"考核实地验收，全市域创成"无欠薪"县（市、区）。推进全市在建铁路项目以及制造业企业纳入工资支付监管平台。全年公布

并上报4批次共计33件重大劳动保障违法行为案件，其中18家严重欠薪用人单位被列入"黑名单"，实施联合惩戒。

**【调解仲裁】** 全市各级仲裁机构共受理劳动人事争议案件5280件（上期未结308件），涉及劳动者5964人，劳动报酬案件1025件、工伤赔偿2138件，解除劳动关系1224件，结案5438件，涉案标的1.88亿元，网络办案率23.2%，结案率97.4%，调解成功率96.5%，劳动人事纠纷仲裁终结率93.6%。

**【信息化建设】** 整合劳动者个人信息和各项服务功能，开发码上名片、码上政策、码上就办、码上求职、码上家政等12项高频应用场景和7个管理事项。新开发就业创业"1+X"集成服务一件事、工伤畅e办等5个"一件事"。打造"掌上办事之局"，乡镇（街道）就近能办民生事项实现率达到96.62%，建成"十五分钟"办事圈，提升群众办事体验。

"减窗行动"全省率先达标。全年减窗167个，减窗率64.23%，位列全省第一，全年网上受理率达85.31%。构建"边界清晰、监管到位、安全可控、责任明确"的人力社保网络安全保障体系，进一步提升全市人力社保网络和信息系统安全水平，获评省厅"对标争先改革创新"竞争性试点优秀项目。获批人社部社保卡惠农惠民财政补贴资金"一卡通"发放示范试点城市。

全年实体社保卡新增19.5万张，完成率108.2%；电子社保卡新增161.7万张，完成率144.3%。新拓展社保卡应用18项，实现补贴发放60多项。11月1日完成第三代社保卡在人社

部的审批注册，12月29日成功发行第三代社保卡，在台州市中心医院、台州市立医院等重点医疗机构完成测试。

**【对口支援和结对帮扶】** 落实《台州市推进扶贫劳务协作三年实施意见》，全市开展互访13次，其中赴对口地区对接调研6次，签订劳务合作协议19份，积极开发爱心岗位2064个，全年实现来台就业181个，其中建档立卡人员167个。与东西部扶贫地区互设6个劳务联络站，开展23次视频推介，共推送44311个就业岗位，吸引来台就业542人，其中建档立卡人员153人。

1月，组织市内优质企业26家赴阆中市、旺苍县开展东西部就业扶贫劳务协作专场招聘会，共提供涵盖家政、保安、电工等89个工种的就业岗位7230个，进场2500余人次，达成初步意向440余人，其中精准扶贫人员48人。10月，组织20家优质企业赴陕西省城固县、黔南州都匀市和三都县举办东西部劳务协作招聘会，提供岗位3663个，求职人数1252人，达成初步意向人数284人。11月，在峨边城区东风新城广场举办"东西协作·援彝"金秋就业扶贫专场招聘会，共有省内外70余家用工企业提供100余个工种、3500余个岗位，达成就业意向84人，其中建档立卡农村贫困人员10人。

**【获省级以上荣誉】**

## 荣誉集体

1. 清理整顿人力资源市场秩序专项执法行动取得突出成绩单位
台州市劳动保障监察支队
2. 全省人社系统绩效考评优秀单位
台州市人力资源和社会保障局
温岭市人力资源和社会保障局
天台县人力资源和社会保障局
仙居县人力资源和社会保障局
三门县人力资源和社会保障局
3. 浙江省"无欠薪"县（市、区）建设先进集体
台州市人力资源和社会保障局
天台县人力资源和社会保障局
4. 浙江省劳动保障监察执法技能大比武现场执法单项团体二等奖
台州市人力资源和社会保障局
5. 全省劳动人事争议仲裁员练兵比武团体三等奖
台州市人力资源和社会保障局
6.《中国劳动保障报》新闻宣传工作做得好的单位
台州市人力资源和社会保障局
临海市人力资源和社会保障局
7. 中国人事报刊宣传工作做得好的单位
台州市人力资源和社会保障局
8. 2020年度调解仲裁案件处理工作成绩突出单位
台州市人力资源和社会保障局
温岭市人力资源和社会保障局
玉环市人力资源和社会保障局
三门县人力资源和社会保障局
9. 2020年度调解仲裁案件处理工作成绩突出"互联网＋调解仲裁"仲裁院
天台县劳动人事争议仲裁院
仙居县劳动人事争议仲裁院
10. 2020年度调解仲裁案件处理工作成绩突出基层调解组织

台州市路桥区金清镇劳动人事争议调解中心

温岭市泽国镇劳动人事争议调解中心

天台县平桥镇劳动人事争议调解中心

仙居县南峰街道劳动人事争议调解中心

三门县健跳镇劳动人事争议调解中心

11. 就业工作获省厅表扬信

台州市

天台县

仙居县

三门县

12. 职业技能提升行动获省厅表扬信

台州市

天台县

仙居县

13. 2019 年度"无欠薪"县（市、区）

温岭市人力资源和社会保障局

天台县人力资源和社会保障局

仙居县人力资源和社会保障局

三门县人力资源和社会保障局

## 荣誉个人

1. "无欠薪"县（市、区）建设先进个人

台州市公安局治安支队　　　　　朱六顺

台州市劳动保障监察支队　　　　谢灵伟

椒江区劳动保障监察大队　　　　童剑锋

路桥区劳动保障监察大队　　　　洪智伟

临海市劳动保障监察大队　　　　黄国清

温岭市劳动保障监察大队　　　　叶玲军

玉环市劳动保障监察大队　　　　罗　将

仙居县劳动保障监察大队　　　　李锋华

2. 全省劳动人事争议仲裁员练兵比武最佳仲裁员

温岭市人力资源和社会保障局　　蔡灵巧

3. 2020 年度调解仲裁案件处理工作成绩突出仲裁员

台州市椒江区劳动人事争议仲裁委员会

应建新

台州市黄岩区劳动人事争议仲裁委员会

徐　靓

台州市路桥区劳动人事争议仲裁委员会

叶志勇

临海市劳动人事争议仲裁委员会　郑　喆

温岭市劳动人事争议仲裁委员会　王若谷

玉环市劳动人事争议仲裁委员会　黄　山

天台县劳动人事争议仲裁委员会　潘哲锋

仙居县劳动人事争议仲裁委员会　泮　洁

三门县劳动人事争议仲裁委员会　任文晖

4. 浙江省优秀共产党员

黄岩区人力社保局　　　　　　　周家璇

5. 浙江省东西部扶贫"突出贡献奖"

台州市人力资源和社会保障局　　张　丹

6. 平安护航新中国成立 70 周年工作先进个人

台州市人力资源和社会保障局　　孙　健

7. 2020 年度调解仲裁案件处理工作成绩突出调解员

台州市总工会职工服务中心　　　黄军辉

台州市椒江区海门街道劳动人事争议调解中心　　　　　　　　　　　吴志刚

台州市黄岩区西城街道劳动人事争议调解中心　　　　　　　　　　　朱卫国

台州市路桥区金清镇劳动人事争议调解中心

宋国光

临海市杜桥镇劳动人事争议调解中心

黄元荣

浙江头门港经济开发区管委会劳动人事争
议调解中心　　　　　　　　葛建能
温岭市城西街道劳动人事争议调解中心
　　　　　　　　　　　　　杨良友
玉环市清港镇劳动人事争议调解中心
　　　　　　　　　　　　　王维鹏
天台县坦头镇劳动人事争议调解中心
　　　　　　　　　　　　　杨国保
仙居县下各镇劳动人事争议调解中心
　　　　　　　　　　　　　潘建平
三门县经济开发区管委会劳动人事争议调
解中心　　　　　　　　　　叶晓声
三门县浦坝港镇劳动人事争议调解中心
　　　　　　　　　　　　　叶　翔
8. 劳动保障监察业务能手
玉环市人力资源和社会保障局　　罗　将
9. 2020 年度省春运工作中成绩突出个人
台州市人力资源和社会保障局　　张　丹
　　　　　　　　　　　　　（王威腾）

# 丽水市

【城乡就业】　全市城镇新增就业 32669 人，完成目标任务 130.68%；城镇登记失业率 1.65%，控制在 3% 的目标之内。大力促进城乡居民增收，城镇常住居民人均可支配收入 48532 元，同比增长 4.5%，增速居全省第四位。提交市政府调整联席会议制度为成立就业创业工作领导小组，提请召开三次领导小组会议，研究部署稳就业保民生工作。提请丽水市人民政府出台《关于进一步做好稳就业工作的若干意见》（丽政办发〔2020〕35 号），从积极稳定就业岗位、引导高校毕业生到基层就业、鼓励创业和灵活

就业、强化就业服务和就业帮扶 4 个方面，全面落实党中央、国务院和省政府关于稳就业工作的决策部署。市人力资源和社会保障局与市财政局联合出台《丽水市本级落实稳就业相关政策实施细则》（丽人社〔2020〕99 号），明确申报对象、申报条件、补助标准、申请材料、办理流程，确保各项就业创业政策全面落实。市人力资源和社会保障局联合市财政局出台《关于贯彻落实扩大失业保险保障范围有关政策的通知》（丽人社〔2020〕87 号），明确了失业补助金领取人员范围和发放标准。市人力资源和社会保障局出台《关于进一步规范丽水市本级创业培训补贴工作的通知》（丽人社〔2020〕95 号），对创业培训补贴对象、培训项目、补贴标准和补贴方式等方面进行细化。市人力资源和社会保障局联合市民政局、市商务局、市农业农村局印发《养老、家政服务和现代农业企业创业就业补贴实施细则（试行）》，进一步明确养老、家政服务和现代农业企业创业就业补贴申领条件、流程，确保政策落实到位。

落实稳岗政策，扎实做好失业保险稳岗返还工作，全市兑现失业保险稳岗返还资金 2.4 亿元，惠及企业 1.48 万家、职工 29.3 万人，其中市区返还 1.034 亿元。继续实施失业保险单位缴费比例下调政策，失业保险单位费率由 1% 降为 0.5%，个人费率仍按 0.5% 执行，全年全市减征企业失业保险费 1.62 亿元。　将服务企业用工摆在突出位置，共组织各类招聘活动 175 场，提供招聘岗位 8.3 万余个，达成意向数 2.4 万余人。举办"相约周末·人力资源夜市专场招聘会暨局长服务之夜，推进人社服务进广场、进园区、进院校、进社区，活动组织招聘单位 40 余家，提供岗位 837 个，共有

近 2000 名求职者入场求职，达成就业意向 202 人。推出丽水市首个网红创客线上训练营，累计举办创业培训 112 场，培训人员 6685 人，举办返乡入乡合作创业带头人培训班 83 班次。提出创制的地方标准《家政服务机构运营管理规范》和《家政服务员岗位通用要求》正式发布，弥补了我市家政服务行业地方标准的空白。

把高校毕业生等青年就业作为重中之重，促进高校毕业生多渠道就业。年内共对 3696 名高校毕业生进行精准帮扶，期末共有 698 个高校毕业生见习基地 2893 个见习岗位，在岗见习 1238 人。提请丽水市人民政府出台《丽水市零就业家庭"清零行动"实施方案》，将农村符合条件的低收入家庭列入清零计划，完成符合"零就业家庭"认定条件的 63 户 66 人帮扶工作。持续开展公益性岗位托底安置工作，2020 年年底全市有公益性岗位 1902 个，在岗人员 1511 人，其中社区（村）公益性岗位 1752 个，在岗低收入农户成员和就业困难人员 1374 人。全市新认定高质量就业社区（村）309 个，累计建成高质量就业社区（村）634 个。

落实各类创业扶持政策，新增创业担保贷款 10244 万元，同比增长 24.52%。连续六年举办"奇思妙想，创赢绿谷"创业创新大赛，第四届"中国创翼"创业创新大赛丽水市选拔赛暨 2020 年丽水市"奇思妙想 创赢绿谷"创业创新大赛，全市共 196 个项目参赛，线上路演累计观看人数超 160 万人次。举办"丽创荟"创业云讲堂——网红创客系列讲座，活动累计受众超过 30 万人次。抢抓地摊经济热潮，推出"丽创荟"创业集市，累计销售额突破 200 万元，直播、宣传受众突破 600 万人次。积极推进创业孵化载体建设，目前全市认定创业园 21 个，在

孵创业实体 1111 家，带动就业 6934 人。开展"创业绿谷 乐业丽水"创业孵化服务系列活动 65 场，累计服务 1.8 万人次。积极延伸高校服务触角，在丽高校均成功挂牌高校创业指导站及市本级创业园，连续合作举办 11 届职业生涯规划和创业大赛。提升"丽水超市"品牌，依托浙江省创业精准服务活动，组织人员赴金华、台州等地超市开展精准服务活动，累计线下服务超过 500 人。积极筹建"丽水市商超联合会"，受理 1940 名丽水超市从业者入会申请，涉及超市实体超过 5135 家。研究制定《丽水超市产业转型提质工作方案》，编制《丽水市超市业态（创业创新）发展分析报告》。成功与阿里巴巴签订了打造"中国超市创业之乡"合作协议，推动 2091 家丽水超市完成数字化转型，实现回流资金至丽水金融机构约 18 亿元。

【社会保险参保情况】 市人力资源和社会保障局加大对灵活就业人员、城乡居民等重点人群的政策宣传，分类精准施策，促进职工和城乡居民全面持续参保。全市养老保险参保人数 198.87 万人，较 2019 年末新增 12.94 万人，参保率达到 99.12%；工伤保险参保人数 78.39 万人，净增 19.06 万人；失业保险参保人数 30.66 万人。全市失地农民基本生活保障参保人数 2.5 万人，共办理征地保障转保职工养老 1.34 万人。

【社会保险政策】 丽水市人力资源和社会保障局、市财政局印发《关于调整市区被征地农民基本生活保障金标准的通知》（丽人社〔2020〕121 号）决定从 2020 年 8 月 1 日起，市区总体规划用地范围内的被征地农民基本生活保障金标准

调整为：一档 510 元／月，二档 680 元／月，三档 850 元／月。完成企业退休人员基本养老金调整工作，实现企业退休人员待遇十六连涨。印发《关于 2020 年提高城乡居民基本养老保险基础养老金最低标准的通知》（丽人社〔2020〕175 号），自 2020 年 1 月 1 日起，全市城乡居民基本养老保险基础养老金最低标准从每人每月 155 元提高至每人每月 180 元，65 周岁及以上参保城乡老年居民在基础养老金最低标准上每人每月再增加 5 元。落实阶段性减免企业社会保险费政策，全市减免社保费 15.18 亿元，失业保险稳岗返还 2.4 亿元，降低失业保险费率 1.6 亿元，降低工伤费率 0.3 亿元，累计为企业减负 19.48 亿元。2020 年 12 月 20 日，丽水市人力资源和社会保障局、丽水市财政局、丽水市自然资源和规划局、国家税务总局丽水市税务局联合印发《关于进一步做好被征地农民参加基本养老保险有关工作的实施意见》（丽人社〔2020〕178 号），对我市被征农民参加基本养老保险进行进一步规范。

【社会保险经办管理】 市人力资源和社会保障局大力推进社保数据和经办系统省级集中，1 月初，在全省率先实现城乡居民养老保险系统省级集中。6 月底，第一批实现企业职工养老保险业务系统省级集中。完成社保扶贫工作，全面推进全市贫困人口参保、政府代缴和待遇支付，实现所有符合条件的低保、特困人员应保尽保、应发尽发。开展国有企业离退休人员社会化管理工作。研究制定国有企业离退休人员社会化管理经办流程，落实央属、省属国有企业人员移交工作。全市共 99 家央属、省属企业 2499 名退休人员纳入当地社会化管理。推行网上办、

预约办、延期办以及钉钉微信帮办等便民服务方式，多种渠道为参保单位及群众提供社保服务，确保疫情防控期间安全、有序、平稳开展社保经办工作。推动社保经办业务向基层平台延伸，80% 以上社保"最多跑一次"事项实现"就近跑一次"服务延伸，58 项社保业务服务延伸至全市 173 个乡镇（街道）、258 个银行服务网点。开展工伤保险待遇先行支付调研工作，梳理并规范因第三人原因造成工伤的直接支付业务流程。落实被征地农民参加基本养老保险经办工作，并顺利完成待遇发放，实现了 1635 名重点人员、17523 名完善人员的政策和业务调整两个百分之百。共完成劳动能力鉴定 17 批次，面检鉴定 3970 人，同比减少 6%。社保卡持卡人数 282 万余人，新增持卡人数 11 万人，发行电子社保卡 108 万张，建成电子社保卡应用支撑平台，实现利用电子社保卡在全市 1000 余家医保协议药店扫码购药，在乡镇卫生院电子社保卡扫码就医，在人社服务窗口使用电子社保卡扫码办事。并上线了凭社保卡（电子社保卡）全市 4 家图书馆借阅图书的社会保障卡新功能，根据省厅统一部署获人社部批准准予发行加载交通功能的第三代社保卡。通过内部机制的建立健全，进一步提升了社保卡的社会服务能力。

【社会保险基金监督】 组织开展基金疑点信息专项核查、全市企业职工基本养老保险提前退休问题专项核查、全市社会保险经办人员亲属参保及待遇领取情况核查和全市失业保险基金管理内控专项检查，及时跟踪督促专项检查发现问题的整改落实。组织开展了社保基金取消现金业务、取消手工办理、取消社银手工报盘的"三个全面取消"自查整改工作，进一步堵塞

了基金管理漏洞。开展了失业保险基金管理内控第三方审计工作。严格按照要情报告制度做好基金要情的上报，丽水全市共上报要情48起48人，涉及金额111.83万元。

**【人才引进与开发】** 出台《关于加强引进高校毕业生工作的若干意见》（丽政办发〔2020〕78号），提出人才住房保障、交流招聘、实习训练、典型选树等举措，力度之大前所未有。根据《丽水市138人才工程（2011—2020年）实施意见》（丽委办〔2011〕113号）、《市委人才科技工作领导小组2020年工作要点》（丽委人〔2020〕1号）、市委组织部等3部门《关于印发〈进一步激励关爱一线党员干部和医务工作者在疫情防控中担当作为的十条举措〉的通知》（丽组〔2020〕1号）、市委组织部《关于进一步做好疫情防控期间全市人才工作的通知》精神，加大对疫情防控一线卫技人才激励力度，会同市委人才办、市卫健委开展面向援鄂一线卫技人员专项选拔138人才工程培养人员，宋晶晶等5人、杨燕等15人分别入选市138人才工程第一、第二层次培养人员，把对援鄂医护人员的关怀落到实处。对246名市138人才工程培养人员开展跟踪考核及综合考核评估。我市推荐的纪建松博士入选2020年百千万人才工程国家级人选名单，这是我市专家首次在该项国家级人才项目上取得荣誉。举办第三批重点企业技术创新团队建设情况年度汇报会，10家重点企业技术创新团队的企业负责人和团队带头人就建设任务、创新成果、人才队伍建设、资助资金使用等内容作汇报和交流。2020年市"138"人才高级研修班在浙江大学华家池校区举行，全市49位培养管理期内的省"151"人才工程和市"138"人才工程培养人员参加研修。举办丽水市人力资源服务业人才高级研修班、丽水市企业人力资源经理高级研修班。开展精准服务企业专项行动，实施"强供给优服务助企业"专项行动。丽水人力资源服务产业园于12月11日正式揭牌开园，实现我市人力资源服务产业园零的突破。省人力社保厅发布《2020浙江省人力资源服务业发展白皮书》，来自青田县的浙江邦芒实业有限公司荣登2019年度浙江省人力资源服务机构综合100强榜单，我市首次有人力资源服务企业入围全省百强。另有6家机构分别入围劳务派遣100强以及助力脱贫攻坚、人事档案服务榜单。在上半年疫情防控期间，组织发动人力资源服务机构开展助力企业复工复产线上调查活动，为企业复工复产提供有效的人力资源服务供给。

丽水市推进人才创新创业全周期"一件事"改革，推出"智汇丽水，'码'上服务"丽水人才码集成专属服务。10月，在第九届"智汇丽水"人才科技峰会开幕之际，"浙里办"App正式上线。流动人员人事档案综合服务政务2.0上线，实现一网办理一网办结，网办率100%。举办首届"千企万岗"全国大学生双选会（丽水），是丽水市首次大规模、有组织、多批次地把各高校人才组织到丽水开展现场招聘活动，浙江日报头版、学习强国作专门报道。丽水市与黑龙江东方学院、西北师范大学等4所重点高校签订或续签"人才金桥"合作协议，与甘肃省人力资源市场、陕西省人才交流服务中心等3家知名人才服务机构建立"人才金桥"合作关系。组织开展甘肃兰州专场招聘会、贵州大学校园招聘等线下招聘活动274场次；举办丽水百校百城云聘直通车、智汇丽水·千企万岗大型人才等网络招聘会319场次，全年引进各类人才24190人，完成年度任务数155%。丽水市进一步拓展人才交流合作平台，举办第二届全国"绿水青山就是金山银山"发展人才论坛，促成中国人才交流协会与中国（丽水）两山学院签订"绿水青山就是金山银山"发展人才战略合作框架协议。丽水市在第九届全国中小城市人才服务工作座谈会交流发言，配合推进人力资源服务产业园开园。完成2020年高层次人才健康体检、购房补贴、大学生租房补贴等一系列政策审核兑现共2091.98万元。举办丽水市高级人才联合会2020年上半年工作总结会暨专家服务百山祖国家公园建设专题研讨活动、第二届人才趣味运动会、引进人才代表"迎中秋庆国庆"茶话会等各类高层次人才活动20余场，营造丽水市人才工作良好氛围。

**【专业技术和留学人员管理】** 深化"双百"人才计划并出台实施意见，选派"百博入百企"第五批挂职人才52人到52家企业挂职，选派"百博入乡镇"首批挂职博士专家12人到12个乡镇，围绕美丽乡村建设、农文旅融合、中药材康养产业、文化挖掘传承等项目挂职服务。"双百"工作在《中国组织人事报》、省《党建好声音》等主流媒体和栏目上进行广泛宣传报道。开展博士后提质增效行动，新建成国家级博士后工作站3家、省级博士后工作站6家，招收博士后11人，获批省级博士后科研项目择优资助3项。完成博士后工作站设站指引目录编制工作，制定《博士后工作站考核办法》并开展博士后工作站考核，考核优秀11家、良好10家、合格2家、限期整改2家。编制博士后工作站设站指引目录和博士后工作站考核两

项工作均为全省地市级首次开展，得到省人力社保厅高度认可，对调动博士后创新创业积极性，推进我市博士后工作健康发展具有里程碑意义。开展省级专家服务丽水"一带三区"建设活动，全程做好省卫生、教育、农林、文旅、制造业等领域省级专家20人来丽服务活动的组织和保障工作，共举办专题讲座5场，座谈交流近10多次，技术指导80余次，医患交流400多人次。

进一步深化职称制度改革，全市取得职称资格12423人，其中，高级1290人，中级4533人，初级6600人。增设自然资源中评委会，开展三年任期的专家库调整优化工作，开展省级职称申报与评审系统培训，并使用系统按计划推进各系列职称评审和大中专毕业生初定工作。先行先试养老服务领域专业技术人才评定机制，出台《丽水市养老服务领域专业技术人才评定管理办法（试行）》，制定评价标准并组建专家库，推进养老服务领域专技术人才培育。做好疫情防控一线人员职称评聘工作，将疫情防控一线工作情况纳入职称评价量化考核指标予以加分，未实行量化考核的予以优先评定。开展年度职称改革督查复审工作，以单位自查、行业巡查和重点抽查相结合的复审方式，对青田县、松阳县、景宁县的卫生、教育中评委和自主评聘单位，以及市文广旅体、市林业工程中评委进行重点检查，全面完成职称制度改革督查复审工作。出台《丽水市专业技术人员继续教育学时制管理实施办法》，完成"丽水市专业技术人员继续教育学时制管理平台"优化升级工作，并与省继续教育系统无缝对接。组织开展省、市级现代服务业和专业技术人员高级研修班申报遴选工作，获批入选省

级高研班 12 个，其中现代服务业高研班省级资助 2 个、专业技术人员高研班省级一般资助 2 个、自筹 8 个，遴选市级高研班 9 个。

**【职业能力建设】** 丽水市人力资源和社会保障局以"稳就业、广扶持、促提升、抓实效"为导向，以"金蓝领"职业技能提升行动为抓手，大规模开展职业培训，着力培养一支知识型、技能型、创新型技能人才队伍，全年开展职业技能培训 46085 人次，使用职业技能提升行动专项资金 13071.88 万元，培养高技能人才 3165 人，组织技能鉴定 18378 人次；应对疫情和发展需求，探索开展"互联网+"职业技能线上培训工作，疫情期间共对 15 家企业 780 名员工开展了职业技能线上培训，探索线上线下学分互通的职业技能线上培训平台备案工作，2 家培训机构的线上培训平台通过备案，并运用相关平台对 1796 人次开展了约 60266 课时的职业技能线上培训；开展企业以工代训，助力企业稳岗和员工技能提升，共对全市 12202 家企业 129847 名员工开展了企业以工代训补贴工作。组织各类职业技能竞赛，以赛促训培育高技能人才，主办了第二届"绿谷工匠"职业技能大赛，培育了 9 名丽水市首席技师，42 名丽水市技术能手，93 名"绿谷工匠"，以及一批 35 周岁以下的"丽水市青年岗位能手"和一批"丽水市巾帼建功标兵"。实施高技能人才建设项目，建成 2 家省级技能大师工作室，10 家丽水市技能大师工作室。会同鉴定中心开展职业技能等级认定工作和职业技能直接认定工作。加大技工院校建设力度，丽水技师学院成功招商并申请筹建，龙泉市青瓷宝剑技师学院顺利摘筹。

**【事业单位人事管理】** 完成贯穿公开招聘、岗位变动、人员交流、解除、开除等 7 个事业单位工作人员职业生涯"一件事"改革，覆盖全市 2700 余家事业单位，54000 余名事业单位工作人员。首次组织开展 2020 年度全市中小学教师专业技术二级、三级岗位评审工作，推荐人选 5 名，其中二级岗 1 名、三级岗 4 名；完成事业单位岗位聘用变动（晋升）审核工作，共审核岗位变动 210 批次，涉及 1312 人。全市共招聘事业单位工作人员 2466 名。根据市委深化改革领导小组要求，做好机构改革人员转隶工作，完成市直 210 家事业单位，共 1905 人的转隶入岗审核；完成农业农村局、体育中心、气象局、民政局等 160 余家下属事业单位的岗位设置调整工作。2020 年，市人力资源和社会保障局组织实施人事考试 63 场，应考人数 48607 人，查处考试违纪违规人员 2 人，其中纳入浙江人事考试网诚信记录 9 人。联合标准化研究专业机构，完成公务员考录规范化标准化试点。完善人事考试考官库信息化管理项目，实现考官抽取、短信电话通知等环节的电子化运作。制定发布《公务员考试录用管理工作规范》，依托浙江省人事考试报名系统，启用人事考试报名平台系统，为考生提供更为高效、方便、快捷的报名服务。

**【工资福利】** 丽水市人力资源和社会保障局制定出台《丽水市本级机关事业单位工资统发"一件事"实施方案》，将市本级机关事业单位、市人力资源和社会保障局、市财政局、代发银行涉及的所有业务合并为"一件事"，实现一站式联办、一体化服务、一次提交、零次跑动改革目标。完成非营利性服务业劳动工资总额半年度增幅阶段性目标任务，丽水市 2020 年非营利性服务业工资总额增长 18.3%，位列全省第一。完成市直机关事业单位 2019 年度综合目标考核奖金发放工作，提高市本级事业单位人员年度考核奖和月度考核奖人均水平，实现事业单位人员年度绩效考核奖金人均水平与机关工作人员基本持平。会同市卫生健康委、市财政局按政策为全市援鄂医疗队员、援疆医疗队员和疫情防控一线医务人员发放临时性工作补助，并为市本级在疫情防控工作中做出较大贡献的医疗卫生单位核增一次性绩效工资总量。核定完成 5 家公立医院 2018 年度和 2019 年度薪酬总量。完成全市 245 人"抗美援朝志愿军出国作战 70 周年"纪念章颁发工作。完成 2020 年度市、县评比表彰和通报表扬申报项目审核、推荐、上报工作，开展纪检监察机关审查调查一体化工作等 9 个行政奖励，共记功嘉奖集体 35 个、记功嘉奖个人 337 人。

【劳动关系】 召开全市劳动关系工作座谈会，分析研判疫情期间劳动关系。组建由劳动关系、监察、仲裁等骨干组成的专业帮扶队伍，为企业解决劳动关系问题提供统一的政策解读和对口帮扶。制定规模性裁员应急处置预案，妥善处置 3 起用人单位裁员事件，涉及劳动者 100人。举办全市首届劳动关系协调员高级研修班，培养高素质劳动关系协调人才。制定技术工人工资集体协商工作手册，实现全市省级以上和谐企业技术工人工资集体协商工作全覆盖。开展企业构建和谐劳动关系诊断评估试点工作，市本级和莲都区共 10 家企业参加和谐劳动关系诊断评估。积极组织推荐我市农民工参加全国优秀农民工评选活动，金林凤、柏友周、周

春芳、季加贵等 4 人被国务院农民工工作领导小组授予"全国优秀农民工"荣誉称号。发布 2020 年全市人力资源市场工资指导价位，各县（市、区）同时发布当地主导及特色产业相关岗位工资指导价位，使工资指导价位更符合丽水经济的实际。2020 年，全市许可 103 家企业实行特殊工时制度，有 3 家外商投资企业实行特殊工时审批清单式管理。召开全市国有企业工资决定机制改革动员会，全面推进国有企业工资决定机制改革，完成市管企业负责人 2019 年度薪酬兑现和市属国企 2019 年度工资总额清算工作。

【劳动保障监察】 市劳动保障监察支队围绕根治欠薪总目标，全面推进"丽水无欠薪"行动，缙云、松阳、庆元和丽水开发区 4 地通过"无欠薪"县（市、区）验收，实现"无欠薪"县（市、区）全覆盖。全市劳动保障监察机构共主动巡查用人单位 5206 户，办理各类欠薪案件 478 件，涉及人数 1762 人，清欠金额 2463.24 万元；办理行政处罚案件 32 起，罚没金额 18.8 万元；参与 110 应急联动出警 393 起；向公安机关移送拒不支付劳动报酬案件 9 起；向社会公布重大违法案件 11 起，纳入黑名单惩戒 7 起。开展清理整顿人力资源市场秩序、交叉执法检查、根治欠薪夏季行动和冬季专项行动，期间对辖区内重点企业和在建项目实行了全覆盖实地检查。全面畅通维权渠道，加强欠薪隐患排查，及时查处欠薪案件，对已查办督办结案的欠薪案件和历史存量欠薪案件开展"回头看"，督促巩固"无欠薪"创建成果，达到"三查两清零"目标。组织多部门开展了劳资纠纷突发群体性事件应急演练，组织召开根治欠薪

冬季专项行动调度视频会议，顺利完成"两节"等关键节点的治欠保支维稳任务。全面贯彻落实《保障农民工工资支付条例》，组织召开《保障农民工工资支付条例》专题培训会，组织开展建设领域劳资专管员培训。申报《工程建设项目劳动者工资支付管理规范》地方标准，经过调研起草、立项论证、征求意见、审评、报批和公示等环节，已成功发布。推进浙江省企业工资支付监管系统应用，举办浙江省工资支付监管平台系统培训班，做全做实做细实名制和考勤信息等各项制度，推进线上发薪和六项制度落实。推进基层全口径应用劳动纠纷治理一体化经办平台，提升劳动纠纷化解能力。提升"互联网＋监管"及"掌上执法"覆盖率，完成双随机年度抽查计划。

【调解仲裁】 丽水市劳动人事争议仲裁院作为第一批列入全省"建标准院、开标准庭、办标准案"的"三标"试点单位。自开展试点工作以来，牢牢把握"机构设置科学、工作制度完善、保障措施有力、案件处理规范、专业化水平高的劳动人事争议仲裁院建设标准"核心目标，紧盯"化解争议"指针导向，多方运用"互联网＋调解仲裁"手段，打造"三标"劳动人事争议仲裁院建设，努力实现劳动争议当事人合法权益"双维护"，跑出新形势下劳动维权"加速度"。丽水市劳动人事争议仲裁院通过省级"三标"仲裁院验收。全市立案受理劳动人事争议案件1760件，上期末累计未结案件133件，当期审结1859件，结案率为98.2%，调解结案1596件，调解率为85.8%，结案金额6571.01万元。丽水市莲都区人民法院在市仲裁院劳动人事争议巡回庭挂牌成立，巡回庭的设立有利于进一步密切区法院与仲裁院的沟通交流，极大方便当事人参与诉讼，快速处理劳动争议案件，扩大法制宣传效果，发挥司法指引作用，切实保障劳动者和企业的合法权益。加强长江三角地区劳动人事争议调解仲裁合作，长三角区域（奉贤—常州—丽水—六安）四地进行劳动人事争议调解仲裁工作战略合作签约仪式活动。丽水市劳动人事争议仲裁院获全省劳动人事争议仲裁练兵比武团体优胜奖、优秀案例奖、最佳仲裁员奖，丽水市劳动人事争议仲裁院获全省劳动人事争议"互联网＋调解仲裁"成绩突出单位，全市8名仲裁员、8名调解员获全省优秀仲裁员和优秀调解员称号。

【信息化建设】 "就业创业码"试点和网络信息安全指数试点2个项目列入并通过省人力社保厅竞争性改革试点验收，其中"就业创业码"项目被评为试点优秀项目。"就业创业码"试点上线7大类80项人社服务事项，开设政务服务网人社专区、打通"掌上人社"接口、对接"企业码"、"智慧工地"等其他部门应用系统。网络信息安全指数试点完成市本级、青田、庆元专网安全管控试点工作，同时完成全市专网安全管控体系建设，实现与省厅建立市、县三级联动。机关内部"最多跑一次"连续两年作为全省人力社保系统改革试点，全省率先完成事业单位工作人员职业生涯 7 个"一件事"改革，获得冯飞常务副省长、鲁俊厅长和市委胡海峰书记等领导批示肯定。完成政务 2.0 半管控事项 18 项的开发、政务 2.0 窗口端系统适配工作、大厅实现政务 2.0 窗口端系统收件，推进数据共享，依托"全域一证通办"系统，累计调用共享接口 12 万余次。大力推进人社业务系统省集中建设。1 月初，率先实现城乡居民养老保险系统省级集中；6 月底，第一批实现就业社保业务系统省级集中、人事工资系统省级集中、工伤管理信息系统省级集中。上线电子社保卡，全市卫生机构 1646 个（含村卫生室、诊所）电子社保卡使用 17.4 万人次，窗口柜台业务办理 1.3 万人次，浙理办调用量 5321 人次，为 10.3 万人提供 210.6 万人次打卡服务。开展继续教育学时管理建设，完成注册专技人员 2471 人，已登记总学时 5.6 学时。归集全市继续教育学时，市人力资源综合服务平台 10.3 万条、省继续教育移动学习平台丽水专区 1270 条、建设行业 8795 条，向省专业技术人员继续教育学时登记管理系统推送学时数据 9014 条。加强网络与信息安全相关制度落实，定期开展网络及系统安全应急演练。完成信息系统、网络和集成平台等级保护测评工作。全年处理全市业务需求 7105 份，解决各类信息系统业务和数据需求单 7056 份，全年 365 天全天 24 小时不间断提供运维服务。

【对口支援和结对帮扶】 丽水市人力资源和社会保障局以"搭建供需平台、促进就业脱贫"为主题，围绕"突出特色、发挥优势、精准对接"目标要求，4 月、11 月，先后 2 次到四川巴中、广元举办东西部扶贫劳务协作系列招聘活动，共组织 282 家用工企业参加招聘，推出就业岗位 10700 余个，入场求职人员 15000 余人，其中贫困劳动力 1700 余人，现场达成意向性协议 1500 余人。现场提供职业指导服务、岗位信息、岗位推荐、就业创业培训报名、就业政策咨询等政策宣传，咨询服务 6000 余人次，发放政策宣传资料 2 万余份。开展 2020 年东西部扶贫劳务协作建档立卡贫困人员在浙江省就业情况核实工作，在全省率先完成 22 个中西部省份建档立卡人员信息核查工作，完善到丽水就业贫困人员信息 6000 余人，新增建档立卡人员到丽水就业 5145 人。

【获省级以上荣誉】

## 荣誉集体

1. 2019—2020 度《中国劳动保障报》新闻宣传做得好单位

丽水市人力资源和社会保障局

2. 2020 年全国清理整顿人力资源市场秩序专项执法行动取得突出成绩单位

丽水市劳动保障监察支队

3. 第四届"中国创翼"创业创新大赛浙江省总决赛优秀组织奖

丽水市人力资源和社会保障局

4. 浙江省无欠薪县（市、区）建设工作先进集体

丽水市人力资源和社会保障局

云和县人力资源和社会保障局

5. 浙江省 2020 年度调解仲裁案件处理工作成绩突出单位

莲都区人力资源和社会保障局

云和县人力资源和社会保障局

缙云县人力资源和社会保障局

6. 浙江省 2020 年度"互联网 + 调解仲裁"成绩突出仲裁院

丽水市劳动人事争议仲裁院

庆元县劳动人事争议仲裁院

7. 浙江省 2020 年度劳动人事争议案件处理成绩突出基层调解组织

龙泉市兰巨乡劳动人事争议调解中心

景宁畲族自治县雁溪乡劳动人事争议调解
中心

起步股份有限公司

遂昌县妙高街道劳动人事争议调解中心

## 荣誉个人

1.2020年度全国人社窗口单位业务技能练
兵比武个人一等奖

| | |
|---|---|
| 云和县人力社保局 | 朱美云 |
| 松阳县就业管理服务处 | 潘武军 |
| 松阳县社会保险事业服务中心 | 罗倩玲 |
| 庆元县乡镇社会保障服务所 | 李彦觊 |
| 庆元县人力社保局 | 练正健 |
| 庆元县人力社保局 | 郑丽娜 |
| 庆元县人力社保局 | 胡宾丽 |
| 庆元县乡镇社会保障服务所 | 李丹阳 |
| 庆元县人力社保局 | 吴倩男 |

2.2020年度全国人社窗口单位业务技能练
兵比武"岗位练兵明星"

| | |
|---|---|
| 丽水市就业服务中心 | 吴松平 |
| 松阳县就业管理服务处 | 潘武军 |
| 松阳县社会保险事业服务中心 | 罗倩玲 |
| 庆元县人力社保局 | 胡宾丽 |

| | |
|---|---|
| 庆元县人力社保局 | 刘承红 |
| 庆元县人力社保局 | 练正健 |
| 庆元县人力社保局 | 吴倩男 |
| 庆元县乡镇社会保障服务所 | 李丹阳 |
| 庆元县乡镇社会保障服务所 | 李彦觊 |

3. 浙江省"无欠薪"县（市、区）创建先进
个人

| | |
|---|---|
| 缙云县人力社保局 | 楼培军 |
| 松阳县人力社保局 | 李万君 |
| 景宁县人力社保局 | 董王炜 |
| 遂昌县人力社保局 | 郑夏晖 |
| 莲都区人力社保局 | 徐策 |
| 青田县人力社保局 | 吴冬梅 |

4. 浙江省2020年度劳动人事争议案件处理
成绩突出仲裁员

| | |
|---|---|
| 丽水市劳动人事争议仲裁委员会 | 陶侃 |
| 丽水市劳动人事争议仲裁委员会 | 刘敏锋 |
| 莲都区劳动人事争议仲裁委员会 | 吴凌芳 |
| 龙泉市劳动人事争议仲裁委员会 | 王俞 |
| 青田县劳动人事争议仲裁委员会 | 刘璇 |
| 云和县劳动人事争议仲裁委员会 | 朱美云 |
| 松阳县劳动人事争议仲裁委员会 | 李冬梅 |
| 庆元县劳动人事争议仲裁委员会 | 李俊瑶 |

（吴松平）

# 重要文件选载

# 中共浙江省委组织部　浙江省人力资源和社会保障厅关于贯彻落实事业单位工作人员奖励规定有关问题的通知

浙人社发〔2020〕1号

各市、县（市、区）党委组织部、政府人力资源和社会保障局，省直属各单位党委（党组）：

根据《中共中央组织部　人力资源社会保障部关于印发〈事业单位工作人员奖励规定〉的通知》（人社部规〔2018〕4号）精神，结合我省实际，现就贯彻落实《事业单位工作人员奖励规定》有关问题通知如下：

## 一、关于奖励的权限

（一）嘉奖。省和设区市党委、政府直属事业单位，由本单位按干部人事管理权限作出。省和设区市部门所属事业单位，由本单位或者主管部门按干部人事管理权限作出。县（市、区）属事业单位由主管部门按隶属关系报县级事业单位人事综合管理部门批准后作出。

（二）记功。省委、省政府直属事业单位由本单位按干部人事管理权限作出，部门所属事业单位由主管部门按干部人事管理权限作出。设区市党委、政府直属事业单位和部门所属事业单位按隶属关系报市级事业单位人事综合管

理部门批准并作出。县（市、区）属事业单位按隶属关系经主管部门、县级事业单位人事综合管理部门审核推荐后，报市级事业单位人事综合管理部门批准并作出。

（三）记大功。省属事业单位经主管部门审核推荐后，报省级事业单位人事综合管理部门批准并作出。各市、县（市、区）属事业单位按隶属关系逐级上报，经市级事业单位人事综合管理部门审核推荐后，报省级事业单位人事综合管理部门批准并作出。

对各级党委、政府直属事业单位的集体奖励，须报同级党委、政府批准。

## 二、关于奖励的比例

（一）定期奖励的比例（名额），由奖励决定单位结合事业单位数量、人员规模、职责任务、工作绩效等因素统筹确定。给予工作人员嘉奖、记功，一般分别不超过工作人员总数的20%、2%。事业单位整体表现突出，定期奖励获得集体嘉奖的，其工作人员嘉奖比例一般不

超过 22%；定期奖励获得集体记功及以上奖励，或连续 2 年及以上获得集体嘉奖的，其工作人员嘉奖比例一般不超过 25%。

工作人员较少的事业单位，奖励比例（名额）确定有困难的，可由上级主管部门或者同级事业单位人事综合管理部门集中调控、统筹使用。

（二）及时奖励的比例（名额）由奖励决定单位依据奖励权限，结合拟奖励对象（范围）、成绩贡献和实际需要，参照定期奖励比例（名额）确定。

（三）经组织批准参加对口支援合作、东西部扶贫协作、挂职锻炼和离岗创业创新一年以上的事业单位工作人员，不占用所在单位奖励比例（名额）。

## 三、关于奖励的实施

（一）对获得奖励的事业单位工作人员给予一次性奖金，奖金标准为嘉奖 1500 元、记功 3000 元、记大功 6000 元。各地各单位要在工作、生活上对获奖人员给予关心关怀，对获得记功及以上奖励人员可组织健康体检、疗休养等活动，激励其保持荣誉、再创佳绩。

（二）定期奖励一般结合年度考核、聘（任）期考核等工作进行。事业单位工作人员年度考核被确定为优秀档次的，一般应给予嘉奖。定期奖励的奖金，由所在事业单位发放。

（三）及时奖励一般由主管部门或者党委、政府直属事业单位提出奖励方案和拟奖励名单，按奖励权限报相应的事业单位人事综合管理部门同意后组织实施。必要时，事业单位人事综合管理部门可根据同级党委、政府或者上级事

业单位人事综合管理部门的部署统筹开展。及时奖励的奖金，由奖励决定单位发放。

（四）对因同一事由已获得上级奖励的，下级主管部门和事业单位一般不再重复奖励。

（五）对获奖人员发放奖金所需经费，通过相关单位现有经费渠道解决，不计入所在事业单位绩效工资总额。

## 四、关于奖励的证书、奖章和奖牌

（一）奖励证书、奖章和奖牌由省委组织部、省人力社保厅监制。

（二）奖励证书、奖章和奖牌由同级事业单位人事综合管理部门统一制作，所需经费列入同级政府人力社保部门年度预算。

（三）各地制作奖励证书、奖章和奖牌的厂商，由同级事业单位人事综合管理部门按规定确定，并报省级事业单位人事综合管理部门备案。

## 五、关于奖励的备案

由事业单位或者主管部门作出的奖励，应当在作出奖励决定之日起 1 个月内，将奖励情况汇总表（表式附后）和奖励决定文件，按隶属关系报同级事业单位人事综合管理部门备案。

本通知自印发之日起实施。各地各单位在实施过程中遇到的有关问题和建议，请及时向省级事业单位人事综合管理部门反映。

中共浙江省委组织部
浙江省人力资源和社会保障厅
2020 年 1 月 6 日

附表1

## 浙江省事业单位工作人员奖励情况汇总表

填报单位（公章）：　　　　　　　　　　填报时间：　　年　月　日

| 序号 | 获得奖励的工作人员所在单位名称 | 奖励种类 | 奖励人数 | 所在事业单位聘用人数 | 奖励人数占聘用人数比例 | 奖励决定单位 | 奖励决定文号 | 作出奖励决定时间 | 备注 |
|------|------|------|------|------|------|------|------|------|------|
| 1 | | | | | | | | | |
| 2 | | | | | | | | | |
| 3 | | | | | | | | | |
| 4 | | | | | | | | | |
| 5 | | | | | | | | | |

填表人：　　　　　　　　　　　　　　联系电话：

说　明：1.奖励比例统筹使用的，应在备注栏内注明。奖励决定时间填写年月日，如：2019.09.09。

　　　　2.统计范围仅限纳入编制内管理的事业单位正式工作人员和机关工勤人员。

　　　　3.机关工勤人员所在单位名称填报所在机关，如：市XX局（机关工勤）。

附表2

<br>

## 浙江省事业单位工作人员集体奖励情况汇总表

填报单位（公章）：                                    填报时间：      年      月      日

| 序号 | 获得奖励的事业单位<br>工作人员集体名称 | 奖励种类 | 奖励决定单位 | 奖励决定<br>文号 | 作出奖励<br>决定时间 | 备注 |
|------|------|------|------|------|------|------|
| 1 |  |  |  |  |  |  |
| 2 |  |  |  |  |  |  |
| 3 |  |  |  |  |  |  |
| 4 |  |  |  |  |  |  |
| 5 |  |  |  |  |  |  |

填表人：                                    联系电话：

说　明：奖励决定时间填写年月日，如：2019.09.09。

# 浙江省人力资源和社会保障厅关于公布部分废止失效行政规范性文件目录的通知

## 浙人社发〔2020〕7号

各市、县（市、区）人力资源和社会保障局：

根据《浙江省行政规范性文件管理办法》和"最多跑一次"改革要求，省厅对 2018 年 12 月 31 日以前出台的行政规范性文件进行了清理，决定宣布废止失效行政规范性文件 67 件。现将文件目录予以公布，请做好相关文件规定的清理衔接工作。

浙江省人力资源和社会保障厅
2020 年 1 月 21 日

## 浙江省人力资源和社会保障厅部分废止失效行政规范性文件目录

| 序号 | 文 件 名 | 文 号 | 编 号 | 废止失效理由 |
|---|---|---|---|---|
| 1 | 浙江省人力资源和社会保障厅 浙江省文化厅关于印发浙江省艺术系列职称评价条件（试行）的通知 | 浙人社发〔2017〕65号 | ZJSP13-2017-0012 | 废止，已被浙文旅人〔2018〕11号文件替代。 |
| 2 | 浙江省人力资源和社会保障厅 浙江省文化厅关于印发《浙江省群众文化中、高级专业技术资格评价条件（试行）》的通知 | 浙人社发〔2015〕70号 | ZJSP13-2015-0017 | 废止，已被浙文旅人〔2018〕13号文件替代。 |
| 3 | 浙江省人力资源和社会保障厅 浙江省文化厅关于印发《浙江省文物博物中、高级专业技术资格评价条件》的通知 | 浙人社发〔2015〕157号 | ZJSP13-2015-0043 | 废止，已被浙文旅人〔2018〕12号文件替代。 |
| 4 | 浙江省人力资源和社会保障厅 浙江文化厅关于印发《浙江省图书资料中、高级专业技术资格评价条件》的通知 | 浙人社发〔2015〕156号 | ZJSP13-2015-0044 | 废止，已被浙文旅人〔2018〕14号文件代替。 |
| 5 | 浙江省人力资源和社会保障厅 浙江省发展和改革委员会转发人力资源社会保障部和国家发展改革委关于印发招标师职业资格制度暂行规定和招标师职业资格考试实施办法的通知 | 浙人社发〔2014〕84号 | ZJSP13-2014-0016 | 废止，国家已取消招标师职业资格的许可和认定。 |
| 6 | 浙江省人力资源和社会保障厅等4部门关于做好当前就业工作促进企业转型升级的意见 | 浙人社发〔2012〕317号 | ZJSP13-2012-0004 | 废止，已被浙政发〔2017〕41号等文件替代。 |
| 7 | 浙江省人力资源和社会保障厅关于印发2012年度高级专业技术资格评审计划的通知 | 浙人社发〔2012〕147号 | ZJSP13-2012-0009 | 废止，相关内容已不适应职称评审改革要求。 |
| 8 | 浙江省人力资源和社会保障厅关于印发建立企业技能人才评价标准化体系工作方案的通知 | 浙人社发〔2012〕141号 | ZJSP13-2012-0029 | 废止，已被浙人社发〔2014〕131号文件替代。 |
| 9 | 中共浙江省委组织部 浙江省人力资源和社会保障厅关于印发《浙江省事业单位专业技术二级岗位管理实施细则（试行）》的通知 | 浙人社发〔2012〕90号 | ZJSP13-2012-0054 | 废止，已被浙人社发〔2018〕114号文件替代。 |
| 10 | 浙江省人力资源和社会保障厅 浙江省经济和信息化委员会 浙江省住房和城乡建设厅关于印发《浙江省建设工程专业工程师和高级工程师资格评价条件（试行）》的通知 | 浙人社发〔2011〕275号 | ZJSP13-2011-0015 | 废止，已被浙人社发〔2018〕61号文件替代。 |
| 11 | 浙江省人力资源和社会保障厅关于印发《浙江省人事考试考务工作规程（试行）》的通知 | 浙人社发〔2011〕79号 | ZJSP13-2011-0020 | 废止，已被浙人社发〔2014〕15号文件替代。 |
| 12 | 浙江省人力资源和社会保障厅关于印发浙江省劳动保障监察行政处罚裁量权适用指导意见和适用标准的通知 | 浙人社发〔2011〕407号 | ZJSP13-2011-0055 | 废止，已被浙人社发〔2015〕150号文件替代。 |
| 13 | 关于实施高校毕业生就业推进行动大力促进高校毕业生就业的通知 | 浙人社发〔2010〕180号 | ZJSP13-2010-0003 | 废止，已被浙委办发〔2017〕46号等文件替代。 |

续表

| 序号 | 文 件 名 | 文 号 | 编 号 | 废止失效理由 |
|---|---|---|---|---|
| 14 | 浙江省人力社保厅 浙江省教育厅 浙江省科技厅 浙江省农业厅 浙江省文化厅 浙江省卫生厅 浙江省电影电视局关于印发《浙江省部分行业事业单位专业技术岗位结构比例控制标准（试行）》的通知 | 浙人社发〔2010〕165号 | ZJSP13-2010-0014 | 废止，已被浙人社发〔2014〕154号、浙人社发〔2015〕143号、浙人社发〔2016〕125号、浙人社发〔2017〕105号、浙人社发〔2017〕120号、浙人社发〔2018〕11号、浙人社发〔2019〕55号等文件替代。 |
| 15 | 浙江省人事厅 浙江省财政厅关于印发《浙江省教授级高级会计师资格评价条件（试行）》的通知 | 浙人发〔2009〕39号 | ZJSP13-2009-0008 | 废止，评价条件中部分条例不适用职称制度改革的要求和会计队伍建设发展要求。 |
| 16 | 浙江省人事厅 浙江省经贸委 浙江省水利厅关于印发《浙江省水利专业高级工程师资格考评结合工作方案（试行）》的通知 | 浙人发〔2009〕66号 | ZJSP13-2009-0009 | 废止，相关规定不符合目前职称制度改革要求。 |
| 17 | 浙江省人力资源和社会保障厅 浙江省经信委 浙江省水利厅关于印发《浙江省水利专业工程师、高级工程师资格评价条件（试行）》的通知 | 浙人社发〔2009〕187号 | ZJSP13-2009-0018 | 废止，已被浙水人〔2018〕33号文件替代。 |
| 18 | 浙江省人事厅关于印发2008年度高级专业技术资格评审计划的通知 | 浙人发〔2008〕99号 | ZJSP13-2008-0004 | 废止，相关规定不符合目前职称制度改革要求。 |
| 19 | 浙江省劳动和社会保障厅 浙江省财政厅关于印发《浙江省工伤保险储备金管理暂行办法》的通知 | 浙劳社工伤〔2008〕87号 | ZJSP13-2008-0025 | 废止，按照人社部发〔2017〕60号文件执行。 |
| 20 | 关于印发2007年度高级专业技术资格评审计划的通知 | 浙人专〔2007〕113号 | ZJSP13-2007-0011 | 废止，相关规定不符合目前职称制度改革要求。 |
| 21 | 浙江省人事厅 浙江省体育局《关于体育教练员职称外语考试有关事项的通知》 | 浙人专〔2006〕118号 | ZJSP13-2006-0007 | 废止，相关规定不符合目前职称制度改革要求。 |
| 22 | 关于进一步完善高技能人才评价工作的若干意见 | 浙劳社培〔2006〕122号 | ZJSP13-2006-0022 | 废止，相关规定已经不符合目前职业资格制度改革的要求。 |
| 23 | 浙江省劳动和社会保障厅关于用人单位向职工收取工作服费用有关问题的批复 | 浙劳社厅字〔2006〕24号 | ZJSP13-2006-0063 | 废止，根据《劳动合同法》相关规定执行。 |
| 24 | 浙江省人事厅 浙江省财政厅关于提高在浙两院院士津贴标准的通知 | 浙人专〔2005〕177号 | ZJSP13-2005-0010 | 废止，已被浙委人才〔2019〕10号文件替代。 |
| 25 | 浙江省人事厅关于在党委、人大、政府、政协独立设置的研究机构中开展专业技术资格评价工作的意见 | 浙人专〔2005〕202号 | ZJSP13-2005-0014 | 废止，相关规定不符合目前职称制度改革要求。 |
| 26 | 关于印发浙江省高校职业技能鉴定试点方案的通知 | 浙劳社培〔2005〕28号 | ZJSP13-2005-0032 | 废止，相关规定已经不符合目前职业资格制度改革的要求。 |
| 27 | 浙江省劳动和社会保障厅关于印发《浙江省劳动保障书面审查和信用档案管理暂行办法》的通知 | 浙劳社监〔2005〕48号 | ZJSP13-2005-0073 | 废止，按照人社部规〔2016〕1号文件执行。 |
| 28 | 浙江省劳动和社会保障厅关于企业职工见义勇为致伤可以视同为工伤的批复 | 浙劳社厅字〔2004〕27号 | ZJSP13-2004-0022 | 废止。按照《工伤保险条例》相关规定执行。 |
| 29 | 浙江省劳动和社会保障厅关于工伤保险费率调整问题的批复 | 浙劳社厅字〔2004〕155号 | ZJSP13-2004-0023 | 废止，已被浙人社发〔2015〕108号文件替代。 |

续表

| 序号 | 文 件 名 | 文 号 | 编 号 | 废止失效理由 |
|------|----------|-------|-------|--------------|
| 30 | 浙江省劳动和社会保障厅关于质保金是否属于保证金类费用问题的批复 | 浙劳社厅字〔2004〕84号 | ZJSP13-2004-0056 | 废止，根据《劳动合同法》相关规定执行。 |
| 31 | 浙江省劳动和社会保障厅关于用人单位使用童工案件适用政策法规有关问题的批复 | 浙劳社厅字〔2004〕85号 | ZJSP13-2004-0057 | 废止，根据《浙江省实施〈禁止使用童工规定〉办法》相关规定执行。 |
| 32 | 浙江省劳动和社会保障厅 浙江省建设厅转发劳动保障部 建设部关于印发《建设领域农民工工资支付管理暂行办法》的通知 | 浙劳社监〔2004〕179号 | ZJSP13-2004-0058 | 废止，按照国办发（2016）1号文件相关规定执行。 |
| 33 | 浙江省人事厅关于停止在乡镇以下企事业单位开展会计、经济、统计和审计中初级职务任职资格评审的通知 | 浙人专〔2003〕212号 | ZJSP13-2003-0012 | 废止，相关规定已被浙委办发〔2009〕4号文件替代。 |
| 34 | 关于在全省地勘行业特有技术工种从业人员实行职业资格证书制度的通知 | 浙劳社培〔2003〕54号 | ZJSP13-2003-0018 | 废止，相关规定已经不符合目前职业资格制度改革的要求。 |
| 35 | 浙江省劳动和社会保障厅 浙江省建设厅关于切实解决建筑业企业拖欠农民工工资建立欠薪保障制度的若干意见 | 浙劳社监〔2003〕232号 | ZJSP13-2003-0056 | 废止，相关内容已被浙政办发（2012）100号文件替代。 |
| 36 | 浙江省人事厅 浙江省计委转发人事部 国家发展计划委员会关于印发《注册咨询工程师（投资）执业资格制度暂行规定》和《注册咨询工程师（投资）执业资格考试实施办法》的通知 | 浙人专〔2002〕67号 | ZJSP13-2002-0003 | 废止，被转发文件人发〔2001〕127号文件已废止。 |
| 37 | 浙江省人事厅 浙江省财政厅转发人事部 财政部关于调整注册资产评估师执业资格考试有关政策的通知 | 浙人专〔2002〕65号 | ZJSP13-2002-0007 | 废止，被转发文件人发〔2002〕20号文件已废止。 |
| 38 | 浙江省人事厅 浙江省经贸委转发人事部 国家安全生产监督管理局关于印发《注册安全工程师执业资格制度暂行规定》和《注册安全工程师执业资格认定办法》的通知 | 浙人专〔2002〕231号 | ZJSP13-2002-0014 | 废止，被转发文件人发〔2002〕87号文件已废止。 |
| 39 | 浙江省人事厅关于同意省劳动保障监察总队依照公务员制度管理的复函 | 浙人函〔2001〕81号 | ZJSP13-2001-0057 | 废止，根据新的机构改革文件执行。 |
| 40 | 关于印发《国家题库浙江省分库运行管理试行办法》的通知 | 浙劳培〔2000〕34号 | ZJSP13-2000-0008 | 废止，相关规定已经不符合目前题库管理的要求。 |
| 41 | 浙江省劳动和社会保障厅关于对各类职业学校毕业生实行职业资格证书制度的通知 | 浙劳社培〔2000〕5号 | ZJSP13-2000-0009 | 废止，相关规定已经不符合目前职业资格制度改革的要求。 |
| 42 | 关于印发《浙江省职业技能竞赛管理办法》的通知 | 浙劳社培〔2000〕18号 | ZJSP13-2000-0010 | 废止，相关规定已经不符合目前职业竞赛管理的要求。 |
| 43 | 关于启用职业资格证书和国家题库有关问题的通知 | 浙劳社培〔1999〕338号 | ZJSP13-1999-0002 | 废止，相关规定已经不符合目前职业资格制度改革的要求。 |
| 44 | 关于摄影师行业职业技能培训及技术等级考核（鉴定）的通知 | 浙劳培〔1998〕18号 | ZJSP13-1998-0005 | 废止，相关规定已经不符合目前职业资格制度改革的要求。 |
| 45 | 浙江省人事厅 浙江省计经委关于开展评聘部分享受教授、研究员待遇高级工程师工作的通知 | 浙人职〔1997〕174号 | ZJSP13-1997-0003 | 废止，已被浙人社发〔2009〕128号文件替代。 |

| 序号 | 文 件 名 | 文 号 | 编 号 | 废止失效理由 |
|---|---|---|---|---|
| 46 | 浙江省劳动厅关于《违反〈中华人民共和国劳动法〉行政处罚办法》第十七条之规定是否属行政处罚有关问题的复函 | 浙劳险〔1996〕74号 | ZJSP13-1996-0009 | 废止,依据的《违反〈中华人民共和国劳动法〉行政处罚办法》已经废止。 |
| 47 | 浙江省人事厅 浙江省国有资产管理局关于转发人事部 国家国有资产管理局关于实施注册资产评估师执业资格制度有关规定的通知 | 浙人职〔1995〕189号 | ZJSP13-1995-0001 | 废止,被转发文件人职发〔1995〕54号文件已废止。 |
| 48 | 关于印发《浙江省职业资格证书核发与管理规定》的通知 | 浙劳培〔1995〕244号 | ZJSP13-1995-0014 | 废止,已被浙人社函〔2018〕72号文件替代。 |
| 49 | 浙江省劳动厅转发劳动部《违反〈中华人民共和国劳动法〉处罚办法》的通知 | 浙劳力〔1995〕23号 | ZJSP13-1995-0026 | 废止,被转发文件劳部发（1994）532号文件已废止。 |
| 50 | 浙江省人事厅关于国家机关事业单位工作人员因私事出国出境假期工资待遇的通知 | 浙人薪〔1992〕74号 | ZJSP13-1992-0005 | 废止,已按照浙人社发（2013）228号文件执行。 |
| 51 | 关于印发《浙江省技师管理暂行办法》的通知 | 浙劳人培〔1991〕53号 | ZJSP13-1991-0001 | 废止,相关规定已经不符合目前职业资格制度改革的要求。 |
| 52 | 浙江省人力资源和社会保障厅等5部门关于做好2018年高校毕业生求职创业补贴发放工作的通知 | 浙人社发〔2018〕28号 | ZJSP13－2018－0004 | 失效,文件已过适用期。 |
| 53 | 浙江省人力资源和社会保障厅关于印发浙江省省级充分就业社区（村）考核标准的通知 | 浙人社发〔2012〕206号 | ZJSP13-2012-0005 | 失效,目前省级充分就业社区（村）已被高质量就业社区（村）取代,文件适用对象已不存在。 |
| 54 | 浙江省人力资源和社会保障厅 浙江省教育厅关于印发浙江省深化中小学教师职称制度改革试点工作方案的通知 | 浙人社发〔2012〕273号 | ZJSP13-2012-0010 | 失效,试点工作已经结束。 |
| 55 | 浙江省人力资源和社会保障厅 浙江省经济和信息化委员会关于印发浙江省高级工业设计师职业资格考核认定办法的通知 | 浙人社发〔2012〕285号 | ZJSP13-2012-0013 | 失效,考核认定工作已经在工业设计职业资格制度试行当年结束。 |
| 56 | 浙江省人力资源和社会保障厅 浙江省公安厅关于印发《浙江省公安系统计算机通信技术、交通安全技术、安全防范技术专业工程师、高级工程师资格评价条件（试行）》的通知 | 浙人社发〔2010〕267号 | ZJSP13-2010-0010 | 失效,相关对象已经纳入警务序列改革范围,不再开展职称评审。 |
| 57 | 关于紧急启用浙江省职业技能鉴定成绩合格凭证的通知 | 浙人社发〔2009〕82号 | ZJSP13-2009-0004 | 失效,目前职业资格证书已经满足考生需要,成绩合格凭证不再使用。 |
| 58 | 浙江省人力资源和社会保障厅 浙江省教育厅关于扩大本科院校高级专业技术资格评审权限的通知 | 浙人社发〔2009〕23号 | ZJSP13-2009-0011 | 失效,阶段性工作已经结束,我省高校已于2014年全面实施自主评聘。 |
| 59 | 浙江省人力资源和社会保障厅关于在省监狱中心医院开展卫生专业技术资格评价工作的意见 | 浙人社函〔2009〕251号 | ZJSP13-2009-0015 | 失效,公务员不再开展职称评审,相关规定已经不再执行。 |
| 60 | 浙江省人事厅关于全省统一换发高级专业技术资格证书的通知 | 浙人专〔2007〕57号 | ZJSP13-2007-0007 | 失效,目前我省已实施电子证书,相关规定已经不再执行。 |
| 61 | 浙江省人事厅关于职称外语等级考试有关问题的通知 | 浙人专〔2007〕80号 | ZJSP13-2007-0008 | 失效,目前职称评审已对外语不作统一要求,相关规定已经不再执行。 |

续表

| 序号 | 文 件 名 | 文 号 | 编 号 | 废止失效理由 |
|---|---|---|---|---|
| 62 | 浙江省人事厅关于印发《浙江省专业技术人员继续教育委托合同备案办法》的通知 | 浙人教〔2006〕324号 | ZJSP13-2006-0012 | 失效,目前已不再开展委托合同备案制,该规定已经不再执行。 |
| 63 | 关于调整台港澳居民在浙就业行政许可权限的通知 | 浙劳社就〔2005〕143号 | ZJSP13-2005-0004 | 失效,《国务院关于取消一批行政许可等事项的决定》(国发〔2018〕28号)已取消台港澳居民在内地就业许可,文件调整对象已不存在。 |
| 64 | 浙江省劳动和社会保障厅 浙江省财政厅关于参加省级统筹的部分省部属企业工伤生育保险移交杭州市属地管理有关问题的通知 | 浙劳社工伤〔2004〕83号 | ZJSP13-2004-0019 | 失效,该项工作已经完成。 |
| 65 | 浙江省人事厅 浙江省公安厅关于印发《浙江省公安机关专业技术职务任职资格评审工作实施办法》的通知 | 浙人职〔1997〕156号 | ZJSP13-1997-0002 | 失效,公务制度改革后实行公务员分类管理,该规定已经不再执行。 |
| 66 | 浙江省人事厅 浙江省公安厅关于执行《浙江省公安机关专业技术职务任职资格评审工作实施办法》有关具体问题的补充通知 | 浙人职〔1997〕195号 | ZJSP13-1997-0004 | 失效,公安机关纳入警务序列改革范围,该规定已经不再执行。 |
| 67 | 关于改进和加强技师评聘工作的通知 | 浙劳培〔1995〕225号 | ZJSP13-1995-0013 | 失效,技师评聘工作未开展。 |

# 浙江省人力资源和社会保障厅等6部门
# 关于做好疫情防控期间就业工作的通知

浙人社发〔2020〕11号

各市、县（市、区）人力资源和社会保障局、发展改革委（局）、教育局、财政局、交通运输局、卫生健康委（局）：

当前，新冠肺炎疫情防控正处于关键期，同时企业复工复产正在有序推进。为深入贯彻中央和省委、省政府决策部署及《中共浙江省委 浙江省人民政府关于坚决打赢新冠肺炎疫情防控阻击战全力稳企业稳经济稳发展的若干意见》（浙委发〔2020〕4号）文件精神，帮助企业稳定用工，做好重点群体就业工作，现就有关事项通知如下：

**一、全力保障重点企业用工。**对保障疫情防控、公共事业运行、群众生活必需及其他涉及重要国计民生的企业、重大工程，指定专人对接，了解用工需求，可将需求信息免费发布在浙江人才网复工企业紧缺用工专区，也可直接联系当地提供志愿服务的人力资源机构。同时，通过本地挖潜、余缺调剂、组织见习、协调实习生、志愿者顶岗、"共享员工"、省际劳务合作等措施，满足企业阶段性用工需求。对还有员工未返岗的企业，按照企业需要、员工自愿、防控到位的要求，通过包机、专列、包车等方式帮助其做好员工返岗工作。对春节假期以来（截至2020年2月29日）开工生产、配送疫情防控急需物资的企业，符合条件的可给予一次性吸纳就业补贴。对提供职业介绍的人力资源服务机构，按规定给予就业创业服务补贴。

**二、支持企业稳定就业。**落实失业保险稳岗返还政策，统筹使用工业企业结构调整专项奖补资金，用于支持符合条件的受疫情影响企业稳定岗位、保障基本生活等支出。支持企业开展在岗培训，受疫情影响的企业在确保防疫安全情况下，在停工期、恢复期组织职工参加线下或线上职业培训的，可按规定纳入补贴类培训范围。发挥创业担保贷款作用，对已发放个人创业担保贷款，借款人患新冠肺炎的，可向贷款银行申请展期还款，展期期限原则上不超过1年，市县财政继续给予贴息支持。对受疫情影响暂时失去收入来源的个人和小微企业，申请贷款时予以优先支持。

**三、做好复工企业和劳动者的疫情防控。**各地要摸清辖区内企业、工程项目开复工时间，采取各种方式发布，并指导用人单位向员工通报开复工时间及返岗注意事项。加强与员工输出地对接，为员工返岗提供便利。复工企业联络员要根据企业的实际情况，指导企业制定防护措施，协助企业落实防疫物资，协调安置返岗员工，并将省里发布的用工指南推送到复工企业和劳动者。

**四、关心关爱重点地区劳动者。**对滞留在疫情严重地区的劳动者，指导企业通过各种形式，关心其健康和生活情况，妥善做好安抚和疏导。疫情防控期间，疫情严重地区受疫情影响失业的参保人员，可通过失业保险基金，按照不高于当地失业保险金标准发放失业补助金，发放对象和具体标准由统筹区人民政府确定。失业保险金和失业补助金不得同时发放。生活确有困难的，可按规定申请临时救助。

**五、加强企业用工监测。**各地人力社保部门要对重点联系企业开展复工前后企业用工动态监测，近期重点监测疫情防控物资生产企业、生活必需品企业、交通运输企业、规上工业企业以及重点出口企业等，认真分析当前复工企业用工缺口，预判企业全面复工后的用工需求，提前做好应对准备。

**六、强化公共就业服务。**加快谋划春季招聘系列活动，推出线上春风行动，全面开展线上招聘和就业创业指导。在"最多跑一次"改革基础上，依托智慧人社平台，进一步优化公共就业服务，实现补贴发放等服务"一次不用跑"。

**七、完善高校毕业生就业举措。**联动全省人才就业网站，举办公益性招聘会，企业和个人可免费发布招聘求职信息。组织人力资源服务机构，为企业招收高校毕业生提供志愿服务。鼓励高校和用人单位利用互联网进行供需对接，实行网上面试、网上签约、网上报到，引导用人单位适当延长招聘时间、推迟体检时间、推迟签约录取。

**八、积极拓展就业空间渠道。**充分发挥我省数字经济优势，进一步激发数字经济创新创业活力，创造更多更高质量的新兴就业创业增长点。鼓励企业多途径扩大招工规模，积极通过增加公共性岗位等途径拓展就业空间渠道。用足用好创业带动就业补贴，支持农民工返乡入乡、高校毕业生等自主创业。鼓励各地加强线上劳动技能培训等，积极支持和培育"云和师傅""常山阿姨"等一批劳务品牌，努力把疫情对就业的影响降到最低。

**九、加大劳动用工指导和监察力度。**引导受疫情影响导致生产经营困难的企业，完善企业内部协商民主机制，畅通与职工对话渠道，通过多种方式稳定劳动关系和工作岗位。广泛宣传劳动保障法律法规，畅通各类举报投诉渠道，大力推广"互联网＋调解仲裁"，做好疫情防控期间的劳动保障监察工作，依法维护劳动者合法权益。

**十、建立用工保障机制。**各地要建立企业复工应急协调机制，成立工作专班，开展用工监测、预案制定、舆情引导，协调解决复工企业的用工问题；人力社保部门要充分发挥职能优势，建立重点企业联络员制度，协调解决企业员工返岗、招工引才、疫情防控等问题；实行信息日报制度，将当地企业开复工、员工返岗、政策落实、创新做法等情况，及时报送。

上述一次性就业补贴、创业担保贷款展期贴息、失业补助金三项政策有效期至新冠肺炎疫情解除后３个月。各地要坚决落实省委省政府关于一手抓疫情防控、一手抓恢复生产的要求，压实责任、主动作为、加强协调，积极回应劳动者关切，助力企业有序复工，确保就业局势稳定。

浙江省人力资源和社会保障厅<br>
浙江省发展和改革委员会

浙江省教育厅<br>
浙江省财政厅<br>
浙江省交通运输厅<br>
浙江省卫生和健康委员会<br>
2020 年 2 月 19 日

# 浙江省人力资源和社会保障厅 浙江省医疗保障局 浙江省财政厅 国家税务总局浙江省税务局 关于阶段性减免企业社会保险费 有关问题的通知

浙人社发〔2020〕13号

各市、县（市、区）人民政府：

为深入贯彻习近平总书记关于新冠肺炎疫情防控工作的重要指示精神，全面落实党中央、国务院和省委、省政府的决策部署，推动企业有序复工复产、切实减轻企业负担、帮助企业渡过难关，根据《人力资源社会保障部财政部税务总局关于阶段性减免企业社会保险费的通知》（人社部发〔2020〕11号）、《国家医保局财政部税务总局关于阶段性减征职工基本医疗保险费的指导意见》（医保发〔2020〕6号）等文件精神，结合浙江实际，在确保企业退休人员养老金按时足额发放及职工社会保险待遇不受影响、社会保险基金正常运行的前提下，阶段性减免企业社会保险费。经省政府同意，现就有关问题通知如下：

一、阶段性减免企业单位应缴纳的社会保险费，包括基本养老、基本医疗（含生育）、失业、工伤保险。具体为：对中小微企业免征今年2月份至6月份（所属期，下同）、对大型企业等其他参保单位（不含机关事业单位）减半征收2月份至4月份基本养老、失业、工伤保险的单位缴费；职工医疗保险统筹基金支付能力6个月以上的地区，减半征收2月份至6月份基本医疗（含生育）保险的企业单位缴费，支付能力低于6个月（含）的地区，由当地政府结合基金承受能力和财政承受能力，在确保基金收支中长期平衡的前提下，自行确定减收月份。

以单位方式参保的个体工商户，参照中小微企业执行；参加企业职工基本养老保险的民办非企业单位、社会团体等各类社会组织参照大型企业执行。

二、大型企业和中小微企业的划分根据工业和信息化部、国家统计局、国家发展改革委、财政部《关于印发中小企业划型标准规定的通知》（工信部联企业〔2011〕300号）和国家统计局《统计上大中小微型企业划分办法（2017）》等有关规定执行。

三、阶段性减免企业社会保险费按照属地原则进行。具体名单和执行标准，在省社会保险事业管理中心、省级医疗保险服务中心参保的，由省人力社保厅、省医保局会同省财政厅、浙江省税务局确定；在各地参保的，由当地人力社保、医保部门会同财政、税务部门提出后，报当地政府批准。各地必须严格执行企业划分标准，不得自行调整范围。

四、受疫情影响生产经营出现严重困难、无力足额缴纳社会保险费的企业，可申请缓缴社会保险费，缓缴期限原则上不超过6个月，缓缴期间免收滞纳金。

减、免、缓缴社会保险费的月份，企业社会保险费的申报、核定、征缴程序不变，各地仍按现行办法操作。其中3月份社会保险费申报期调整至3月16日—3月31日。

五、企业参保人员社会保险个人缴费部分不予降低，仍由企业代扣代缴。企业参保职工按政策规定应享受的社会保险待遇不受影响，基本养老、基本医疗、失业保险的缴费年限连续计算。基本养老保险个人账户按个人缴费额据实记录；基本医疗保险实行统账结合的，个人账户中应由企业缴费划入部分仍按规定标准从结余基金中划入。

六、各地要规范和加强基金管理，不得自行出台其他减收增支政策，已出台的要按本通知调整。对2020年的基金收入预算，可根据减免情况合理调整。各市县政府要切实承担社会保险主体责任，确保各项社会保险待遇按时足额支付。

各地要提高认识，切实加强组织领导，统筹做好疫情防控和经济社会发展工作，精心组织、统筹实施各项政策，确保政策落实到位。要加强部门间协调配合和信息共享，形成工作合力，确保政策公开、透明、有序实施到位。要运用多种形式广泛宣传阶段性减免企业社会保险费政策，增强企业发展的信心，营造良好的社会氛围。各地在实施过程中出现的新情况、新问题，要及时向省里报告。

浙江省人力资源和社会保障厅

浙江省医疗保障局

浙江省财政厅

国家税务总局浙江省税务局

2020年2月28日

# 浙江省人力资源和社会保障厅关于印发2020年全省人力资源和社会保障工作要点的通知

浙人社发〔2020〕16号

各市、县（市、区）人力资源和社会保障局，厅机关各处室、直属各单位：

现将《2020年全省人力资源和社会保障工作要点》印发你们，请结合实际认真贯彻落实。

浙江省人力资源和社会保障厅

2020年4月9日

## 2020年全省人力资源和社会保障工作要点

2020年全省人力资源和社会保障工作的总体要求是：以习近平新时代中国特色社会主义思想为指导，深入贯彻党的十九大和十九届二中、三中、四中全会精神，认真落实省第十四次党代会和历次全会、省委经济工作会议以及全国人社工作会议部署要求，紧扣高水平全面建成小康社会目标任务，坚持稳中求进工作总基调，坚持新发展理念，积极应对新冠肺炎疫情影响，围绕"八八战略"再深化、改革开放再出发，聚焦稳企业、增动能、补短板、保平安，深入开展"三服务"活动，完善就业创业促进机制、人才发展体制机制、社会保障制度体系、劳动关系协调机制，持续深化"最多跑一次"改革，加快推进数字化转型，推进人社治理体系和治理能力现代化，为省域治理现代化和高水平全面建成小康社会贡献人社力量。

## 一、把稳就业放在首要位置，保持就业局势总体平衡

1. 以省政府办公厅名义出台稳就业的政策意见。

**责任单位：**就业管理中心

2. 把高校毕业生就业作为重中之重，兜底安置就业困难人员，做好失业人员服务保障。

**责任单位：**就业管理中心、人才市场、职介中心（列第一位者为牵头处室、单位，下同）

3. 做好扶贫劳务协作结对省份建档立卡人员就业帮扶工作。

**责任单位：**就业管理中心、人才处、职业能力处、专技处、专家中心、人才市场、职介中心

4. 做好"十省百市千县"劳务合作成果的深化巩固。

**责任单位：**就业管理中心、人才处、劳动关系和农民工处、人才市场、职介中心

5. 开展企业用工监测调查，掌握出口企业、规上工业企业等重点企业用工变化，及时防范化解规模性裁员风险。

**责任单位：**就业管理中心、劳动关系和农民工处、监察执法局

## 二、以培育新时代工匠为抓手，全面提升技能人才队伍建设水平

6. 强化政策支撑，推动技工院校大发展。出台培育新时代工匠、支持技工院校发展的政策意见。

**责任单位：**职业能力处、事业处、教研所、劳动干校

7. 发挥企业主体作用，开展职业技能培训，培训 100 万人次。

**责任单位：**职业能力处、技能鉴定中心

8. 举办首届浙江技能大赛，组织参加世界技能大赛全国选拔赛。

**责任单位：**职业能力处、技能鉴定中心、教研所

9. 建设 5 个左右技能创新工作团队，开展技术技能新标准研究。

**责任单位：**职业能力处

10. 开展"十百千万"工匠遴选活动。

**责任单位：**职业能力处

## 三、以强化人才供给为导向，为高质量发展提供人才支撑

11. 坚持精准高效引才。健全全球引才网络，大规模开展人才项目对接，帮助企业引进人才项目。

**责任单位：**人才处、专家中心、人才市场、对外联络处

12. 研究制定职称评审管理实施办法，探索人工智能等新领域职称评价办法。

**责任单位：**专技处

13. 鼓励支持重点企业研究院、上市公司等设立企业博士后工作站，全年新设企业博士后工作站 100 家。

**责任单位：**专技处、人事教育中心、专家中心

14. 完善工程技术领域事业单位专业技术岗位结构比例控制标准。

**责任单位：**事业处、专技处

15. 深化事业单位人事制度改革。根据国

家统一部署，适时实施县以下事业单位管理岗位职员等级晋升制度。

责任处室：事业处

16．会同省委组织部研究制定事业单位工作人员培训实施办法。

责任单位：事业处

17．加快开发和推行全省事业单位人事工资管理信息系统。

责任单位：事业处、工资处、统发办、信息中心

18．全面推进全省事业单位工作人员职业生涯全周期管理"一件事"改革。

责任单位：事业处、法规处、工资处、统发办、养老保险中心、信息中心

19．深化事业单位绩效工资制度体系建设。

责任单位：工资处、统发办

20．加强评比达标表彰和创建示范工作的规范管理。

责任单位：工资处

21．落实国有企业负责人薪酬制度和国有企业工资决定机制。

责任单位：劳动关系和农民工处

22．大力发展人力资源服务业。制定人力资源服务业发展"十四五"规划，推动设立产业发展基金，强化人力资源产业园建设，出台省级人力资源服务产业园创建和评估办法。加大国际知名人力资源服务机构引进力度，选树和培育一批人力资源服务业的龙头企业，加强人力资源服务协会建设，举办人力资源服务业峰会和博览会。

责任单位：人才处、人事教育中心、专家中心、人才市场

23．牵头做好省领导重点调研课题

《"十四五"至 2035 年浙江人口结构变化趋势及人力资本提升研究》。

责任单位：研究院、就业管理中心、人才处、职业能力建设处、专技处

## 四、以完善政策制度为着力点，促进社保事业可持续发展

24．打好社保减负的组合拳，落细落实阶段性减免企业社保费、阶段性降低工伤、失业保险费率、失业保险稳岗返还等各项政策。

责任单位：养老处、就业管理中心、工伤处、基金监督处

25．出台《规范完善企业职工基本养老保险省级统筹办法》。

责任单位：养老处

26．规范被征地农民社会保障政策，落实城乡居保待遇确定和基础养老金正常增长机制，实施城乡居民基本养老保险基金省级管理。

责任单位：城乡居保处、养老处

27．研究机关事业单位养老保险制度改革中各类退休人员待遇差距大的问题，提出解决思路。

责任单位：养老处、养老保险中心

28．持续扩大基本养老保险覆盖面。重点做好企业职工应保尽保和新业态从业人员的参保扩面工作。

责任单位：养老处、社保中心

29．夯实主体责任，确保养老金按时足额发放。做好 2020 年基本养老保险省级调剂金方案，及时调度资金。各地要加大政府财力对养老保险的投入力度，启动国有资本充实社保基金，多渠道筹资防范化解基金风险。要构建多

层次养老保险体系，引导有条件的用人单位建立企业年金。积极稳妥实施机关事业单位职业年金市场化投资运营，确保基金保值增值。

**责任单位：**养老处、城乡居保处、基金监督处、社保中心、养老保险中心

30．加强工伤预防工作，出台创建工伤预防常态化工作机制指导意见。

**责任单位：**工伤处

31．加强社保基金监督管理。规范经办机构内部管理，规范基金管理，运用信息化技术排查风险隐患，发挥第三方审计专业力量的作用。

**责任单位：**基金监督处、就业管理中心、社保中心、养老保险中心

## 五、以防范化解矛盾纠纷为重点，稳定和谐劳动关系

32．科学把握双维护原则，加强劳动关系源头治理。鼓励企业使用电子劳动合同，赋予部分企业一定的调休自主权，稳定职工就业岗位，暂缓调整全省最低工资标准。

**责任单位：**劳动关系和农民工处

33．坚决打赢根治欠薪攻坚战。全面实施《保障农民工工资支付条例》，加强欠薪预警监测，建设浙江省企业工资支付监管平台，探索建立农民工工资支付政府托底制度，完善防治欠薪"一治一管四个办"工作机制。全面落实根治欠薪工作标准、负面清单和动态管理措施，圆满完成最后一批"无欠薪"县（市、区）创建。

**责任单位：**监察执法局、信息中心

34．加强行政执法。组织实施人力社保领域专项执法检查、"双随机一公开"监管、互联网＋监管和信用监管。推进基层劳动纠纷综合治理改革，全口径应用劳动纠纷治理一体化经办平台，加强风险隐患事件应急管理。

**责任单位：**监察执法局、仲裁信访处和相关业务处室、单位

35．稳妥处理劳动纠纷，确保案件调解成功率达到78%以上。实施"仲裁办案质量提升"三年行动计划，探索建立工资支付和工伤纠纷的快速处理机制。充分运用浙江劳动人事争议调解仲裁网络平台，实现案件100%全业务全流程在线办理。

**责任单位：**仲裁院、仲裁信访处、信息中心

36．全面落实依法决策、科学决策要求，不断强化依法行政意识，严格公正规范执法，完善预防化解行政争议机制，强化行政争议处理工作合力。

**责任单位：**法规处和各处室、单位

## 六、以"最多跑一次"改革为牵引，加快推进数字化转型

37．全面总结推广"领跑者"改革（金华）综合试点经验，迭代升级"八统一"办事标准，全力打造"无证明人社"，80%以上政务服务办件实现线上受理。

**责任单位：**法规处、信息中心和相关业务处室、单位

38．深化集成人社领域"一件事"全流程"最多跑一次"改革，推出一批"智能秒办"和"全省通办"的高频服务事项。

**责任单位：**法规处、信息中心和相关业务处室、单位

39．大力推行"减窗行动"，实现全省人工窗口减少50%。

责任单位：法规处、信息中心和相关业务处室、单位

40．科学编制基层便民服务中心、社银合作网点承接人社事项指导目录，建成合作网点10000个，出台"社银联通"地方标准。

责任单位：法规处、信息中心和相关业务处室、单位

41．开展"对标争先、改革创新"竞争式改革。

责任单位：法规处和各处室、单位

## 七、以练就过硬本领为目标，加强干部队伍建设

42．提升政策水平和创新能力，强化法治思维和依法行政。开展常态化的廉政教育。充分运用监督执纪四种形态特别是第一种形态，坚持抓早抓小，防微杜渐，确保全系统平安不出事。

责任单位：机关党委（机关纪委）、人事处、法规处和各处室、单位

# 浙江省人力资源和社会保障厅　浙江省财政厅关于开展企业以工代训补贴工作的通知

浙人社发〔2020〕36号

各市、县（市、区）人力资源和社会保障局、财政局：

为做好常态化疫情防控中的稳就业工作，根据《人力资源社会保障部财政部关于实施企业稳岗扩岗专项支持计划的通知》（人社部发〔2020〕30号）、《人力资源社会保障部关于大力开展以工代训工作的通知》（人社厅明电〔2020〕29号）要求，现就我省开展企业以工代训补贴工作相关事项通知如下：

## 一、补贴对象

（一）新吸纳劳动者的中小微企业。对就业困难人员、零就业家庭成员、离校两年内高校毕业生、登记失业人员（以就业部门登记为准），由中小微企业新吸纳就业并开展以工代训的，可根据吸纳人数给予企业职业培训补贴。

（二）生产困难的中小微企业。对受疫情影响出现生产经营暂时困难的中小微企业，组织职工开展以工代训的，可根据组织以工代训人数给予企业职业培训补贴。

（三）受疫情影响较大的行业企业。各地可结合实际，将受疫情影响较大的外贸、住宿餐饮、文化旅游、交通运输、批发零售等行业补贴范围，扩展到各类企业。

## 二、补贴标准和期限

以工代训职业培训补贴标准为每人每月500元，补贴期限最长不超过6个月，所需资金从各地职业技能提升行动专账资金中列支。以工代训职业培训补贴资金直接拨付给企业。各地以工代训补贴资金使用总额，不超过当地职业技能提升行动（2019—2021年）专账资金提取额度的50%。企业以工代训职业培训补贴不计入劳动者每年三次培训补贴范围。同一企业同一职工不得重复申领以工代训补贴。

以工代训职业培训补贴政策受理截止日期为2020年12月31日。

## 三、补贴企业的界定

中小微企业的划分，根据工业和信息化部、国家统计局、国家发展改革委、财政部《关于

191

印发中小企业划型标准规定的通知》（工信部联企业〔2011〕300号）和国家统计局《统计上大中小微型企业划分办法（2017）》等有关规定执行。以单位方式参保的个体工商户，参照中小微企业执行。

各地可通过疫情发生以来企业纳税额、用电量、营业收入、利润等反映企业生产经营情况的单一指标或综合多个指标，自行制订生产困难企业的认定条件。

列入各地严重违法失信名单的企业，不纳入以工代训补贴范围。

### 四、补贴申领流程

符合条件的企业向失业保险缴费地人力社保部门提交以工代训补贴申请，并提供以工代训人员花名册、当月发放工资银行对账单等材料。各地人力社保部门可结合本地实际，制订补贴办理流程。

### 五、工作要求

（一）提高思想认识。各地人力社保、财政部门要把以工代训工作作为常态化疫情防控中稳就业的重要举措，作为今年职业技能提升行动的重要内容，加强组织领导，全力实施推动。

（二）加强监督管理。各地要建立健全职业技能提升行动专账资金监管机制，向社会公示享受政策的单位、人员、补贴额度等内容，加强监督检查和专项审计，对违规使用、骗取套取资金的要依法依规严惩，涉嫌犯罪的及时移交司法机关处理。

（三）优化经办服务。各地要按照"最多跑一次"改革要求，及时公开发布补贴政策、服务机构及联系方式，简化操作流程，有条件的地区可提供网上办理渠道，推广"不见面"服务。各地要强化宣传引领，充分运用各类媒体，结合"三服务"活动等方式，积极向企业推送宣传政策举措。

本通知自发布之日起施行。

浙江省人力资源和社会保障厅

浙江省财政厅

2020年8月5日

# 浙江省人力资源和社会保障厅关于印发《浙江省省级人力资源服务产业园创建和评估办法（试行）》的通知

浙人社发〔2020〕40号

各市、县（市、区）人力资源和社会保障局：

为规范我省人力资源服务产业园创建评估工作，进一步推动人力资源服务业高质量发展，我们研究制定了《浙江省省级人力资源服务产业园创建和评估办法（试行）》，已经厅党组会审议通过，现印发给你们，请结合实际，认真抓好落实。

浙江省人力资源和社会保障厅
2020年9月7日

## 浙江省省级人力资源服务产业园创建和评估办法（试行）

### 第一章 总 则

**第一条** 为促进我省人力资源和人力资本服务业规模化、集约化、专业化、数字化发展，规范省级人力资源服务产业园创建和评估工作，提高我省人力资源和人力资本服务经济社会发展能力，根据《人力资源市场暂行条例》（国务院令第700号）、《国家级人力资源服务产业园管理办法（试行）》（人社部发〔2019〕86号），结合我省实际，制定本办法。

**第二条** 本办法所称省级人力资源服务产业园，是指经省人力资源和社会保障厅同意，以人力资源和人力资本服务业为主要业态，在一定空间内集聚，有产业政策扶持，能够提供"一站式"公共服务和市场服务，对促进我省经济高质量发展发挥重要作用的人力资源服务机构集聚发展平台。

**第三条** 各地要遵循统筹谋划与分类推进相结合，"放管服"齐推进、社会效益与经济效益相统一、政府与市场同发力、线上与线下共发展的原则，建设一批有规模、有影响、布局合理、功能完善、特色鲜明的省级人力资源服务产业园。

193

鼓励通过共享、匹配、融合等方式，促进人力资源服务业上下游和协作关联企业协同发展，形成全产业生态链，推动产业园由单一的服务性园区向多功能的城市产业生态圈转型。

鼓励各地探索创新符合市场规律、适应发展需要、运转灵活高效的产业园运营模式。

**第四条** 省级人力资源服务产业园一般设在人力资源丰富、经济发展水平较高、产业特色和优势明显、行业服务能力较强的地区。分为综合性园区和专业性园区两类，原则上每个设区市建设不超过 1 个综合性园区，可建设若干个服务本地特色产业的专业性园区。

## 第二章　责任义务

**第五条** 省级人力资源服务产业园坚持"省市共建、属地管理"的原则。省人力资源和社会保障厅是省级人力资源服务产业园综合管理部门，负责产业园的统筹、指导和评估等工作；各地人民政府负责产业园的培育、建设等工作，各地人力资源和社会保障部门负责产业园的服务、管理和监督等日常工作。

**第六条** 各地要积极创造条件，加大扶持力度，加快推进园区建设：

——明确发展方向。各地对省级人力资源服务产业园的发展规划、产业定位、功能布局、运营模式、服务体系等要进行充分论证，并制定明确的发展目标。

——加大投入力度。各地要结合实际，发挥各有关部门的积极性，加大对产业园土地、资金、人才等要素的投入，加强园区软硬件建设，为入驻企业营造优良的发展环境。

——加强政策扶持。积极出台相关政策，将产业园建设纳入当地发展规划和重点项目，

在政府购买公共服务等方面给予重点支持。国家级、省级支持人力资源服务业发展的项目和政策，省级人力资源服务产业园可优先享受。

**第七条** 各地人力资源和社会保障部门要优化管理服务，实施有效举措，加快园区发展：

——加大培育力度。鼓励将入园企业纳入各地重点培育人力资源服务企业库，进行有针对性的孵化和帮扶，力争将入园企业打造为示范性、领军型企业，更好带动人力资源服务业发展，更好服务当地经济社会建设。

——协同各方发展。积极协同发展改革、经信、教育、公安、财政、商务、市场监管等有关部门，扩展园区机构业务范围，提升园区机构创新水平，提高园区机构服务能力，促进园区机构诚信经营，合力推进产业园发展。

——加快数字化建设。充分应用信息技术，推进园区管理数字化、服务数字化。鼓励建立网上人力资源服务产业园，实现入园机构云上全覆盖，提供线上线下同步服务。

**第八条** 省级人力资源服务产业园要充分发挥"集聚、培育、交易、服务"的功能，提高我省人力资源服务业整体竞争力。入园机构要配合管理、积极作为，为所在地经济社会高质量发展提供人力资源保障。

## 第三章　申报条件

**第九条** 申报省级人力资源服务产业园应具备下列条件：

（一）有经过充分论证的产业园建设与发展规划，有详细合理的产业园资金投入计划。设立单一园区的，综合性园区建筑面积不低于8000 平方米，专业性园区建筑面积不低于5000 平方米。设立多个园区的，总建筑面积不少于

15000 平方米，分园区原则上不超过 3 个。

各类设施完善，能够为入驻机构提供必要的软硬件支持。各项功能齐备，能够提供公共就业和人才、法律咨询、投融资等服务。

（二）产业园运营平稳、经济效益良好。上一年度园区营业收入（含代收代付）达 8 亿元以上，其中上一年度营业收入超过 5000 万元的机构不少于 5 家，或上一年度营业收入超过 1 亿元的机构不少于 3 家。

（三）综合性园区应产业链条完整、产品类型多样、机构层次丰富，服务能力强、辐射范围广，人力资源服务机构不少于 30 家，人力资源服务机构集中度原则上不低于入园机构数的 70%。专业性园区应充分发挥集聚功能，人力资源服务机构不少于 20 家，服务本地特色、重点产业的专业性人力资源服务机构数量不低于入园机构数的 50%。

（四）有专门的建设管理机构，专职工作人员不少于 3 人。

（五）被认定为市级人力资源服务产业园满 1 年以上。

（六）产业园应经常组织开展促进就业创业、人才引进、脱贫攻坚、技能人才培训等人力资源服务公益活动，社会效益显著。注重加强与博士后工作站所在企业的联系，引进博士后人才取得明显成效。

（七）综合性园区，还应符合以下条件：

1. 上一年度园区机构引进较多的高层次人才，且猎头业务营业收入占一定比例。

2. 积极组织园区企业开展劳务协作，有不少于 2 个劳务联络站。

3. 助力服务小微企业园等各类特色园区，需与 5 家以上小微企业园建立明确的合作机制，

并有显著的合作成果。

（八）专业性园区，还应符合以下条件：

1. 符合全省经济发展规划和重点产业布局，与当地经济社会发展和特色产业的匹配度高、协同性好。

2. 当地特色产业的主管部门出台明确政策支持行业发展。

3. 具备为当地特色产业提供人力资源引进、培养、评价、鉴定、服务等全周期人力资源服务的能力。

4. 上一年度服务特色产业的专业性人力资源服务营业收入占园区总营业收入的 50% 以上。

5. 与 2 家以上特色产业相关院校建立合作机制。

6. 能牵头组织行业共性问题技术攻关，设立特色产业博士后工作站等服务平台 1 个以上。

7. 初步具备对我省特色产业人才的研究能力，每年度发布我省特色产业人力资源发展报告。

**第十条**　对加快发展地区申报省级人力资源服务产业园的，可根据当地经济社会发展需要、人力资源服务业发展水平等情况，适当放宽相关条件。

## 第四章　认定程序

**第十一条**　省级人力资源服务产业园实行自愿申报、组织论证、择优认定，程序如下：

（一）申报。各地申建省级人力资源服务产业园，应向省人力资源和社会保障厅提出申请，并提交申建函件、创建申请表、产业园建设规划论证报告、筹建情况报告、已出台的人力资源服务业和产业园发展扶持政策文件等有关材料。

（二）论证。省人力资源和社会保障厅结合全省产业园区布局，对产业园建设的必要性、可行性、合理性、政策兑现、保障措施等组织论证，形成报告。

（三）认定。通过论证的人力资源服务产业园，在相关网站进行公示，公示时间一般不少于 5 个工作日。公示如有异议的，经查证属实后，取消资格；公示无异议的，行文批复认定为省级人力资源服务产业园。

**第十二条** 综合性产业园名称定为"浙江省+所在设区市名 + 人力资源服务产业园"，专业性产业园名称定为"浙江省+所在地名+特色产业名 + 人力资源服务产业园"。同时，授予省级人力资源服务产业园标牌，并自动成为浙江省人力资源服务产业园联盟成员。

**第十三条** 省级人力资源服务产业园因故需变更建设规划、增设分园区或发生其他重大事项时，设区市人力资源和社会保障部门应及时向省人力资源和社会保障厅报告。

## 第五章 总结评估

**第十四条** 各产业园每年末向所在设区市人力资源和社会保障部门报告本年度工作总结及下一年度发展目标和建设举措，各设区市人力资源和社会保障部门汇总、审定后，于每年 3 月 31 日前上报省人力资源和社会保障厅。

**第十五条** 省人力资源和社会保障厅依照本办法，建立省级人力资源服务产业园综合评估工作机制，委托第三方机构定期组织开展检查评估。检查评估一般每两年进行一次。主要包括以下方面：

（一）园区发展是否符合有关政策法规和本办法要求；

（二）园区各项扶持政策兑现情况；

（三）园区服务中心工作情况；

（四）园区整体经济社会效益；

（五）园区管理及整体运营情况。

具体评估细则和指标由省人力资源和社会保障厅结合考核期内重点工作任务，另行制定。

**第十六条** 检查评估结果分为优秀、良好、合格三个等次，评估结果及时向社会公布。注重评估结果应用，加强正向激励，为人力资源服务产业园健康发展提出针对性的意见和建议。

## 第六章 附 则

**第十七条** 本办法自 2020 年 11 月 1 日起施行，由浙江省人力资源和社会保障厅负责解释。《浙江省人力资源和社会保障厅关于印发〈浙江省人力资源和社会保障厅关于创建省级人力资源服务产业园区的指导意见（试行）〉的通知》（浙人社发〔2013〕150 号）同时废止。

# 浙江省人力资源和社会保障厅关于印发《浙江省职称评审管理实施办法》（试行）的通知

浙人社发〔2020〕47号

各市人力资源和社会保障局，省直各单位：

根据人社部《职称评审管理暂行规定》和省委办公厅、省政府办公厅《关于深化职称制度改革的实施意见》等精神，我们研究制定了《浙江省职称评审管理实施办法》（试行），现印发给你们，请结合本地区、本部门实际认真贯彻实施。

浙江省人力资源和社会保障厅

2020年10月26日

## 浙江省职称评审管理实施办法（试行）

### 第一章　总　则

**第一条**　为规范职称评审程序，加强职称评审管理，保证职称评审质量，根据人社部《职称评审管理暂行规定》（人力资源和社会保障部令第40号）和省委办公厅、省政府办公厅《关于深化职称制度改革的实施意见》等精神，制定本实施办法。

**第二条**　职称评审是按照评审标准和程序，对专业技术人才职业道德、技术水平、工作业绩的评议和认定。职称评审结果是专业技术人才聘用、考核、晋升等的重要依据。

对企业、事业单位、社会团体、个体经济组织等（以下称用人单位）以及自由职业者开展专业技术人才职称评审工作，适用本实施办法。

**第三条**　职称评审必须坚持德才兼备、以德为先的原则，科学公正评价专业技术人才的职业道德、技术水平、工作业绩。

**第四条**　省级人力资源和社会保障行政部门（人力资源和社会保障行政部门以下简称人力社保部门）负责全省职称评审统筹规划和综合管理工作。市、县（市、区）人力社保部门

197

负责本地区职称评审综合管理和组织实施工作。

行业主管部门在各自职责范围内负责本行业的职称评审管理和实施工作。自主评聘单位负责本单位的职称评审管理和实施工作。

**第五条** 省级人力社保部门会同行业主管部门制定省高、中级职称评价标准，各市人力社保部门会同行业主管部门研究制定市中、初级职称评价标准。自主评聘单位结合单位发展目标和岗位聘任要求制定本单位职称评聘标准。各市和自主评聘单位的标准不得低于省标准。

行业主管部门、有关行业协会和自主评聘单位，要根据不同职业属性和岗位特点，制定具有针对性、操作性的职称评价标准，建立评价全面、考核刚性、业绩导向清晰的量化指标体系，提高技术创新、科研成果、成果转化、技术推广、标准制定、代表作品等标志性业绩的分值权重，充分反映专业技术人才的实际工作能力和业绩水平。

## 第二章 职称评审委员会

**第六条** 各地、各部门、行业协会及用人单位等按照规定权限开展职称评审，应当申请组建职称评审委员会（以下简称评委会）。评委会对组建单位负责，受组建单位监督。评委会下设办公室（以下简称评委会办公室），负责评委会评审的日常事务工作。

评委会按照职称系列或者专业组建，不得跨系列组建综合性评委会。工程技术系列按照专业大类组建，一般不组建跨专业大类的评委会。

**第七条** 评委会分为高级、中级、初级评委会。

申请组建高级评委会应当具备下列条件：

（一）拟评审的职称系列或者专业为评委会组建单位主体职称系列或者专业；

（二）拟评审的职称系列或者专业在行业内具有重要影响力，能够代表本领域的专业发展水平；

（三）具有本领域一定数量的专业技术人才队伍；

（四）有组建评委会专家库要求的评审专家数量；

（五）制定以品德、业绩、能力为重点的定性定量相结合的考核评价体系；

（六）具有开展高级职称评审的能力；

（七）能够按照规定程序规范地开展评审工作。

各地、各部门要根据实际，明确中、初级职称评审委员会的组建条件。

**第八条** 评委会实行核准备案管理制度。备案有效期不得超过 3 年，有效期届满应当重新核准备案。

原则上按照省、市、县分别组建高、中、初级评委会。高级评委会（自主评聘委员会）由省级人力社保部门核准备案，设在省级单位的中、初级评委会由相应的省级行业主管部门核准备案，设在市、县的中、初级评委会分别由市、县人力社保部门核准备案。区域经济特色明显，专业技术人才队伍强的市或者行业，可以申请组建相应的高级评委会。

**第九条** 评委会组成人员应当为单数，根据工作需要设主任委员和副主任委员。按照职称系列和专业大类组建的高级评委会评审专家不少于 25 人，按照专业组建的高级评委会评审专家不少于 11 人。中级评委会评审专家不少于 13 人，按照专业组建的中级评委会评审专家不少于 7 人。自主评聘委员会一般由单位领导、部门负责人、纪检监察部门、专家代表等组成，原则上不少于 17 人，其中专家代表不少于 7 人。按照职称系列和专业大类组建的高级评委会和自主评聘委员会下设若干专业评议组，专业评议组成员需从专家库中抽取。

评委会在召开评审会议前一周内，由评委会办公室在本单位纪检监察部门的监督下，从专家库中随机抽取专家组成当年度评委会，确因工作需要可推荐 1 名相关行政领导担任副主任委员参加评审工作。

评委会委员任期至当年度评审工作结束时止。

**第十条** 评委会办公室负责组建评委会专家库，完善专家遴选机制，广泛吸纳企业和行业协会学会的专家进入专家库。专家库实行备案制度，每 3 年调整一次，每次调整人数在 1/3 以上。高级评委会专家库由省级人力社保部门备案，设在省级单位的中、初级评委会专家库由相应的省级行业主管部门备案，设在市的中、初级评委会专家库分别由市、县人力社保部门备案。

评委会专家库分主任委员库、副主任委员库、委员库和专业评议组组长及成员库，一般由本省范围内的同行专家组成，也可适当邀请省外专家参加。专家库总人数按照评委会规定人数的 3 倍以上建立，其中主任委员库、专业评议组组长库需 3 人以上，副主任委员库按实际抽取副主任委员数的 3 倍以上建立。评委会专家库中 45 周岁以下的专家一般不少于总数的 1/3，评审正高级职称的评委会专家库中 50 周岁以下的专家一般不少于总数的 1/3。

**第十一条** 评委会的专家应有相应的学术、技术背景，具有权威性、代表性和公正性，应当具备下列条件：

（一）遵守宪法和法律；

（二）具备良好的职业道德；

（三）具有本职称系列或者专业相应层级及以上的职称；

（四）从事本领域专业技术工作；

（五）能够履行职称评审工作职责。

没有相应职称的行政领导和已达到退休年龄并办理退休手续人员不再列入专家库。

**第十二条** 高级评委会办公室要建立常设评审组织，负责对引进的高层次、紧缺急需和外省调入等人才高级职称的评定和确认。常设评审组织由评委会若干评审专家、本行业主管部门领导、纪检监察部门和评委会办公室人员组成。

## 第三章　申报审核

**第十三条** 申报职称评审的人员（以下简称申报人）应当遵守宪法和法律，具备良好的职业道德，符合相应职称系列或者专业、相应级别职称评审规定的申报条件。

申报人应当为本单位在职在岗的专业技术人才，离退休人员、公务员（含参公人员）不得申报参加职称评审。

专业技术人才受到党纪处分的，在处分影响期内不得申报参加职称评审。事业单位工作人员受到记过以上处分的，在受处分期间不得申报参加职称评审，公办的教育、科研、文化、医疗卫生、体育等单位中从事管理的人员和国有企业管理人员在政务处分期内不得晋升职称。专业技术人才涉嫌违纪违法被立案调查尚未结案的，不得申报参加职称评审。

**第十四条** 职称评审由个人提出申请，所在单位或人事代理机构核实材料，经当地人力社保部门审核后逐级向相应的评委会申报。

事业单位需在核定的岗位结构比例内开展职称评审，经个人申报竞聘、单位考核推荐后逐级向相应的评委会申报。

无主管部门和未进行人事代理的股份制企业、非公有制经济组织、自由职业者等专业技术人才申报职称评审，由当地人力社保部门指定的申报途径，按规定的程序逐级向相应的评委会申报。

职称评审原则上按人事隶属关系（社保、人事档案、劳动关系三者一致）进行申报，对于社保、人事档案、劳动关系三者不同在我省的专业技术人才，各评委会办公室可以受理，评审结果在浙江省范围内有效。人事隶属关系在我省，但三者不同在一个地市的专业技术人才，申报职称时，原则上由社保参保地单位申报。

部属单位和外省人员需在我省进行职称评审的，需要提供人事关系所在的中央部属单位或省级人力社保部门出具的委托评审函。

**第十五条** 申报人应在规定的期限内按照客观、准确、齐全的要求，提供能反映本人学术技术水平、工作业绩、职业道德等材料，并对申报材料的真实性负责。

凡是通过法定证照、书面告知承诺、政府部门内部核查或者部门间核查、网络核验等能够办理的，不得要求申报人额外提供证明材料。

**第十六条** 申报人所在单位应当对申报材料进行审核，并在本单位进行公示，公示期不少于5个工作日，经公示无异议，按照职称评审管理权限逐级上报。

职称评审一般需经下一级评委会推荐。实行考评结合、设在设区市和行业协会或评审范围仅限本单位人员的高级评委会，评审对象可不经下一级评委会推荐。

**第十七条** 评委会办公室按照申报条件对申报材料进行审核。申报材料不符合规定条件的，应当一次性告知申报人需要补正的全部内容。逾期未补正的，视为放弃申报。

**第十八条** 全日制或成人教育大中专毕业生，在本专业或相近专业技术岗位上工作一定年限，经考核合格，可初定相应职称。事业单位需有岗位空缺，通过竞聘形式进行。中初级职称实行全国和省统一考试的专业不再进行相应的职称评审和初定。

中专毕业后，从事专业工作满1年的，可初定员级职称；大学专科毕业后，从事专业工作满3年的，可初定助理级职称；大学本科毕业后，从事专业工作满1年的，可初定助理级职称；取得第二学士学位或研究生班毕业的，可初定助理级职称；具有研究生学历或硕士学位，从事专业工作满3年（学历或学位取得前后从事本专业或相近专业的工作年限可以相加，但学历或学位取得后从事专业工作须满1年）的，可初定中级职称；具有博士学位的，可初定中级职称。

初定职称后取得更高学历或学位的，可按新学历或学位规定的要求再次初定；按照取得的学历（学位）低定职称的，可按所学学历或学位规定的要求重新确定。初定工作由厅局级单位或人力社保部门，或经省级人力社保部门授权的人事档案代理机构负责。

**第十九条** 先参加工作后取得规定学历的，取得学历前后的任职时间可以累计，达到任职年限的，可以申报高一级职称评审。

第二十条　因工作岗位变动，从事现专业技术工作满1年，符合申报条件的，应转评现岗位所对应的相同级别职称。转评后晋升高一级职称的，转评前后任职时间可累计。

第二十一条　由国家机关流动到企事业单位从事专业技术工作满1年的人员，3年内可以根据本人的学历、资历条件以及水平能力、工作业绩等申报相应职称，在国家机关从事专业技术工作或专业技术管理工作的时间可以计算为从事专业技术工作时间，具体条件按有关规定执行。

第二十二条　申报人所学专业与从事专业原则上须一致或相近，否则视为不具备规定学历，但已取得所从事专业国家注册类资格证书的除外。不一致或不相近的可通过连续一年以上本专业脱产继续教育学习，取得相应的证书或证明后，将其最高学历（学位）认定为本专业或相近专业。

申报人有多个学历（学位）的，如有与申报专业一致或相近的学历（学位），可按其最高学历（学位）认定为本专业或相近专业。

第二十三条　经批准离岗创业或到民营企业兼职的高校、科研院所、医疗机构等事业单位专业技术人才，离岗创业或兼职期间可在原单位按规定申报职称，不占所在事业单位专业技术岗位结构比例，其创业和兼职期间工作业绩作为职称评审的依据。

## 第四章　组织评审

第二十四条　职称评审工作一般每年开展一次。高级评委会在召开评审会议前，应向省级人力社保部门报告资格审查、评前公示和评

委会组成等情况，由省人力社保部门出具书面意见后方可召开评审会议。设在设区市的高级评委会向当地人力社保部门报告评审工作准备情况，并报省级人力社保部门备案。中级评委会参照上述办法执行。

第二十五条　严格评前公示程序。评委会办公室应在评审前，将评审对象基本情况和资格审查等情况在公共信息平台进行公示，时间不少于5个工作日，无异议的方可提交评委会评审。

第二十六条　建立评委培训考核制度。召开评审会前，评委会办公室应对评委进行评价标准、评审方法、评审程序等方面的业务培训；对评委在评审期间的表现进行考核，形成业绩档案作为续任候选评委的依据。

第二十七条　评委会办公室组织召开评审会议。评审会议由主任委员或者副主任委员主持，出席评审会议的专家人数不少于评委会人数的2/3。

评委会经过评议，采取少数服从多数的原则，通过无记名投票表决，同意票数达到出席评审会议的评审专家总数2/3以上的即为评审通过。

未出席评审会议或者中途离会未参加评议过程的评审专家不得投票、委托他人投票或补充投票。

第二十八条　根据评审需要，评委会可以按照学科或者专业组成若干评议组，专业评议组组长一般由当年度评委会委员担任。每个评议组评审专家不少于3人，负责对申报人提出书面评议意见，也可以不设评议组，由评委会3名以上评审专家按照分工，提出评议意见。评议组组长或者分工负责评议的专家在评审会议

上介绍评议情况，作为评委会评议表决的参考。

**第二十九条** 评审会议结束时，由主任委员或主持评审会议的副主任委员宣布投票结果，并对评审结果签字确认，加盖评委会印章。

**第三十条** 评审会议应当由评委会办公室做好会议记录，内容包括出席评委、评审对象、评议意见、投票结果等内容，会议记录归档管理。

**第三十一条** 评审会议实行封闭式管理，评审专家名单一般不准对外公布。

评审专家和工作人员在评审工作保密期内不得对外泄露评审内容，不得私自接收评审材料，不得利用职务之便谋取不正当利益。

**第三十二条** 评审工作实行回避制度。申报对象不能担任当年度专业评议组或评委会成员。专业评议组或执行评委会成员在评审中涉及其直系亲属等与评审工作有利害关系或者其他关系可能影响客观公正的，应当回避。评委会办公室发现上述情形的，应当通知评审专家回避。

**第三十三条** 评审会议结束后，评委会办公室对评审结果进行公示，公示期不少于5个工作日。公示期间，对通过举报投诉等方式发现的问题线索，由评委会组建单位调查核实。

经公示无异议的评审通过人员，高级职称评审结果一般由省级行业主管部门会同省级人力社保部门发文公布。委托行业协会组建的评委会，评审通过人员由行业协会发文公布。自主评聘单位由本单位公布聘任结果。高级职称评审（评聘）结果由高级评委会办公室报省级人力社保部门备案。

中初级职称评审结果的公布和备案按照管理权限参照执行。

**第三十四条** 评审结束后，申报人所在单位人事管理部门应当将评审通过人员的有关材料及时归入本人档案。

**第三十五条** 专业技术人才跨区域、跨单位流动时，其职称按照职称评审管理权限重新评审或者确认。

从外省、中央部属单位调入和军队转业的专业技术人才，高级职称的确认由高级评委会常设评审组织进行，对其原取得的职称，所在单位报当地人力社保部门审核后，提交相应评委会确认，确认通过后换发浙江省电子证书。外省调入或省内跨市流动的中初级职称的确认由所在市或厅局级单位办理。自主评聘单位由各单位自行确认。

本省暂无条件评审或因有其他特殊情况需要委托外省或中央部属单位评审的，由所在市人力社保部门或省行业主管部门审核后，由省级人力社保部门统一办理委托评审手续，未经委托而取得的职称在我省不予认可。被派驻省内市外连续工作一年以上的专业技术人才，可由人事关系所在地人力社保部门委托，在派驻地申报职称评审。派驻外省的，由省级人力社保部门委托，未经委托，所取得的职称不予认可。

在长三角生态绿色一体化发展示范区内，两省一市的职称予以互认，无需重新确认或换发职称证书。

## 第五章　评审服务

**第三十六条** 评委会组建单位应当建立职称评价服务、咨询平台，及时发布相关政策、评审通知、评审结果等相关信息，提供日常便捷化服务。

**第三十七条** 创新评价方式，结合不同行业和专业自身特点，采取会议、视频、通讯等评审方式，通过实践操作、人机对话、面试答辩、业绩量化、成果展示、考核认定、考评结合等多种评价方法，对申报对象进行评价，提高职称评价的针对性和科学性。

第三十八条　加强职称评审信息化建设。充分运用互联网+、大数据等手段，推进使用"浙江省专业技术职务任职资格申报与评审管理服务系统"，及时维护全省专业技术人才业绩档案库，实现职称申报、受理、审核、评审、公布、发证等一网通办，推进职称评审"最多跑一次"改革。

第三十九条　实行职称评审电子证书制度，电子证书与纸质证书具有同等效力。

高级职称由评委会办公室报省级人力社保部门制作电子证书。中初级职称根据管理权限，由市、县（市、区）人力社保部门或省直有关单位制作电子证书。以考代评的中初级职称，由省级人力社保部门制作电子证书或考试合格证明。

自主评聘单位由单位制作聘书，按照全省统一的数据采集和应用标准进行职称聘任情况归集。

浙江政务服务网开通证书信息（自主评聘单位职务聘任信息）专栏，提供网上查询、核验。

### 第六章　职称评审"直通车"机制

第四十条　建立职称评审"直通车"机制。申报人一般应当按照职称层级逐级申报职称评审，对取得重大基础研究和前沿技术突破、解决重大工程技术难题等标志性业绩，在经济社会各项事业发展中作出重大贡献的专业技术人才，或

引进的高层次、急需紧缺等人才，可直接申报相应的高级职称评审，由相应评委会或常设评审组织采取一事一议、随到随评的办法确认。

第四十一条　对列入国家和省海外高层次人才引才计划的专业技术人才；博士后科研流动站、工作站出站人员，在站期间能够圆满完成研究课题，并取得科研成果的，可直接确认相应的高级职称。

对组织选派的援藏、援疆、援青、援外、东西部扶贫人员符合相应条件的，可直接确认相应的中级或高级职称。

第四十二条　经资格认定的留学回国人员，可根据其学历、资历等，直接申报相应职称。在我省工作的港澳台专业技术人才，以及持有外国人工作证或海外高层次人才居住证的外籍人员，可按规定直接申报相应职称评审。

第四十三条　对长期在艰苦边远地区和基层一线工作的专业技术人才，侧重考察其实际工作业绩，适当放宽学历和任职年限要求。

第四十四条　在职称与职业资格密切相关的职业领域，取得专业技术人才国家职业资格的，可按有关规定直接聘任相应专业技术职务。符合申报条件的，个人可凭职业资格证书和聘任证明，申报高一级职称。

第四十五条　贯通工程技术领域高技能人才与工程技术人才职业发展通道。在我省工程技术领域，取得国家职业资格或技能等级的技能人员，可按有关规定申报相应职称评审。在生产一线具有高超技艺技能和取得突出业绩的技能人才，可直接申报相应工程技术职称评审。

### 第七章　监督管理

第四十六条　人力社保部门和行业主管部

门应当加强对职称评审工作的监督检查。全面实施随机监管制度，随机抽取检查单位，抽查结果公开。

被检查的单位、相关机构和个人应当如实提供与职称评审有关的材料，不得拒绝检查或者谎报、瞒报。

**第四十七条** 健全职称评审复审机制。建立单位自查、行业巡查、人力社保部门会同行业主管部门重点督查制度，通过质询、约谈、现场观摩、查阅资料等形式，对评委会及其组建单位的评审工作进行抽查、巡查，根据日常工作中发现的有关问题线索进行倒查、复查，对评委会制度建设、政策执行情况和评审结果等进行抽查复审。

**第四十八条** 依托"浙江省专业技术职务任职资格申报与评审管理服务系统"、群众投诉举报等渠道，加强监管信息归集共享，充分运用大数据等技术，加强跟踪预警，提高监管智能化水平。

**第四十九条** 评委会组建单位应当依法执行物价、财政部门核准的收费标准，自觉接受监督和审计。

**第五十条** 评委会组建单位纪检监察部门要加强对职称评审工作的监督，对违反评审工作纪律或利用职权徇私舞弊的，应追究其责任，并视情予以处理。

## 第八章 法律责任

**第五十一条** 评委会有违反评审政策、评审程序和纪律，随意降低评价标准或利用职权徇私舞弊的，导致投诉较多、争议较大，或评审结果和复审结果有较大出入的，人力社保部门和行业主管部门将视情取消相关评审结果，

并给予告诫，责令整改，经整改仍无明显改善的，暂停评审权。三年中曾在年度职称复审工作中受到2次告诫或1次严重告诫的，由人力社保部门收回评委会组建单位职称评审权限，并依法追究相关人员责任。

**第五十二条** 违反本办法第八条规定，评委会未经核准备案、有效期届满未重新核准备案或者超越职称评审权限、擅自扩大职称评审范围的，人力社保部门对其职称评审权限或者超越权限和范围的职称评审行为不予认可。情节严重的，由人力社保部门取消评委会组建单位职称评审权限，并依法追究相关人员的责任。

**第五十三条** 违反本办法第十六条规定，申报人所在工作单位、人事代理机构等未依法履行审核职责的，由人力社保部门或者评委会组建单位对直接负责的主管人员和其他责任人员予以批评教育，并责令采取补救措施；情节严重的，依法追究相关人员责任。

**第五十四条** 违反本办法第十七条规定，评委会组建单位未依法履行审核职责的，由人力社保部门对其直接负责的主管人员和其他直接责任人员予以批评教育，并责令采取补救措施；情节严重的，取消其职称评审权，并依法追究相关人员责任。

**第五十五条** 违反本办法第十三条、第十五条规定，申报人提供虚假材料、剽窃他人作品和学术成果或者通过其他不正当手段取得职称的，由人力社保部门或职称评审委员会组建单位撤销其职称，并记入职称评审诚信档案库，纳入全国和省信用信息共享平台，记录期限为3年。

**第五十六条** 评审专家违反本规定第

三十一条、第三十二条规定的，由评委会组建单位取消其评审专家资格，通报批评并记入职称评审诚信档案库，记录期限为3年；构成犯罪的，依法追究刑事责任。

职称评审工作人员违反本办法第三十一条、第三十二条规定的，由评委会组建单位责令其不得从事职称评审工作，进行通报批评；构成犯罪的，依法追究刑事责任。

**第五十七条** 在职在岗的专业技术人才，被判处管制、拘役、有期徒刑缓刑及以上，刑满悔改表现好，经批准重新从事专业技术工作

的，事业单位专业技术人员，根据处分决定，重新聘任相应专业技术职务，撤职以上处分的应低于原职称层级重新聘认；其他专业技术人才，一般应低于原职称层级重新聘任。

**第九章 附则**

**第五十八条** 涉密领域职称评审的具体办法，由相关部门和单位参照本办法另行制定。

**第五十九条** 本实施办法自2020年11月26日起实施，以往有关规定与本办法不一致的，以本办法为准。

# 浙江省人力资源和社会保障厅等6部门关于完善残疾人就业保障金制度更好促进残疾人就业的实施意见

浙人社发〔2020〕58号

各市、县（市、区）人民政府，省政府直属各单位：

为贯彻落实国家发展改革委等六部门《关于完善残疾人就业保障金制度 更好促进残疾人就业的总体方案》，充分发挥残疾人就业保障金制度作用，更加有效地稳定和促进残疾人就业，经省政府同意，现提出如下实施意见。

## 一、总体要求

以习近平新时代中国特色社会主义思想为指导，深入贯彻党的十九大和十九届二中、三中、四中全会精神以及习近平总书记关于残疾人事业的重要论述，坚持以人民为中心的发展思想，坚持就业优先战略，贯彻"六稳""六保"决策部署，正确处理好稳经济和稳就业、落实保障和推进就业、政策扶持和服务推动的关系，进一步完善残疾人就业保障金（以下简称残保金）征收使用管理制度和精准奖补、精准服务的政策措施，逐步形成就业增、成本降的良性循环，实现残疾人更加稳定、更高质量的就业。

## 二、优化征收，切实降低用人单位成本

（一）实行分档征收。自2020年1月1日起至2022年12月31日，将残保金由单一标准征收调整为分档征收，用人单位安排残疾人就业比例1%（含）以上但低于1.5%的，按应缴费额50%征收；1%以下的，按应缴费额90%征收。

（二）落实残保金减免政策。自2020年1月1日起至2022年12月31日，对在职职工总数30人（含）以下的企业，暂免征收残保金。对于用人单位遭遇不可抗力自然灾害或者其他突发事件，造成重大直接经济损失，停工停产15天及以上（含节假日）的，可按停工停产月数计算减免当年应缴残保金，其中停工停产达到15天不足1个月的，可按1个月计算，并实行征前减免、事后监督的管理方式。

（三）明确社会平均工资口径。残保金征收标准上限仍按当地社会平均工资的2倍执行，社会平均工资的口径为征期前当地统计部门最新公布的全社会单位就业人员年平均工资。

（四）合理认定按比例就业形式。探索残疾

人按比例就业多种实现形式，为用人单位更好履行法定义务提供更多选择。用工单位依法以劳务派遣等方式接收残疾人在本单位就业的，可记入派遣单位或接受单位的用工人数，具体由双方协商确定。

（五）加强征收环节部门协同共治。残联组织对用人单位上年安排的残疾人就业人数进行审核确定，并在年审结束后及时提供给税务部门。税务部门建立残保金定期检查、信息推送机制，对申报不实、少缴纳残保金或未申报缴纳残保金的用人单位及时催报并催（追）缴残保金。

## 三、加大力度，更好保障残疾人就业

（一）明确残保金优先用于保障就业。残保金优先用于支持残疾人就业，满足相关的培训教育、奖励补贴、就业服务等支出，要根据当地保障残疾人就业实际需要逐步提高残疾人就业支出比重。

（二）加大对用人单位安排残疾人就业的扶持激励力度。将劳动年龄段内有劳动能力和就业意愿的未就业持证残疾人认定为就业困难人员，按规定落实各项就业扶持政策。加大对超比例安置单位的奖励政策落实力度，对超比例安置残疾人就业的企业，每多安置1人，每年按不低于当地4个月最低工资的标准予以奖励。超比例奖励具体办法另行制定。有条件的地方，可根据实际，对按比例安排残疾人就业的企业给予就业岗位补贴、保险补贴和设施设备购置改造补助。

（三）支持残疾人自主就业创业。落实促进残疾人多渠道就业创业政策，对从事个体经营、自主创业、灵活就业所需的场地（所）租赁、启动资金、设施设备购置等予以补助，鼓励个人创业带动残疾人就业，对以员工制方式组织就业，并按规定参加社会保险的，每年给予创业带动就业补贴，具体办法由各地制定。开发垃圾分类管理员等一批适合残疾人的公益性岗位。政府和乡镇（街道）兴办贸易市场，设立商铺、摊位，以及新增建设邮政报刊零售亭等便民服务网点时，应预留不低于10%给残疾人，并适当减免摊位费、租赁费，有条件的地方应免费提供店面。新增彩票经营网点，同等条件下优先提供给残疾人；政府及相关部门也可在公共场所设立专门的彩票销售亭，免费（或优惠）提供给残疾人经营。

（四）扩大职业培训规模。将残疾人职业技能培训纳入当地公共就业服务，落实残疾人免费职业技能培训政策。对用工企业组织开展残疾人岗前、岗中、转岗培训，可给予一定的培训补贴，具体办法由各地制定。制定残疾人职业培训标准，建立以就业转化率为导向的培训机制，扩大政府购买培训服务规模，鼓励高职院校、各类社会培训机构、大师工作室等机构参与残疾人职业技能培训。创新培训方式方法，积极探索顶岗式、实训式、观摩式、订单式、孵化式和师带徒培训。对残疾人自主参加职业培训，予以培训费用补助，对获取职业资格证书、技能等级证书的残疾人给予适当奖励，具体办法由各地制定。

以上符合同类多项扶持政策的就高享受。残疾人集中就业、辅助性就业及农村残疾人从事种养殖业扶持政策仍按有关规定执行。残疾人就业、培训扶持政策所需资金，符合促进就业资金、职业技能提升行动专账资金用途规定的，从中列支，其余从残疾人事业资金列支。

## 四、强化监督，全面增进社会支持

（一）加强残保金和残疾人按比例就业的社会监督。各地应当建立用人单位按比例安排残疾人就业及缴纳残保金公示制度。各级残联及其残疾人就业服务机构应当每年向社会公布本地区用人单位实际安排残疾人就业人数。

（二）纳入社会信用评价体系。对未按比例安排残疾人就业且拒缴、少缴残保金或虚假安置残疾人就业等行为的用人单位，将其失信行为记入行业信用记录，对经过行业部门法定程序认定的，纳入公共信用信息目录，共享至浙江省公共信用信息平台。

## 五、优化服务，大力提升残疾人就业质量

（一）健全残疾人就业全过程服务机制。结合我省基层治理体系"四个平台"建设，探索建立城乡社区服务机构跟踪残疾人就业信息管理制度，精准掌握辖区内残疾人就业需求，配合做好就业对接。完善残疾人就业服务体系，积极发挥公共就业服务机构和残疾人就业服务机构在事前事中事后全流程服务中的作用。加大残疾高校毕业生帮扶力度，实施一对一跟踪服务，确保有就业意愿的残疾毕业生全部实现就业。

（二）做好残疾人人力资源开发。鼓励各地通过政府购买服务方式，引入专业化组织和市场机构，为残疾人提供职业康复训练、职业适应评估、职业心理测评、求职定向指导、职业介绍、岗位支持等全链条、个性化服务。

（三）推动用人单位设置残疾人就业岗位。大力推进各级党政机关、事业单位、国有企业带头招录（聘）和安置残疾人就业，继续开展机关和事业单位专设岗位招聘残疾人，加大基层岗位开发力度，社区工作人员等招聘岗位可预留部分名额安置残疾人大学生就业。定期举办国有企业残疾人专场招聘会，探索建立带头安置残疾人就业的长效机制。各级残疾人就业服务机构要主动向用人单位介绍安排残疾人就业优惠政策、提供岗位改造咨询，充分调动用人单位安排残疾人就业的积极性；鼓励和引导用人单位针对残疾人状况，对工作岗位进行主动适应性调整，努力实现"以岗适人"。

（四）支持就业服务平台发展。充分发挥劳务派遣公司、经营性人力资源服务机构在残疾人就业供需对接方面的作用，对推荐残疾人稳定就业一年以上的，按人数给予奖励，具体办法由各地制定。鼓励人力资源服务机构及其平台开设残疾人服务专区，为残疾人提供便捷、高效的就业服务。

（五）推动信息互通资源共享。依托政务服务系统，实现财政、税务、人力资源社会保障、民政、残联等部门信息联网。建立全省统一的残疾人就业审核管理系统，实现用人单位按比例就业网上申报审核服务。落实"最多跑一次"改革要求，推进残疾人求职和就业信息全省互联互通，支持残疾人就业创业网络服务平台建设。

## 六、加强统筹，协同推进政策落地

各级政府和相关部门要高度重视残疾人就业工作，将保障残疾人劳动就业权益放在重要位

置，落实各方责任，分工合作，齐抓共管，形成合力，千方百计稳定和促进残疾人就业，同时要更有效发挥残保金制度作用，为用人单位安排残疾人就业提供更好环境和更多支持。建立残疾人就业部门协调工作机制，及时、妥善解决残疾人就业和残保金征管中出现的问题。各地要做好政策解读，加强舆论宣传和典型示范，在就业工作先进集体和先进个人评选活动中，应预留一定名额，用于表彰安置残疾人就业先进单位和残疾人创业先进个人，鼓励残疾人更好融入社会，号召全社会关心支持残疾人就业。

本实施意见自发布之日起施行。

浙江省人力资源和社会保障厅
浙江省发展和改革委员会
浙江省财政厅
浙江省民政厅
国家税务总局浙江省税务局
浙江省残疾人联合会
2020 年 12 月 9 日

# 浙江省人力资源和社会保障厅　浙江省财政厅
# 浙江省自然资源厅　国家税务总局浙江省税务局
# 关于进一步做好被征地农民参加基本养老保险
# 有关工作的通知

浙人社发〔2020〕61号

各市、县（市、区）人民政府，省政府直属各单位：

　　根据中央改革和完善基本养老保险制度的有关要求，按照《中华人民共和国社会保险法》《中华人民共和国土地管理法》《浙江省职工基本养老保险条例》及有关法律法规规定，结合我省实际，经省政府同意，现就进一步做好被征地农民参加基本养老保险有关工作通知如下：

## 一、实施范围和对象

　　持有被征收的耕地及其他农用地合法权源资料、在征地公告发布时家庭中年满16周岁以上、且在办理征地手续时仍为该村集体经济组织成员的被征地农民。

## 二、参保办法

　　（一）2020年1月1日后产生的被征地农民，

区分不同情况分别按规定参加企业职工基本养老保险（以下简称职工养老保险）或城乡居民基本养老保险（以下简称城乡居保）。

　　1. 未达到法定退休年龄的被征地农民，可以按规定参加职工养老保险。各地不得违反国家规定将达到法定退休年龄的被征地农民纳入职工养老保险参保范围，不得以事后追补缴费的方式增加被征地农民的缴费年限。

　　2. 达到法定退休年龄或不选择参加职工养老保险的被征地农民，可以按规定参加城乡居保。

　　（1）为被征地农民参加城乡居保设立专项筹资，在参保时实行一次性筹集（以下简称一次性筹资）。一次性筹资由两部分组成：一是征地时的缴费补贴；二是由各地确定的个人和村集体经济组织出资额。一次性筹资用于衔接被征地农民基本生活保障待遇，并按规定划入个人账户。

　　（2）增设一档高缴费档次（以下简称增设

档次）供被征地农民选择，标准由各地参照个体劳动者参加职工养老保险最低年缴费水平自行确定。缴费不足15年的，补缴满15年后按规定领取待遇。

3. 各市、县（市、区）人民政府在征地时要足额筹集社会保险缴费补贴资金，用于补贴被征地农民参加基本养老保险缴费（缴费补贴基准的计算公式为：上上年度当地城乡居民月人均可支配收入×18%×139），从征地成本中列支。

被征地农民参加职工养老保险的，上述资金可以用于缴费补助，具体金额和补助方式由各地自行确定；被征地农民参加城乡居保的，上述资金用于一次性筹资中的缴费补贴。

享受基本养老保险缴费补贴人员的名单，由被征地的农村集体经济组织根据自然资源部门确定的指标数确定，并经乡（镇）人民政府、街道办事处审查、公示、确认后，按规定程序报批。

（二）2019年12月31日前产生的被征地农民，根据其年龄及征地时基本养老保险参保情况，按以下办法分别参加职工养老保险或城乡居保：

1. 未达到法定退休年龄的被征地农民，可以按规定参加职工养老保险。达到法定退休年龄时，按时足额缴费满15年的，按月领取待遇。累计缴费年限不足15年的，可以延长缴费至满15年，或转入城乡居保。

根据国家有关规定，参保人员不得以事后追补缴费的方式增加缴费年限。为做好衔接，对选择延长缴费的人员，允许其在达到法定退休年龄时一次性缴纳延长缴费期间所需费用至当地政府指定账户（以下简称指定账户），由各

地负责为其按月缴纳延长期间的缴费。对选择延长期一次性缴费的人员，从达到法定退休年龄次月起，由当地按月发放被征地农民过渡期专项补助（以下简称过渡期专项补助），过渡期专项补助发放至其符合按月领取职工养老保险待遇条件时为止。

根据国家规定，已发生一次性补缴行为的必须进行规范。对达到法定退休年龄时，除去补缴年限后，缴费年限不足15年的被征地农民，由各地发放过渡期专项补助，过渡期专项补助发放期限为参保人员补缴年限。

过渡期专项补助标准按当地当年同类人员标准确定，所需资金由各地政府承担。过渡期专项补助发放期结束后，其养老金由职工养老保险基金发放。

2. 达到法定退休年龄的被征地农民，不得参加职工养老保险，可以按规定参加城乡居保；未达到法定退休年龄且不选择参加职工养老保险的，也可以按规定参加城乡居保。参加城乡居保办法按本《通知》第二条第（一）款执行。

3. 选择增设档次缴费的被征地农民，已参加城乡居保的，其城乡居保个人账户余额可以用于抵扣应当缴纳的费用；已参加被征地农民基本生活保障的，其被征地农民基本生活保障个人及统筹账户余额可以用于抵扣一次性筹资的相应费用，转入城乡居保个人账户。

4. 选择增设档次参保的被征地农民，其与参加职工养老保险同类人员的各类待遇差，由各市、县（市、区）人民政府采取发放被征地农民生活补贴（以下简称生活补贴）的方式予以补足。

5. 已参加被征地农民基本生活保障且不愿

意选择增设档次缴费的被征地农民，可以继续按规定领取被征地农民基本生活保障待遇。

6. 参保人员年龄的计算时点为 2019 年 12 月 31 日。

7. 各地对上述名单必须严格按"人地对应"原则核定，参加基本养老保险的被征地农民名单报省自然资源厅、省人力资源和社会保障厅备案。

## 三、有关人员业务处理

（一）各地在 2020 年 1 月 1 日后办理的参保缴费、待遇领取等业务与本《通知》规定不一致的，要按本《通知》规定作相应调整。对于不符合本《通知》规定已发放的职工养老保险待遇，不再向个人追回，由各地全额筹资后补入职工养老保险基金专户。

（二）2020 年 1 月 1 日至本《通知》下发前已产生的被征地农民，参加基本养老保险办法，参照本《通知》第二条第（二）款执行。

## 四、资金管理

被征地农民养老保障资金实行社保财政专户管理，专款专用，任何单位和个人均不得截留、挤占和挪用。各地要对被征地农民养老保障资金单独建账、单独核算，要确保被征地农民养老保障资金安全完整。

（一）资金归集

1. 社会保险缴费补贴资金由实施征地的部门或单位按征地当年的筹资标准缴入指定账户，资金不落实的不得批准征地。

2. 选择延长期一次性缴费的参保人员，在

其达到法定退休年龄当月将所需资金足额缴入指定账户，由各地负责为其按月延长缴费。因缴费基数和缴费比例调整产生的不足部分由各地政府承担。

3. 过渡期专项补助、生活补贴和延长缴费所需资金不足部分，由各地政府统筹安排将所需资金按时足额划入指定账户。

（二）资金拨付

各地有关部门要按月制定用款计划，按时足额拨付各类资金。

## 五、经办管理

（一）被征地农民补偿安置方案批准后，自然资源部门应当及时将纳入安置的被征地农民基本信息交换至同级社会保险经办机构。社会保险经办机构根据基本信息，办理被征地农民参保事宜。

（二）社会保险经办机构及有关部门应当通过业务信息系统管理被征地农民参加基本养老保险信息，办理各类待遇领取资格认证等业务。过渡期专项补助、生活补贴的暂停、终止或不予支付，参照职工养老保险的有关规定执行。

（三）社会保险经办机构应当在领取过渡期专项补助的被征地农民满足领取职工养老保险待遇条件时，及时主动为其办理职工养老保险待遇领取手续，在基金中发放职工养老保险待遇，同时终止发放过渡期专项补助，避免出现重复领取职工养老保险待遇和过渡期专项补助的情况。

（四）省级社会保险经办机构及有关部门应当按"最多跑一次"改革要求，制定全省统一的被征地农民参加基本养老保险经办流程，加强

数据共享，简化经办程序，实现"一网通办"，为被征地农民提供更加便捷的服务。

## 六、工作要求

做好被征地农民参加基本养老保险工作时间紧、任务重、政策性强、涉及面广。各市、县（市、区）人民政府和有关部门要高度重视、加强领导、明确分工、落实责任、精心组织、密切配合，认真抓好各项政策措施的落实。各地要严格按国家和省有关规定加强被征地农民参保指标管理，确定被征地农民参加基本养老保险人员名单；要做好被征地农民参加城乡居保和被征地农民基本生活保障的衔接；要合理确定生活补贴标准，采取措施确保过渡期专项补助和生活补贴按时足额发放，切实维护社会稳定。

我省已有规定与本《通知》不一致的按本《通知》执行。今后国家有统一规定的从其规定。

浙江省人力资源和社会保障厅
浙江省财政厅
浙江省自然资源厅
国家税务总局浙江省税务局
2020 年 12 月 15 日

# 浙江省人力资源和社会保障厅发文目录

# 2020年浙江省人力资源和社会保障厅发文目录

## 1月

| 发文日期 | 文号 | 标题 |
|---|---|---|
| 1月6日 | 浙人社发〔2020〕1号 | 中共浙江省委组织部 浙江省人力资源和社会保障厅关于贯彻落实事业单位工作人员奖励规定有关问题的通知 |
| 1月10日 | 浙人社发〔2020〕2号 | 浙江省人力资源和社会保障厅 浙江省档案局关于2019年度全省人力资源和社会保障系统通过档案工作目标管理省级认定情况的通报 |
| 1月16日 | 浙人社发〔2020〕3号 | 浙江省人力资源和社会保障厅关于2019年度全省人社系统绩效考评情况的通报 |
| 1月13日 | 浙人社发〔2020〕4号 | 浙江省人力资源和社会保障厅 浙江省财政厅关于发布2019年城乡居民基本养老保险个人账户记账利率的通知 |
| 1月17日 | 浙人社发〔2020〕5号 | 秘密 |
| 1月17日 | 浙人社发〔2020〕6号 | 浙江省人力资源和社会保障厅关于2019年度先进处室（单位）评选和厅工作人员年度考核情况的通报 |
| 1月21日 | 浙人社发〔2020〕7号 | 浙江省人力资源和社会保障厅关于公布部分废止失效行政规范性文件目录的通知 |
| 1月21日 | 浙人社发〔2020〕8号 | 浙江省人力资源和社会保障厅关于公布继续有效行政规范性文件目录的通知 |

## 2月

| 发文日期 | 文号 | 标题 |
|---|---|---|
| 2月11日 | 浙人社发〔2020〕9号 | 浙江省人力资源和社会保障厅 浙江省财政厅关于在疫情防控期间支持企业开展线上职业技能培训工作的通知 |
| 2月17日 | 浙人社发〔2020〕10号 | 浙江省人力资源和社会保障厅 浙江省财政厅关于做好2020年失业保险稳岗返还政策执行有关问题的通知 |
| 2月19日 | 浙人社发〔2020〕11号 | 浙江省人力资源和社会保障厅 浙江省教育厅 浙江省财政厅 浙江省交通运输厅 浙江省卫生健康委关于做好疫情防控期间就业工作的通知 |

续表

| 发文日期 | 文号 | 标题 |
|---|---|---|
| 2月26日 | 浙人社发〔2020〕12号 | 浙江省人力资源和社会保障厅等4部门转发人力资源社会保障部全国总工会中国企业联合会/中国企业家协会全国工商联关于做好新型冠状病毒感染肺炎疫情防控期间稳定劳动关系支持企业复工复产意见的通知 |
| 2月28日 | 浙人社发〔2020〕13号 | 浙江省人力资源和社会保障厅 浙江省医疗保障局浙江省财政厅 国家税务总局浙江省税务局关于阶段性减免企业社会保险费有关问题的通知 |

# 3月

| 发文日期 | 文号 | 标题 |
|---|---|---|
| 3月11日 | 浙人社发〔2020〕14号 | 浙江省人力资源和社会保障厅 浙江省应急管理厅 浙江省住房和城乡建设厅 浙江省交通运输厅关于公布2019年度初级注册安全工程师职业资格考试合格人员名单的通知 |

# 4月

| 发文日期 | 文号 | 标题 |
|---|---|---|
| 4月1日 | 浙人社发〔2020〕15号 | 浙江省人力资源和社会保障厅关于追授张超同志记大功奖励的决定 |
| 4月9日 | 浙人社发〔2020〕16号 | 浙江省人力资源和社会保障厅关于印发2020年全省人力资源和社会保障工作要点的通知 |
| 4月21日 | 浙人社发〔2020〕17号 | 浙江省人力资源和社会保障厅关于印发《2020年全省人力社保系统全面深化改革工作要点及责任分工》和"对标争先改革创新"项目的通知 |
| 4月21日 | 浙人社发〔2020〕18号 | 浙江省人力资源和社会保障厅关于印发2020年重点调研课题和专项调研计划的通知 |
| 4月24日 | 浙人社发〔2020〕19号 | 浙江省人力资源和社会保障厅关于印发应对大规模裁员和失业风险工作专班方案的通知 |
| 4月23日 | 浙人社发〔2020〕20号 | 中共浙江省委人才办 浙江省人力资源和社会保障厅 浙江清华长三角研究院关于开展第二届"青年才俊浙江行"活动的通知 |
| 4月30日 | 浙人社发〔2020〕21号 | 浙江省人力资源和社会保障厅关于印发《重大（突发）网络舆情事件应对处置工作预案》的通知 |
| 4月30日 | 浙人社发〔2020〕22号 | 浙江省人力资源和社会保障厅 浙江省医疗保障局 浙江省财政厅关于确定部分离休干部"两费"保障经费筹资标准的通知 |

## 5月

| 发文日期 | 文号 | 标题 |
|---|---|---|
| 5月6日 | 浙人社发〔2020〕23号 | 浙江省人力资源和社会保障厅 浙江省财政厅关于转发调整野外地质勘探队、测绘地理信息系统测绘队工作人员基本工资标准的通知 |
| 5月8日 | 浙人社发〔2020〕24号 | 浙江省人力资源和社会保障厅关于印发防范应对大规模裁员和失业风险总体预案的通知 |
| 5月11日 | 浙人社发〔2020〕25号 | 浙江省人力资源和社会保障厅关于印发浙江省人社系统绩效考核评价办法的通知 |
| 5月7日 | 浙人社发〔2020〕26号 | 浙江省人力资源和社会保障厅 浙江省住房和城乡建设厅 浙江省交通运输厅 浙江省水利厅 中国人民银行杭州中心支行关于在工程建设领域全面启用工资支付监管平台的通知 |
| 5月22日 | 浙人社发〔2020〕27号 | 浙江省人力资源和社会保障厅关于进一步深化开展"三服务"活动的通知 |
| 5月15日 | 浙人社发〔2020〕28号 | 浙江省人力资源和社会保障厅 浙江省卫生健康委员会转发人力资源社会保障部 国家卫生健康委关于做好尘肺病重点行业工伤保险有关工作的通知 |

## 6月

| 发文日期 | 文号 | 标题 |
|---|---|---|
| 6月4日 | 浙人社发〔2020〕29号 | 浙江省人力资源和社会保障厅关于公布2020年浙江省人力资源和社会保障科学研究课题立项名单的通知 |
| 6月12日 | 浙人社发〔2020〕30号 | 浙江省人力资源和社会保障厅 浙江省教育厅 浙江省财政厅关于做好2020届湖北籍毕业生一次性求职创业补贴发放工作的通知 |
| 6月30日 | 浙人社发〔2020〕31号 | 浙江省人力资源和社会保障厅 浙江省财政厅关于贯彻落实《人力资源社会保障部财政部关于扩大失业保险保障范围的通知》的实施意见 |

## 7月

| 发文日期 | 文号 | 标题 |
|---|---|---|
| 7月4日 | 浙人社发〔2020〕32号 | 浙江省人力资源和社会保障厅关于发布2019年全省社会平均工资的通知 |
| 7月9日 | 浙人社发〔2020〕33号 | 浙江省人力资源和社会保障厅 浙江省财政厅 国家税务总局浙江省税务局转发人力资源社会保障部 财政部 税务总局关于延长阶段性减免企业社会保险费政策实施期限等问题的通知 |
| 7月14日 | 浙人社发〔2020〕34号 | 浙江省人力资源和社会保障厅等3部门关于进一步做好东西部扶贫劳务协作工作稳定贫困劳动力就业的通知 |
| 7月31日 | 浙人社发〔2020〕35号 | 浙江省人力资源和社会保障厅 浙江省财政厅关于2020年调整退休人员基本养老金的通知 |

# 8月

| 发文日期 | 文号 | 标题 |
|---|---|---|
| 8月5日 | 浙人社发〔2020〕36号 | 浙江省人力资源和社会保障厅 浙江省财政厅关于开展企业以工代训补贴工作的通知 |

# 9月

| 发文日期 | 文号 | 标题 |
|---|---|---|
| 9月3日 | 浙人社发〔2020〕37号 | 中共浙江省委组织部 浙江省人力资源和社会保障厅 浙江省财政厅关于调整精减退职人员生活困难补助费标准的通知 |
| 9月3日 | 浙人社发〔2020〕38号 | 中共浙江省委组织部 浙江省人力资源和社会保障厅 浙江省财政厅关于调整机关事业单位工作人员死亡后遗属生活困难补助费等标准的通知 |
| 9月4日 | 浙人社发〔2020〕39号 | 浙江省人力资源和社会保障厅 浙江省财政厅关于调整企业职工死亡后遗属生活困难补助费等标准的通知 |
| 9月7日 | 浙人社发〔2020〕40号 | 浙江省人力资源和社会保障厅关于印发《浙江省省级人力资源服务产业园创建和评估办法（试行）》的通知 |
| 9月8日 | 浙人社发〔2020〕41号 | 浙江省人力资源和社会保障厅 浙江省财政厅关于进一步加强职业技能提升行动管理的通知 |
| 9月16日 | 浙人社发〔2020〕42号 | 浙江省人力资源和社会保障厅关于进一步做好全省系统"证照分离"改革全覆盖试点工作的通知 |
| 9月17日 | 浙人社发〔2020〕43号 | 浙江省人力资源和社会保障厅关于进一步规范全省系统行政许可事项办理有关问题的通知 |
| 9月30日 | 浙人社发〔2020〕44号 | 浙江省人力资源和社会保障厅关于创建工伤预防常态化工作机制的指导意见 |

# 10月

| 发文日期 | 文号 | 标题 |
|---|---|---|
| 10月14日 | 浙人社发〔2020〕45号 | 浙江省人力资源和社会保障厅关于进一步深化失业"一件事"全流程"最多跑一次"改革的通知 |
| 10月16日 | 浙人社发〔2020〕46号 | 浙江省人力资源和社会保障厅 国家税务总局浙江省税务局关于开展个人创业"一件事"改革的通知 |
| 10月26日 | 浙人社发〔2020〕47号 | 浙江省人力资源和社会保障厅关于印发《浙江省职称评审管理实施办法》（试行）的通知 |
| 10月26日 | 浙人社发〔2020〕48号 | 浙江省人力资源和社会保障厅关于印发《浙江省机动车检测维修行业高级工程师职称改革工作实施方案》（试行)和《浙江省机动车检测维修行业高级工程师职务任职资格评价条件》（试行）的通知 |

| 发文日期 | 文号 | 标题 |
|---|---|---|
| 10月26日 | 浙人社发〔2020〕49号 | 浙江省人力资源和社会保障厅关于印发《浙江省安全技术防范行业工程师、高级工程师职称改革工作实施方案》（试行）和《浙江省安全技术防范专业工程师、高级工程师职务任职资格评价条件》（试行）的通知 |
| 10月26日 | 浙人社发〔2020〕50号 | 浙江省人力资源和社会保障厅关于印发《浙江省汽车行业高级工程师职称改革工作实施方案》（试行）和《浙江省汽车行业高级工程师职务任职资格评价条件》（试行）的通知 |
| 10月29日 | 浙人社发〔2020〕51号 | 浙江省人力资源和社会保障厅 浙江省财政厅关于2020年提高城乡居民基本养老保险基础养老金最低标准的通知 |

## 11月

| 发文日期 | 文号 | 标题 |
|---|---|---|
| 11月2日 | 浙人社发〔2020〕52号 | 浙浙江省人力资源和社会保障厅 浙江省自然资源厅 浙江省生态环境厅 浙江省住房和城乡建设厅 浙江省交通运输厅 浙江省水利厅关于加强工程技术类事业单位专业技术岗位结构比例动态调控的通知 |
| 11月5日 | 浙人社发〔2020〕53号 | 浙江省人力资源和社会保障厅等5部门关于开展高校毕业生就业"一件事"改革的通知 |
| 11月10日 | 浙人社发〔2020〕54号 | 浙江省人力资源和社会保障厅关于进一步做好劳动保障信用监管工作的通知 |
| 11月13日 | 浙人社发〔2020〕57号 | 浙江省人力资源和社会保障厅等4部门关于开展工伤处理"一件事"改革的通知 |
| 11月17日 | 浙人社发〔2020〕55号 | 浙江省人力资源和社会保障厅关于开展重复信访事项集中治理化解工作的通知 |

## 12月

| 发文日期 | 文号 | 标题 |
|---|---|---|
| 12月9日 | 浙人社发〔2020〕58号 | 浙江省人力资源和社会保障厅等6部门关于完善残疾人就业保障金制度更好促进残疾人就业的实施意见 |
| 12月8日 | 浙人社发〔2020〕59号 | 浙江省人力资源和社会保障厅 浙江省市场监督管理局 浙江省住房和城乡建设厅关于开展营利性民办职业技能培训机构 开办"一件事"改革的通知 |
| 12月10日 | 浙人社发〔2020〕60号 | 浙江省人力资源和社会保障厅关于做好2020年国有企业工资分配有关工作的通知 |
| 12月15日 | 浙人社发〔2020〕61号 | 浙江省人力资源和社会保障厅 浙江省财政厅 浙江省自然资源厅 国家税务总局浙江省税务局关于进一步做好被征地农民参加基本养老保险有关工作的通知 |
| 12月17日 | 浙人社发〔2020〕62号 | 浙江省人力资源和社会保障厅关于开展2020年度全省劳动人事争议案件处理质量查评工作的通知 |
| 12月12日 | 浙人社发〔2020〕63号 | 浙江省人力资源和社会保障厅 浙江省财政厅 浙江省卫生健康委员会关于提高精神卫生医护人员待遇有关问题的通知 |

续表

| 发文日期 | 文号 | 标题 |
|---|---|---|
| 12月21日 | 浙人社发〔2020〕64号 | 浙江省人力资源和社会保障厅等4部门关于公布2020年浙江技能大赛获奖选手和单位的通知 |
| 12月22日 | 浙人社发〔2020〕65号 | 浙江省人力资源和社会保障厅 浙江省财政厅 国家税务总局浙江省税务局关于2020年企业职工基本养老保险省级调剂补助的实施意见 |
| 12月28日 | 浙人社发〔2020〕66号 | 浙江省人力资源和社会保障厅关于印发《浙江省人力资源社会保障行政处罚裁量基准（2020版）》的通知 |
| 12月29日 | 浙人社发〔2020〕67号 | 浙江省人力资源和社会保障厅关于印发《浙江省人力资源和社会保障厅重大行政决策管理办法》的通知 |
| 12月30日 | 浙人社发〔2020〕56号 | 中共浙江省委组织部　浙江省人力资源和社会保障厅关于印发《浙江省事业单位工作人员培训实施细则（试行）》的通知 |
| 12月31日 | 浙人社发〔2020〕68号 | 浙江省人力资源和社会保障厅 浙江省财政厅 国家税务总局浙江省税务局 人民银行杭州中心支行关于印发浙江省企业职工基本养老保险基金省级统筹收支经办规程的通知 |

# 主要统计资料

# 一、综合

## 全省基层劳动保障机构情况

单位：个、人

| 项目 | 个数 | 建立劳动保障工作机构个数 | 劳动保障工作人员数 | 有编制的工作人员 | 获得职业资格人员 | 大专以上学历人员 | 女性 |
|---|---|---|---|---|---|---|---|
| 街道 | 488 | 487 | 2541 | 1080 | 1051 | 2300 | 1535 |
| 乡镇 | 883 | 874 | 2997 | 1462 | 998 | 2650 | 1599 |

| 项目 | 个数 | 配备劳动保障工作人员的社区、村个数 | 劳动保障工作人员数 | 专职工作人员 | 获得职业资格人员 | 大专以上学历人员 | 女性 |
|---|---|---|---|---|---|---|---|
| 社区 | 4499 | 4319 | 5517 | 3634 | 2161 | 4599 | 3972 |
| 行政村 | 19103 | 17635 | 18558 | 4948 | 3504 | 7301 | 8634 |

# 二、就业和失业

## 按三次产业分布的全社会从业人员情况

| | 2020年 | | 2019年 | | 2018年 | |
|---|---|---|---|---|---|---|
| | 绝对数（万人） | 构成（%） | 绝对数（万人） | 构成（%） | 绝对数（万人） | 构成（%） |
| 一产 | 208 | 5.39 | 244.41 | 6.48 | 278.13 | 7.53 |
| 二产 | 1692 | 43.87 | 1673.08 | 44.37 | 1649.05 | 44.68 |
| 三产 | 1957 | 50.74 | 1853.51 | 49.15 | 1763.82 | 47.79 |

备注：按人普查、住户失业率调查数据测算。

## 全省失业人员再就业情况

单位：万人

| 项 目 | 2020年 | 2019年 | 2018年 |
|---|---|---|---|
| 城镇新增就业人数 | 111.81 | 125.7 | 125.3 |
| 城镇登记失业人员 | 42.14 | 34.43 | 34.07 |
| 城镇登记失业人员就业人数 | 38.58 | 42.45 | 44.38 |
| 失业人员再就业人数 | 47.7 | 45.39 | 43.42 |
| 困难人员再就业 | 12.79 | 15.31 | 15.93 |

## 全省就业专项资金使用情况

单位：亿元

| | 2020年 | 2019年 | 2018年 |
|---|---|---|---|
| 使用总额 | 29.36 | 20.56 | 18.76 |
| 职业培训补贴 | 0.25 | 1.13 | 2.01 |
| 职业技能鉴定补贴 | 0.03 | 0.08 | 0.16 |
| 社保补贴 | 16.32 | 11.07 | 8.97 |
| 公益性岗位补贴 | 0.23 | 2.79 | 2.21 |
| 就业见习补贴 | 0.87 | 0.74 | 0.63 |
| 求职创业补贴 | 0.98 | 0.26 | 0.12 |
| 就业创业服务补助 | 1.67 | 2 | 2.01 |
| 高技能人才培养补助 | 0.47 | 0.31 | 0.27 |
| 其 他 | 8.54 | 2.17 | 2.37 |

# 三、技工学校和就业培训

## 全省技工学校情况表

| 项 目 | | 2020年 | 2019年 | 增减（%） |
|---|---|---|---|---|
| 学校数（所） | 合计 | 83 | 78 | 6.4% |
| 学生数（人） | 在校学生数 | 173716 | 162770 | 6.7% |
| | 招生数 | 56389 | 53695 | 5.0% |
| | 其中：农业户口 | 40613 | 42026 | −3.4% |
| | 毕业生数 | 35267 | 35166 | 0.3% |
| 教职工人数（人） | 总计 | 13452 | 11859 | 13.4% |
| | 其中：理论教师 | 8272 | 6916 | 19.6% |
| | 实习教师 | 2621 | 2717 | −3.5% |
| | 其他 | —— | —— | —— |
| 兼职教师（人） | | 1944 | 1507 | 29.0% |

## 全省就业培训情况

| 项 目 | 就业训练中心 | 民办职业培训 | 技工学校培训 |
|---|---|---|---|
| 一、职业培训机构数（个） | 12 | 1200 | 54 |
| 二、在职教职工人数（人） | 630 | 12086 | —— |
| 其中：教师 | 442 | 6233 | —— |
| 兼职教师 | 363 | 8200 | —— |
| 三、经费来源（万元） | 2445.93 | 54930.46 | —— |
| 四、培训人数（人） | 43512 | 911252 | 389993 |
| 其中：女性 | 16468 | 426677 | 96914 |
| 五、结业人数（人） | 42524 | 762881 | 289947 |
| 其中：初级 | 3022 | 117902 | 43343 |
| 中级 | 3412 | 139128 | 28151 |
| 高级（含技师、高级技师） | 3229 | 102214 | 26422 |
| 六、就业人数（人） | 10653 | 383009 | —— |

# 四、监察和仲裁

## 全省劳动保障监察工作情况

| | 2020年 | 2019年 | 2018年 |
|---|---|---|---|
| 检查单位数 | 123663 | 169756 | 177851 |
| 涉及劳动者（万人） | 527.49 | 645.22 | 655.56 |
| 劳动保障监察投诉结案数（件） | 1875 | 1056 | 2873 |
| 结案率（%） | 100% | 100% | 100% |
| 追发劳动者工资等待遇（万元） | 14164.57 | 10062.61 | 23736.87 |
| 涉及人数（万人） | 1.09 | 1.21 | 2.43 |
| 清退风险抵押金（万元） | 0.12 | 28.13 | 22.16 |
| 涉及人数（万人） | 0.001 | 0.005 | 0.032 |
| 追缴社会保险费（万元） | 217.75 | 149.09 | 198.73 |
| 涉及人数（万人） | 0.016 | 0.012 | 0.04 |
| 清退童工（人） | 198 | 320 | 381 |

## 全省劳动争议仲裁情况

| | 2020年 | 2019年 | 2018年 |
|---|---|---|---|
| 一、案件受理情况 | | | |
| （一）受理案件数（件） | 59053 | 61530 | 56312 |
| 其中：国有企业 | 476 | 390 | 361 |
| 集体企业 | 88 | 55 | 41 |
| 港澳台及外资企业 | 485 | 664 | 621 |
| 民营企业 | 50576 | 55308 | 51731 |
| 其他 | 7428 | 5113 | 3558 |
| （二）案件涉及人数（人） | 72762 | 76873 | 74100 |
| 二、案件处理情况 | | | |
| 结案件数（件） | 61065 | 63414 | 56826 |
| 其中：单位胜诉 | 3543 | 3427 | 3238 |
| 劳动者胜诉 | 17742 | 17625 | 17262 |
| 双方部分胜诉 | 25720 | 25377 | 21765 |

# 五、社会保障

## 全省社会保险基本情况

| 项　　目 | 企业职工基本养老保险 | 城乡居民基本养老保险 | 机关事业单位养老保险 | 失业保险 | 工伤保险 |
|---|---|---|---|---|---|
| 一、参保总人数（万人） | 2989.29 | 1143.94 | 221.84 | 1687.42 | 2546.14 |
| 　其中：在职职工 | 2161.05 | —— | 152.85 | 1687.42 | 2546.14 |
| 二、基金收支情况(亿元) | | | | | |
| 1.当年基金收入 | 1784.54 | 300.64 | 619.95 | 72.82 | 38.94 |
| 2.当年基金支出 | 2919.51 | 200.62 | 614.72 | 154.34 | 62.45 |
| 3.当年基金结余 | −1134.97 | 100.02 | 5.23 | −81.52 | −23.51 |
| 4.基金滚存结余 | 2323.89 | 254.50 | 94.38 | 166.88 | 77.13 |

备注：1.2020年社会保险基金收支余为决算数据；2.从2020年起，各项社会保险基金收入、支出不含省内上解下拨资金，中央调剂金按净上解额计

# 六、各市资料

## 各市年末总户数和总人口数

单位：人

| 地　　区 | 总户数（户） | 总人口数（人） | 按性别分 | | 按城镇人口和乡村人口分 | |
|---|---|---|---|---|---|---|
| | | | 男性 | 女性 | 城镇人口 | 乡村人口 |
| 合　计 | 17410891 | 50689996 | 25470558 | 25219438 | 27077939 | 23612057 |
| 杭州市 | 2547517 | 8138304 | 4027248 | 4111056 | 5682263 | 2456041 |
| 宁波市 | 2400404 | 6136558 | 3028613 | 3107945 | 4036963 | 2099595 |
| 温州市 | 2438028 | 8337457 | 4314085 | 4023372 | 4239170 | 4098287 |

续表

| 地　区 | 总户数（户） | 总人口数（人） | 按性别分 | | 按城镇人口和乡村人口分 | |
|---|---|---|---|---|---|---|
| | | | 男性 | 女性 | 城镇人口 | 乡村人口 |
| 湖州市 | 880116 | 2680587 | 1320220 | 1360367 | 1235917 | 1444670 |
| 嘉兴市 | 1159428 | 3673799 | 1790922 | 1882877 | 2145563 | 1528236 |
| 绍兴市 | 1640050 | 4476427 | 2225506 | 2250921 | 2235092 | 2241335 |
| 金华市 | 1964976 | 4939004 | 2498027 | 2440977 | 2332564 | 2606440 |
| 衢州市 | 968116 | 2568638 | 1308274 | 1260364 | 928582 | 1640056 |
| 舟山市 | 376073 | 962028 | 473521 | 488507 | 561440 | 400588 |
| 台州市 | 1942436 | 6069798 | 3095093 | 2974705 | 2799292 | 3270506 |
| 丽水市 | 1093747 | 2707396 | 1389049 | 1318347 | 881093 | 1826303 |

注：本表数据来源为省公安厅。

## 各市社会保险参保人数

单位：万人

| | 企业职工基本养老保险 | 城乡居民基本养老保险 | 机关事业单位养老保险 | 失业保险 | 工伤保险 | 被征地农民养老保障 |
|---|---|---|---|---|---|---|
| 合　计 | 2989.29 | 1143.94 | 221.84 | 1687.42 | 2546.14 | 655.17 |
| 杭州市 | 716.98 | 81.01 | 33.98 | 523.46 | 633.36 | 67.98 |
| 宁波市 | 487.39 | 110.1 | 28.63 | 318.40 | 415.64 | 94.67 |
| 温州市 | 340.35 | 213.89 | 30.51 | 144.55 | 313.41 | 90.57 |
| 嘉兴市 | 262.28 | 63.43 | 14.46 | 156.37 | 228.53 | 58.86 |
| 湖州市 | 159.08 | 51.72 | 10.59 | 87.97 | 129.81 | 25.8 |
| 绍兴市 | 257.42 | 94.92 | 16.82 | 131.49 | 172.07 | 82.82 |
| 金华市 | 243.48 | 130 | 18.96 | 117.51 | 202.12 | 73.56 |
| 衢州市 | 84.23 | 86.65 | 9.3 | 38.41 | 47.09 | 26.52 |
| 舟山市 | 60 | 18.15 | 5.79 | 25.82 | 40.11 | 21.78 |
| 台州市 | 247.59 | 193.15 | 20.19 | 112.78 | 244.08 | 84.26 |
| 丽水市 | 86.13 | 100.91 | 11.83 | 30.66 | 78.39 | 28.35 |

# 工资指导价位

# 2020年全省各市、县最低工资标准

单位：元

| 地区 | 市、县 | 最低月工资标准 | 最低小时工资标准 |
|---|---|---|---|
| 杭州 | 市区（不含临安） | 2010 | 18.4 |
| | 临安 | 1800 | 16.5 |
| | 桐庐、建德、淳安 | 1660 | 15 |
| 宁波 | 市区（不含奉化）、宁波国家高新区、大榭开发区、东钱湖旅游度假区、宁波保税区 | 2010 | 18.4 |
| | 慈溪、余姚、杭州湾新区 | 1800 | 16.5 |
| | 象山、奉化、宁海 | 1660 | 15 |
| 温州 | 鹿城、龙湾、瓯海、洞头区灵昆街道、瓯江口产业集聚区、浙南产业集聚区 | 2010 | 18.4 |
| | 洞头（灵昆街道除外）、乐清、瑞安 | 1800 | 16.5 |
| | 永嘉、文成、平阳、泰顺、苍南 | 1660 | 15 |
| 嘉兴 | 市区、所属县 | 1800 | 16.5 |
| 湖州 | 市区 | 1800 | 16.5 |
| | 德清、长兴、安吉 | 1660 | 15 |
| 绍兴 | 市区、所属县 | 1800 | 16.5 |
| 金华 | 市区、义乌、东阳、永康 | 1800 | 16.5 |
| | 兰溪、浦江、武义 | 1660 | 15 |
| | 磐安 | 1500 | 13.6 |
| 衢州 | 市区、所属县 | 1660 | 15 |
| 台州 | 市区、临海、温岭、玉环 | 1800 | 16.5 |
| | 天台、仙居、三门 | 1660 | 15 |
| 舟山 | 市区、所属县 | 1800 | 16.5 |
| 丽水 | 市区、所属县 | 1660 | 15 |

# 2020年杭州市人力资源
# 市场工资指导价位

## 一、分工种企业工资价位

单位：元/年

| 序号 | 工种 | 高位数 | 中位数 | 低位数 |
|---|---|---|---|---|
| 1 | 企业董事 | 832699 | 132733 | 44281 |
| 2 | 企业总经理 | 995462 | 145713 | 44594 |
| 3 | 生产经营部门经理 | 434981 | 117354 | 43665 |
| 4 | 财务部门经理 | 430798 | 100000 | 40627 |
| 5 | 行政部门经理 | 490917 | 95000 | 38972 |
| 6 | 人事部门经理 | 463614 | 89308 | 39359 |
| 7 | 销售和营销部门经理 | 615711 | 118243 | 39181 |
| 8 | 广告和公关部门经理 | 508257 | 114920 | 40211 |
| 9 | 采购部门经理 | 365350 | 88736 | 38716 |
| 10 | 计算机服务部门经理 | 562644 | 189062 | 45680 |
| 11 | 研究和开发部门经理 | 531644 | 160479 | 52204 |
| 12 | 餐厅部门经理 | 223189 | 78033 | 38131 |
| 13 | 客房部门经理 | 206560 | 75500 | 42077 |
| 14 | 其他职能部门经理 | 529920 | 117230 | 39255 |
| 15 | 其他企业中高级管理人员 | 763250 | 140000 | 46072 |
| 16 | 农业科学研究人员 | 160513 | 87453 | 44400 |
| 17 | 医学研究人员 | 255141 | 93553 | 45961 |
| 18 | 地质勘探工程技术人员 | 121380 | 76374 | 37928 |
| 19 | 测绘和地理信息工程技术人员 | 137380 | 60000 | 37932 |
| 20 | 冶金工程技术人员 | 151015 | 66644 | 46924 |
| 21 | 化工工程技术人员 | 281156 | 104309 | 48339 |
| 22 | 机械工程技术人员 | 255392 | 104124 | 45101 |
| 23 | 电子工程技术人员 | 233605 | 93012 | 48298 |
| 24 | 信息和通信工程技术人员 | 356477 | 138672 | 46327 |
| 25 | 电气工程技术人员 | 204047 | 85373 | 41692 |

| 序号 | 工种 | 高位数 | 中位数 | 低位数 |
|---|---|---|---|---|
| 26 | 电力工程技术人员 | 232995 | 88847 | 42419 |
| 27 | 邮政和快递工程技术人员 | 259920 | 103078 | 52312 |
| 28 | 广播电影电视及演艺设备工程技术人员 | 125122 | 83428 | 50083 |
| 29 | 道路和水上运输工程技术人员 | 142129 | 73060 | 47997 |
| 30 | 铁道工程技术人员 | 191825 | 129447 | 83844 |
| 31 | 建筑工程技术人员 | 213573 | 58518 | 34735 |
| 32 | 建材工程技术人员 | 247915 | 59453 | 45805 |
| 33 | 林业工程技术人员 | 159141 | 67017 | 34348 |
| 34 | 水利工程技术人员 | 397334 | 101245 | 47060 |
| 35 | 纺织服装工程技术人员 | 144513 | 68928 | 42001 |
| 36 | 食品工程技术人员 | 189831 | 105526 | 40293 |
| 37 | 环境保护工程技术人员 | 248672 | 71061 | 39687 |
| 38 | 安全工程技术人员 | 201070 | 75693 | 35212 |
| 39 | 标准化、计量、质量和认证认可工程技术人员 | 209710 | 86005 | 43191 |
| 40 | 管理（工业）工程技术人员 | 235203 | 67458 | 33639 |
| 41 | 检验检疫工程技术人员 | 155475 | 75600 | 42504 |
| 42 | 制药工程技术人员 | 173163 | 75698 | 36713 |
| 43 | 印刷复制工程技术人员 | 168899 | 71707 | 38196 |
| 44 | 工业（产品）设计工程技术人员 | 255082 | 117499 | 44832 |
| 45 | 轻工工程技术人员 | 152141 | 79888 | 48431 |
| 46 | 农业技术指导人员 | 124098 | 86731 | 48126 |
| 47 | 园艺技术人员 | 113665 | 53077 | 36203 |
| 48 | 兽医兽药技术人员 | 133290 | 71691 | 47091 |
| 49 | 其他农业技术人员 | 80977 | 67255 | 44475 |
| 50 | 飞行人员和领航人员 | 1018320 | 460728 | 53021 |
| 51 | 船舶指挥和引航人员 | 90466 | 65091 | 56069 |
| 52 | 临床和口腔医师 | 500001 | 153064 | 45649 |
| 53 | 中医医师 | 220930 | 78302 | 34455 |
| 54 | 中西医结合医师 | 150360 | 84426 | 45173 |
| 55 | 药学技术人员 | 119462 | 71696 | 41030 |
| 56 | 医疗卫生技术人员 | 201818 | 71629 | 40363 |
| 57 | 护理人员 | 189728 | 78732 | 36141 |
| 58 | 其他卫生专业技术人员 | 127055 | 58614 | 43566 |
| 59 | 经济专业人员 | 254663 | 102000 | 50922 |
| 60 | 统计专业人员 | 162403 | 58000 | 36184 |
| 61 | 会计专业人员 | 251152 | 76756 | 38083 |
| 62 | 审计专业人员 | 335041 | 120100 | 44552 |

续表

| 序号 | 工种 | 高位数 | 中位数 | 低位数 |
|---|---|---|---|---|
| 63 | 税务专业人员 | 383678 | 104164 | 42382 |
| 64 | 评估专业人员 | 231276 | 98398 | 50862 |
| 65 | 商务专业人员 | 468789 | 136476 | 37274 |
| 66 | 人力资源专业人员 | 304196 | 83613 | 40633 |
| 67 | 银行专业人员 | 437117 | 194482 | 102103 |
| 68 | 保险专业人员 | 337568 | 106314 | 49216 |
| 69 | 证券专业人员 | 909386 | 260773 | 64308 |
| 70 | 知识产权专业人员 | 300015 | 112114 | 46081 |
| 71 | 其他经济和金融专业人员 | 331471 | 169942 | 62360 |
| 72 | 律师 | 326410 | 167450 | 76865 |
| 73 | 法律顾问 | 432353 | 124248 | 53832 |
| 74 | 社会工作专业人员 | 134069 | 97660 | 57548 |
| 75 | 其他法律、社会和宗教专业人员 | 335283 | 85837 | 49558 |
| 76 | 中等职业教育教师 | 137421 | 64713 | 31718 |
| 77 | 中小学教育教师 | 215295 | 118294 | 54300 |
| 78 | 幼儿教育教师 | 107985 | 49363 | 33294 |
| 79 | 特殊教育教师 | 109600 | 89600 | 50200 |
| 80 | 其他教学人员 | 225704 | 68977 | 37732 |
| 81 | 文艺创作与编导人员 | 166685 | 104165 | 55012 |
| 82 | 音乐指挥与演员 | 166704 | 76707 | 49341 |
| 83 | 舞台专业人员 | 168673 | 82528 | 36358 |
| 84 | 美术专业人员 | 329823 | 150106 | 73850 |
| 85 | 工艺美术与创意设计专业人员 | 335226 | 88088 | 35467 |
| 86 | 体育专业人员 | 493903 | 89177 | 35766 |
| 87 | 其他文学艺术、体育专业人员 | 67920 | 46389 | 36389 |
| 88 | 记者 | 211141 | 122802 | 56856 |
| 89 | 编辑 | 216529 | 89320 | 38555 |
| 90 | 播音员及节目主持人 | 178778 | 109091 | 48219 |
| 91 | 翻译人员 | 260456 | 99328 | 58173 |
| 92 | 图书资料与微缩摄影专业人员 | 178683 | 98407 | 38553 |
| 93 | 档案专业人员 | 143501 | 58560 | 34676 |
| 94 | 其他新闻出版、文化专业人员 | 183619 | 89254 | 60601 |
| 95 | 其他专业技术人员 | 215819 | 72536 | 37180 |
| 96 | 行政业务办理人员 | 202587 | 73130 | 34388 |
| 97 | 行政事务处理人员 | 181082 | 63634 | 33886 |
| 98 | 其他办事人员 | 208074 | 60393 | 31184 |
| 99 | 保卫人员 | 95177 | 50714 | 31801 |

| 序号 | 工种 | 高位数 | 中位数 | 低位数 |
|---|---|---|---|---|
| 100 | 消防和应急救援人员 | 148701 | 64686 | 34874 |
| 101 | 其他安全和消防人员 | 162221 | 65753 | 33816 |
| 102 | 其他办事人员和有关人员 | 216876 | 66392 | 34594 |
| 103 | 采购人员 | 208269 | 72518 | 35858 |
| 104 | 销售人员 | 231672 | 68282 | 33275 |
| 105 | 特殊商品购销人员 | 178601 | 89053 | 32365 |
| 106 | 其他批发与零售服务人员 | 175233 | 52488 | 31528 |
| 107 | 轨道交通运输服务人员 | 152370 | 99838 | 75428 |
| 108 | 道路运输服务人员 | 140055 | 94258 | 44238 |
| 109 | 水上运输服务人员 | 83276 | 48787 | 36755 |
| 110 | 航空运输服务人员 | 177312 | 96665 | 55496 |
| 111 | 装卸搬运和运输代理服务人员 | 101628 | 62194 | 34335 |
| 112 | 仓储人员 | 130337 | 59531 | 31251 |
| 113 | 邮政和快递服务人员 | 156696 | 78028 | 39300 |
| 114 | 其他交通运输、仓储和邮政业服务人员 | 192826 | 67527 | 35923 |
| 115 | 住宿服务人员 | 82701 | 48394 | 30519 |
| 116 | 餐饮服务人员 | 102558 | 51315 | 31281 |
| 117 | 其他住宿和餐饮服务人员 | 95543 | 46740 | 28944 |
| 118 | 信息通信业务人员 | 172396 | 88844 | 49333 |
| 119 | 信息通信网络维护人员 | 182132 | 74284 | 36135 |
| 120 | 信息通信网络运行管理人员 | 221434 | 104434 | 40375 |
| 121 | 软件和信息技术服务人员 | 381497 | 143497 | 42870 |
| 122 | 其他信息传输、软件和信息技术服务人员 | 354414 | 147780 | 31890 |
| 123 | 银行服务人员 | 455727 | 191257 | 102757 |
| 124 | 保险服务人员 | 338825 | 100762 | 53555 |
| 125 | 典当服务人员 | 177315 | 96338 | 59523 |
| 126 | 其他金融服务人员 | 1197467 | 183740 | 45838 |
| 127 | 物业管理服务人员 | 126309 | 55940 | 34304 |
| 128 | 房地产中介服务人员 | 178690 | 70046 | 33872 |
| 129 | 其他房地产服务人员 | 212318 | 58744 | 30752 |
| 130 | 租赁业务人员 | 217313 | 86477 | 40693 |
| 131 | 商务咨询服务人员 | 201390 | 66000 | 35052 |
| 132 | 人力资源服务人员 | 131234 | 51405 | 34814 |
| 133 | 旅游及公共游览场所服务人员 | 126795 | 45574 | 29891 |
| 134 | 安全保护服务人员 | 91001 | 47633 | 29489 |
| 135 | 市场管理服务人员 | 157669 | 60105 | 33433 |
| 136 | 会议及展览服务人员 | 94421 | 55200 | 35738 |

续表

| 序号 | 工种 | 高位数 | 中位数 | 低位数 |
|---|---|---|---|---|
| 137 | 其他租赁和商务服务人员 | 170785 | 63876 | 38030 |
| 138 | 测绘服务人员 | 154505 | 88712 | 44913 |
| 139 | 检验、检测和计量服务人员 | 131377 | 66004 | 41467 |
| 140 | 环境监测服务人员 | 81904 | 63570 | 56980 |
| 141 | 专业化设计服务人员 | 191334 | 73488 | 35436 |
| 142 | 摄影扩印服务人员 | 131849 | 78461 | 31565 |
| 143 | 其他技术辅助服务人员 | 153198 | 66236 | 31860 |
| 144 | 水利设施管养人员 | 73029 | 41232 | 34300 |
| 145 | 水土保持人员 | 96515 | 63900 | 54054 |
| 146 | 野生动植物保护人员 | 64800 | 55200 | 43200 |
| 147 | 环境治理服务人员 | 122387 | 68836 | 42889 |
| 148 | 环境卫生服务人员 | 65174 | 37776 | 27485 |
| 149 | 绿化与园艺服务人员 | 78363 | 47500 | 31096 |
| 150 | 其他水利、环境和公共设施管理服务人员 | 68144 | 57900 | 43728 |
| 151 | 生活照料服务人员 | 76783 | 43302 | 28367 |
| 152 | 服装裁剪和洗染织补人员 | 78172 | 50287 | 34681 |
| 153 | 美容美发和浴池服务人员 | 48830 | 34431 | 30289 |
| 154 | 保健服务人员 | 56100 | 50600 | 44600 |
| 155 | 宠物服务人员 | 84093 | 54120 | 42662 |
| 156 | 其他居民服务人员 | 72712 | 49176 | 31915 |
| 157 | 燃气供应服务人员 | 124644 | 70708 | 49233 |
| 158 | 水供应服务人员 | 75215 | 64053 | 46133 |
| 159 | 其他电力、燃气及水供应服务人员 | 116402 | 62770 | 36955 |
| 160 | 汽车摩托车修理技术服务人员 | 144063 | 73823 | 48312 |
| 161 | 计算机和办公设备维修人员 | 157971 | 71051 | 34312 |
| 162 | 家用电子电器产品维修人员 | 137899 | 55596 | 35144 |
| 163 | 日用产品修理服务人员 | 84638 | 57091 | 48456 |
| 164 | 其他修理及制作服务人员 | 135853 | 69585 | 31546 |
| 165 | 群众文化活动服务人员 | 78595 | 57170 | 36583 |
| 166 | 广播、电视、电影和影视录音制作人员 | 116083 | 61103 | 37660 |
| 167 | 健身和娱乐场所服务人员 | 72536 | 41742 | 28230 |
| 168 | 文化、娱乐、体育经纪代理人员 | 214245 | 103229 | 36992 |
| 169 | 其他文化、体育和娱乐服务人员 | 90349 | 39900 | 35318 |
| 170 | 医疗辅助服务人员 | 85525 | 55967 | 35489 |
| 171 | 健康咨询服务人员 | 156567 | 71640 | 48000 |
| 172 | 康复矫正服务人员 | 162003 | 78344 | 51671 |
| 173 | 公共卫生辅助服务人员 | 76097 | 45563 | 28391 |

续表

| 序号 | 工种 | 高位数 | 中位数 | 低位数 |
|---|---|---|---|---|
| 174 | 其他健康服务人员 | 92789 | 51511 | 34637 |
| 175 | 农作物生产人员 | 166488 | 47600 | 31360 |
| 176 | 其他农业生产人员 | 52587 | 37500 | 30596 |
| 177 | 畜禽饲养人员 | 98656 | 65072 | 44267 |
| 178 | 其他畜牧业生产人员 | 115799 | 78690 | 53164 |
| 179 | 水产养殖人员 | 51784 | 34430 | 29330 |
| 180 | 水产捕捞及有关人员 | 86397 | 63323 | 51126 |
| 181 | 农副林特产品初加工人员 | 90418 | 61017 | 31500 |
| 182 | 其他农林牧渔业生产辅助人员 | 72168 | 58420 | 31609 |
| 183 | 其他农、林、牧、渔业生产加工人员 | 72613 | 46320 | 36115 |
| 184 | 粮油加工人员 | 61421 | 39609 | 30180 |
| 185 | 饲料加工人员 | 81277 | 51692 | 29346 |
| 186 | 畜禽制品加工人员 | 93028 | 73779 | 42275 |
| 187 | 果蔬和坚果加工人员 | 97820 | 71709 | 36030 |
| 188 | 其他农副产品加工人员 | 63708 | 47657 | 34442 |
| 189 | 焙烤食品制造人员 | 94205 | 55481 | 39039 |
| 190 | 糖制品加工人员 | 64337 | 48202 | 40203 |
| 191 | 方便食品和罐头食品加工人员 | 69914 | 57932 | 34917 |
| 192 | 乳制品加工人员 | 72723 | 65678 | 55936 |
| 193 | 酒、饮料及精制茶制造人员 | 142200 | 75237 | 50778 |
| 194 | 其他食品、饮料生产加工人员 | 127897 | 69149 | 44128 |
| 195 | 纤维预处理人员 | 68112 | 45495 | 33678 |
| 196 | 纺纱人员 | 76242 | 60157 | 37390 |
| 197 | 织造人员 | 118471 | 58461 | 36599 |
| 198 | 针织人员 | 133960 | 47605 | 32256 |
| 199 | 非织造布制造人员 | 95016 | 64741 | 36834 |
| 200 | 印染人员 | 108931 | 68177 | 41883 |
| 201 | 其他纺织、针织、印染人员 | 96372 | 57831 | 32208 |
| 202 | 纺织品和服装剪裁缝纫人员 | 87228 | 53544 | 33206 |
| 203 | 皮革、毛皮及其制品加工人员 | 62828 | 50326 | 33895 |
| 204 | 羽绒羽毛加工及制品制造人员 | 53411 | 42146 | 36691 |
| 205 | 鞋帽制作人员 | 69945 | 49077 | 34129 |
| 206 | 其他纺织品、服装和皮革、毛皮制品加工制作人员 | 80576 | 50665 | 35589 |
| 207 | 人造板制造人员 | 71321 | 48554 | 34723 |
| 208 | 木制品制造人员 | 105369 | 57224 | 37163 |
| 209 | 家具制造人员 | 105138 | 60452 | 38080 |
| 210 | 其他木材加工、家具与木制品制作人员 | 133530 | 64512 | 37021 |

续表

| 序号 | 工种 | 高位数 | 中位数 | 低位数 |
|---|---|---|---|---|
| 211 | 制浆造纸人员 | 80787 | 54578 | 34814 |
| 212 | 纸制品制作人员 | 72440 | 45055 | 27331 |
| 213 | 其他纸及纸制品生产加工人员 | 96412 | 56807 | 30337 |
| 214 | 印刷人员 | 130944 | 56456 | 34542 |
| 215 | 文教用品制作人员 | 50900 | 34196 | 31696 |
| 216 | 乐器制作人员 | 113183 | 71873 | 50042 |
| 217 | 工艺美术品制造人员 | 106216 | 64493 | 31882 |
| 218 | 体育用品制作人员 | 81809 | 58785 | 45615 |
| 219 | 玩具制作人员 | 74190 | 52869 | 32462 |
| 220 | 其他文教、工美、体育和娱乐用品制造人员 | 98202 | 55241 | 38439 |
| 221 | 化工产品生产通用工艺人员 | 118892 | 65000 | 44106 |
| 222 | 基础化学原料制造人员 | 60221 | 52231 | 43014 |
| 223 | 农药生产人员 | 96205 | 56208 | 43357 |
| 224 | 涂料、油墨、颜料及类似产品制造人员 | 120679 | 75664 | 49054 |
| 225 | 合成橡胶生产人员 | 154415 | 80160 | 45741 |
| 226 | 专用化学产品生产人员 | 97396 | 69881 | 53336 |
| 227 | 火工品制造、保管、爆破及焰火产品制造人员 | 71000 | 55000 | 49333 |
| 228 | 日用化学品生产人员 | 90140 | 48593 | 32963 |
| 229 | 其他化学原料和化学制品制造人员 | 108533 | 68520 | 47759 |
| 230 | 化学药品原料药制造人员 | 167677 | 80177 | 57180 |
| 231 | 中药饮片加工人员 | 82211 | 60746 | 36801 |
| 232 | 药物制剂人员 | 125343 | 62788 | 38899 |
| 233 | 兽用药品制造人员 | 89957 | 70810 | 48273 |
| 234 | 生物药品制造人员 | 117515 | 60981 | 46138 |
| 235 | 其他医药制造人员 | 100193 | 67940 | 45006 |
| 236 | 化学纤维原料制造人员 | 99300 | 66755 | 46628 |
| 237 | 化学纤维纺丝及后处理人员 | 103271 | 68361 | 43589 |
| 238 | 其他化学纤维制造人员 | 106218 | 67861 | 43798 |
| 239 | 橡胶制品生产人员 | 112931 | 79889 | 47389 |
| 240 | 塑料制品加工人员 | 102408 | 64922 | 36134 |
| 241 | 其他橡胶和塑料制品制造人员 | 95566 | 65347 | 35954 |
| 242 | 水泥、石灰、石膏及其制品制造人员 | 87558 | 51467 | 32587 |
| 243 | 砖瓦石材等建筑材料制造人员 | 83500 | 60000 | 36605 |
| 244 | 玻璃及玻璃制品生产加工人员 | 72406 | 50274 | 32182 |
| 245 | 陶瓷制品制造人员 | 86699 | 63451 | 37232 |
| 246 | 耐火材料制品生产人员 | 82969 | 63415 | 49325 |
| 247 | 其他非金属矿物制品制造人员 | 72104 | 48003 | 33174 |

续表

| 序号 | 工种 | 高位数 | 中位数 | 低位数 |
|------|------|--------|--------|--------|
| 248 | 矿物采选人员 | 103790 | 62941 | 36689 |
| 249 | 炼铁人员 | 99898 | 81689 | 63079 |
| 250 | 炼钢人员 | 79765 | 69018 | 40017 |
| 251 | 铸铁管人员 | 70600 | 65000 | 55400 |
| 252 | 金属轧制人员 | 210930 | 79637 | 44484 |
| 253 | 其他金属冶炼和压延加工人员 | 100341 | 57803 | 47040 |
| 254 | 机械冷加工人员 | 121754 | 71771 | 40135 |
| 255 | 机械热加工人员 | 125981 | 78131 | 43823 |
| 256 | 机械表面处理加工人员 | 140932 | 75307 | 40434 |
| 257 | 工装工具制造加工人员 | 157635 | 82426 | 38530 |
| 258 | 其他机械制造基础加工人员 | 99276 | 63131 | 36946 |
| 259 | 五金制品制作装配人员 | 95907 | 64730 | 35094 |
| 260 | 其他金属制品制造人员 | 120518 | 58991 | 38928 |
| 261 | 通用基础件装配制造人员 | 150763 | 69023 | 42762 |
| 262 | 锅炉及原动设备制造人员 | 102782 | 69249 | 40617 |
| 263 | 金属加工机械制造人员 | 119313 | 69635 | 38830 |
| 264 | 物料搬运设备制造人员 | 118615 | 94845 | 61632 |
| 265 | 泵、阀门、压缩机及类似机械制造人员 | 106735 | 58817 | 35777 |
| 266 | 烘炉、衡器、水处理等设备制造人员 | 144550 | 87593 | 56846 |
| 267 | 其他通用设备制造人员 | 118226 | 70161 | 35782 |
| 268 | 采矿、建筑专用设备制造人员 | 96384 | 58797 | 35698 |
| 269 | 印刷生产专用设备制造人员 | 65933 | 43985 | 32597 |
| 270 | 电子专用设备装配调试人员 | 197797 | 92482 | 48900 |
| 271 | 医疗器械制品和康复辅具生产人员 | 102391 | 55874 | 34829 |
| 272 | 其他专用设备制造人员 | 141743 | 73301 | 36955 |
| 273 | 汽车零部件、饰件生产加工人员 | 112446 | 67828 | 36063 |
| 274 | 汽车整车制造人员 | 99867 | 74073 | 45035 |
| 275 | 其他汽车制造人员 | 180392 | 108718 | 49154 |
| 276 | 轨道交通运输设备制造人员 | 146485 | 108182 | 75832 |
| 277 | 摩托车、自行车制造人员 | 100806 | 66917 | 42525 |
| 278 | 电机制造人员 | 100373 | 60492 | 43875 |
| 279 | 输配电及控制设备制造人员 | 122226 | 66299 | 33992 |
| 280 | 电线电缆、光纤光缆及电工器材制造人员 | 124789 | 54774 | 31599 |
| 281 | 电池制造人员 | 69847 | 52175 | 40332 |
| 282 | 家用电力器具制造人员 | 152436 | 82732 | 51305 |
| 283 | 照明器具制造人员 | 66407 | 52835 | 32222 |
| 284 | 其他电气机械和器材制造人员 | 98738 | 44258 | 29504 |

续表

| 序号 | 工种 | 高位数 | 中位数 | 低位数 |
|---|---|---|---|---|
| 285 | 电子元件制造人员 | 81531 | 52495 | 37385 |
| 286 | 电子器件制造人员 | 98997 | 60568 | 41451 |
| 287 | 计算机制造人员 | 65710 | 43217 | 40951 |
| 288 | 电子设备装配调试人员 | 120839 | 65672 | 33452 |
| 289 | 工业机器人系统操作人员 | 130297 | 77264 | 38484 |
| 290 | 仪器仪表装配人员 | 112199 | 57038 | 32680 |
| 291 | 其他仪器仪表制造人员 | 81964 | 48984 | 36647 |
| 292 | 其他废弃资源综合利用人员 | 91322 | 59158 | 43710 |
| 293 | 电力、热力生产和供应人员 | 138269 | 65051 | 39742 |
| 294 | 气体生产、处理和输送人员 | 95306 | 59554 | 41582 |
| 295 | 水生产、输排和水处理人员 | 131261 | 78536 | 44674 |
| 296 | 其他电力、热力、气体、水生产和输配人员 | 132218 | 71609 | 46298 |
| 297 | 房屋建筑施工人员 | 81496 | 54531 | 39544 |
| 298 | 土木工程建筑施工人员 | 120839 | 49787 | 36945 |
| 299 | 建筑安装施工人员 | 117065 | 49231 | 33736 |
| 300 | 建筑装饰人员 | 71103 | 49369 | 37041 |
| 301 | 古建筑修建人员 | 69159 | 60439 | 38782 |
| 302 | 其他建筑施工人员 | 84550 | 54291 | 47355 |
| 303 | 专用车辆操作人员 | 117269 | 70923 | 37573 |
| 304 | 水上运输设备操作及有关人员 | 79120 | 40280 | 32966 |
| 305 | 通用工程机械操作人员 | 109066 | 66000 | 37837 |
| 306 | 机械设备修理人员 | 141364 | 74360 | 39559 |
| 307 | 船舶、民用航空器修理人员 | 166127 | 136127 | 104863 |
| 308 | 检验试验人员 | 119322 | 63644 | 37210 |
| 309 | 称重计量人员 | 103261 | 60128 | 35375 |
| 310 | 包装人员 | 114368 | 60000 | 33581 |
| 311 | 安全生产管理人员 | 153104 | 80000 | 37341 |
| 312 | 其他生产辅助人员 | 135423 | 60800 | 33865 |
| 313 | 其他生产制造及有关人员 | 125137 | 62728 | 34361 |

## 二、分国民经济行业企业工资价位

单位：元/年

| 序号 | 行业 | 高位数 | 中位数 | 低位数 |
|---|---|---|---|---|
| 1 | 一、农、林、牧、渔业 | 209678 | 62961 | 31257 |
| 2 | 1.农业 | 128085 | 56121 | 31017 |
| 3 | 2.农、林、牧、渔专业及辅助性活动 | 241574 | 56938 | 31002 |

续表

| 序号 | 行业 | 高位数 | 中位数 | 低位数 |
|---|---|---|---|---|
| 4 | 二、采矿业 | 157815 | 56864 | 35929 |
| 5 | 三、制造业 | 212698 | 69213 | 35819 |
| 6 | 1.农副食品加工业 | 141614 | 63770 | 34123 |
| 7 | 2.食品制造业 | 230738 | 74200 | 40690 |
| 8 | 3.酒、饮料和精制茶制造业 | 270047 | 90209 | 44212 |
| 9 | 4.纺织业 | 140068 | 60517 | 34415 |
| 10 | 5.纺织服装、服饰业 | 141660 | 56283 | 33857 |
| 11 | 6.皮革、毛皮、羽毛及其制品和制鞋业 | 91935 | 47763 | 32797 |
| 12 | 7.家具制造业 | 205135 | 65704 | 36696 |
| 13 | 8.造纸和纸制品业 | 160329 | 55000 | 29654 |
| 14 | 9.印刷和记录媒介复制业 | 130176 | 54000 | 33000 |
| 15 | 10.文教、工美、体育和娱乐用品制造业 | 143064 | 69007 | 38515 |
| 16 | 11.化学原料和化学制品制造业 | 235909 | 71405 | 38987 |
| 17 | 12.医药制造业 | 292929 | 72948 | 40258 |
| 18 | 13.化学纤维制造业 | 195980 | 66248 | 38296 |
| 19 | 14.橡胶和塑料制品业 | 158754 | 78684 | 45237 |
| 20 | 15.非金属矿物制品业 | 176369 | 61414 | 32746 |
| 21 | 16.黑色金属冶炼和压延加工业 | 115919 | 58921 | 35050 |
| 22 | 17.金属制品业 | 161616 | 69171 | 35197 |
| 23 | 18.通用设备制造业 | 222547 | 71800 | 37012 |
| 24 | 19.专用设备制造业 | 283071 | 74345 | 38663 |
| 25 | 20.汽车制造业 | 272135 | 79555 | 38733 |
| 26 | 21.铁路、船舶、航空航天和其他运输设备制造业 | 208563 | 92113 | 43629 |
| 27 | 22.电气机械和器材制造业 | 245886 | 72600 | 36709 |
| 28 | 23.计算机、通信和其他电子设备制造业 | 225380 | 71927 | 36198 |
| 29 | 24.仪器仪表制造业 | 200599 | 78828 | 38038 |
| 30 | 25.其他制造业 | 217007 | 65800 | 35681 |
| 31 | 26.废弃资源综合利用业 | 163533 | 65690 | 41188 |
| 32 | 四、电力、热力、燃气及水生产和供应业 | 280048 | 92668 | 43973 |
| 33 | 1.电力、热力生产和供应业 | 301779 | 90573 | 45489 |
| 34 | 2.燃气生产和供应业 | 224790 | 88161 | 50578 |
| 35 | 3.水的生产和供应业 | 171483 | 84066 | 43167 |
| 36 | 五、建筑业 | 152885 | 60200 | 36152 |
| 37 | 1.房屋建筑业 | 143515 | 61100 | 36531 |
| 38 | 2.土木工程建筑业 | 186146 | 63506 | 36749 |
| 39 | 3.建筑安装业 | 202512 | 75533 | 33160 |
| 40 | 4.建筑装饰、装修和其他建筑业 | 186969 | 58932 | 36788 |

续表

| 序号 | 行业 | 高位数 | 中位数 | 低位数 |
|---|---|---|---|---|
| 41 | 六、批发和零售业 | 267799 | 64341 | 31991 |
| 42 | 1.批发业 | 300327 | 78146 | 35607 |
| 43 | 2.零售业 | 245687 | 59001 | 30724 |
| 44 | 七、交通运输、仓储和邮政业 | 326389 | 93365 | 43599 |
| 45 | 1.道路运输业 | 163803 | 87371 | 42601 |
| 46 | 2.航空运输业 | 1002198 | 138502 | 51777 |
| 47 | 3.多式联运和运输代理业 | 257863 | 61043 | 36109 |
| 48 | 4.装卸搬运和仓储业 | 205781 | 76800 | 43806 |
| 49 | 5.邮政业 | 216716 | 82057 | 39657 |
| 50 | 八、住宿和餐饮业 | 199518 | 57331 | 31535 |
| 51 | 1.住宿业 | 156700 | 51848 | 30402 |
| 52 | 2.餐饮业 | 201760 | 61565 | 34005 |
| 53 | 九、信息传输、软件和信息技术服务业 | 484225 | 141932 | 37632 |
| 54 | 1.电信、广播电视和卫星传输服务 | 347594 | 161157 | 42498 |
| 55 | 2.互联网和相关服务 | 585868 | 140812 | 36047 |
| 56 | 3.软件和信息技术服务业 | 547571 | 137382 | 38041 |
| 57 | 十、金融业 | 723071 | 192505 | 68525 |
| 58 | 1.货币金融服务 | 688567 | 200813 | 98026 |
| 59 | 2.资本市场服务 | 1368802 | 262346 | 52769 |
| 60 | 3.保险业 | 597776 | 138068 | 45419 |
| 61 | 4.其他金融业 | 680955 | 136266 | 39918 |
| 62 | 十一、房地产业 | 31 4788 | 75735 | 30194 |
| 63 | 1.房地产业 | 314788 | 75735 | 30194 |
| 64 | 十二、租赁和商务服务业 | 258775 | 62760 | 31735 |
| 65 | 1.租赁业 | 263071 | 59673 | 39449 |
| 66 | 2.商务服务业 | 263560 | 63360 | 31199 |
| 67 | 十三、科学研究和技术服务业 | 364135 | 99781 | 39575 |
| 68 | 1.研究和试验发展 | 452019 | 133777 | 52632 |
| 69 | 2.专业技术服务业 | 353190 | 96614 | 39297 |
| 70 | 3.科技推广和应用服务业 | 243558 | 77186 | 39540 |
| 71 | 十四、水利环境和公共设施管理业 | 203783 | 64496 | 35027 |
| 72 | 1.生态保护和环境治理业 | 307038 | 72315 | 34957 |
| 73 | 2.公共设施管理业 | 133803 | 56591 | 35017 |
| 74 | 十五、居民服务、修理和其他服务业 | 201922 | 55779 | 30875 |
| 75 | 1.居民服务业 | 174126 | 51921 | 31286 |
| 76 | 2.机动车、电子产品和日用产品修理业 | 295457 | 81719 | 38489 |
| 77 | 3.其他服务业 | 205994 | 48872 | 30640 |

续表

| 序号 | 行业 | 高位数 | 中位数 | 低位数 |
|---|---|---|---|---|
| 78 | 十六、教育 | 228023 | 68740 | 31306 |
| 79 | 1.教育 | 228023 | 68740 | 31306 |
| 80 | 十七、卫生和社会工作 | 286888 | 64195 | 33563 |
| 81 | 1.卫生 | 295353 | 74195 | 37149 |
| 82 | 十八、文化、体育和娱乐业 | 419383 | 77138 | 36240 |
| 83 | 1.新闻和出版业 | 310739 | 114026 | 56722 |
| 84 | 2.广播、电视、电影和影视录音制作业 | 193353 | 55152 | 37869 |
| 85 | 3.文化艺术业 | 249278 | 72521 | 32823 |
| 86 | 4.体育 | 950484 | 100816 | 33928 |
| 87 | 5.娱乐业 | 148945 | 48288 | 37204 |

## 三、分登记注册类型企业工资价位

单位：元/年

| 序号 | 企业登记注册类型 | 高位数 | 中位数 | 低位数 |
|---|---|---|---|---|
| 1 | 国有企业（不含国有独资公司） | 346696 | 83855 | 36378 |
| 2 | 集体企业 | 162425 | 52260 | 33822 |
| 3 | 股份合作企业 | 229070 | 69734 | 36606 |
| 4 | 有限责任公司（含国有独资公司） | 242253 | 64303 | 32873 |
| 5 | 股份有限公司 | 429002 | 99609 | 38074 |
| 6 | 私营企业 | 214936 | 59000 | 32394 |
| 7 | 其他内资企业 | 223677 | 60000 | 35289 |
| 8 | 合资经营企业（港或澳、台资） | 245977 | 88251 | 42838 |
| 9 | 港、澳、台商独资经营企业 | 571744 | 121309 | 37253 |
| 10 | 港、澳、台商投资股份有限公司 | 155790 | 70716 | 32855 |
| 11 | 中外合资经营企业 | 321698 | 93026 | 44972 |
| 12 | 外资企业 | 272496 | 81871 | 44526 |
| 13 | 外商投资股份有限公司 | 151475 | 69413 | 42501 |

## 四、分岗位等级企业工资价位

单位：元/年

| 序号 | 岗位等级 | 高位数 | 中位数 | 低位数 |
|---|---|---|---|---|
| 1 | 高层管理岗 | 982293 | 160000 | 47563 |
| 2 | 中层管理岗 | 606008 | 125282 | 43086 |
| 3 | 基层管理岗 | 452311 | 104776 | 39701 |
| 4 | 管理类员工岗 | 343403 | 93257 | 33358 |

续表

| 序号 | 岗位等级 | 高位数 | 中位数 | 低位数 |
|---|---|---|---|---|
| 5 | 高级职称 | 558078 | 140932 | 49129 |
| 6 | 中级职称 | 360741 | 124183 | 44355 |
| 7 | 初级职称 | 355658 | 89833 | 39339 |
| 8 | 没有取得专业技术职称 | 305285 | 86212 | 37146 |
| 9 | 高级技师 | 317421 | 88852 | 41019 |
| 10 | 技师 | 300182 | 86231 | 40777 |
| 11 | 高级技能 | 235201 | 82121 | 39010 |
| 12 | 中级技能 | 232240 | 67723 | 37799 |
| 13 | 初级技能 | 214295 | 66000 | 33080 |
| 14 | 没有取得资格证书 | 184224 | 61926 | 32816 |

# 2020年宁波市人力资源市场工资指导价位

一、管理职能类、专业技术类、职业技能类职业（工种）工资指导价位

（一）管理职能类职业（工种）工资指导价位

| 序号 | 职位名称 | 单位：元/年（人民币） | | | |
|---|---|---|---|---|---|
| | | 高位值 | 中位值 | 低位值 | 平均值 |
| 1 | 企业董事 | 594481 | 202631 | 69780 | 276284 |
| 2 | 企业总经理 | 583377 | 200000 | 75204 | 282429 |
| 3 | 生产经营部门经理 | 384375 | 150047 | 74250 | 202808 |
| 4 | 财务部门经理 | 289622 | 129046 | 66711 | 159737 |
| 5 | 行政部门经理 | 270450 | 101887 | 55998 | 138274 |
| 6 | 人事部门经理 | 293856 | 108834 | 57801 | 146395 |
| 7 | 销售和营销部门经理 | 326450 | 110571 | 56068 | 172534 |
| 8 | 广告和公关部门经理 | 230438 | 100385 | 51287 | 116778 |
| 9 | 采购部门经理 | 214222 | 96518 | 51558 | 113903 |
| 10 | 计算机服务部门经理 | 415224 | 142244 | 61381 | 199664 |
| 11 | 研究和开发部门经理 | 346441 | 168791 | 73559 | 185164 |
| 12 | 餐厅部门经理 | 171479 | 102355 | 49267 | 112071 |
| 13 | 客房部门经理 | 142257 | 87600 | 45123 | 100919 |
| 14 | 其他职能部门经理 | 287082 | 107280 | 58848 | 147781 |
| 15 | 其他企业中高级管理人员 | 300053 | 91202 | 53532 | 142762 |
| 16 | 行政办事员 | 158862 | 76535 | 42046 | 89520 |
| 17 | 机要员 | 157217 | 67778 | 46348 | 85945 |
| 18 | 秘书 | 139395 | 67925 | 41469 | 83495 |
| 19 | 公关员 | 115983 | 61730 | 40929 | 71632 |
| 20 | 收发员 | 114932 | 64356 | 34615 | 72519 |
| 21 | 打字员 | 108456 | 69952 | 35977 | 72747 |
| 22 | 制图员 | 102978 | 59584 | 40535 | 63744 |
| 23 | 后勤管理员 | 115270 | 56400 | 36766 | 67457 |

续表

| 序号 | 职位名称 | 单位：元/年（人民币） | | | |
|---|---|---|---|---|---|
| | | 高位值 | 中位值 | 低位值 | 平均值 |
| 24 | 其他办事人员 | 115739 | 60460 | 40800 | 72251 |
| 25 | 保卫管理员 | 74672 | 43754 | 31100 | 49534 |
| 26 | 消防员 | 122688 | 55086 | 40989 | 73648 |
| 27 | 消防装备管理员 | 72740 | 55203 | 50463 | 55851 |
| 28 | 消防安全管理员 | 98604 | 46360 | 39897 | 55456 |
| 29 | 消防监督检查员 | 71902 | 46920 | 37822 | 50418 |
| 30 | 应急救援员 | 68170 | 64427 | 54184 | 63974 |
| 31 | 其他安全和消防人员 | 82867 | 45600 | 33700 | 59217 |
| 32 | 其他办事人员和有关人员 | 118516 | 68404 | 38485 | 75647 |

## （二）专业技术类职业（工种）工资指导价位

| 序号 | 职位名称 | 单位：元/年（人民币） | | | |
|---|---|---|---|---|---|
| | | 高位值 | 中位值 | 低位值 | 平均值 |
| 1 | 工程测量工程技术人员 | 160272 | 99567 | 52600 | 103895 |
| 2 | 采矿工程技术人员 | 109699 | 63445 | 50267 | 79500 |
| 3 | 石油天然气储运工程技术人员 | 142561 | 126176 | 100862 | 128173 |
| 4 | 化工实验工程技术人员 | 136170 | 72034 | 39300 | 81140 |
| 5 | 化工生产工程技术人员 | 179382 | 108630 | 56476 | 105132 |
| 6 | 机械设计工程技术人员 | 203055 | 85682 | 56811 | 100149 |
| 7 | 机械制造工程技术人员 | 179295 | 79993 | 45766 | 93266 |
| 8 | 设备工程技术人员 | 169586 | 78469 | 49196 | 99141 |
| 9 | 模具设计工程技术人员 | 125843 | 78613 | 53200 | 78103 |
| 10 | 自动控制工程技术人员 | 183048 | 173305 | 125872 | 159832 |
| 11 | 焊接工程技术人员 | 91930 | 72149 | 68854 | 77039 |
| 12 | 特种设备管理和应用工程技术人员 | 162841 | 90000 | 32201 | 93972 |
| 13 | 汽车工程技术人员 | 138391 | 69905 | 40196 | 69994 |
| 14 | 电子材料工程技术人员 | 112856 | 78025 | 51345 | 81334 |
| 15 | 广播视听设备工程技术人员 | 107697 | 84189 | 76190 | 89263 |
| 16 | 通信工程技术人员 | 183568 | 109696 | 34466 | 120936 |
| 17 | 计算机硬件工程技术人员 | 215610 | 107406 | 58327 | 130873 |
| 18 | 计算机软件工程技术人员 | 215928 | 115108 | 54105 | 121329 |
| 19 | 计算机网络工程技术人员 | 190375 | 92491 | 44128 | 103476 |
| 20 | 信息系统分析工程技术人员 | 229435 | 110671 | 52320 | 122630 |
| 21 | 嵌入式系统设计工程技术人员 | 209694 | 115880 | 92179 | 137956 |

续表

| 序号 | 职位名称 | 单位：元/年（人民币） | | | |
|---|---|---|---|---|---|
| | | 高位值 | 中位值 | 低位值 | 平均值 |
| 22 | 信息系统运行维护工程技术人员 | 215638 | 122608 | 63283 | 138498 |
| 23 | 电工电器工程技术人员 | 174436 | 102909 | 46801 | 118179 |
| 24 | 光源与照明工程技术人员 | 178225 | 116782 | 65235 | 123608 |
| 25 | 发电工程技术人员 | 203859 | 112112 | 91101 | 119027 |
| 26 | 供用电工程技术人员 | 200334 | 70131 | 54005 | 121077 |
| 27 | 变电工程技术人员 | 195616 | 76369 | 48370 | 97889 |
| 28 | 电力工程安装工程技术人员 | 215502 | 79997 | 51548 | 97962 |
| 29 | 水上交通工程技术人员 | 122817 | 98500 | 60793 | 100590 |
| 30 | 道路交通工程技术人员 | 174011 | 129330 | 97649 | 128248 |
| 31 | 城乡规划工程技术人员 | 182850 | 50559 | 44033 | 81985 |
| 32 | 建筑和市政设计工程技术人员 | 145209 | 71124 | 44162 | 91713 |
| 33 | 土木建筑工程技术人员 | 142000 | 76600 | 44620 | 88731 |
| 34 | 风景园林工程技术人员 | 153337 | 66065 | 35000 | 87359 |
| 35 | 供水排水工程技术人员 | 223708 | 137055 | 55196 | 158627 |
| 36 | 工程勘察与岩土工程技术人员 | 259181 | 192588 | 175579 | 200865 |
| 37 | 城镇燃气供热工程技术人员 | 174129 | 133350 | 106653 | 146776 |
| 38 | 道路与桥梁工程技术人员 | 159357 | 85000 | 37537 | 94859 |
| 39 | 港口与航道工程技术人员 | 180010 | 86718 | 48672 | 107272 |
| 40 | 水利水电建筑工程技术人员 | 147653 | 121111 | 96748 | 113458 |
| 41 | 非金属矿及制品工程技术人员 | 143954 | 88800 | 46739 | 88800 |
| 42 | 园林绿化工程技术人员 | 185801 | 178331 | 120778 | 165910 |
| 43 | 水资源工程技术人员 | 108237 | 87671 | 83198 | 95558 |
| 44 | 水利工程管理工程技术人员 | 114265 | 83094 | 59194 | 85627 |
| 45 | 食品工程技术人员 | 155767 | 83725 | 44247 | 98282 |
| 46 | 环境监测工程技术人员 | 203006 | 117932 | 64635 | 129481 |
| 47 | 环境污染防治工程技术人员 | 156542 | 117017 | 87349 | 118521 |
| 48 | 健康安全环境工程技术人员 | 176395 | 109091 | 66387 | 119418 |
| 49 | 安全防范设计评估工程技术人员 | 162795 | 109252 | 63306 | 102058 |
| 50 | 消防工程技术人员 | 112679 | 59306 | 38846 | 73226 |
| 51 | 安全生产管理工程技术人员 | 172231 | 81970 | 56035 | 94476 |
| 52 | 安全评价工程技术人员 | 94671 | 66580 | 42962 | 51802 |
| 53 | 标准化工程技术人员 | 150096 | 86022 | 67425 | 104755 |
| 54 | 计量工程技术人员 | 132739 | 84264 | 50513 | 84264 |
| 55 | 质量管理工程技术人员 | 144631 | 72757 | 50639 | 87362 |
| 56 | 质量认证认可工程技术人员 | 138060 | 98256 | 34263 | 95356 |
| 57 | 可靠性工程技术人员 | 141297 | 79814 | 66214 | 90899 |

续表

| 序号 | 职位名称 | 单位：元/年（人民币） | | | |
|---|---|---|---|---|---|
| | | 高位值 | 中位值 | 低位值 | 平均值 |
| 58 | 工业工程技术人员 | 195659 | 94171 | 58283 | 122278 |
| 59 | 物流工程技术人员 | 103318 | 63418 | 42943 | 63519 |
| 60 | 项目管理工程技术人员 | 195730 | 118649 | 59826 | 129811 |
| 61 | 工程造价工程技术人员 | 204002 | 124898 | 54400 | 122127 |
| 62 | 产品质量检验工程技术人员 | 111484 | 87356 | 61911 | 87285 |
| 63 | 特种设备检验检测工程技术人员 | 164651 | 127410 | 89014 | 129290 |
| 64 | 产品设计工程技术人员 | 144020 | 119950 | 64800 | 102291 |
| 65 | 工业设计工程技术人员 | 202297 | 139818 | 94174 | 158851 |
| 66 | 农业技术指导人员 | 106502 | 82066 | 56326 | 82764 |
| 67 | 甲板部技术人员 | 303544 | 162091 | 78625 | 171830 |
| 68 | 轮机部技术人员 | 287201 | 165829 | 82580 | 167955 |
| 69 | 其他飞机和船舶技术人员 | 400971 | 167510 | 66159 | 195623 |
| 70 | 经济规划专业人员 | 220652 | 109873 | 52159 | 127424 |
| 71 | 合作经济专业人员 | 266612 | 138739 | 111374 | 184433 |
| 72 | 价格专业人员 | 106162 | 66069 | 46015 | 69363 |
| 73 | 统计专业人员 | 151504 | 63825 | 43870 | 80086 |
| 74 | 会计专业人员 | 156489 | 66000 | 40925 | 78204 |
| 75 | 审计专业人员 | 234791 | 81795 | 42437 | 124364 |
| 76 | 税务专业人员 | 158955 | 104316 | 53879 | 119411 |
| 77 | 资产评估人员 | 197771 | 95015 | 47486 | 127433 |
| 78 | 国际商务专业人员 | 175306 | 76348 | 50674 | 89653 |
| 79 | 市场营销专业人员 | 204229 | 86930 | 37685 | 99492 |
| 80 | 商务策划专业人员 | 144165 | 107209 | 63420 | 105670 |
| 81 | 品牌专业人员 | 186820 | 115576 | 60556 | 127662 |
| 82 | 报关专业人员 | 124355 | 75881 | 50759 | 80467 |
| 83 | 报检专业人员 | 136612 | 79334 | 54298 | 79429 |
| 84 | 人力资源管理专业人员 | 190242 | 91726 | 50821 | 113001 |
| 85 | 人力资源服务专业人员 | 168977 | 72434 | 42378 | 93835 |
| 86 | 银行外汇市场业务专业人员 | 448348 | 191472 | 120934 | 211485 |
| 87 | 银行清算专业人员 | 446729 | 188894 | 99601 | 238112 |
| 88 | 信贷审核专业人员 | 415058 | 166037 | 110913 | 218168 |
| 89 | 银行国外业务专业人员 | 409074 | 174489 | 111799 | 227648 |
| 90 | 精算专业人员 | 108415 | 88244 | 77196 | 97109 |
| 91 | 保险核保专业人员 | 193286 | 115520 | 73821 | 128524 |
| 92 | 保险理赔专业人员 | 170383 | 114313 | 69290 | 117418 |
| 93 | 证券交易专业人员 | 140819 | 70031 | 50000 | 98298 |

续表

| 序号 | 职位名称 | 单位：元/年（人民币） | | | |
|---|---|---|---|---|---|
| | | 高位值 | 中位值 | 低位值 | 平均值 |
| 94 | 证券投资专业人员 | 193020 | 96357 | 64671 | 118623 |
| 95 | 其他经济和金融专业人员 | 299495 | 173517 | 85339 | 188847 |
| 96 | 律师 | 220301 | 170933 | 88500 | 162320 |
| 97 | 法律顾问 | 280911 | 178712 | 80760 | 165059 |
| 98 | 社会工作专业人员 | 70398 | 49371 | 41848 | 52762 |
| 99 | 其他法律、社会和宗教专业人员 | 269137 | 140073 | 67181 | 150095 |
| 100 | 舞蹈编导 | 198012 | 146773 | 136885 | 151113 |
| 101 | 舞美设计 | 160563 | 148022 | 109520 | 139986 |
| 102 | 音乐指挥 | 151259 | 140856 | 90103 | 122663 |
| 103 | 戏剧戏曲演员 | 161710 | 111532 | 65976 | 113977 |
| 104 | 舞蹈演员 | 133987 | 100170 | 66600 | 97269 |
| 105 | 民族乐器演奏员 | 108657 | 103930 | 69377 | 96411 |
| 106 | 外国乐器演奏员 | 163607 | 113311 | 65193 | 117158 |
| 107 | 灯光师 | 151331 | 108450 | 55722 | 115595 |
| 108 | 音像师 | 148020 | 102151 | 50651 | 104995 |
| 109 | 美工师 | 104498 | 78434 | 47706 | 74151 |
| 110 | 装置师 | 146179 | 113586 | 60654 | 104939 |
| 111 | 服装道具师 | 145896 | 97922 | 71950 | 105897 |
| 112 | 视觉传达设计人员 | 95355 | 72231 | 53813 | 77229 |
| 113 | 服装设计人员 | 95266 | 63773 | 41923 | 68951 |
| 114 | 工艺美术专业人员 | 129919 | 72000 | 46533 | 78807 |
| 115 | 数字媒体艺术专业人员 | 127840 | 86776 | 56168 | 87230 |
| 116 | 陈列展览设计人员 | 160784 | 88028 | 65532 | 88199 |
| 117 | 其他文学艺术、体育专业人员 | 122704 | 74498 | 48768 | 80166 |
| 118 | 文字记者 | 237190 | 151517 | 107542 | 151467 |
| 119 | 文字编辑 | 203228 | 93538 | 50345 | 109004 |
| 120 | 美术编辑 | 158713 | 113202 | 99478 | 127866 |
| 121 | 网络编辑 | 155257 | 78816 | 55920 | 79329 |
| 122 | 翻译 | 109771 | 75600 | 52971 | 80363 |
| 123 | 图书资料专业人员 | 104553 | 54599 | 49446 | 70294 |
| 124 | 档案专业人员 | 174358 | 97855 | 57846 | 107043 |
| 125 | 其他新闻出版、文化专业人员 | 161568 | 97795 | 55920 | 98056 |
| 126 | 其他专业技术人员 | 167993 | 87573 | 49255 | 104737 |

## （三）职业技能类职业（工种）工资指导价位

| 序号 | 职位名称 | 单位：元/年（人民币） | | | |
|---|---|---|---|---|---|
| | | 高位值 | 中位值 | 低位值 | 平均值 |
| 1 | 采购员 | 112205 | 61210 | 43928 | 69220 |
| 2 | 营销员 | 137093 | 64617 | 37225 | 81506 |
| 3 | 电子商务师 | 83266 | 48592 | 33538 | 53889 |
| 4 | 商品营业员 | 92902 | 49831 | 36345 | 60603 |
| 5 | 收银员 | 81515 | 41314 | 36000 | 49811 |
| 6 | 医药商品购销员 | 128768 | 65096 | 44724 | 73652 |
| 7 | 烟草制品购销员 | 199140 | 176950 | 153057 | 185725 |
| 8 | 其他批发与零售服务人员 | 121153 | 46780 | 31428 | 61789 |
| 9 | 轨道列车司机 | 102795 | 96858 | 91231 | 96081 |
| 10 | 铁路车站客运服务员 | 122956 | 118585 | 82370 | 115876 |
| 11 | 铁路车站货运服务员 | 138794 | 125676 | 85298 | 116068 |
| 12 | 轨道交通调度员 | 159173 | 128175 | 100067 | 119711 |
| 13 | 道路客运汽车驾驶员 | 103126 | 94581 | 67915 | 93869 |
| 14 | 道路货运汽车驾驶员 | 81684 | 58966 | 45369 | 60027 |
| 15 | 道路客运服务员 | 82988 | 63285 | 46812 | 62252 |
| 16 | 道路货运业务员 | 89307 | 75448 | 62632 | 71218 |
| 17 | 道路运输调度员 | 91567 | 80049 | 53232 | 80319 |
| 18 | 公路收费及监控员 | 107535 | 84902 | 51389 | 79147 |
| 19 | 机动车驾驶教练员 | 106302 | 83589 | 57073 | 87892 |
| 20 | 油气电站操作员 | 101069 | 84506 | 64319 | 88049 |
| 21 | 客运船舶驾驶员 | 68131 | 51797 | 42611 | 50755 |
| 22 | 船舶业务员 | 71094 | 40560 | 35928 | 47006 |
| 23 | 装卸搬运工 | 75369 | 64245 | 45308 | 62759 |
| 24 | 客运售票员 | 104005 | 70396 | 51928 | 78129 |
| 25 | 运输代理服务员 | 77326 | 68871 | 47226 | 68091 |
| 26 | 危险货物运输作业员 | 110806 | 88354 | 74808 | 90833 |
| 27 | 仓储管理员 | 96701 | 54000 | 36317 | 60612 |
| 28 | 理货员 | 108813 | 52264 | 38567 | 61111 |
| 29 | 物流服务师 | 95235 | 81775 | 53246 | 75575 |
| 30 | 邮件分拣员 | 98916 | 86051 | 57195 | 87231 |
| 31 | 邮政投递员 | 72082 | 45360 | 35046 | 49955 |
| 32 | 快递员 | 60636 | 52570 | 39398 | 49775 |
| 33 | 其他交通运输、仓储和邮政业服务人员 | 121491 | 63840 | 37639 | 80679 |
| 34 | 前厅服务员 | 66720 | 46320 | 34251 | 49791 |

续表

| 序号 | 职位名称 | 单位：元/年（人民币） | | | |
|---|---|---|---|---|---|
| | | 高位值 | 中位值 | 低位值 | 平均值 |
| 35 | 客房服务员 | 54506 | 39984 | 29950 | 41990 |
| 36 | 旅店服务员 | 56634 | 40013 | 28040 | 40100 |
| 37 | 中式烹调师 | 101007 | 58000 | 36071 | 60591 |
| 38 | 中式面点师 | 88682 | 54070 | 38232 | 55924 |
| 39 | 西式烹调师 | 83619 | 50342 | 37816 | 56579 |
| 40 | 西式面点师 | 82908 | 48795 | 36748 | 56919 |
| 41 | 餐厅服务员 | 63567 | 44273 | 32600 | 46461 |
| 42 | 营养配餐员 | 102000 | 59354 | 49580 | 68576 |
| 43 | 其他住宿和餐饮服务人员 | 69690 | 40268 | 30000 | 45117 |
| 44 | 信息通信营业员 | 93815 | 68032 | 48082 | 63489 |
| 45 | 信息通信业务员 | 71209 | 51476 | 36538 | 51682 |
| 46 | 信息通信网络机务员 | 149191 | 113416 | 86568 | 119252 |
| 47 | 信息通信网络线务员 | 140956 | 114057 | 87628 | 115716 |
| 48 | 信息通信网络运行管理员 | 171350 | 101353 | 53640 | 109927 |
| 49 | 信息通信信息化系统管理员 | 166011 | 113514 | 84790 | 114455 |
| 50 | 计算机程序设计员 | 211974 | 112140 | 55807 | 130447 |
| 51 | 计算机软件测试员 | 187916 | 84518 | 64335 | 119489 |
| 52 | 呼叫中心服务员 | 114457 | 71613 | 43994 | 70075 |
| 53 | 其他信息传输、软件和信息技术服务人员 | 197518 | 128920 | 56155 | 125320 |
| 54 | 银行综合柜员 | 377030 | 161528 | 75245 | 209919 |
| 55 | 银行信贷员 | 442080 | 181212 | 88536 | 226662 |
| 56 | 银行客户业务员 | 376548 | 155770 | 89723 | 208368 |
| 57 | 银行信用卡业务员 | 375940 | 179285 | 82126 | 211293 |
| 58 | 保险代理人 | 237457 | 131866 | 80009 | 148472 |
| 59 | 保险保全员 | 121128 | 95517 | 81999 | 96118 |
| 60 | 信托业务员 | 554440 | 212623 | 127272 | 306264 |
| 61 | 其他金融服务人员 | 439231 | 180503 | 88956 | 226561 |
| 62 | 物业管理员 | 78425 | 46613 | 31070 | 49595 |
| 63 | 中央空调系统运行操作员 | 73792 | 63118 | 53673 | 65982 |
| 64 | 停车管理员 | 47694 | 43886 | 29972 | 41545 |
| 65 | 房地产经纪人 | 238361 | 116970 | 61642 | 126217 |
| 66 | 其他房地产服务人员 | 108170 | 51032 | 36787 | 64073 |
| 67 | 租赁业务员 | 115514 | 83577 | 48174 | 79822 |
| 68 | 客户服务管理员 | 105688 | 68053 | 45663 | 75251 |
| 69 | 职业指导员 | 166068 | 77157 | 58615 | 96349 |
| 70 | 劳动关系协调员 | 90745 | 54344 | 32759 | 61003 |

续表

| 序号 | 职位名称 | 单位：元/年（人民币） | | | |
|---|---|---|---|---|---|
| | | 高位值 | 中位值 | 低位值 | 平均值 |
| 71 | 人力资源服务人员 | 93850 | 60000 | 40920 | 64320 |
| 72 | 导游 | 85029 | 76288 | 43591 | 69511 |
| 73 | 旅游团队领队 | 58248 | 42797 | 35130 | 44737 |
| 74 | 旅行社计调 | 115091 | 65630 | 49500 | 74662 |
| 75 | 旅游咨询员 | 102825 | 68062 | 50194 | 71606 |
| 76 | 公共游览场所服务员 | 71349 | 59521 | 47648 | 61511 |
| 77 | 保安员 | 71091 | 43800 | 30037 | 48182 |
| 78 | 消防设施操作员 | 128262 | 55558 | 38890 | 64812 |
| 79 | 安全防范系统安装维护员 | 109623 | 80547 | 50486 | 80009 |
| 80 | 商品监督员 | 88818 | 63937 | 55529 | 66310 |
| 81 | 市场管理员 | 123515 | 82878 | 52377 | 83422 |
| 82 | 其他租赁和商务服务人员 | 86083 | 50176 | 34865 | 60791 |
| 83 | 工程测量员 | 163868 | 82970 | 53900 | 100368 |
| 84 | 农产品食品检验员 | 106244 | 64495 | 53636 | 84292 |
| 85 | 机动车检测工 | 92794 | 85590 | 80716 | 88069 |
| 86 | 计量员 | 123609 | 77897 | 50282 | 85669 |
| 87 | 地勘钻探工 | 65258 | 56080 | 50080 | 56729 |
| 88 | 工艺美术品设计师 | 113728 | 96956 | 79124 | 91415 |
| 89 | 室内装饰设计师 | 155064 | 115139 | 53714 | 102947 |
| 90 | 广告设计师 | 97971 | 77068 | 62674 | 79623 |
| 91 | 包装设计师 | 93080 | 73700 | 65240 | 74788 |
| 92 | 其他技术辅助服务人员 | 91542 | 76275 | 47505 | 71096 |
| 93 | 展出动物保育员 | 60810 | 53980 | 46720 | 56770 |
| 94 | 污水处理工 | 141287 | 104764 | 60424 | 98587 |
| 95 | 工业固体废物处理处置工 | 136824 | 100148 | 82537 | 106375 |
| 96 | 保洁员 | 58774 | 38400 | 29267 | 41701 |
| 97 | 生活垃圾清运工 | 59242 | 39624 | 31480 | 45608 |
| 98 | 生活垃圾处理工 | 48660 | 38759 | 33403 | 39919 |
| 99 | 园林绿化工 | 55430 | 40419 | 31326 | 43176 |
| 100 | 其他水利、环境和公共设施管理服务人员 | 77774 | 46160 | 35464 | 52846 |
| 101 | 保育员 | 48475 | 43549 | 34142 | 40008 |
| 102 | 孤残儿童护理员 | 47315 | 47188 | 42012 | 46730 |
| 103 | 养老护理员 | 86597 | 54016 | 40068 | 62555 |
| 104 | 洗衣师 | 55093 | 44557 | 39873 | 44793 |
| 105 | 其他居民服务人员 | 68732 | 46812 | 41973 | 58050 |
| 106 | 供电服务员 | 75053 | 72350 | 59496 | 69710 |

续表

| 序号 | 职位名称 | 单位：元/年（人民币） | | | |
|------|----------|------|------|------|------|
| | | 高位值 | 中位值 | 低位值 | 平均值 |
| 107 | 燃气燃煤供应服务员 | 129137 | 75319 | 55170 | 85373 |
| 108 | 其他电力、燃气及水供应服务人员 | 122014 | 56065 | 50124 | 76689 |
| 109 | 汽车维修工 | 106628 | 79554 | 55484 | 81729 |
| 110 | 计算机维修工 | 87359 | 66937 | 44284 | 65628 |
| 111 | 办公设备维修工 | 85912 | 47000 | 35123 | 52781 |
| 112 | 家用电器产品维修工 | 76985 | 49803 | 35968 | 51503 |
| 113 | 其他修理及制作服务人员 | 93593 | 61860 | 42000 | 64378 |
| 114 | 群众文化指导员 | 69410 | 48645 | 40745 | 46603 |
| 115 | 讲解员 | 59000 | 47028 | 38011 | 46821 |
| 116 | 电影放映员 | 76125 | 42300 | 39461 | 54665 |
| 117 | 社会体育指导员 | 96995 | 84727 | 59996 | 88090 |
| 118 | 康乐服务员 | 55307 | 36623 | 27259 | 40367 |
| 119 | 电子竞技员 | 59269 | 48060 | 40050 | 49539 |
| 120 | 医疗临床辅助服务员 | 82665 | 67076 | 52281 | 64314 |
| 121 | 公共卫生辅助服务人员 | 71488 | 59960 | 46780 | 59201 |
| 122 | 其他健康服务人员 | 72057 | 46624 | 33920 | 50838 |
| 123 | 无人机驾驶员 | 165202 | 119550 | 75157 | 116325 |
| 124 | 其他农业生产人员 | 73765 | 54685 | 37059 | 60734 |
| 125 | 其他农、林、牧、渔业生产加工人员 | 51313 | 42871 | 41635 | 49313 |
| 126 | 畜禽屠宰加工工 | 45885 | 39170 | 36000 | 40905 |
| 127 | 其他食品、饮料生产加工人员 | 61706 | 53702 | 39509 | 51083 |
| 128 | 织布工 | 96468 | 69449 | 49399 | 82792 |
| 129 | 非织造布制造工 | 74157 | 66122 | 63074 | 66195 |
| 130 | 纺织染色工 | 87211 | 61061 | 54299 | 68708 |
| 131 | 其他纺织、针织、印染人员 | 84476 | 64226 | 35484 | 61121 |
| 132 | 服装制版师 | 156026 | 101638 | 65703 | 105398 |
| 133 | 裁剪工 | 78955 | 60801 | 48762 | 65058 |
| 134 | 缝纫工 | 93698 | 60534 | 45257 | 68501 |
| 135 | 缝纫品整型工 | 65006 | 58431 | 49143 | 60222 |
| 136 | 其他纺织品、服装和皮革、毛皮制品加工制作人员 | 90201 | 63333 | 53899 | 69136 |
| 137 | 其他纸及纸制品生产加工人员 | 70000 | 56053 | 32628 | 51102 |
| 138 | 其他印刷和记录媒介复制人员 | 98310 | 66004 | 53805 | 70482 |
| 139 | 油品储运工 | 142256 | 104539 | 46584 | 101770 |
| 140 | 化工单元操作工 | 77097 | 66925 | 62465 | 68102 |
| 141 | 纺丝工 | 66382 | 54646 | 36719 | 54423 |

续表

| 序号 | 职位名称 | 单位：元/年（人民币） | | | |
|---|---|---|---|---|---|
| | | 高位值 | 中位值 | 低位值 | 平均值 |
| 142 | 塑料制品成型制作工 | 75566 | 67804 | 52800 | 65839 |
| 143 | 水泥生产工 | 88960 | 68115 | 57301 | 71038 |
| 144 | 预拌混凝土生产工 | 88377 | 83525 | 65467 | 75716 |
| 145 | 加气混凝土制品工 | 75286 | 61924 | 58754 | 62451 |
| 146 | 砂石骨料生产工 | 80220 | 69405 | 51500 | 66608 |
| 147 | 车工 | 99656 | 66775 | 44879 | 68552 |
| 148 | 磨工 | 100922 | 62800 | 45000 | 66272 |
| 149 | 钻床工 | 92719 | 68376 | 53524 | 70417 |
| 150 | 多工序数控机床操作调整工 | 104614 | 72719 | 48391 | 69008 |
| 151 | 电切削工 | 97243 | 73705 | 47559 | 73539 |
| 152 | 铆工 | 90879 | 69229 | 61488 | 71051 |
| 153 | 铸造工 | 103683 | 75406 | 55465 | 78439 |
| 154 | 锻造工 | 66759 | 50928 | 45769 | 51102 |
| 155 | 金属热处理工 | 99808 | 76333 | 48807 | 74162 |
| 156 | 焊工 | 121757 | 79763 | 51316 | 77902 |
| 157 | 机械加工材料切割工 | 82121 | 62962 | 49549 | 65556 |
| 158 | 粉末冶金制品制造工 | 90992 | 59820 | 40451 | 63800 |
| 159 | 镀层工 | 71306 | 68037 | 64587 | 66831 |
| 160 | 镀膜工 | 65813 | 60164 | 48325 | 58276 |
| 161 | 涂装工 | 96133 | 68479 | 48196 | 70908 |
| 162 | 喷涂喷焊工 | 86677 | 61936 | 47475 | 66168 |
| 163 | 模具工 | 83688 | 58651 | 50233 | 59851 |
| 164 | 模型制作工 | 59394 | 53474 | 50091 | 53728 |
| 165 | 其他机械制造基础加工人员 | 97662 | 68592 | 40131 | 69288 |
| 166 | 工具五金制作工 | 88332 | 54980 | 47194 | 57184 |
| 167 | 建筑五金制品制作工 | 70500 | 61000 | 58000 | 62721 |
| 168 | 其他金属制品制造人员 | 75338 | 62660 | 59825 | 62906 |
| 169 | 装配钳工 | 115359 | 68803 | 40564 | 72024 |
| 170 | 齿轮制造工 | 75310 | 62070 | 55740 | 62439 |
| 171 | 其他通用设备制造人员 | 76597 | 52368 | 41869 | 58316 |
| 172 | 其他专用设备制造人员 | 73636 | 54811 | 43525 | 62898 |
| 173 | 汽车生产线操作工 | 46750 | 41063 | 39394 | 41943 |
| 174 | 汽车装调工 | 119901 | 63628 | 50850 | 74953 |
| 175 | 电器附件制造工 | 65026 | 42424 | 33028 | 47582 |
| 176 | 其他电气机械和器材制造人员 | 63942 | 50696 | 33837 | 49204 |
| 177 | 电器接插件制造工 | 71368 | 45129 | 35875 | 49534 |

续表

| 序号 | 职位名称 | 单位：元/年（人民币） | | | |
|---|---|---|---|---|---|
| | | 高位值 | 中位值 | 低位值 | 平均值 |
| 178 | 其他废弃资源综合利用人员 | 105280 | 98218 | 95739 | 99038 |
| 179 | 锅炉运行值班员 | 155926 | 104266 | 36743 | 97609 |
| 180 | 燃料值班员 | 196395 | 152312 | 90661 | 146210 |
| 181 | 汽轮机运行值班员 | 137665 | 102524 | 76632 | 119831 |
| 182 | 燃气轮机值班员 | 138932 | 127519 | 111573 | 119973 |
| 183 | 发电集控值班员 | 161977 | 122874 | 84025 | 126213 |
| 184 | 电气值班员 | 156090 | 108254 | 54815 | 109291 |
| 185 | 锅炉操作工 | 117996 | 62382 | 37632 | 83578 |
| 186 | 供热管网系统运行工 | 121421 | 96150 | 70915 | 97299 |
| 187 | 燃气储运工 | 92640 | 70089 | 60010 | 75027 |
| 188 | 水生产处理工 | 130169 | 101669 | 62265 | 108895 |
| 189 | 水供应输排工 | 54543 | 48353 | 42554 | 46053 |
| 190 | 工业废水处理工 | 99860 | 65981 | 49129 | 65338 |
| 191 | 司泵工 | 129338 | 111123 | 95035 | 98874 |
| 192 | 其他电力、热力、气体、水生产和输配人员 | 127707 | 89723 | 62641 | 98090 |
| 193 | 砌筑工 | 65008 | 60000 | 56249 | 61018 |
| 194 | 石工 | 63913 | 57205 | 51010 | 60202 |
| 195 | 混凝土工 | 76968 | 68907 | 60000 | 70835 |
| 196 | 钢筋工 | 69780 | 60000 | 54082 | 60061 |
| 197 | 架子工 | 68094 | 48808 | 42258 | 57223 |
| 198 | 管道工 | 72768 | 58152 | 50202 | 61844 |
| 199 | 机械设备安装工 | 114059 | 83724 | 55131 | 89950 |
| 200 | 电气设备安装工 | 91725 | 69897 | 53968 | 74764 |
| 201 | 管工 | 118277 | 69424 | 54386 | 74812 |
| 202 | 制冷空调系统安装维修工 | 94186 | 69948 | 52800 | 68921 |
| 203 | 锅炉设备安装工 | 98097 | 72455 | 63960 | 71420 |
| 204 | 发电设备安装工 | 167809 | 154944 | 144065 | 148410 |
| 205 | 电力电气设备安装工 | 136589 | 105802 | 92565 | 113794 |
| 206 | 装饰装修工 | 68648 | 60228 | 48905 | 58796 |
| 207 | 建筑门窗幕墙安装工 | 70751 | 61089 | 45858 | 58462 |
| 208 | 照明工程施工员 | 72491 | 63939 | 47898 | 65454 |
| 209 | 专用车辆驾驶员 | 107293 | 88998 | 58708 | 87789 |
| 210 | 船舶甲板设备操作工 | 194809 | 135982 | 76768 | 126431 |
| 211 | 船舶机舱设备操作工 | 180818 | 136078 | 71653 | 130401 |
| 212 | 起重装卸机械操作工 | 155483 | 85446 | 54984 | 90151 |
| 213 | 起重工 | 158863 | 104394 | 54872 | 99385 |

续表

| 序号 | 职位名称 | 单位：元/年（人民币） | | | |
|---|---|---|---|---|---|
| | | 高位值 | 中位值 | 低位值 | 平均值 |
| 214 | 输送机操作工 | 140150 | 98621 | 85571 | 102520 |
| 215 | 挖掘铲运和桩工机械司机 | 126304 | 108480 | 92011 | 106373 |
| 216 | 工业机器人系统操作员 | 152777 | 112405 | 72500 | 106591 |
| 217 | 设备点检员 | 90891 | 72289 | 51342 | 78323 |
| 218 | 机修钳工 | 106349 | 64689 | 41876 | 72116 |
| 219 | 电工 | 136283 | 71960 | 40327 | 76245 |
| 220 | 仪器仪表维修工 | 142050 | 83612 | 61169 | 85651 |
| 221 | 锅炉设备检修工 | 130976 | 88911 | 54852 | 86640 |
| 222 | 汽机和水轮机检修工 | 130302 | 91513 | 69931 | 97329 |
| 223 | 发电机检修工 | 172226 | 144088 | 134021 | 153444 |
| 224 | 变电设备检修工 | 80763 | 45113 | 40604 | 53524 |
| 225 | 工程机械维修工 | 146936 | 70931 | 49932 | 79294 |
| 226 | 物理性能检验员 | 95402 | 64080 | 42839 | 67863 |
| 227 | 无损检测员 | 84733 | 59964 | 48795 | 62786 |
| 228 | 质检员 | 111518 | 59279 | 44740 | 67266 |
| 229 | 试验员 | 60033 | 50879 | 44603 | 51772 |
| 230 | 称重计量工 | 106119 | 63421 | 45332 | 63186 |
| 231 | 包装工 | 74360 | 52493 | 36295 | 55745 |
| 232 | 安全员 | 159096 | 90000 | 49811 | 98558 |
| 233 | 其他生产辅助人员 | 90510 | 65000 | 40149 | 66294 |
| 234 | 其他生产制造及有关人员 | 87131 | 59104 | 40613 | 63400 |

## 二、部分技术工人职业（工种）分等级工资指导价位

| 序号 | 职位名称 | 技能等级 | 单位：元/年（人民币） | | | |
|---|---|---|---|---|---|---|
| | | | 高位值 | 中位值 | 低位值 | 平均值 |
| 1 | 焊工 | 高级技师 | 141639 | 115950 | 78736 | 109010 |
| | | 技师 | 133573 | 107986 | 72957 | 101902 |
| | | 高级技能 | 126750 | 100879 | 64323 | 94161 |
| | | 中级技能 | 120167 | 95236 | 60855 | 88635 |
| | | 初级技能 | 114864 | 80766 | 51951 | 80008 |
| 2 | 电工 | 高级技师 | 183439 | 115228 | 78323 | 112607 |
| | | 技师 | 172606 | 108078 | 72850 | 105297 |
| | | 高级技能 | 163780 | 93495 | 63377 | 98678 |
| | | 中级技能 | 125420 | 84528 | 49825 | 84160 |
| | | 初级技能 | 99262 | 68368 | 42025 | 72912 |

续表

| 序号 | 职位名称 | 技能等级 | 单位：元/年（人民币） | | | |
|---|---|---|---|---|---|---|
| | | | 高位值 | 中位值 | 低位值 | 平均值 |
| 3 | 制冷空调系统安装维修工 | 高级技能 | 107582 | 87383 | 58001 | 76732 |
| | | 中级技能 | 97689 | 74520 | 53815 | 71217 |
| | | 初级技能 | 87545 | 68273 | 47852 | 66583 |
| 4 | 防水工 | 技师 | 88998 | 82568 | 73208 | 79443 |
| | | 高级技能 | 78770 | 69577 | 64791 | 70142 |
| | | 中级技能 | 68779 | 62750 | 56309 | 62589 |
| | | 初级技能 | 61662 | 52354 | 49228 | 56176 |
| 5 | 砌筑工 | 高级技师 | 94448 | 77569 | 69375 | 79836 |
| | | 高级技能 | 80670 | 70174 | 67878 | 73506 |
| | | 中级技能 | 75657 | 64056 | 60000 | 66209 |
| | | 初级技能 | 66029 | 61658 | 57142 | 62923 |
| 6 | 混凝土工 | 高级技师 | 90699 | 86701 | 76519 | 86591 |
| | | 技师 | 82306 | 79117 | 72287 | 82020 |
| | | 高级技能 | 77494 | 73944 | 66582 | 76199 |
| | | 中级技能 | 72535 | 69971 | 63099 | 68436 |
| | | 初级技能 | 68140 | 64448 | 59285 | 62249 |
| 7 | 钢筋工 | 技师 | 84118 | 81252 | 76530 | 77488 |
| | | 高级技能 | 73942 | 69169 | 62910 | 70033 |
| | | 中级技能 | 70079 | 63094 | 60006 | 67063 |
| | | 初级技能 | 63780 | 60000 | 52829 | 60859 |
| 8 | 架子工 | 技师 | 74475 | 69909 | 63439 | 70975 |
| | | 高级技能 | 70534 | 64741 | 60000 | 65556 |
| | | 中级技能 | 64668 | 60000 | 53149 | 61276 |
| | | 初级技能 | 60000 | 54947 | 44850 | 55882 |
| 9 | 锅炉操作工 | 技师 | 131912 | 109053 | 76917 | 105720 |
| | | 高级技能 | 118841 | 106270 | 72551 | 101874 |
| | | 中级技能 | 111541 | 90959 | 67490 | 90327 |
| | | 初级技能 | 106609 | 65759 | 39237 | 75723 |
| 10 | 铸造工 | 高级技师 | 116915 | 106391 | 75352 | 98021 |
| | | 技师 | 108832 | 98387 | 68781 | 90005 |
| | | 高级技能 | 98737 | 90699 | 61838 | 84012 |
| | | 中级技能 | 92643 | 84185 | 59451 | 83166 |
| | | 初级技能 | 90416 | 82127 | 51816 | 82624 |

续表

| 序号 | 职位名称 | 技能等级 | 单位：元/年（人民币） | | | |
|---|---|---|---|---|---|---|
| | | | 高位值 | 中位值 | 低位值 | 平均值 |
| 11 | 金属热处理工 | 高级技师 | 105306 | 92821 | 82938 | 88294 |
| | | 技师 | 98520 | 84373 | 81049 | 83873 |
| | | 高级技能 | 90930 | 80256 | 78040 | 80218 |
| | | 中级技能 | 85704 | 63282 | 55355 | 70319 |
| | | 初级技能 | 82830 | 61873 | 43634 | 62138 |
| 12 | 车工 | 高级技师 | 115900 | 83556 | 68978 | 83906 |
| | | 技师 | 105106 | 78220 | 63106 | 78015 |
| | | 高级技能 | 98970 | 73816 | 59012 | 73222 |
| | | 中级技能 | 92457 | 68057 | 54293 | 69119 |
| | | 初级技能 | 85030 | 64158 | 48826 | 65286 |
| 13 | 磨工 | 高级技师 | 115352 | 85829 | 66711 | 85025 |
| | | 技师 | 105516 | 80923 | 62190 | 80099 |
| | | 高级技能 | 95395 | 76069 | 57200 | 75151 |
| | | 中级技能 | 85906 | 72852 | 52976 | 70029 |
| | | 初级技能 | 80950 | 67752 | 45026 | 65970 |
| 14 | 电切削工 | 高级技能 | 114423 | 84821 | 65066 | 86340 |
| | | 中级技能 | 92866 | 83369 | 64800 | 79924 |
| | | 初级技能 | 86348 | 80849 | 58060 | 75386 |
| 15 | 手工木工 | 技师 | 75290 | 68091 | 55262 | 66609 |
| | | 高级技能 | 70720 | 62528 | 50152 | 62870 |
| | | 中级技能 | 65972 | 57321 | 45035 | 58555 |
| | | 初级技能 | 61150 | 53301 | 42060 | 53297 |
| 16 | 汽车维修工 | 高级技师 | 137000 | 96612 | 79614 | 100745 |
| | | 技师 | 123500 | 92327 | 76036 | 97690 |
| | | 高级技能 | 120754 | 85677 | 69626 | 90214 |
| | | 中级技能 | 113727 | 81205 | 63299 | 80697 |
| | | 初级技能 | 87870 | 71264 | 50341 | 71398 |
| 17 | 育婴员 | 高级技能 | 92168 | 77148 | 56791 | 75098 |
| | | 中级技能 | 83861 | 70184 | 50149 | 68702 |
| | | 初级技能 | 69937 | 50597 | 43703 | 57766 |
| 18 | 保育员 | 高级技能 | 55676 | 44159 | 35469 | 43092 |
| | | 中级技能 | 52273 | 40875 | 32550 | 40972 |
| | | 初级技能 | 46922 | 35629 | 30518 | 35358 |

续表

| 序号 | 职位名称 | 技能等级 | 单位：元/年（人民币） | | | |
|---|---|---|---|---|---|---|
| | | | 高位值 | 中位值 | 低位值 | 平均值 |
| 19 | 保安员 | 技师 | 91342 | 62240 | 35636 | 61019 |
| | | 高级技能 | 85308 | 52910 | 30529 | 55105 |
| | | 中级技能 | 75977 | 50855 | 30343 | 48489 |
| | | 初级技能 | 66652 | 41200 | 28948 | 47016 |
| 20 | 智能楼宇管理员 | 技师 | 92625 | 61505 | 58818 | 66101 |
| | | 高级技能 | 79244 | 55744 | 51327 | 61611 |
| | | 中级技能 | 75031 | 54248 | 48309 | 55479 |
| 21 | 劳动关系协调员 | 高级技师 | 90207 | 67831 | 43253 | 64528 |
| | | 技师 | 83419 | 56311 | 38664 | 56429 |
| | | 高级技能 | 70354 | 45935 | 36066 | 49353 |
| 22 | 中央空调系统运行操作员 | 中级技能 | 73138 | 47616 | 28579 | 45552 |
| | | 初级技能 | 55216 | 41369 | 25460 | 40621 |
| 23 | 中式烹调师 | 高级技师 | 114897 | 70500 | 49624 | 84762 |
| | | 技师 | 103935 | 67646 | 46385 | 72221 |
| | | 高级技能 | 97153 | 66000 | 43422 | 70231 |
| | | 中级技能 | 96414 | 62500 | 40719 | 66703 |
| | | 初级技能 | 83984 | 59700 | 39190 | 61341 |
| 24 | 中式面点师 | 高级技师 | 106587 | 70139 | 63834 | 75239 |
| | | 技师 | 92202 | 66648 | 61751 | 67002 |
| | | 高级技能 | 82811 | 55716 | 49486 | 62675 |
| | | 中级技能 | 78868 | 53700 | 46533 | 59346 |
| | | 初级技能 | 65028 | 49913 | 41267 | 52719 |
| 25 | 西式烹调师 | 高级技师 | 110033 | 86048 | 69791 | 85524 |
| | | 技师 | 104286 | 77481 | 52761 | 74328 |
| | | 高级技能 | 90152 | 69675 | 51488 | 70594 |
| | | 中级技能 | 88112 | 62891 | 50118 | 66034 |
| | | 初级技能 | 74507 | 56982 | 42973 | 57571 |
| 26 | 西式面点师 | 高级技师 | 103058 | 80834 | 51280 | 77259 |
| | | 技师 | 98002 | 63642 | 50796 | 63615 |
| | | 高级技能 | 93670 | 56490 | 42919 | 61749 |
| | | 中级技能 | 86821 | 49794 | 38032 | 52652 |
| | | 初级技能 | 82100 | 46785 | 36709 | 50929 |

续表

| 序号 | 职位名称 | 技能等级 | 单位：元/年（人民币） | | | |
|---|---|---|---|---|---|---|
| | | | 高位值 | 中位值 | 低位值 | 平均值 |
| 27 | 锻造工 | 高级技师 | 93079 | 78800 | 65826 | 78852 |
| | | 技师 | 88901 | 72655 | 59257 | 74039 |
| | | 高级技能 | 83552 | 68671 | 55676 | 69205 |
| | | 中级技能 | 78065 | 64609 | 50680 | 64928 |
| | | 初级技能 | 74020 | 59911 | 47871 | 61231 |
| 28 | 铣工 | 高级技师 | 105473 | 80369 | 65339 | 88500 |
| | | 技师 | 95829 | 75238 | 61098 | 82815 |
| | | 高级技能 | 86954 | 70662 | 56054 | 77954 |
| | | 中级技能 | 78599 | 66951 | 51780 | 66087 |
| | | 初级技能 | 72687 | 63386 | 45720 | 61528 |
| 29 | 制冷工 | 技师 | 112832 | 78638 | 56013 | 83262 |
| | | 高级技能 | 105451 | 68651 | 47317 | 71003 |
| | | 中级技能 | 89848 | 61139 | 44979 | 66879 |
| | | 初级技能 | 76087 | 45715 | 32191 | 60204 |
| 30 | 评茶员 | 高级技师 | 100936 | 86260 | 68298 | 85891 |
| | | 技师 | 94996 | 77730 | 63310 | 80131 |
| | | 高级技能 | 85930 | 73512 | 59252 | 71618 |
| | | 中级技能 | 78986 | 69007 | 53560 | 67789 |
| | | 初级技能 | 63206 | 54651 | 46906 | 60342 |
| 31 | 眼镜验光员 | 高级技师 | 103643 | 97285 | 64334 | 93932 |
| | | 技师 | 92517 | 87213 | 58918 | 78708 |
| | | 高级技能 | 85622 | 77723 | 55353 | 72890 |
| | | 中级技能 | 80791 | 69922 | 50027 | 68032 |
| | | 初级技能 | 61463 | 51951 | 42327 | 56816 |
| 32 | 眼镜定配工 | 技师 | 86118 | 66907 | 54226 | 69246 |
| | | 高级技能 | 80968 | 63372 | 51088 | 62066 |
| | | 中级技能 | 70664 | 57272 | 43702 | 58401 |
| | | 初级技能 | 56605 | 47699 | 38981 | 47685 |
| 33 | 美容师 | 高级技师 | 140148 | 96874 | 77068 | 102409 |
| | | 技师 | 112578 | 86251 | 65165 | 85825 |
| | | 高级技能 | 104706 | 77626 | 59241 | 79892 |
| | | 中级技能 | 89652 | 67487 | 52569 | 75684 |
| | | 初级技能 | 84052 | 59228 | 41549 | 60119 |

续表

| 序号 | 职位名称 | 技能等级 | 单位：元/年（人民币） | | | |
|---|---|---|---|---|---|---|
| | | | 高位值 | 中位值 | 低位值 | 平均值 |
| 34 | 美发师 | 高级技师 | 134886 | 105035 | 88222 | 105827 |
| | | 技师 | 113843 | 98690 | 83018 | 99997 |
| | | 高级技能 | 101276 | 85860 | 68000 | 86938 |
| | | 中级技能 | 95939 | 82074 | 58313 | 71208 |
| | | 初级技能 | 82645 | 61240 | 46692 | 65355 |
| 35 | 养老护理员 | 高级技能 | 76350 | 72050 | 71770 | 72050 |
| | | 中级技能 | 70780 | 65952 | 55800 | 66628 |
| | | 初级技能 | 65600 | 60320 | 49285 | 61192 |
| 36 | 企业人力资源管理师 | 高级技师 | 145828 | 109328 | 97119 | 112020 |
| | | 技师 | 140279 | 101606 | 85630 | 102681 |
| | | 高级技能 | 115497 | 92058 | 76547 | 89268 |
| | | 中级技能 | 106290 | 88960 | 74835 | 85672 |
| 37 | 有害生物防治员 | 高级技能 | 113538 | 77570 | 56662 | 88750 |
| | | 中级技能 | 91217 | 61044 | 42643 | 63893 |
| | | 初级技能 | 80227 | 54926 | 35352 | 54740 |
| 38 | 钳工 | 高级技师 | 132790 | 127448 | 90597 | 119260 |
| | | 技师 | 118952 | 110702 | 85520 | 105199 |
| | | 高级技能 | 109643 | 86989 | 65920 | 89928 |
| | | 中级技能 | 102561 | 72195 | 58159 | 76958 |
| | | 初级技能 | 91590 | 65591 | 51452 | 71716 |
| 39 | 机床装调维修工 | 高级技师 | 115293 | 99299 | 64709 | 91642 |
| | | 技师 | 105270 | 89429 | 59689 | 81273 |
| | | 高级技能 | 88183 | 81877 | 55969 | 74599 |
| | | 中级技能 | 80416 | 67165 | 48347 | 65567 |
| 40 | 茶艺师 | 高级技师 | 109720 | 96091 | 79520 | 95632 |
| | | 技师 | 102049 | 89711 | 71281 | 92300 |
| | | 高级技能 | 92596 | 83522 | 68628 | 87585 |
| | | 中级技能 | 88883 | 76905 | 65063 | 80760 |
| | | 初级技能 | 69634 | 63887 | 57804 | 65550 |

# 2020年温州市人力资源市场工资指导价位

## 一、分工种工资指导价位

单位：元/年

| 序号 | 工种 | 高位数 | 中位数 | 低位数 | 平均数 |
|------|------|--------|--------|--------|--------|
| 1 | 企业董事 | 365348 | 129100 | 59848 | 158240 |
| 2 | 党委书记 | 384510 | 145962 | 63702 | 177588 |
| 3 | 工会主席 | 276546 | 110791 | 54733 | 137246 |
| 4 | 办公室主任 | 184836 | 89700 | 45814 | 110279 |
| 5 | 物资管理部门经理 | 181239 | 94500 | 48267 | 102307 |
| 6 | 建筑工程项目经理 | 180859 | 71287 | 37075 | 98793 |
| 7 | 进出口业务部经理 | 192157 | 83700 | 44945 | 103112 |
| 8 | 保安部经理 | 142425 | 72850 | 41895 | 80006 |
| 9 | 企业经理 | 393697 | 148000 | 61046 | 179496 |
| 10 | 其他职能部门经理或主管 | 270913 | 107099 | 54223 | 118058 |
| 11 | 生产经营部门经理 | 260808 | 105669 | 51047 | 125838 |
| 12 | 财务部门经理 | 220580 | 93000 | 47478 | 105343 |
| 13 | 行政部门经理 | 220459 | 95994 | 48097 | 103858 |
| 14 | 人事部门经理 | 222118 | 97630 | 47123 | 106518 |
| 15 | 销售和营销部门经理 | 240830 | 94262 | 43092 | 115170 |
| 16 | 广告和公关部门经理 | 130846 | 77659 | 42233 | 84770 |
| 17 | 采购部门经理 | 134954 | 72000 | 43655 | 86065 |
| 18 | 研究和开发部门经理 | 190586 | 89480 | 44873 | 110518 |
| 19 | 计算机服务部门经理 | 258637 | 93885 | 51900 | 119610 |
| 20 | 地质勘探工程技术人员 | 159431 | 88655 | 58171 | 96807 |
| 21 | 测绘工程技术人员 | 149015 | 70749 | 47467 | 76862 |
| 22 | 矿山工程技术人员 | 89013 | 50000 | 48083 | 73248 |
| 23 | 冶金工程技术人员 | 81600 | 50800 | 46916 | 74411 |
| 24 | 化工工程技术人员 | 111180 | 64594 | 47084 | 82646 |
| 25 | 医药工程技术人员 | 100626 | 61564 | 44536 | 65037 |
| 26 | 机械工程技术人员 | 132815 | 69200 | 45314 | 74196 |

续表

| 序号 | 工种 | 高位数 | 中位数 | 低位数 | 平均数 |
|---|---|---|---|---|---|
| 27 | 机械设计工程技术人员 | 118718 | 69308 | 48474 | 74123 |
| 28 | 机械制造工程技术人员 | 90724 | 60050 | 41135 | 66084 |
| 29 | 仪器仪表工程技术人员 | 83042 | 50667 | 36894 | 56297 |
| 30 | 设备工程技术人员 | 113376 | 65449 | 44979 | 65793 |
| 31 | 电子工程技术人员 | 82326 | 50880 | 40796 | 54819 |
| 32 | 电子材料工程技术人员 | 97695 | 44207 | 38097 | 57434 |
| 33 | 电子元器件工程技术人员 | 81874 | 60200 | 47997 | 60238 |
| 34 | 通信工程技术人员 | 156244 | 83081 | 51551 | 95631 |
| 35 | 计算机与应用工程技术人员 | 196308 | 88340 | 55724 | 104867 |
| 36 | 计算机硬件技术人员 | 137162 | 65542 | 44817 | 83237 |
| 37 | 计算机软件技术人员 | 152022 | 80065 | 43074 | 90839 |
| 38 | 计算机网络技术人员 | 114262 | 61200 | 37596 | 66887 |
| 39 | 计算机系统分析技术人员 | 118120 | 80367 | 47165 | 90721 |
| 40 | 电气工程技术人员 | 133948 | 67105 | 41735 | 77688 |
| 41 | 电力工程技术人员 | 128953 | 75184 | 40029 | 75724 |
| 42 | 交通工程技术人员 | 108373 | 70792 | 46898 | 72512 |
| 43 | 汽车运用工程技术人员 | 109906 | 65920 | 43779 | 74848 |
| 44 | 建筑工程技术人员 | 137818 | 62618 | 37351 | 72535 |
| 45 | 建材工程技术人员 | 113284 | 54120 | 33120 | 60283 |
| 46 | 水利工程技术人员 | 114625 | 104080 | 65600 | 98195 |
| 47 | 纺织工程技术人员 | 82759 | 51679 | 39342 | 52672 |
| 48 | 食品工程技术人员 | 80536 | 51148 | 40523 | 51098 |
| 49 | 环境保护工程技术人员 | 93816 | 60398 | 48966 | 58051 |
| 50 | 安全工程技术人员 | 113604 | 48600 | 36138 | 60266 |
| 51 | 标准化、计量、质量工程技术人员 | 104102 | 61020 | 39398 | 60178 |
| 52 | 其他工程技术人员 | 120495 | 61942 | 41708 | 66408 |
| 53 | 飞机和船舶技术人员 | 153863 | 92038 | 67144 | 95513 |
| 54 | 西医医师 | 162142 | 78090 | 44353 | 83039 |
| 55 | 公共卫生医师 | 149926 | 73650 | 60110 | 112779 |
| 56 | 药剂人员 | 90208 | 46400 | 30400 | 44481 |
| 57 | 医疗技术人员 | 148872 | 69264 | 45992 | 82646 |
| 58 | 护理人员 | 114266 | 62628 | 42836 | 66322 |
| 59 | 其他卫生专业技术人员 | 100425 | 59020 | 45899 | 59861 |
| 60 | 经济计划人员 | 93350 | 60880 | 36573 | 60753 |
| 61 | 统计人员 | 94805 | 50800 | 36022 | 58628 |
| 62 | 会计人员 | 132657 | 61809 | 40208 | 72560 |
| 63 | 出纳 | 108970 | 55541 | 38993 | 58591 |

续表

| 序号 | 工种 | 高位数 | 中位数 | 低位数 | 平均数 |
|---|---|---|---|---|---|
| 64 | 审计人员 | 166244 | 91831 | 46852 | 98688 |
| 65 | 国际商务人员 | 150981 | 57600 | 34787 | 76979 |
| 66 | 报关员 | 72365 | 48120 | 35370 | 51904 |
| 67 | 房地产开发业务人员 | 147773 | 106277 | 65979 | 109149 |
| 68 | 其他经济业务人员 | 119354 | 56206 | 37173 | 66834 |
| 69 | 银行外汇管理员 | 218546 | 116732 | 98023 | 131168 |
| 70 | 银行清算员 | 178638 | 125044 | 69070 | 129529 |
| 71 | 银行信贷员 | 210973 | 144079 | 75946 | 142897 |
| 72 | 银行国外业务员 | 166003 | 112888 | 90694 | 117280 |
| 73 | 银行信托业务员 | 196494 | 132840 | 98392 | 139388 |
| 74 | 银行信用卡业务员 | 144739 | 84398 | 43902 | 91027 |
| 75 | 银行储蓄员 | 171028 | 115582 | 68829 | 121024 |
| 76 | 其他银行业务人员 | 219677 | 125599 | 68442 | 135038 |
| 77 | 保险推销员 | 168256 | 83305 | 36024 | 86235 |
| 78 | 保险理赔人员 | 110657 | 67248 | 47531 | 70113 |
| 79 | 其他保险业务人员 | 176084 | 91314 | 42597 | 100707 |
| 80 | 律师 | 138649 | 78569 | 47718 | 81468 |
| 81 | 其他证券业务人员 | 116071 | 72764 | 48637 | 78023 |
| 82 | 产品开发设计人员 | 119668 | 59023 | 40437 | 61899 |
| 83 | 鞋样设计人员 | 99917 | 56500 | 37918 | 59742 |
| 84 | 服装设计人员 | 101606 | 54500 | 39656 | 59597 |
| 85 | 室内装饰设计人员 | 96240 | 59810 | 37714 | 63925 |
| 86 | 广告设计人员 | 83155 | 57357 | 37412 | 55943 |
| 87 | 记者 | 124562 | 73876 | 60990 | 72835 |
| 88 | 文字编辑 | 97240 | 51034 | 38025 | 50618 |
| 89 | 美术编辑 | 98031 | 58016 | 45744 | 57693 |
| 90 | 英语翻译 | 78210 | 54287 | 43212 | 53964 |
| 91 | 图书资料与档案业务人员 | 138859 | 69000 | 40944 | 63683 |
| 92 | 行政业务办公人员 | 149804 | 70200 | 37352 | 72830 |
| 93 | 行政执法人员 | 108874 | 67702 | 48946 | 69565 |
| 94 | 办公室文员 | 58630 | 50233 | 33697 | 47087 |
| 95 | 人力资源专业人员 | 138129 | 63882 | 39160 | 67509 |
| 96 | 总务 | 108103 | 55000 | 35441 | 59989 |
| 97 | 秘书 | 118571 | 57559 | 37796 | 64934 |
| 98 | 公关员 | 76500 | 64842 | 47068 | 63135 |
| 99 | 收发员 | 76513 | 44800 | 32371 | 43728 |
| 100 | 打字员 | 49268 | 42200 | 32997 | 42122 |

续表

| 序号 | 工种 | 高位数 | 中位数 | 低位数 | 平均数 |
|---|---|---|---|---|---|
| 101 | 计算机操作员 | 74982 | 47400 | 33944 | 48147 |
| 102 | 制图员 | 80631 | 54980 | 36770 | 57668 |
| 103 | 生产管理人员 | 137775 | 65000 | 40118 | 76005 |
| 104 | 施工管理人员 | 112500 | 67633 | 35169 | 64351 |
| 105 | 保安员 | 57504 | 37800 | 32101 | 41277 |
| 106 | 违禁品检查员 | 110116 | 77537 | 50712 | 80007 |
| 107 | 金融守押员 | 87249 | 62013 | 51539 | 65602 |
| 108 | 其他治安保卫人员 | 124715 | 46855 | 30673 | 56907 |
| 109 | 消防人员 | 90215 | 53727 | 32480 | 55959 |
| 110 | 邮政、快递服务人员 | 138958 | 92856 | 62878 | 94879 |
| 111 | 报刊业务员 | 134957 | 93805 | 66200 | 98402 |
| 112 | 话务员 | 100547 | 56359 | 33529 | 61271 |
| 113 | 营业员 | 66127 | 46454 | 35289 | 43239 |
| 114 | 收银员 | 51195 | 44933 | 35513 | 44624 |
| 115 | 其他营业人员 | 75045 | 38536 | 28827 | 43105 |
| 116 | 营销员 | 108995 | 52805 | 32679 | 63685 |
| 117 | 推销员 | 100030 | 58467 | 31750 | 58342 |
| 118 | 出版物发行员 | 97914 | 71480 | 47986 | 69078 |
| 119 | 其他推销、展销人员 | 98986 | 41408 | 35492 | 48447 |
| 120 | 采购员 | 75773 | 55177 | 36293 | 55921 |
| 121 | 其他采购人员 | 73070 | 48357 | 35471 | 48674 |
| 122 | 租赁业务员 | 78845 | 60402 | 49594 | 59838 |
| 123 | 医药商品购销员 | 69911 | 48768 | 31965 | 48956 |
| 124 | 保管员 | 93402 | 45600 | 32015 | 48846 |
| 125 | 理货员 | 56229 | 45200 | 36052 | 47550 |
| 126 | 其他保管人员 | 73863 | 46157 | 28216 | 52074 |
| 127 | 仓库管理员 | 65836 | 48016 | 38979 | 55668 |
| 128 | 商品护运员 | 55865 | 36890 | 28040 | 31058 |
| 129 | 商品储运员 | 74823 | 47500 | 33127 | 48831 |
| 130 | 废旧物资回收利用人员 | 72659 | 63870 | 51020 | 64897 |
| 131 | 医药商品储运员 | 58595 | 44800 | 31910 | 42165 |
| 132 | 其他储运人员 | 87029 | 53852 | 36571 | 52010 |
| 133 | 导游 | 69315 | 38002 | 32392 | 39241 |
| 134 | 园林植物保护工 | 61138 | 41075 | 32048 | 40059 |
| 135 | 康乐服务员 | 56080 | 49210 | 34290 | 50150 |
| 136 | 其他健身和娱乐场所服务人员 | 51620 | 34600 | 30017 | 32879 |

续表

| 序号 | 工种 | 高位数 | 中位数 | 低位数 | 平均数 |
|---|---|---|---|---|---|
| 137 | 汽车客运服务员 | 72121 | 51166 | 40985 | 53025 |
| 138 | 汽车运输调度员 | 93480 | 60613 | 41424 | 63297 |
| 139 | 公路收费及监控员 | 57056 | 45859 | 39235 | 48148 |
| 140 | 其他公路道路运输服务人员 | 73778 | 47796 | 38259 | 49372 |
| 141 | 旅客列车乘务员 | 73639 | 61027 | 53854 | 63610 |
| 142 | 车站客运服务员 | 62846 | 51460 | 43497 | 51018 |
| 143 | 行包运输服务员 | 60932 | 49260 | 45618 | 48257 |
| 144 | 航空运输地面服务员 | 128894 | 84842 | 50967 | 83646 |
| 145 | 船舶业务员 | 127209 | 111400 | 98200 | 108738 |
| 146 | 其他水上运输服务人员 | 106506 | 80820 | 50390 | 80002 |
| 147 | 物业管理员 | 53917 | 47283 | 34878 | 46200 |
| 148 | 生活燃料供应工 | 86837 | 68900 | 52856 | 73109 |
| 149 | 供水生产工 | 76872 | 47200 | 37750 | 48407 |
| 150 | 锅炉操作工 | 84898 | 62004 | 48891 | 70842 |
| 151 | 眼镜定配工 | 48352 | 45000 | 40464 | 45026 |
| 152 | 家用电子产品维修工 | 58662 | 44662 | 43662 | 43962 |
| 153 | 其他日用机电产品维修人员 | 71279 | 44813 | 34263 | 45600 |
| 154 | 办公设备维修工 | 79389 | 55090 | 33585 | 54958 |
| 155 | 其他办公设备维修人员 | 70749 | 45300 | 31578 | 48884 |
| 156 | 垃圾清运工 | 46178 | 38494 | 30718 | 39473 |
| 157 | 保洁员 | 55536 | 38069 | 30098 | 37065 |
| 158 | 其他环境卫生人员 | 54014 | 41000 | 35875 | 43737 |
| 159 | 其他商业、服务业人员 | 58949 | 40861 | 34003 | 42905 |
| 160 | 花卉园艺工 | 58868 | 42200 | 28799 | 43792 |
| 161 | 重有色金属冶炼人员 | 51984 | 44865 | 42189 | 44899 |
| 162 | 金属轧制工 | 56086 | 44775 | 39518 | 46965 |
| 163 | 其他金属冶炼、轧制工 | 73001 | 43124 | 39420 | 62269 |
| 164 | 化工产品生产人员 | 60953 | 38246 | 32869 | 36012 |
| 165 | 车工 | 81197 | 64800 | 45001 | 60067 |
| 166 | 铣工 | 73265 | 61992 | 51853 | 60609 |
| 167 | 磨工 | 86056 | 61000 | 48154 | 58981 |
| 168 | 镗工 | 86303 | 58080 | 35961 | 59336 |
| 169 | 钻床工 | 59809 | 50000 | 35626 | 54470 |
| 170 | 加工中心操作工 | 80104 | 55196 | 37693 | 56533 |
| 171 | 抛磨光工 | 71909 | 53400 | 33874 | 54617 |
| 172 | 拉床工 | 56800 | 45493 | 31900 | 46202 |
| 173 | 锯床工 | 68680 | 56400 | 42541 | 55272 |

| 序号 | 工种 | 高位数 | 中位数 | 低位数 | 平均数 |
|---|---|---|---|---|---|
| 174 | 摇臂钻工 | 73321 | 57200 | 44873 | 65692 |
| 175 | 仪表车工 | 60662 | 52373 | 32810 | 53328 |
| 176 | 铸造工 | 67644 | 50200 | 32835 | 50717 |
| 177 | 锻造工 | 66902 | 42949 | 37100 | 50870 |
| 178 | 冲压工 | 59692 | 45624 | 31049 | 52283 |
| 179 | 剪切工 | 57788 | 47066 | 32473 | 46465 |
| 180 | 焊工 | 86098 | 72000 | 64976 | 67146 |
| 181 | 金属热处理工 | 65250 | 46222 | 37711 | 48005 |
| 182 | 注塑工 | 71952 | 54000 | 48604 | 48684 |
| 183 | 电切削工 | 64513 | 53191 | 35199 | 52736 |
| 184 | 线切割工 | 84815 | 72080 | 60376 | 64113 |
| 185 | 冷作钣金加工人员 | 74445 | 64000 | 39990 | 63993 |
| 186 | 镀层工 | 66737 | 49304 | 39240 | 45649 |
| 187 | 涂装工 | 65716 | 44900 | 35265 | 43132 |
| 188 | 电焊条制造工 | 76706 | 39820 | 33958 | 46169 |
| 189 | 基础件装配工 | 51640 | 38000 | 33492 | 39126 |
| 190 | 部件装配工 | 60533 | 48200 | 36893 | 43044 |
| 191 | 装配钳工 | 84064 | 72045 | 38134 | 57137 |
| 192 | 工具钳工 | 78012 | 54000 | 45998 | 55685 |
| 193 | 动力设备装配人员 | 79809 | 61401 | 46784 | 67473 |
| 194 | 电气元件及设备装配工 | 62896 | 48213 | 33615 | 49846 |
| 195 | 电子专用设备装配调试人员 | 58732 | 49780 | 37413 | 49512 |
| 196 | 仪器仪表装配人员 | 56872 | 40730 | 31808 | 40980 |
| 197 | 运输车辆装配工 | 51061 | 41189 | 33013 | 41876 |
| 198 | 五金制品制作装配人员 | 47569 | 42650 | 36364 | 42195 |
| 199 | 剃须刀装搭工 | 66036 | 65000 | 62900 | 65007 |
| 200 | 眼镜装搭工 | 52974 | 42800 | 37808 | 41377 |
| 201 | 打火机装搭工 | 51850 | 42925 | 37149 | 45641 |
| 202 | 机修钳工 | 77126 | 63970 | 36611 | 64530 |
| 203 | 汽车维修工 | 96281 | 69126 | 37302 | 72774 |
| 204 | 仪器仪表维修工 | 53543 | 42009 | 28090 | 40728 |
| 205 | 电力电缆安装工 | 105895 | 78481 | 47030 | 84519 |
| 206 | 电力工程内线安装工 | 89258 | 44603 | 33620 | 49615 |
| 207 | 发电运行值班人员 | 106577 | 63569 | 38680 | 66810 |
| 208 | 送电.配电线路工 | 126980 | 86265 | 72665 | 96240 |
| 209 | 变电站值班员 | 110074 | 92961 | 70033 | 92446 |
| 210 | 电力设备检修人员 | 129211 | 88131 | 49178 | 88265 |

续表

| 序号 | 工种 | 高位数 | 中位数 | 低位数 | 平均数 |
|------|------|--------|--------|--------|--------|
| 211 | 电气试验员 | 110099 | 64885 | 38686 | 68297 |
| 212 | 继电保护员 | 133283 | 89415 | 57417 | 94857 |
| 213 | 电气检修工 | 115681 | 84615 | 48879 | 84246 |
| 214 | 抄表核算收费员 | 85607 | 74554 | 63641 | 73845 |
| 215 | 装表接电工 | 105751 | 77080 | 46210 | 77019 |
| 216 | 常用电机检修工 | 78226 | 48786 | 32402 | 48830 |
| 217 | 维修电工 | 76287 | 62379 | 42223 | 61203 |
| 218 | 电子元件制造人员 | 56670 | 41210 | 34393 | 41281 |
| 219 | 电子器件制造人员 | 65800 | 55080 | 37210 | 52664 |
| 220 | 橡胶制品生产人员 | 58581 | 51136 | 38068 | 53492 |
| 221 | 塑料制品加工人员 | 69707 | 41800 | 35094 | 46427 |
| 222 | 针织人员 | 45357 | 35711 | 30934 | 36346 |
| 223 | 印染人员 | 54413 | 39150 | 30681 | 36034 |
| 224 | 裁剪工 | 74560 | 45400 | 33589 | 48055 |
| 225 | 缝纫工 | 72767 | 46738 | 29058 | 46144 |
| 226 | 裁缝工 | 63738 | 40466 | 33028 | 45187 |
| 227 | 服装整烫工 | 50951 | 35400 | 31241 | 36569 |
| 228 | 制鞋工 | 62839 | 45200 | 32586 | 43348 |
| 229 | 皮鞋成型工 | 60615 | 42360 | 31346 | 43692 |
| 230 | 鞋包工 | 64727 | 45690 | 32673 | 45357 |
| 231 | 鞋底组合工 | 53753 | 46329 | 27515 | 42981 |
| 232 | 鞋跟喷漆工 | 70624 | 43881 | 29672 | 42440 |
| 233 | 撬摸工 | 60594 | 45705 | 39705 | 46436 |
| 234 | 车包工 | 76857 | 44231 | 33544 | 45213 |
| 235 | 复抓工 | 81554 | 36850 | 32810 | 56640 |
| 236 | 复底工 | 61506 | 44020 | 31020 | 45214 |
| 237 | 皮鞋制帮工 | 68848 | 44101 | 31189 | 50783 |
| 238 | 皮鞋划裁工 | 72804 | 44652 | 30262 | 48205 |
| 239 | 鞋楦定型工 | 63931 | 44120 | 28805 | 44029 |
| 240 | 皮革加工工 | 62963 | 39400 | 27000 | 39226 |
| 241 | 毛皮加工工 | 64497 | 42668 | 40051 | 59839 |
| 242 | 冷食品制作工 | 80524 | 67013 | 50485 | 66549 |
| 243 | 酿酒人员 | 73765 | 59090 | 51790 | 55564 |
| 244 | 屠宰加工人员 | 87322 | 56823 | 46286 | 63319 |
| 245 | 药品生产人员 | 61053 | 51058 | 38422 | 50916 |
| 246 | 手工木工 | 61490 | 46943 | 37650 | 50323 |
| 247 | 机械木工 | 65232 | 46800 | 37234 | 48047 |

续表

| 序号 | 工种 | 高位数 | 中位数 | 低位数 | 平均数 |
|---|---|---|---|---|---|
| 248 | 制浆人员 | 69760 | 41698 | 40234 | 43860 |
| 249 | 纸制品制作人员 | 55417 | 42637 | 35168 | 41327 |
| 250 | 模具工 | 86635 | 60520 | 38904 | 62624 |
| 251 | 水泥制品工 | 73583 | 52967 | 39885 | 53240 |
| 252 | 印刷操作人员 | 89892 | 55095 | 39385 | 58691 |
| 253 | 印后制作人员 | 61975 | 45600 | 31623 | 46089 |
| 254 | 圆珠笔制作工 | 64624 | 47200 | 38555 | 46661 |
| 255 | 铅笔制造工 | 53126 | 44200 | 37255 | 43110 |
| 256 | 制笔装搭工 | 51804 | 41428 | 36470 | 39907 |
| 257 | 砌筑人员 | 59667 | 45800 | 38708 | 47665 |
| 258 | 混凝土工 | 65944 | 50188 | 38341 | 50448 |
| 259 | 钢筋工 | 82317 | 50200 | 35900 | 49763 |
| 260 | 架子工 | 59675 | 47020 | 39300 | 48895 |
| 261 | 装饰、装修、油漆工 | 72365 | 51525 | 33069 | 51857 |
| 262 | 机械电气工程设备安装工 | 66508 | 50250 | 38343 | 49007 |
| 263 | 电工 | 114932 | 60632 | 44610 | 64120 |
| 264 | 预决算员 | 84300 | 49070 | 37791 | 55867 |
| 265 | 汽车驾驶员 | 71038 | 62100 | 48655 | 60338 |
| 266 | 公共汽车驾驶员 | 92334 | 70827 | 61031 | 69508 |
| 267 | 长途客运驾驶员 | 76006 | 59637 | 47631 | 60596 |
| 268 | 货运车驾驶员 | 90874 | 65802 | 52917 | 65530 |
| 269 | 小车驾驶员 | 87953 | 65317 | 51656 | 64524 |
| 270 | 机车乘务员 | 63451 | 50257 | 35691 | 50327 |
| 271 | 船舶水手 | 108515 | 72497 | 51837 | 71730 |
| 272 | 起重装卸机械操作及有关人员 | 120462 | 65622 | 38204 | 66733 |
| 273 | 检验人员 | 60566 | 54500 | 40848 | 50007 |
| 274 | 计量人员 | 71435 | 44413 | 36785 | 45890 |
| 275 | 包装工 | 49386 | 45520 | 44311 | 44564 |
| 276 | 简单体力劳动人员 | 59674 | 44000 | 33066 | 43887 |
| 277 | 普工 | 60031 | 48958 | 45054 | 51160 |
| 278 | 养老护理员 | 60150 | 54080 | 48160 | 54032 |
| 279 | 轨道交通运输服务人员 | 109169 | 72101 | 49075 | 76559 |
| 280 | 轨道交通运输设备制造人员 | 83606 | 76240 | 70152 | 74262 |
| 281 | 轨道交通运输机械设备操作人员 | 137324 | 82051 | 48598 | 84204 |
| 282 | 轨道交通运输运营技术人员 | 181932 | 122480 | 56700 | 119731 |
| 283 | 船长 | 232250 | 164694 | 94698 | 158020 |
| 284 | 大副 | 175771 | 116298 | 56500 | 90297 |

续表

| 序号 | 工种 | 高位数 | 中位数 | 低位数 | 平均数 |
|------|------|--------|--------|--------|--------|
| 285 | 二副 | 146406 | 108000 | 51500 | 87578 |
| 286 | 二管轮 | 155602 | 122913 | 56049 | 92895 |
| 287 | 轮机长 | 144007 | 100698 | 49070 | 87504 |
| 288 | 水手长 | 106330 | 84279 | 47338 | 74615 |

## 二、餐饮饭店业分工种工资指导价位

单位：元/人、年

| 序号 | 工种 | 高位数 | 中位数 | 低位数 | 平均数 |
|------|------|--------|--------|--------|--------|
| 1 | 餐厅经理 | 155110 | 78284 | 46574 | 91245 |
| 2 | 客房经理 | 127630 | 90600 | 50241 | 87259 |
| 3 | 厨师长 | 142743 | 51660 | 29451 | 67852 |
| 4 | 中式烹调师 | 89222 | 60200 | 37018 | 61135 |
| 5 | 中式面点师 | 85291 | 59200 | 43998 | 60941 |
| 6 | 西式烹调师 | 83102 | 51600 | 33200 | 53521 |
| 7 | 西式面点师 | 89430 | 55073 | 37008 | 56575 |
| 8 | 餐厅服务员 | 55987 | 41128 | 29898 | 41447 |
| 9 | 餐具清洗保管员 | 52830 | 40900 | 30954 | 41395 |
| 10 | 前厅服务员 | 54243 | 38800 | 30138 | 44850 |
| 11 | 客房服务员 | 52205 | 36000 | 27911 | 37725 |
| 12 | 餐厅领班 | 67823 | 49562 | 38188 | 50492 |
| 13 | 客房领班 | 69387 | 42000 | 35869 | 47047 |
| 14 | 前厅领班 | 154941 | 54000 | 38656 | 71938 |
| 15 | 其他中餐烹饪人员 | 131390 | 49450 | 36951 | 63771 |
| 16 | 其他营养配餐人员 | 74416 | 67694 | 43380 | 65446 |
| 17 | 其他餐厅服务人员 | 79038 | 54204 | 30877 | 55233 |
| 18 | 其他餐饮服务人员 | 54509 | 37600 | 29250 | 39894 |
| 19 | 其他饭店服务人员 | 60929 | 33200 | 25000 | 38041 |
| 20 | 旅店服务员 | 55235 | 37650 | 37080 | 38260 |

## 三、部分技术工人职业（工种）分等级工资指导价位

单位：元/人、年

| 序号 | 职位名称 | 技术等级 | 高位数 | 中位数 | 低位数 | 平均数 |
|---|---|---|---|---|---|---|
| 1 | 焊工 | 初级技能 | 70681 | 55421 | 36996 | 57841 |
| | | 中级技能 | 89031 | 62383 | 43884 | 61935 |
| | | 高级技能 | 92871 | 67346 | 46452 | 68419 |
| | | 技师 | 96141 | 69623 | 48878 | 69390 |
| | | 高级技师 | 96186 | 70123 | 50452 | 71588 |
| 2 | 电工 | 初级技能 | 65114 | 46452 | 35987 | 51995 |
| | | 中级技能 | 81387 | 61539 | 40790 | 59338 |
| | | 高级技能 | 107919 | 70805 | 48444 | 70562 |
| | | 技师 | 114194 | 72988 | 48413 | 73022 |
| | | 高级技师 | 123409 | 80376 | 51252 | 78554 |
| 3 | 制冷空调系统安装维修工 | 初级技能 | 67210 | 57137 | 36393 | 55638 |
| | | 中级技能 | 73334 | 60147 | 40052 | 59066 |
| | | 高级技能 | 76651 | 60188 | 41575 | 60483 |
| 4 | 防水工 | 初级技能 | 48191 | 43193 | 39994 | 43750 |
| | | 中级技能 | 56025 | 50766 | 45700 | 50507 |
| | | 高级技能 | 59478 | 53792 | 50221 | 53761 |
| | | 技师 | 69377 | 65710 | 58785 | 65052 |
| 5 | 砌筑工 | 初级技能 | 55242 | 46680 | 40928 | 46029 |
| | | 中级技能 | 64370 | 56244 | 53567 | 55054 |
| | | 高级技能 | 67230 | 62537 | 60551 | 63462 |
| 6 | 混凝土工 | 初级技能 | 62541 | 49956 | 40065 | 49528 |
| | | 中级技能 | 64859 | 61338 | 57343 | 60658 |
| | | 高级技能 | 72162 | 61738 | 58473 | 62292 |
| 7 | 钢筋工 | 初级技能 | 59031 | 42208 | 39000 | 44570 |
| | | 中级技能 | 65642 | 62437 | 47768 | 59409 |
| | | 高级技能 | 66763 | 63045 | 48912 | 62078 |
| | | 技师 | 73351 | 73637 | 60499 | 70219 |
| 8 | 架子工 | 初级技能 | 54151 | 46981 | 38059 | 48246 |
| | | 中级技能 | 62838 | 50961 | 44484 | 51739 |
| | | 高级技能 | 62933 | 62304 | 53046 | 60039 |
| 9 | 锅炉操作工 | 初级技能 | 73226 | 51309 | 34822 | 53188 |
| | | 中级技能 | 96070 | 78628 | 60356 | 78240 |
| | | 高级技能 | 105526 | 84767 | 62308 | 83578 |
| | | 技师 | 106234 | 88534 | 62615 | 88917 |

续表

| 序号 | 职位名称 | 技术等级 | 高位数 | 中位数 | 低位数 | 平均数 |
|---|---|---|---|---|---|---|
| 10 | 机床装调维修工 | 中级技能 | 68814 | 57024 | 44766 | 57743 |
| | | 高级技能 | 75291 | 68465 | 47005 | 69353 |
| | | 技师 | 86242 | 75180 | 52374 | 74205 |
| | | 高级技师 | 91202 | 79410 | 57334 | 79516 |
| 11 | 铸造工 | 初级技能 | 60271 | 47943 | 42752 | 45541 |
| | | 中级技能 | 64573 | 59439 | 46695 | 59055 |
| | | 高级技能 | 75309 | 69384 | 49693 | 66217 |
| | | 技师 | 79673 | 71852 | 51170 | 71442 |
| | | 高级技师 | 81493 | 74712 | 53553 | 75885 |
| 12 | 锻造工 | 初级技能 | 56381 | 51143 | 40274 | 50206 |
| | | 中级技能 | 62573 | 55439 | 43695 | 54550 |
| | | 高级技能 | 70753 | 60341 | 48287 | 60998 |
| | | 技师 | 70615 | 61043 | 49384 | 62605 |
| | | 高级技师 | 71652 | 61389 | 49425 | 62707 |
| 13 | 金属热处理工 | 初级工 | 62836 | 46156 | 40704 | 49581 |
| | | 中级技能 | 66976 | 51370 | 41946 | 53400 |
| | | 高级技能 | 69782 | 66882 | 62673 | 65932 |
| | | 技师 | 70771 | 67705 | 65246 | 68525 |
| | | 高级技师 | 73574 | 70004 | 68132 | 69564 |
| 14 | 车工 | 初级技能 | 63800 | 46596 | 32268 | 42997 |
| | | 中级技能 | 64103 | 53535 | 36841 | 53042 |
| | | 高级技能 | 75640 | 55181 | 40300 | 56562 |
| | | 技师 | 76528 | 58755 | 45474 | 58274 |
| | | 高级技师 | 84306 | 60956 | 47233 | 63202 |
| 15 | 铣工 | 初级技能 | 60379 | 53560 | 38142 | 51802 |
| | | 中级技能 | 63308 | 57138 | 43371 | 57290 |
| | | 高级技能 | 72250 | 58795 | 44489 | 60912 |
| | | 技师 | 83004 | 58999 | 46004 | 60079 |
| | | 高级技师 | 88825 | 60922 | 49592 | 62405 |
| 16 | 钳工 | 初级技能 | 68280 | 52372 | 42885 | 53069 |
| | | 中级技能 | 78913 | 56391 | 49522 | 56551 |
| | | 高级技能 | 89662 | 67621 | 53650 | 66541 |
| | | 技师 | 96153 | 86938 | 63673 | 85740 |
| | | 高级技师 | 95509 | 87175 | 64135 | 87164 |

续表

| 序号 | 职位名称 | 技术等级 | 高位数 | 中位数 | 低位数 | 平均数 |
|---|---|---|---|---|---|---|
| 17 | 磨工 | 初级技能 | 66870 | 51009 | 40923 | 52454 |
| | | 中级技能 | 69897 | 56115 | 45795 | 54923 |
| | | 高级技能 | 81226 | 58859 | 47006 | 58753 |
| | | 技师 | 83966 | 60500 | 49761 | 59417 |
| | | 高级技师 | 84933 | 62648 | 51751 | 63413 |
| 18 | 电切削工 | 初级技能 | 65173 | 55545 | 41879 | 56188 |
| | | 中级技能 | 73691 | 57463 | 48143 | 57096 |
| | | 高级技能 | 74397 | 59780 | 50211 | 58140 |
| 19 | 手工木工 | 初级技能 | 61609 | 51057 | 37999 | 52026 |
| | | 中级技能 | 63008 | 56728 | 45505 | 57266 |
| | | 高级技能 | 64332 | 59626 | 48372 | 60288 |
| | | 技师 | 70369 | 63981 | 50869 | 62379 |
| 20 | 眼镜定配工 | 初级技能 | 48942 | 42639 | 38865 | 42492 |
| | | 中级技能 | 57870 | 48860 | 39488 | 48823 |
| | | 高级技能 | 64200 | 54037 | 42427 | 53069 |
| | | 技师 | 68451 | 55983 | 46571 | 55406 |
| 21 | 汽车维修工 | 初级技能 | 75955 | 62206 | 47567 | 62765 |
| | | 中级技能 | 95043 | 71864 | 62037 | 73865 |
| | | 高级技能 | 100301 | 80661 | 65962 | 82290 |
| | | 技师 | 108730 | 83486 | 67051 | 84876 |
| | | 高级技师 | 116477 | 83993 | 68990 | 85793 |
| 22 | 保安员 | 初级技能 | 53033 | 44038 | 29739 | 44714 |
| | | 中级技能 | 59803 | 46608 | 32596 | 46138 |
| | | 高级技能 | 65022 | 47340 | 33599 | 47038 |
| | | 技师 | 66810 | 48553 | 35824 | 49616 |
| 23 | 中式烹调师 | 初级技能 | 68718 | 49298 | 37806 | 48983 |
| | | 中级技能 | 75057 | 51159 | 40081 | 50658 |
| | | 高级技能 | 76732 | 52476 | 41420 | 56027 |
| | | 技师 | 88725 | 59682 | 45684 | 60213 |
| | | 高级技师 | 96899 | 65298 | 47908 | 65262 |
| 24 | 中式面点师 | 初级技能 | 58994 | 46596 | 35318 | 46145 |
| | | 中级技能 | 67765 | 47399 | 41927 | 46327 |
| | | 高级技能 | 73199 | 53995 | 43214 | 53242 |
| | | 技师 | 81582 | 59651 | 47184 | 60114 |
| | | 高级技师 | 85121 | 65149 | 48609 | 65100 |

续表

| 序号 | 职位名称 | 技术等级 | 高位数 | 中位数 | 低位数 | 平均数 |
|---|---|---|---|---|---|---|
| 25 | 西式烹调师 | 初级技能 | 61492 | 49486 | 39395 | 49847 |
| | | 中级技能 | 70115 | 52987 | 43920 | 52503 |
| | | 高级技能 | 74722 | 55177 | 47103 | 54758 |
| | | 技师 | 80920 | 62811 | 47752 | 61246 |
| | | 高级技师 | 89721 | 73034 | 63951 | 72990 |
| 26 | 西式面点师 | 初级技能 | 62982 | 45560 | 37538 | 46315 |
| | | 中级技能 | 71613 | 49323 | 40416 | 49825 |
| | | 高级技能 | 75724 | 54456 | 42638 | 55366 |
| | | 技师 | 78543 | 61883 | 44988 | 61326 |
| | | 高级技师 | 80334 | 68361 | 45130 | 68314 |

## 四、分登记注册类型工资指导价位

单位：元/人、年

| 企业登记注册类型 | 高位数 | 中位数 | 低位数 | 平均数 |
|---|---|---|---|---|
| 国有企业（不含国有投资公司） | 248000 | 87790 | 36005 | 110486 |
| 集体企业 | 106166 | 54313 | 36143 | 62879 |
| 股份合作企业 | 112577 | 53000 | 36399 | 63797 |
| 联营企业 | 130000 | 41877 | 31247 | 47278 |
| 有限责任公司（含国有投资公司） | 120539 | 53803 | 33811 | 65934 |
| 股份有限公司 | 315833 | 109014 | 44149 | 112112 |
| 私营企业 | 95368 | 51004 | 32538 | 56419 |
| 其他内资企业 | 129190 | 58401 | 33372 | 66977 |
| 合资经营企业（港或澳、台资） | 139951 | 69900 | 31201 | 76944 |
| 港、澳、台商独资经营企业 | 253832 | 68685 | 40805 | 107846 |
| 中外合资经营企业 | 132087 | 60457 | 42615 | 71805 |
| 外资企业 | 118941 | 48126 | 33722 | 60329 |
| 国有企业（不含国有投资公司） | 248000 | 87790 | 36005 | 110486 |

## 五、分专业技术等级工资指导价位

单位：元/人、年

| 专业技术等级 | 高位数 | 中位数 | 低位数 | 平均数 |
|---|---|---|---|---|
| 初级工 | 88420 | 48120 | 32273 | 55881 |
| 中级工 | 104504 | 55400 | 35067 | 60223 |
| 高级工 | 126169 | 68910 | 38224 | 78085 |
| 技师 | 141169 | 71500 | 39841 | 79018 |

续表

| 专业技术等级 | 高位数 | 中位数 | 低位数 | 平均数 |
|---|---|---|---|---|
| 高级技师 | 151920 | 72560 | 41201 | 84982 |
| 其他人员 | 87528 | 47398 | 32655 | 55417 |
| 正高级专业技术职务 | 367496 | 122120 | 46604 | 174458 |
| 副高级专业技术职务 | 319615 | 113911 | 44863 | 158645 |
| 中级专业技术职务 | 282344 | 103178 | 42935 | 125495 |
| 初级专业技术职务 | 211126 | 91297 | 41198 | 106204 |
| 未评定技术职务人员 | 165136 | 67164 | 35002 | 87543 |
| 高层管理岗 | 518403 | 119760 | 50018 | 192552 |
| 中层管理岗 | 418950 | 107067 | 45019 | 163022 |
| 基层管理岗 | 298327 | 82448 | 40326 | 122499 |
| 管理类员工岗 | 187245 | 60243 | 32938 | 84197 |

## 六、分学历工资指导价位

单位：元/人、年

| 学历 | 高位数 | 中位数 | 低位数 | 平均数 |
|---|---|---|---|---|
| 博士及以上 | 594468 | 172485 | 67442 | 209628 |
| 硕士 | 450427 | 153269 | 53797 | 168319 |
| 大学本科 | 311101 | 111311 | 42754 | 137731 |
| 大学专科 | 168136 | 63216 | 35821 | 81216 |
| 高中、中专或技校 | 107572 | 53900 | 33018 | 60945 |
| 初中及以下 | 84914 | 48348 | 30628 | 52831 |

## 七、不同学历初次就业大中专毕业生工资指导价位

单位：元/人、月

| 学历 | 高位数 | 中位数 | 低位数 | 平均数 |
|---|---|---|---|---|
| 硕士 | 9712 | 6124 | 4455 | 6331 |
| 大学本科 | 6895 | 4600 | 3183 | 4503 |
| 大学专科 | 5357 | 3500 | 2705 | 3501 |
| 高中、中专或技校 | 4462 | 3179 | 2486 | 3184 |

# 八、初次就业大中专毕业生分工种工资指导价位

单位：元/人、月

| 序号 | 工种 | 高位数 | 中位数 | 低位数 | 平均数 |
|---|---|---|---|---|---|
| 1 | 行政部门经理 | 5860 | 4120 | 3080 | 4185 |
| 2 | 销售和营销部门经理 | 5780 | 3767 | 3000 | 3761 |
| 3 | 测绘工程技术人员 | 6982 | 4573 | 3500 | 4647 |
| 4 | 化工工程技术人员 | 5800 | 4600 | 3533 | 4557 |
| 5 | 医药工程技术人员 | 5400 | 3700 | 3200 | 4020 |
| 6 | 机械设计工程技术人员 | 5980 | 4200 | 3540 | 4108 |
| 7 | 电子工程技术人员 | 6000 | 3900 | 3600 | 4125 |
| 8 | 计算机软件技术人员 | 5739 | 4000 | 3000 | 3935 |
| 9 | 计算机网络技术人员 | 4598 | 3298 | 2680 | 3287 |
| 10 | 交通工程技术人员 | 5420 | 3658 | 2945 | 3687 |
| 11 | 建筑工程技术人员 | 5556 | 3220 | 2733 | 3534 |
| 12 | 标准化、计量、质量工程技术人员 | 5120 | 3164 | 3100 | 3642 |
| 13 | 其他工程技术人员 | 5554 | 3700 | 2749 | 3750 |
| 14 | 其他职能部门经理或主管 | 4500 | 3800 | 3000 | 3900 |
| 15 | 经济计划人员 | 4020 | 3480 | 3020 | 3433 |
| 16 | 统计人员 | 4030 | 3335 | 2850 | 3394 |
| 17 | 会计人员 | 4923 | 3800 | 3059 | 3882 |
| 18 | 出纳 | 4639 | 3380 | 2667 | 3310 |
| 19 | 医疗技术人员 | 5828 | 4330 | 3080 | 4267 |
| 20 | 护理人员 | 5200 | 3785 | 3020 | 3880 |
| 21 | 国际商务人员 | 4910 | 3500 | 2210 | 3522 |
| 22 | 其他经济业务人员 | 5067 | 3680 | 2675 | 3614 |
| 23 | 银行储蓄员 | 5694 | 4820 | 3370 | 4681 |
| 24 | 其他银行业务人员 | 6394 | 4950 | 3572 | 4997 |
| 25 | 保险理赔人员 | 5480 | 4080 | 2860 | 4398 |
| 26 | 普工 | 4090 | 3450 | 3026 | 3429 |
| 27 | 预决算员 | 4390 | 3680 | 3060 | 3605 |
| 28 | 检验人员 | 4482 | 3600 | 3000 | 3496 |
| 29 | 采购员 | 4220 | 3690 | 2980 | 3659 |
| 30 | 制鞋工 | 3880 | 3300 | 2820 | 3310 |
| 31 | 焊工 | 4650 | 3680 | 3260 | 3906 |
| 32 | 加工中心操作工 | 4417 | 3500 | 2810 | 3579 |
| 33 | 车工 | 4389 | 3210 | 2523 | 3433 |
| 34 | 前厅服务员 | 3465 | 3145 | 2720 | 3191 |
| 35 | 餐厅服务员 | 3520 | 3320 | 2793 | 3285 |

续表

| 序号 | 工种 | 高位数 | 中位数 | 低位数 | 平均数 |
|---|---|---|---|---|---|
| 36 | 制图员 | 5250 | 3805 | 2820 | 3548 |
| 37 | 其他行政事务人员 | 4766 | 3580 | 2991 | 3508 |
| 38 | 违禁品检查员 | 4890 | 3750 | 3080 | 3690 |
| 39 | 消防人员 | 4320 | 3650 | 3100 | 3586 |
| 40 | 生产管理人员 | 5886 | 3810 | 3300 | 3748 |
| 41 | 施工管理人员 | 5810 | 3920 | 3005 | 3901 |
| 42 | 保安员 | 3780 | 3360 | 2730 | 3283 |
| 43 | 营业员 | 3751 | 3220 | 2846 | 3194 |
| 44 | 营销员 | 5142 | 3857 | 2786 | 3782 |
| 45 | 理货员 | 3600 | 3210 | 2920 | 3185 |
| 46 | 仓库管理员 | 4280 | 3400 | 2850 | 3384 |
| 47 | 办公室文员 | 4412 | 3456 | 2817 | 3378 |
| 48 | 人力资源专业人员 | 5556 | 3620 | 2875 | 3526 |
| 49 | 制笔装搭工 | 4120 | 3405 | 2880 | 3390 |
| 50 | 服装设计人员 | 5200 | 3810 | 3233 | 3799 |
| 51 | 产品开发设计人员 | 4895 | 3820 | 2850 | 3895 |
| 52 | 收银员 | 3717 | 3345 | 2812 | 3293 |
| 53 | 推销员 | 4500 | 3500 | 3500 | 3750 |
| 54 | 中式烹调师 | 3465 | 3045 | 2500 | 3066 |
| 55 | 西式烹调师 | 3465 | 3255 | 3045 | 3255 |
| 56 | 注塑工 | 4780 | 3980 | 3480 | 3870 |
| 57 | 汽车维修工 | 7210 | 2150 | 950 | 2870 |
| 58 | 印刷操作人员 | 3167 | 3000 | 3000 | 3031 |
| 59 | 药剂人员 | 3011 | 3000 | 3000 | 3002 |
| 60 | 包装人员 | 4750 | 3580 | 3160 | 3460 |
| 61 | 其他饭店服务人员 | 3388 | 3000 | 2780 | 2980 |
| 62 | 办公设备维修工 | 4398 | 3580 | 2987 | 3610 |
| 63 | 航空运输地面服务员 | 5498 | 4587 | 3988 | 4597 |

# 2020年湖州市人力资源市场工资指导价位

## 一、部分职业（工种）人力资源市场工资指导价位表

单位：元

| 序号 | 工种 | 高位数 | | 中位数 | | 低位数 | |
|---|---|---|---|---|---|---|---|
| | | 年薪 | 月薪 | 年薪 | 月薪 | 年薪 | 月薪 |
| 第一大类：单位负责人 | | | | | | | |
| 1 | 企业董事 | 1324201 | 110350 | 138030 | 11503 | 53353 | 4446 |
| 2 | 企业经理(厂长) | 743215 | 61935 | 96968 | 8081 | 57903 | 4825 |
| 3 | 生产或经营经理 | 468157 | 39013 | 105267 | 8772 | 51396 | 4283 |
| 4 | 财务经理 | 505962 | 42164 | 92555 | 7713 | 46162 | 3847 |
| 5 | 行政经理 | 414000 | 34500 | 96515 | 8043 | 47064 | 3922 |
| 6 | 人事经理 | 288000 | 24000 | 92544 | 7712 | 38937 | 3245 |
| 7 | 销售和营销经理 | 602100 | 50175 | 102720 | 8560 | 37855 | 3155 |
| 8 | 广告和公关经理 | 345600 | 28800 | 96300 | 8025 | 57240 | 4770 |
| 9 | 采购经理 | 479160 | 39930 | 89880 | 7490 | 39593 | 3299 |
| 10 | 研究和开发经理 | 610200 | 50850 | 131396 | 10950 | 39580 | 3298 |
| 11 | 餐厅经理 | 248400 | 20700 | 73295 | 6108 | 43248 | 3604 |
| 12 | 客房经理 | 226800 | 18900 | 81053 | 6754 | 46428 | 3869 |
| 13 | 工程项目经理 | 391909 | 32659 | 117700 | 9808 | 41747 | 3479 |
| 14 | 物业经理 | 168480 | 14040 | 84316 | 7026 | 38160 | 3180 |
| 第二大类：专业技术人员 | | | | | | | |
| 15 | 测绘工程技术人员 | 140400 | 11700 | 74900 | 6242 | 46216 | 3851 |
| 16 | 冶金工程技术人员 | 179280 | 14940 | 96227 | 8019 | 56036 | 4670 |
| 17 | 化学研究人员 | 226800 | 18900 | 85600 | 7133 | 53000 | 4417 |
| 18 | 化工工程技术人员 | 194400 | 16200 | 73081 | 6090 | 50880 | 4240 |
| 19 | 化工实验工程技术人员 | 129600 | 10800 | 74900 | 6242 | 50880 | 4240 |
| 20 | 化工设计工程技术人员 | 103680 | 8640 | 51360 | 4280 | 43460 | 3622 |
| 21 | 化工生产工程技术人员 | 189540 | 15795 | 141401 | 11783 | 53000 | 4417 |
| 22 | 生物科学研究人员 | 146880 | 12240 | 74686 | 6224 | 54696 | 4558 |
| 23 | 医药工程技术人员 | 159624 | 13302 | 94160 | 7847 | 47700 | 3975 |
| 24 | 食品工程技术人员 | 159721 | 13310 | 85386 | 7116 | 47027 | 3919 |

续表

| 序号 | 工种 | 高位数 | | 中位数 | | 低位数 | |
|---|---|---|---|---|---|---|---|
| | | 年薪 | 月薪 | 年薪 | 月薪 | 年薪 | 月薪 |
| 25 | 机械工程技术人员 | 191376 | 15948 | 74900 | 6242 | 54908 | 4576 |
| 26 | 机械设计工程技术人员 | 388800 | 32400 | 94160 | 7847 | 48972 | 4081 |
| 27 | 机械制造工程技术人员 | 190581 | 15882 | 85600 | 7133 | 48760 | 4063 |
| 28 | 仪器仪表工程技术人员 | 96995 | 8083 | 77739 | 6478 | 62129 | 5177 |
| 29 | 模具工程师 | 149765 | 12480 | 74900 | 6242 | 54060 | 4505 |
| 30 | 设备工程技术人员 | 178578 | 14882 | 73830 | 6153 | 42063 | 3505 |
| 31 | 其他机械工程技术人员 | 150120 | 12510 | 80250 | 6688 | 47880 | 3990 |
| 32 | 金属材料工程技术人员 | 140400 | 11700 | 87413 | 7284 | 56180 | 4682 |
| 33 | 电子工程技术人员 | 226800 | 18900 | 96300 | 8025 | 84800 | 7067 |
| 34 | 电子材料工程技术人员 | 129600 | 10800 | 78110 | 6509 | 41340 | 3445 |
| 35 | 电子元器件工程技术人员 | 142128 | 11844 | 62875 | 5240 | 42032 | 3503 |
| 36 | 电子仪器与测量工程技术人员 | 139701 | 11642 | 65818 | 5485 | 46587 | 3882 |
| 37 | 其他电子工程技术人员 | 129600 | 10800 | 66107 | 5509 | 43728 | 3644 |
| 38 | 通信工程技术人员 | 129600 | 10800 | 71497 | 5958 | 48972 | 4081 |
| 39 | 计算机与应用工程技术人员 | 183843 | 15320 | 90559 | 7547 | 53424 | 4452 |
| 40 | 计算机硬件技术人员 | 518400 | 43200 | 64200 | 5350 | 36040 | 3003 |
| 41 | 计算机软件技术人员 | 172800 | 14400 | 88222 | 7352 | 52182 | 4348 |
| 42 | 计算机网络技术人员 | 155520 | 12960 | 74900 | 6242 | 39856 | 3321 |
| 43 | 计算机系统分析技术人员 | 145174 | 12098 | 87152 | 7263 | 56336 | 4695 |
| 44 | 其他计算机与应用工程技术人员 | 90720 | 7560 | 70620 | 5885 | 53000 | 4417 |
| 45 | 电气工程技术人员 | 253453 | 21121 | 89880 | 7490 | 55103 | 4592 |
| 46 | 电机与电器工程技术人员 | 108000 | 9000 | 64200 | 5350 | 41155 | 3430 |
| 47 | 电力工程技术人员 | 129600 | 10800 | 54076 | 4506 | 45010 | 3751 |
| 48 | 交通工程技术人员 | 138154 | 11513 | 84072 | 7006 | 44856 | 3738 |
| 49 | 汽车运用工程技术人员 | 194400 | 16200 | 81320 | 6777 | 46174 | 3848 |
| 50 | 船舶运用工程技术人员 | 79043 | 6587 | 67703 | 5642 | 55972 | 4664 |
| 51 | 其他交通工程技术人员 | 81190 | 6766 | 56432 | 4703 | 36635 | 3053 |
| 52 | 建筑工程技术人员 | 355585 | 29632 | 142941 | 11912 | 66291 | 5524 |
| 53 | 建筑工程监理人员 | 129600 | 10800 | 83460 | 6955 | 43460 | 3622 |
| 54 | 建筑工程预决算员 | 199800 | 16650 | 92427 | 7702 | 63600 | 5300 |
| 55 | 建材工程技术人员 | 194400 | 16200 | 96300 | 8025 | 76320 | 6360 |
| 56 | 建筑工程设计员 | 140400 | 11700 | 85600 | 7133 | 59360 | 4947 |
| 57 | 纺织工程技术人员 | 179280 | 14940 | 97370 | 8114 | 45209 | 3767 |
| 58 | 生产组织与管理工程技术人员 | 194452 | 16204 | 70924 | 5910 | 46830 | 3902 |
| 59 | 安全工程技术人员 | 168480 | 14040 | 80036 | 6670 | 50880 | 4240 |
| 60 | 标准化、计量、质量工程技术人员 | 147420 | 12285 | 74896 | 6241 | 44520 | 3710 |

续表

| 序号 | 工种 | 高位数 | | 中位数 | | 低位数 | |
|---|---|---|---|---|---|---|---|
| | | 年薪 | 月薪 | 年薪 | 月薪 | 年薪 | 月薪 |
| 61 | 质量管理与可靠性控制工程技术人员 | 227460 | 18955 | 84252 | 7021 | 51304 | 4275 |
| 62 | 农业技术人员 | 65265 | 5439 | 48150 | 4013 | 38948 | 3246 |
| 63 | 风景园林工程技术人员 | 68307 | 5692 | 51488 | 4291 | 44172 | 3681 |
| 64 | 园林绿化工程技术人员 | 86000 | 7167 | 49568 | 4131 | 42824 | 3569 |
| 65 | 环境监测工程技术人员 | 84240 | 7020 | 59225 | 4935 | 38974 | 3248 |
| 66 | 环境保护工程技术人员 | 128323 | 10694 | 81396 | 6783 | 38287 | 3191 |
| 67 | 平面设计师 | 129600 | 10800 | 68062 | 5672 | 43990 | 3666 |
| 68 | 室内装饰设计人员 | 103680 | 8640 | 62488 | 5207 | 50880 | 4240 |
| 69 | 服装设计人员 | 216000 | 18000 | 94160 | 7847 | 47700 | 3975 |
| 70 | 广告设计人员 | 138240 | 11520 | 72760 | 6063 | 57579 | 4798 |
| 71 | 经济计划人员 | 146895 | 12241 | 94230 | 7852 | 63600 | 5300 |
| 72 | 统计人员 | 89452 | 7454 | 47586 | 3966 | 30899 | 2575 |
| 73 | 会计人员 | 258269 | 21522 | 57780 | 4815 | 38881 | 3240 |
| 74 | 出纳 | 142213 | 11851 | 50290 | 4191 | 32251 | 2688 |
| 75 | 审计人员 | 216000 | 18000 | 82390 | 6866 | 44520 | 3710 |
| 76 | 国际商务人员 | 108000 | 9000 | 68480 | 5707 | 48760 | 4063 |
| 77 | 文字编辑 | 70200 | 5850 | 58850 | 4904 | 47700 | 3975 |
| 78 | 美术编辑 | 91425 | 7619 | 69764 | 5814 | 47912 | 3993 |
| 79 | 翻译 | 110160 | 9180 | 83674 | 6973 | 50880 | 4240 |
| 80 | 图书资料与档案业务人员 | 79164 | 6597 | 53928 | 4494 | 44520 | 3710 |
| 第三大类：办事员和有关人员 | | | | | | | |
| 81 | 秘书 | 87912 | 7326 | 58850 | 4904 | 44520 | 3710 |
| 82 | 公关员 | 96941 | 8078 | 54595 | 4550 | 40813 | 3401 |
| 83 | 收发员 | 73440 | 6120 | 42800 | 3567 | 30295 | 2525 |
| 84 | 打字员 | 54108 | 4509 | 41185 | 3432 | 38584 | 3215 |
| 85 | 计算机操作员 | 70200 | 5850 | 53500 | 4458 | 38160 | 3180 |
| 86 | 制图员 | 129600 | 10800 | 64200 | 5350 | 34395 | 2866 |
| 87 | 保安员 | 91114 | 7593 | 48257 | 4021 | 34545 | 2879 |
| 88 | 话务员 | 76680 | 6390 | 42747 | 3562 | 26500 | 2208 |
| 89 | 劳动关系协调员 | 130000 | 10833 | 67932 | 5661 | 28000 | 2333 |
| 90 | 企业人力资源管理师 | 210000 | 17500 | 99212 | 8268 | 41896 | 3491 |
| 91 | 行政事务人员 | 307932 | 25661 | 56731 | 4728 | 29846 | 2487 |
| 第四大类：商业和服务业人员 | | | | | | | |
| 92 | 报关员 | 157173 | 13098 | 67731 | 5644 | 39101 | 3258 |
| 93 | 外贸人员 | 218190 | 18183 | 71690 | 5974 | 34980 | 2915 |
| 94 | 房地产开发业务人员 | 308980 | 25748 | 117574 | 9798 | 41552 | 3463 |

续表

| 序号 | 工种 | 高位数 | | 中位数 | | 低位数 | |
|---|---|---|---|---|---|---|---|
| | | 年薪 | 月薪 | 年薪 | 月薪 | 年薪 | 月薪 |
| 95 | 房地产销售人员 | 85914 | 7160 | 51360 | 4280 | 37855 | 3155 |
| 96 | 营业员 | 137493 | 11458 | 46813 | 3901 | 28726 | 2394 |
| 97 | 收银员 | 81000 | 6750 | 40613 | 3384 | 31355 | 2613 |
| 98 | 推销员 | 464571 | 38714 | 92020 | 7668 | 35472 | 2956 |
| 99 | 采购员 | 136440 | 11370 | 52118 | 4343 | 32083 | 2674 |
| 100 | 收购员 | 175414 | 14618 | 58850 | 4904 | 42095 | 3508 |
| 101 | 商场导购员 | 78840 | 6570 | 49862 | 4155 | 41340 | 3445 |
| 102 | 租赁业务员 | 96933 | 8078 | 62060 | 5172 | 30352 | 2529 |
| 103 | 废旧物资回收利用人员 | 135680 | 11307 | 70620 | 5885 | 38991 | 3249 |
| 104 | 医药商品购销员 | 111320 | 9277 | 90225 | 7519 | 36809 | 3067 |
| 105 | 保管员 | 73440 | 6120 | 41944 | 3495 | 35616 | 2968 |
| 106 | 理货员 | 77034 | 6420 | 40660 | 3388 | 30528 | 2544 |
| 107 | 商品养护员 | 66510 | 5543 | 52121 | 4343 | 41870 | 3489 |
| 108 | 冷藏工 | 72559 | 6047 | 41268 | 3439 | 34032 | 2836 |
| 109 | 商品储运员 | 67590 | 5633 | 51549 | 4296 | 40122 | 3344 |
| 110 | 商品护运员 | 64498 | 5375 | 49721 | 4143 | 43115 | 3593 |
| 111 | 医药商品储运员 | 76879 | 6407 | 63477 | 5290 | 43765 | 3647 |
| 112 | 中式烹调师 | 102600 | 8550 | 56496 | 4708 | 36634 | 3053 |
| 113 | 中式面点师 | 95904 | 7992 | 48792 | 4066 | 33719 | 2810 |
| 114 | 西式烹调师 | 129600 | 10800 | 68694 | 5725 | 48972 | 4081 |
| 115 | 西式面点师 | 92880 | 7740 | 68009 | 5667 | 45792 | 3816 |
| 116 | 营养配餐员 | 69317 | 5776 | 39483 | 3290 | 26035 | 2170 |
| 117 | 餐厅服务员 | 74628 | 6219 | 42800 | 3567 | 31800 | 2650 |
| 118 | 餐具清洗保管员 | 48600 | 4050 | 36278 | 3023 | 29680 | 2473 |
| 119 | 前厅服务员 | 73354 | 6113 | 46224 | 3852 | 29002 | 2417 |
| 120 | 客房服务员 | 67392 | 5616 | 43656 | 3638 | 31800 | 2650 |
| 121 | 锅炉操作工 | 65880 | 5490 | 47080 | 3923 | 29256 | 2438 |
| 122 | 康乐服务员 | 60912 | 5076 | 48792 | 4066 | 33920 | 2827 |
| 123 | 导游 | 116640 | 9720 | 54964 | 4580 | 46216 | 3851 |
| 124 | 盆景工 | 146880 | 12240 | 70620 | 5885 | 38160 | 3180 |
| 125 | 园林植物保护工 | 76923 | 6410 | 48771 | 4064 | 29521 | 2460 |
| 126 | 汽车客运服务员 | 94176 | 7848 | 73622 | 6135 | 39583 | 3299 |
| 127 | 汽车运输调度员 | 78192 | 6516 | 55212 | 4601 | 44308 | 3692 |
| 128 | 车站客运服务员 | 86400 | 7200 | 65270 | 5439 | 37463 | 3122 |
| 129 | 行包运输服务员 | 93798 | 7817 | 64200 | 5350 | 42400 | 3533 |
| 130 | 车站货运员 | 82836 | 6903 | 63751 | 5313 | 41997 | 3500 |

续表

| 序号 | 工种 | 高位数 | | 中位数 | | 低位数 | |
|---|---|---|---|---|---|---|---|
| | | 年薪 | 月薪 | 年薪 | 月薪 | 年薪 | 月薪 |
| 131 | 信息咨询工 | 86400 | 7200 | 49755 | 4146 | 37100 | 3092 |
| 132 | 柒色师 | 95040 | 7920 | 68251 | 5688 | 52110 | 4342 |
| 133 | 家用电子产品维修工 | 147744 | 12312 | 80464 | 6705 | 49078 | 4090 |
| 134 | 家用电器产品维修工 | 107270 | 8939 | 41248 | 3437 | 33401 | 2783 |
| 135 | 日用机电产品维修人员 | 135000 | 11250 | 73830 | 6153 | 50880 | 4240 |
| 136 | 办公设备维修工 | 108000 | 9000 | 60990 | 5083 | 35489 | 2957 |
| 137 | 物业管理工 | 77760 | 6480 | 48685 | 4057 | 31800 | 2650 |
| 138 | 垃圾清运工 | 64800 | 5400 | 37450 | 3121 | 27984 | 2332 |
| 139 | 污水处理工 | 92880 | 7740 | 48471 | 4039 | 35656 | 2971 |
| 140 | 物业管理人员 | 264600 | 22050 | 64200 | 5350 | 31164 | 2597 |
| 141 | 家政服务员 | 68688 | 5724 | 35952 | 2996 | 29256 | 2438 |
| 142 | 洗衣师 | 44774 | 3731 | 34064 | 2839 | 28564 | 2380 |
| 143 | 保洁员 | 79682 | 6640 | 44705 | 3725 | 24168 | 2014 |
| 144 | 饭店服务人员 | 59400 | 4950 | 41195 | 3433 | 35616 | 2968 |
| 145 | 餐厅服务员、厨工 | 74917 | 6243 | 44940 | 3745 | 25871 | 2156 |
| 146 | 饭店、旅游及健身娱乐场所服务人员 | 54000 | 4500 | 46010 | 3834 | 38160 | 3180 |
| 147 | 保健按摩师 | 56160 | 4680 | 44940 | 3745 | 35362 | 2947 |
| 148 | 仓储人员 | 102737 | 8561 | 48792 | 4066 | 29910 | 2493 |
| 149 | 储运人员 | 129600 | 10800 | 51360 | 4280 | 33072 | 2756 |
| 150 | 购销人员 | 137570 | 11464 | 52627 | 4386 | 37100 | 3092 |
| 151 | 水上运输服务人员 | 64800 | 5400 | 37450 | 3121 | 32860 | 2738 |
| 152 | 运输服务人员 | 77760 | 6480 | 66875 | 5573 | 47700 | 3975 |
| 153 | 水上运输设备操作及有关人员 | 108977 | 9081 | 83724 | 6977 | 72080 | 6007 |
| 154 | 公交司机 | 123324 | 10277 | 53500 | 4458 | 31800 | 2650 |
| 155 | 物流从业员 | 97200 | 8100 | 64200 | 5350 | 50350 | 4196 |
| 156 | 物流师 | 137918 | 11493 | 70620 | 5885 | 53000 | 4417 |
| 157 | 快递员 | 91800 | 7650 | 57780 | 4815 | 47700 | 3975 |
| 158 | 保险理赔员 | 164268 | 13689 | 92429 | 7702 | 58966 | 4914 |
| 159 | 眼镜验光员 | 152412 | 12701 | 81425 | 6785 | 74124 | 6177 |
| 160 | 眼镜定配工 | 154561 | 12880 | 82541 | 6878 | 75214 | 6268 |
| 161 | 智能楼宇管理员 | 102451 | 8538 | 75210 | 6268 | 33600 | 2800 |
| 162 | 摄影师 | 52799 | 4400 | 35097 | 2925 | 31800 | 2650 |
| 第五大类：农、林、牧、渔、水利业生产人员 | | | | | | | |
| 163 | 花卉园艺工 | 53568 | 4464 | 52216 | 4351 | 35616 | 2968 |
| 164 | 竹藤麻棕草制品加工工 | 48168 | 4014 | 41892 | 3491 | 33072 | 2756 |
| 165 | 家畜饲养工 | 51673 | 4306 | 40660 | 3388 | 26035 | 2170 |

| 序号 | 工种 | 高位数 | | 中位数 | | 低位数 | |
|---|---|---|---|---|---|---|---|
| | | 年薪 | 月薪 | 年薪 | 月薪 | 年薪 | 月薪 |
| 166 | 水产捕捞及有关人员 | 48336 | 4028 | 36826 | 3069 | 31800 | 2650 |
| 167 | 水产品加工人员 | 64105 | 5342 | 46940 | 3912 | 34658 | 2888 |
| 168 | 家畜繁殖工 | 62965 | 5247 | 49803 | 4150 | 44997 | 3750 |
| 169 | 家禽饲养工 | 46928 | 3911 | 37203 | 3100 | 30740 | 2562 |
| 170 | 家禽繁殖工 | 63359 | 5280 | 55212 | 4601 | 47394 | 3949 |
| | 第六大类：生产、运输设备操作及有关人员 | | | | | | |
| 171 | 炼铁人员 | 64800 | 5400 | 53500 | 4458 | 45834 | 3820 |
| 172 | 炼钢人员 | 116640 | 9720 | 79107 | 6592 | 50880 | 4240 |
| 173 | 重有色金属冶炼人员 | 120960 | 10080 | 56571 | 4714 | 42400 | 3533 |
| 174 | 半导体材料制备人员 | 86400 | 7200 | 54570 | 4548 | 42400 | 3533 |
| 175 | 金属轧制人员 | 103893 | 8658 | 69696 | 5808 | 40257 | 3355 |
| 176 | 铸铁管人员 | 59702 | 4975 | 50889 | 4241 | 42400 | 3533 |
| 177 | 化工产品生产工 | 86400 | 7200 | 53500 | 4458 | 22896 | 1908 |
| 178 | 车工 | 129600 | 10800 | 62252 | 5188 | 38510 | 3209 |
| 179 | 铣工 | 96120 | 8010 | 62060 | 5172 | 40602 | 3384 |
| 180 | 刨插工 | 88560 | 7380 | 70620 | 5885 | 48760 | 4063 |
| 181 | 磨工 | 101683 | 8474 | 60655 | 5055 | 37630 | 3136 |
| 182 | 镗工 | 75600 | 6300 | 53500 | 4458 | 37100 | 3092 |
| 183 | 钻床工 | 90720 | 7560 | 56032 | 4669 | 38160 | 3180 |
| 184 | 加工中心操作工 | 129600 | 10800 | 45957 | 3830 | 33958 | 2830 |
| 185 | 制齿工 | 103680 | 8640 | 65516 | 5460 | 54975 | 4581 |
| 186 | 抛磨光工 | 115560 | 9630 | 51895 | 4325 | 35616 | 2968 |
| 187 | 拉床工 | 90720 | 7560 | 67945 | 5662 | 53000 | 4417 |
| 188 | 锯床工 | 103680 | 8640 | 62060 | 5172 | 42400 | 3533 |
| 189 | 铸造工 | 100440 | 8370 | 53500 | 4458 | 36040 | 3003 |
| 190 | 锻造工 | 102600 | 8550 | 63558 | 5297 | 39432 | 3286 |
| 191 | 冲压工 | 86400 | 7200 | 55640 | 4637 | 31800 | 2650 |
| 192 | 剪切工 | 145800 | 12150 | 58850 | 4904 | 37100 | 3092 |
| 193 | 焊工 | 144257 | 12021 | 72520 | 6043 | 37010 | 3084 |
| 194 | 金属热处理工 | 164968 | 13747 | 84747 | 7062 | 37949 | 3162 |
| 195 | 铆工 | 71747 | 5979 | 42800 | 3567 | 31800 | 2650 |
| 196 | 探伤工 | 91800 | 7650 | 72546 | 6046 | 67390 | 5616 |
| 197 | 电切削工 | 101088 | 8424 | 55426 | 4619 | 37855 | 3155 |
| 198 | 冷作钣金加工工 | 81000 | 6750 | 52430 | 4369 | 28188 | 2349 |
| 199 | 镀层工 | 91800 | 7650 | 53072 | 4423 | 42400 | 3533 |
| 200 | 涂装工 | 100440 | 8370 | 59653 | 4971 | 40365 | 3364 |

续表

| 序号 | 工种 | 高位数 | | 中位数 | | 低位数 | |
|---|---|---|---|---|---|---|---|
| | | 年薪 | 月薪 | 年薪 | 月薪 | 年薪 | 月薪 |
| 201 | 数控机床工 | 145777 | 12148 | 71082 | 5924 | 34312 | 2859 |
| 202 | 电焊条制造工 | 91930 | 7661 | 56710 | 4726 | 50880 | 4240 |
| 203 | 基础件装配工 | 83160 | 6930 | 48597 | 4050 | 41835 | 3486 |
| 204 | 部件装配工 | 260110 | 21676 | 54458 | 4538 | 33888 | 2824 |
| 205 | 装配钳工 | 91866 | 7655 | 57780 | 4815 | 35016 | 2918 |
| 206 | 工具钳工 | 88884 | 7407 | 53909 | 4492 | 43672 | 3639 |
| 207 | 动力设备装配工 | 186987 | 15582 | 93100 | 7758 | 43460 | 3622 |
| 208 | 电气元件及设备装配工 | 54000 | 4500 | 44405 | 3700 | 32860 | 2738 |
| 209 | 电子专用设备装配调试工 | 94176 | 7848 | 81641 | 6803 | 60420 | 5035 |
| 210 | 仪器仪表装配工 | 70632 | 5886 | 52430 | 4369 | 40280 | 3357 |
| 211 | 运输车辆装配工 | 78721 | 6560 | 70406 | 5867 | 41234 | 3436 |
| 212 | 机修钳工 | 99449 | 8287 | 54968 | 4581 | 34309 | 2859 |
| 213 | 汽车修理工 | 129600 | 10800 | 81320 | 6777 | 44520 | 3710 |
| 214 | 仪器仪表修理工 | 98820 | 8235 | 62863 | 5239 | 44520 | 3710 |
| 215 | 锅炉设备安装工 | 94500 | 7875 | 72760 | 6063 | 56180 | 4682 |
| 216 | 电力工程内线安装工 | 77879 | 6490 | 62654 | 5221 | 47700 | 3975 |
| 217 | 专业电力设备检修工 | 73440 | 6120 | 60757 | 5063 | 51622 | 4302 |
| 218 | 常用电机检修工 | 92880 | 7740 | 59685 | 4974 | 50541 | 4212 |
| 219 | 维修电工 | 437400 | 36450 | 51360 | 4280 | 30517 | 2543 |
| 220 | 电子器件制造工 | 95672 | 7973 | 53500 | 4458 | 31800 | 2650 |
| 221 | 电子元件制造工 | 97200 | 8100 | 56175 | 4681 | 42400 | 3533 |
| 222 | 电池制造工 | 122902 | 10242 | 47832 | 3986 | 25289 | 2107 |
| 223 | 电子计算机维修工 | 70200 | 5850 | 47294 | 3941 | 35616 | 2968 |
| 224 | 中央空调系统运行操作员 | 62145 | 5179 | 42145 | 3512 | 35214 | 2935 |
| 225 | 制冷空调系统安装维修工 | 90000 | 7500 | 80000 | 6667 | 74400 | 6200 |
| 226 | 机床装调维修工 | 80000 | 6667 | 61922 | 5160 | 50000 | 4167 |
| 227 | 制冷工 | 78000 | 6500 | 50250 | 4188 | 35503 | 2959 |
| 228 | 空调机装配工 | 76490 | 6374 | 68245 | 5687 | 52145 | 4345 |
| 229 | 橡胶制品生产工 | 53503 | 4459 | 46117 | 3843 | 36455 | 3038 |
| 230 | 塑料制品加工工 | 64800 | 5400 | 46224 | 3852 | 36040 | 3003 |
| 231 | 纤维预处理人员 | 70399 | 5867 | 51613 | 4301 | 42400 | 3533 |
| 232 | 造纸工 | 70095 | 5841 | 51337 | 4278 | 42110 | 3509 |
| 233 | 纺纱人员 | 90720 | 7560 | 42800 | 3567 | 37950 | 3163 |
| 234 | 织造人员 | 78120 | 6510 | 41505 | 3459 | 32065 | 2672 |
| 235 | 针织人员 | 81000 | 6750 | 53500 | 4458 | 37117 | 3093 |
| 236 | 印染人员 | 93960 | 7830 | 45475 | 3790 | 37100 | 3092 |

续表

| 序号 | 工种 | 高位数 | | 中位数 | | 低位数 | |
|---|---|---|---|---|---|---|---|
| | | 年薪 | 月薪 | 年薪 | 月薪 | 年薪 | 月薪 |
| 237 | 裁剪工 | 75600 | 6300 | 53500 | 4458 | 36651 | 3054 |
| 238 | 缝纫工 | 84243 | 7020 | 52430 | 4369 | 37100 | 3092 |
| 239 | 裁缝 | 69120 | 5760 | 58315 | 4860 | 47700 | 3975 |
| 240 | 制鞋工 | 109019 | 9085 | 84505 | 7042 | 36109 | 3009 |
| 241 | 制帽工 | 43200 | 3600 | 34678 | 2890 | 29877 | 2490 |
| 242 | 皮革加工工 | 54000 | 4500 | 34873 | 2906 | 31963 | 2664 |
| 243 | 毛皮加工工 | 66960 | 5580 | 54570 | 4548 | 42400 | 3533 |
| 244 | 冷食品制作工 | 57240 | 4770 | 40660 | 3388 | 31800 | 2650 |
| 245 | 食品罐头加工工 | 76312 | 6359 | 55714 | 4643 | 24791 | 2066 |
| 246 | 饮料制作工 | 50363 | 4197 | 40660 | 3388 | 36441 | 3037 |
| 247 | 酿酒工 | 96334 | 8028 | 62605 | 5217 | 32627 | 2719 |
| 248 | 酱油酱类制作工 | 84240 | 7020 | 59920 | 4993 | 50880 | 4240 |
| 249 | 糕点、面包烘焙工 | 63936 | 5328 | 49327 | 4111 | 40280 | 3357 |
| 250 | 豆制品制作工 | 70848 | 5904 | 54784 | 4565 | 38584 | 3215 |
| 251 | 屠宰加工工 | 48600 | 4050 | 40767 | 3397 | 33072 | 2756 |
| 252 | 饲料生产加工工 | 82648 | 6887 | 49241 | 4103 | 38160 | 3180 |
| 253 | 药品生产制造工 | 85968 | 7164 | 61525 | 5127 | 52152 | 4346 |
| 254 | 制材工 | 122979 | 10248 | 53500 | 4458 | 38542 | 3212 |
| 255 | 纤维板工 | 127196 | 10600 | 78019 | 6502 | 58300 | 4858 |
| 256 | 手工木工 | 86400 | 7200 | 68480 | 5707 | 42400 | 3533 |
| 257 | 机械木工 | 82404 | 6867 | 66276 | 5523 | 42400 | 3533 |
| 258 | 精细木工 | 84678 | 7057 | 72760 | 6063 | 68900 | 5742 |
| 259 | 制浆工 | 81000 | 6750 | 48150 | 4013 | 34450 | 2871 |
| 260 | 纸制品制作工 | 80620 | 6718 | 55166 | 4597 | 35616 | 2968 |
| 261 | 水泥生产制造工 | 81000 | 6750 | 55105 | 4592 | 35616 | 2968 |
| 262 | 水泥制品工 | 49680 | 4140 | 35310 | 2943 | 30740 | 2562 |
| 263 | 玻璃陶瓷搪瓷生产工 | 94841 | 7903 | 65618 | 5468 | 46238 | 3853 |
| 264 | 印前处理工 | 79924 | 6660 | 56233 | 4686 | 36795 | 3066 |
| 265 | 印刷操作工 | 98714 | 8226 | 58850 | 4904 | 38771 | 3231 |
| 266 | 印后制作工 | 117720 | 9810 | 64200 | 5350 | 43460 | 3622 |
| 267 | 土石方施工人员 | 92880 | 7740 | 51360 | 4280 | 44096 | 3675 |
| 268 | 砌筑工 | 108009 | 9001 | 69550 | 5796 | 47700 | 3975 |
| 269 | 混凝土工 | 107996 | 9000 | 74098 | 6175 | 57660 | 4805 |
| 270 | 钢筋工 | 128088 | 10674 | 92020 | 7668 | 61480 | 5123 |
| 271 | 架子工 | 126360 | 10530 | 70620 | 5885 | 63600 | 5300 |
| 272 | 防水工 | 89640 | 7470 | 63130 | 5261 | 41340 | 3445 |

续表

| 序号 | 工种 | 高位数 | | 中位数 | | 低位数 | |
|---|---|---|---|---|---|---|---|
| | | 年薪 | 月薪 | 年薪 | 月薪 | 年薪 | 月薪 |
| 273 | 装饰、装修、油漆工 | 133920 | 11160 | 60955 | 5080 | 38213 | 3184 |
| 274 | 机械电气工程设备安装工、管工 | 129600 | 10800 | 72827 | 6069 | 40755 | 3396 |
| 275 | 电工 | 155700 | 12975 | 64472 | 5373 | 34839 | 2903 |
| 276 | 木工 | 90500 | 7542 | 56603 | 4717 | 27115 | 2260 |
| 277 | 汽车驾驶员 | 133200 | 11100 | 57941 | 4828 | 39096 | 3258 |
| 278 | 起重装卸机械驾驶员 | 79386 | 6616 | 51684 | 4307 | 40628 | 3386 |
| 279 | 铲车驾驶员 | 91800 | 7650 | 52127 | 4344 | 41033 | 3419 |
| 280 | 检验员 | 99180 | 8265 | 47554 | 3963 | 31234 | 2603 |
| 281 | 计量员 | 115970 | 9664 | 47023 | 3919 | 32613 | 2718 |
| 282 | 包装工 | 82200 | 6850 | 48953 | 4079 | 29164 | 2430 |
| 283 | 简单体力劳动工 | 125922 | 10493 | 62709 | 5226 | 34869 | 2906 |
| 第七类：电子商务业人员 | | | | | | | |
| 284 | 网店客服 | 64800 | 5400 | 44940 | 3745 | 38860 | 3238 |
| 285 | 售后服务人员 | 113400 | 9450 | 58422 | 4869 | 29765 | 2480 |
| 286 | 仓配服务人员 | 66096 | 5508 | 45261 | 3772 | 37948 | 3162 |
| 287 | 店铺运营人员 | 54000 | 4500 | 41730 | 3478 | 31664 | 2639 |
| 288 | 店铺策划人员 | 70632 | 5886 | 59852 | 4988 | 52345 | 4362 |
| 289 | 新媒体运营人员 | 110160 | 9180 | 56282 | 4690 | 38860 | 3238 |
| 290 | 市场推广人员 | 399600 | 33300 | 73830 | 6153 | 40280 | 3357 |
| 291 | 店铺推广人员 | 76231 | 6353 | 42420 | 3535 | 32860 | 2738 |
| 292 | ERP/CRM管理专员 | 252720 | 21060 | 128400 | 10700 | 50880 | 4240 |
| 293 | 渠道管理人员 | 216000 | 18000 | 85600 | 7133 | 82680 | 6890 |
| 294 | .net开发工程师 | 99144 | 8262 | 61311 | 5109 | 39114 | 3260 |
| 295 | 美工 | 92880 | 7740 | 53500 | 4458 | 40916 | 3410 |
| 296 | 视觉设计 | 64800 | 5400 | 47508 | 3959 | 33072 | 2756 |
| 297 | 平面设计 | 71280 | 5940 | 55426 | 4619 | 38383 | 3199 |
| 298 | 店铺主管 | 112212 | 9351 | 57780 | 4815 | 50880 | 4240 |
| 299 | 项目经理 | 162000 | 13500 | 86670 | 7223 | 47700 | 3975 |
| 300 | PHP开发工程师 | 165421 | 13785 | 94231 | 7853 | 50400 | 4200 |
| 301 | Java开发工程师 | 175642 | 14637 | 102145 | 8512 | 75846 | 6321 |
| 302 | iOS开发工程师 | 185463 | 15455 | 95423 | 7952 | 78541 | 6545 |
| 第八大类：养老服务业人员 | | | | | | | |
| 303 | 养老护理员 | 97200 | 8100 | 50825 | 4235 | 25440 | 2120 |
| 第九大类：4+3+N产业人员 | | | | | | | |
| 304 | 结构工程师 | 518400 | 43200 | 134820 | 11235 | 72080 | 6007 |
| 305 | 工艺工程师 | 138240 | 11520 | 77040 | 6420 | 55120 | 4593 |

续表

| 序号 | 工种 | 高位数 | | 中位数 | | 低位数 | |
|---|---|---|---|---|---|---|---|
| | | 年薪 | 月薪 | 年薪 | 月薪 | 年薪 | 月薪 |
| 306 | IPQC技术人员 | 73440 | 6120 | 51895 | 4325 | 34556 | 2880 |
| 307 | 拉丝工 | 73233 | 6103 | 49755 | 4146 | 37948 | 3162 |
| 308 | 叉车工 | 91066 | 7589 | 63776 | 5315 | 52941 | 4412 |
| 309 | 研发工程师 | 213840 | 17820 | 115560 | 9630 | 55120 | 4593 |
| 310 | 电池片制造工 | 92889 | 7741 | 67410 | 5618 | 50888 | 4241 |
| 311 | 光伏组件制造工 | 80469 | 6706 | 56933 | 4744 | 46640 | 3887 |

## 二、部分技术工人职业（工种）分等级工资指导价位表

单位：元

| 序号 | 工种 | 等级 | 高位数 | | 中位数 | | 低位数 | |
|---|---|---|---|---|---|---|---|---|
| | | | 年薪 | 月薪 | 年薪 | 月薪 | 年薪 | 月薪 |
| 1 | 焊工 | 高级技师 | 144257 | 12021 | 121483 | 10124 | 71417 | 5951 |
| | | 技师 | 108000 | 9000 | 86694 | 7224 | 68904 | 5742 |
| | | 高级技能 | 91800 | 7650 | 68256 | 5688 | 51840 | 4320 |
| | | 中级技能 | 75600 | 6300 | 68999 | 5750 | 42622 | 3552 |
| | | 初级技能 | 71280 | 5940 | 60617 | 5051 | 37708 | 3142 |
| 2 | 电工 | 高级技师 | 155700 | 12975 | 127440 | 10620 | 115416 | 9618 |
| | | 技师 | 129600 | 10800 | 118805 | 9900 | 108009 | 9001 |
| | | 高级技能 | 118804 | 9900 | 102604 | 8550 | 79056 | 6588 |
| | | 中级技能 | 105840 | 8820 | 83700 | 6975 | 64800 | 5400 |
| | | 初级技能 | 81000 | 6750 | 44820 | 3735 | 35496 | 2958 |
| 3 | 制冷空调系统安装维修工 | 高级技能 | 96500 | 8042 | 80883 | 6740 | 67496 | 5625 |
| | | 中级技能 | 78058 | 6505 | 62752 | 5229 | 49222 | 4102 |
| | | 初级技能 | 56765 | 4730 | 48807 | 4067 | 42185 | 3515 |
| 4 | 防水工 | 技师 | 87882 | 7323 | 78551 | 6546 | 70243 | 5854 |
| | | 高级技能 | 82037 | 6836 | 71539 | 5962 | 67262 | 5605 |
| | | 中级技能 | 70308 | 5859 | 57983 | 4832 | 50777 | 4231 |
| | | 初级技能 | 58592 | 4883 | 51892 | 4324 | 47447 | 3954 |
| 5 | 砌筑工 | 技师 | 109240 | 9103 | 98885 | 8240 | 77954 | 6496 |
| | | 高级技能 | 105144 | 8762 | 92703 | 7725 | 73444 | 6120 |
| | | 中级技能 | 97200 | 8100 | 84720 | 7060 | 68040 | 5670 |
| | | 初级技能 | 86184 | 7182 | 75609 | 6301 | 55728 | 4644 |
| 6 | 混凝土工 | 高级技能 | 98626 | 8219 | 91809 | 7651 | 73444 | 6120 |
| | | 中级技能 | 94297 | 7858 | 86612 | 7218 | 81000 | 6750 |
| | | 初级技能 | 70204 | 5850 | 65344 | 5445 | 54873 | 4573 |

续表

| 序号 | 工种 | 等级 | 高位数 | | 中位数 | | 低位数 | |
|---|---|---|---|---|---|---|---|---|
| | | | 年薪 | 月薪 | 年薪 | 月薪 | 年薪 | 月薪 |
| 7 | 钢筋工 | 技师 | 128084 | 10674 | 109136 | 9095 | 89722 | 7477 |
| | | 高级技能 | 108009 | 9001 | 98652 | 8221 | 84681 | 7057 |
| | | 中级技能 | 89644 | 7470 | 83346 | 6945 | 73444 | 6120 |
| | | 初级技能 | 70204 | 5850 | 65344 | 5445 | 62636 | 5220 |
| 8 | 架子工 | 高级技能 | 126360 | 10530 | 92884 | 7740 | 82089 | 6841 |
| | | 中级技能 | 108009 | 9001 | 85147 | 7096 | 65889 | 5491 |
| | | 初级技能 | 70204 | 5850 | 64800 | 5400 | 59409 | 4951 |
| 9 | 锅炉操作工 | 技师 | 97330 | 8111 | 72369 | 6031 | 60588 | 5049 |
| | | 高级技能 | 88569 | 7381 | 58320 | 4860 | 51166 | 4264 |
| | | 中级技能 | 64800 | 5400 | 51840 | 4320 | 45360 | 3780 |
| | | 初级技能 | 55417 | 4618 | 48600 | 4050 | 43416 | 3618 |
| 10 | 机床装调维修工 | 高级技师 | 108410 | 9034 | 88724 | 7394 | 46449 | 3871 |
| | | 技师 | 91368 | 7614 | 59940 | 4995 | 43209 | 3601 |
| | | 高级技能 | 83398 | 6950 | 55624 | 4635 | 39969 | 3331 |
| | | 中级技能 | 71280 | 5940 | 51840 | 4320 | 37804 | 3150 |
| 11 | 铸造工 | 高级技师 | 100440 | 8370 | 69984 | 5832 | 54432 | 4536 |
| | | 技师 | 86404 | 7200 | 67392 | 5616 | 40163 | 3347 |
| | | 高级技能 | 67392 | 5616 | 47395 | 3950 | 40163 | 3347 |
| | | 中级技能 | 67392 | 5616 | 43610 | 3634 | 36716 | 3060 |
| | | 初级技能 | 62208 | 5184 | 40163 | 3347 | 36716 | 3060 |
| 12 | 锻造工 | 高级技师 | 102604 | 8550 | 62649 | 5221 | 49689 | 4141 |
| | | 技师 | 88711 | 7393 | 57244 | 4770 | 48600 | 4050 |
| | | 高级技能 | 87013 | 7251 | 52384 | 4365 | 40176 | 3348 |
| | | 中级技能 | 51840 | 4320 | 44284 | 3690 | 40176 | 3348 |
| | | 初级技能 | 45360 | 3780 | 39969 | 3331 | 40176 | 3348 |
| 13 | 金属热处理工 | 高级技师 | 164968 | 13747 | 118130 | 9844 | 60031 | 5003 |
| | | 技师 | 132192 | 11016 | 100181 | 8348 | 53965 | 4497 |
| | | 高级技能 | 119362 | 9947 | 90292 | 7524 | 51840 | 4320 |
| | | 中级技能 | 89100 | 7425 | 61029 | 5086 | 49559 | 4130 |
| | | 初级技能 | 84694 | 7058 | 49559 | 4130 | 38660 | 3222 |
| 14 | 车工 | 高级技师 | 129600 | 10800 | 96228 | 8019 | 79924 | 6660 |
| | | 技师 | 99364 | 8280 | 80041 | 6670 | 74053 | 6171 |
| | | 高级技能 | 86404 | 7200 | 80806 | 6734 | 62908 | 5242 |
| | | 中级技能 | 80793 | 6733 | 64800 | 5400 | 46980 | 3915 |
| | | 初级技能 | 77760 | 6480 | 46980 | 3915 | 39243 | 3270 |

| 序号 | 工种 | 等级 | 高位数 | | 中位数 | | 低位数 | |
|---|---|---|---|---|---|---|---|---|
| | | | 年薪 | 月薪 | 年薪 | 月薪 | 年薪 | 月薪 |
| 15 | 铣工 | 高级技师 | 96124 | 8010 | 76490 | 6374 | 63556 | 5296 |
| | | 技师 | 87998 | 7333 | 70399 | 5867 | 58501 | 4875 |
| | | 高级技能 | 81000 | 6750 | 64800 | 5400 | 56169 | 4681 |
| | | 中级技能 | 77760 | 6480 | 62104 | 5175 | 48600 | 4050 |
| | | 初级技能 | 64800 | 5400 | 48600 | 4050 | 41368 | 3447 |
| 16 | 钳工 | 高级技师 | 91860 | 7655 | 74053 | 6171 | 54575 | 4548 |
| | | 技师 | 74727 | 6227 | 64087 | 5341 | 49870 | 4156 |
| | | 高级技能 | 74053 | 6171 | 64087 | 5341 | 38815 | 3235 |
| | | 中级技能 | 64800 | 5400 | 54575 | 4548 | 37804 | 3150 |
| | | 初级技能 | 54834 | 4569 | 49196 | 4100 | 35679 | 2973 |
| 17 | 磨工 | 高级技师 | 101684 | 8474 | 73678 | 6140 | 60057 | 5005 |
| | | 技师 | 77877 | 6490 | 64152 | 5346 | 50544 | 4212 |
| | | 高级技能 | 67625 | 5635 | 57218 | 4768 | 44168 | 3681 |
| | | 中级技能 | 64800 | 5400 | 49170 | 4098 | 42224 | 3519 |
| | | 初级技能 | 54004 | 4500 | 49585 | 4132 | 38336 | 3195 |
| 18 | 电切削工 | 高级技师 | 101088 | 8424 | 77760 | 6480 | 58320 | 4860 |
| | | 技师 | 78408 | 6534 | 58320 | 4860 | 54225 | 4519 |
| | | 高级技能 | 77008 | 6417 | 55521 | 4627 | 50116 | 4176 |
| | | 中级技能 | 59357 | 4946 | 48069 | 4006 | 47097 | 3925 |
| | | 初级技能 | 56454 | 4704 | 38880 | 3240 | 38569 | 3214 |
| 19 | 制冷工 | 技师 | 89683 | 7474 | 70697 | 5891 | 53084 | 4424 |
| | | 高级技能 | 77760 | 6480 | 58916 | 4910 | 53564 | 4464 |
| | | 中级技能 | 69984 | 5832 | 53564 | 4464 | 48211 | 4018 |
| | | 初级技能 | 58916 | 4910 | 48120 | 4010 | 45619 | 3802 |
| 20 | 手工木工 | 技师 | 90720 | 7560 | 77760 | 6480 | 68688 | 5724 |
| | | 高级技能 | 88128 | 7344 | 68688 | 5724 | 57024 | 4752 |
| | | 中级技能 | 80352 | 6696 | 62208 | 5184 | 51840 | 4320 |
| | | 初级技能 | 69984 | 5832 | 51840 | 4320 | 42768 | 3564 |
| 21 | 评茶员 | 高级技师 | 136080 | 11340 | 108009 | 9001 | 86404 | 7200 |
| | | 技师 | 103680 | 8640 | 86404 | 7200 | 69129 | 5761 |
| | | 高级技能 | 95049 | 7921 | 75609 | 6301 | 54004 | 4500 |
| | | 中级技能 | 73444 | 6120 | 60484 | 5040 | 43209 | 3601 |
| | | 初级技能 | 69129 | 5761 | 49702 | 4142 | 38880 | 3240 |

续表

| 序号 | 工种 | 等级 | 高位数 | | 中位数 | | 低位数 | |
|---|---|---|---|---|---|---|---|---|
| | | | 年薪 | 月薪 | 年薪 | 月薪 | 年薪 | 月薪 |
| 22 | 眼镜验光员 | 高级技师 | 86404 | 7200 | 82089 | 6841 | 78849 | 6571 |
| | | 技师 | 75609 | 6301 | 65889 | 5491 | 54004 | 4500 |
| | | 高级技能 | 66964 | 5580 | 59409 | 4951 | 48600 | 4050 |
| | | 中级技能 | 55080 | 4590 | 48600 | 4050 | 41044 | 3420 |
| | | 初级技能 | 45360 | 3780 | 43209 | 3601 | 36288 | 3024 |
| 23 | 眼镜定配工 | 技师 | 79898 | 6658 | 56324 | 4694 | 53978 | 4498 |
| | | 高级技能 | 69466 | 5789 | 51840 | 4320 | 45801 | 3817 |
| | | 中级技能 | 57024 | 4752 | 38880 | 3240 | 34564 | 2880 |
| | | 初级技能 | 44453 | 3704 | 35796 | 2983 | 33113 | 2759 |
| 24 | 汽车修理工 | 高级技师 | 174960 | 14580 | 83333 | 6944 | 66420 | 5535 |
| | | 技师 | 128045 | 10670 | 75686 | 6307 | 59409 | 4951 |
| | | 高级技能 | 100440 | 8370 | 73561 | 6130 | 51840 | 4320 |
| | | 中级技能 | 83436 | 6953 | 70204 | 5850 | 50440 | 4203 |
| | | 初级技能 | 70852 | 5904 | 64800 | 5400 | 45360 | 3780 |
| 25 | 美发师 | 高级技师 | 136080 | 11340 | 110160 | 9180 | 84240 | 7020 |
| | | 技师 | 116640 | 9720 | 90720 | 7560 | 77760 | 6480 |
| | | 高级技能 | 103680 | 8640 | 77760 | 6480 | 51840 | 4320 |
| | | 中级技能 | 77760 | 6480 | 54432 | 4536 | 47952 | 3996 |
| | | 初级技能 | 59616 | 4968 | 46656 | 3888 | 45360 | 3780 |
| 26 | 美容师 | 高级技师 | 194400 | 16200 | 155520 | 12960 | 103680 | 8640 |
| | | 技师 | 155520 | 12960 | 116640 | 9720 | 77760 | 6480 |
| | | 高级技能 | 103680 | 8640 | 77760 | 6480 | 64800 | 5400 |
| | | 中级技能 | 77760 | 6480 | 45360 | 3780 | 51840 | 4320 |
| | | 初级技能 | 64800 | 5400 | 51840 | 4320 | 46656 | 3888 |
| 27 | 育婴员 | 高级技师 | 152967 | 12747 | 125284 | 10440 | 104976 | 8748 |
| | | 技师 | 140797 | 11733 | 117729 | 9811 | 97744 | 8145 |
| | | 高级技能 | 129600 | 10800 | 108009 | 9001 | 84240 | 7020 |
| | | 中级技能 | 97200 | 8100 | 88374 | 7365 | 80339 | 6695 |
| | | 初级技能 | 81000 | 6750 | 73639 | 6137 | 66951 | 5579 |
| 28 | 保育员 | 高级技师 | 59227 | 4936 | 44271 | 3689 | 40306 | 3359 |
| | | 技师 | 56454 | 4704 | 45360 | 3780 | 36936 | 3078 |
| | | 高级技能 | 47097 | 3925 | 42120 | 3510 | 36936 | 3078 |
| | | 中级技能 | 46449 | 3871 | 42120 | 3510 | 33696 | 2808 |
| | | 初级技能 | 41472 | 3456 | 34992 | 2916 | 33566 | 2797 |

续表

| 序号 | 工种 | 等级 | 高位数 | | 中位数 | | 低位数 | |
|---|---|---|---|---|---|---|---|---|
| | | | 年薪 | 月薪 | 年薪 | 月薪 | 年薪 | 月薪 |
| 29 | 有害生物防制员 | 高级技能 | 103680 | 8640 | 91809 | 7651 | 71280 | 5940 |
| | | 中级技能 | 85329 | 7111 | 59409 | 4951 | 45878 | 3823 |
| | | 初级技能 | 58320 | 4860 | 45360 | 3780 | 34992 | 2916 |
| 30 | 保安员 | 技师 | 75609 | 6301 | 72369 | 6031 | 48600 | 4050 |
| | | 高级技能 | 55210 | 4601 | 48600 | 4050 | 43209 | 3601 |
| | | 中级技能 | 51840 | 4320 | 43209 | 3601 | 41044 | 3420 |
| | | 初级技能 | 45878 | 3823 | 37804 | 3150 | 32400 | 2700 |
| 31 | 智能楼宇管理员 | 高级技师 | 91809 | 7651 | 81000 | 6750 | 54004 | 4500 |
| | | 技师 | 79276 | 6606 | 65383 | 5449 | 51840 | 4320 |
| | | 高级技能 | 73444 | 6120 | 59409 | 4951 | 48600 | 4050 |
| | | 中级技能 | 67612 | 5634 | 54678 | 4557 | 44738 | 3728 |
| | | 初级技能 | 56337 | 4695 | 45567 | 3797 | 37286 | 3107 |
| 32 | 劳动关系协调员 | 高级技师 | 128952 | 10746 | 80793 | 6733 | 47524 | 3960 |
| | | 技师 | 101244 | 8437 | 73444 | 6120 | 43209 | 3601 |
| | | 高级技能 | 88128 | 7344 | 56441 | 4703 | 42898 | 3575 |
| | | 中级技能 | 71280 | 5940 | 51192 | 4266 | 38880 | 3240 |
| | | 初级技能 | 58968 | 4914 | 49702 | 4142 | 37066 | 3089 |
| 33 | 企业人力资源管理师 | 高级技师 | 155974 | 12998 | 73444 | 6120 | 64800 | 5400 |
| | | 技师 | 114048 | 9504 | 70204 | 5850 | 45360 | 3780 |
| | | 高级技能 | 101529 | 8461 | 67781 | 5648 | 43209 | 3601 |
| | | 中级技能 | 84240 | 7020 | 56246 | 4687 | 41472 | 3456 |
| | | 初级技能 | 71280 | 5940 | 47952 | 3996 | 41472 | 3456 |
| 34 | 中央空调系统运行操作员 | 高级技师 | 88776 | 7398 | 68040 | 5670 | 55469 | 4622 |
| | | 技师 | 71280 | 5940 | 64269 | 5356 | 46449 | 3871 |
| | | 高级技能 | 68040 | 5670 | 55080 | 4590 | 39489 | 3291 |
| | | 中级技能 | 61560 | 5130 | 46228 | 3852 | 38880 | 3240 |
| | | 初级技能 | 55080 | 4590 | 44492 | 3708 | 32400 | 2700 |
| 35 | 中式烹调师 | 高级技师 | 127526 | 10627 | 90953 | 7579 | 63504 | 5292 |
| | | 技师 | 93351 | 7779 | 82244 | 6854 | 56376 | 4698 |
| | | 高级技能 | 83164 | 6930 | 67522 | 5627 | 51309 | 4276 |
| | | 中级技能 | 72576 | 6048 | 58709 | 4892 | 47524 | 3960 |
| | | 初级技能 | 71954 | 5996 | 47965 | 3997 | 41472 | 3456 |

续表

| 序号 | 工种 | 等级 | 高位数 | | 中位数 | | 低位数 | |
|---|---|---|---|---|---|---|---|---|
| | | | 年薪 | 月薪 | 年薪 | 月薪 | 年薪 | 月薪 |
| 36 | 中式面点师 | 高级技师 | 98068 | 8172 | 71280 | 5940 | 61301 | 5108 |
| | | 技师 | 87169 | 7264 | 61690 | 5141 | 47434 | 3953 |
| | | 高级技能 | 69660 | 5805 | 55080 | 4590 | 44064 | 3672 |
| | | 中级技能 | 62104 | 5175 | 49792 | 4149 | 42250 | 3521 |
| | | 初级技能 | 56169 | 4681 | 44064 | 3672 | 38880 | 3240 |
| 37 | 西式烹调师 | 高级技师 | 97757 | 8146 | 74896 | 6241 | 62247 | 5187 |
| | | 技师 | 79704 | 6642 | 65668 | 5472 | 58320 | 4860 |
| | | 高级技能 | 69336 | 5778 | 62247 | 5187 | 53784 | 4482 |
| | | 中级技能 | 64269 | 5356 | 48600 | 4050 | 45360 | 3780 |
| | | 初级技能 | 60186 | 5016 | 43805 | 3650 | 38621 | 3218 |
| 38 | 西式面点师 | 高级技师 | 100660 | 8388 | 75790 | 6316 | 57737 | 4811 |
| | | 技师 | 76853 | 6404 | 66498 | 5541 | 50285 | 4190 |
| | | 高级技能 | 70865 | 5905 | 62247 | 5187 | 44414 | 3701 |
| | | 中级技能 | 59901 | 4992 | 53797 | 4483 | 42003 | 3500 |
| | | 初级技能 | 56169 | 4681 | 50544 | 4212 | 38776 | 3231 |
| 39 | 茶艺师 | 高级技师 | 110419 | 9202 | 68040 | 5670 | 56700 | 4725 |
| | | 技师 | 101736 | 8478 | 63076 | 5256 | 47952 | 3996 |
| | | 高级技能 | 83268 | 6939 | 56700 | 4725 | 45360 | 3780 |
| | | 中级技能 | 69984 | 5832 | 46656 | 3888 | 42768 | 3564 |
| | | 初级技能 | 56700 | 4725 | 41472 | 3456 | 41044 | 3420 |

# 2020年绍兴市人力资源市场工资指导价位

## 一、管理职能类、专业技术类、职业技能类职业（工种）工资指导价位

### （一）管理职能类职业（工种）工资指导价位

| 序号 | 职位名称 | 单位：元/年（人民币） | | | | | |
|---|---|---|---|---|---|---|---|
| | | 低位数 | 较低位数 | 中位数 | 平均数 | 较高位数 | 高位数 |
| 1 | 企业董事 | 78667 | 121049 | 190120 | 274748 | 331598 | 676672 |
| 2 | 企业总经理 | 77523 | 114000 | 195338 | 251794 | 322679 | 575237 |
| 3 | 国有企业中国共产党组织负责人 | 75310 | 151702 | 183759 | 218985 | 289391 | 345084 |
| 4 | 生产经营部门经理 | 66681 | 88673 | 134461 | 145663 | 183401 | 311236 |
| 5 | 财务部门经理 | 64248 | 84570 | 126092 | 159189 | 182717 | 328014 |
| 6 | 行政部门经理 | 64577 | 84878 | 123295 | 147694 | 165366 | 264885 |
| 7 | 人事部门经理 | 60138 | 82200 | 119749 | 145694 | 169809 | 281044 |
| 8 | 销售和营销部门经理 | 63106 | 84500 | 136507 | 165889 | 221008 | 345072 |
| 9 | 广告和公关部门经理 | 61339 | 87217 | 121112 | 113582 | 142650 | 193779 |
| 10 | 采购部门经理 | 59998 | 79000 | 114700 | 126078 | 149991 | 193992 |
| 11 | 计算机服务部门经理 | 72271 | 116821 | 162500 | 178779 | 210493 | 274290 |
| 12 | 研究和开发部门经理 | 70070 | 108219 | 157251 | 204326 | 254174 | 388558 |
| 13 | 餐厅部门经理 | 57655 | 68506 | 90858 | 103235 | 123286 | 183253 |
| 14 | 客房部门经理 | 64662 | 73623 | 81700 | 94726 | 112372 | 152857 |
| 15 | 其他职能部门经理 | 62515 | 83781 | 127772 | 168772 | 193298 | 370573 |
| 16 | 其他企业中高级管理人员 | 63505 | 81532 | 114668 | 159806 | 193473 | 300884 |
| 17 | 行政办事员 | 43004 | 51729 | 72709 | 81426 | 95034 | 126800 |
| 18 | 机要员 | 50062 | 58628 | 71389 | 82630 | 100890 | 122355 |
| 19 | 秘书 | 42072 | 48000 | 56972 | 67299 | 78583 | 133990 |
| 20 | 公关员 | 41637 | 55380 | 70459 | 81858 | 121754 | 158071 |
| 21 | 收发员 | 39664 | 44873 | 51592 | 58398 | 60705 | 76816 |
| 22 | 打字员 | 33989 | 39811 | 43273 | 51218 | 56224 | 76393 |
| 23 | 制图员 | 43102 | 47461 | 58615 | 60685 | 78007 | 81920 |

续表

| 序号 | 职位名称 | 单位：元/年（人民币） | | | | | |
|---|---|---|---|---|---|---|---|
| | | 低位数 | 较低位数 | 中位数 | 平均数 | 较高位数 | 高位数 |
| 24 | 后勤管理员 | 34856 | 41994 | 53362 | 59491 | 68465 | 89630 |
| 25 | 其他办事人员 | 42553 | 53194 | 76441 | 84958 | 105633 | 150121 |
| 26 | 保卫管理员 | 34900 | 40474 | 48555 | 52848 | 63993 | 70252 |
| 27 | 消防员 | 43706 | 51363 | 68030 | 68807 | 76638 | 84956 |
| 28 | 消防安全管理员 | 40420 | 52478 | 63248 | 66019 | 70218 | 97083 |
| 29 | 其他安全和消防人员 | 36243 | 42419 | 52742 | 56621 | 67214 | 88679 |
| 30 | 其他办事人员和有关人员 | 38080 | 46242 | 57790 | 65831 | 76925 | 146518 |

## （二）专业技术类职业（工种）工资指导价位

| 序号 | 职位名称 | 单位：元/年（人民币） | | | | | |
|---|---|---|---|---|---|---|---|
| | | 低位数 | 较低位数 | 中位数 | 平均数 | 较高位数 | 高位数 |
| 1 | 医学研究人员 | 68548 | 72066 | 98938 | 88485 | 109227 | 135004 |
| 2 | 石油天然气储运工程技术人员 | 79963 | 83154 | 86728 | 93069 | 102002 | 124041 |
| 3 | 化工实验工程技术人员 | 62951 | 74567 | 99455 | 106799 | 127510 | 156616 |
| 4 | 化工设计工程技术人员 | 71788 | 76700 | 96245 | 108129 | 117759 | 132368 |
| 5 | 化工生产工程技术人员 | 61440 | 77043 | 95054 | 100191 | 113990 | 125019 |
| 6 | 机械设计工程技术人员 | 57489 | 65452 | 84916 | 94767 | 120026 | 171358 |
| 7 | 机械制造工程技术人员 | 49965 | 62540 | 79067 | 86975 | 103708 | 137454 |
| 8 | 仪器仪表工程技术人员 | 54815 | 57413 | 70350 | 78501 | 91163 | 128230 |
| 9 | 设备工程技术人员 | 57116 | 66730 | 89518 | 89988 | 115923 | 129226 |
| 10 | 模具设计工程技术人员 | 44203 | 47950 | 72098 | 78299 | 96770 | 122291 |
| 11 | 自动控制工程技术人员 | 30439 | 42046 | 52265 | 59280 | 69550 | 96768 |
| 12 | 材料成形与改性工程技术人员 | 47674 | 69255 | 85950 | 91902 | 111746 | 178303 |
| 13 | 焊接工程技术人员 | 64098 | 78046 | 89421 | 87978 | 99697 | 103902 |
| 14 | 特种设备管理和应用工程技术人员 | 49109 | 52138 | 56560 | 58004 | 60819 | 70335 |
| 15 | 电子材料工程技术人员 | 60722 | 75025 | 87304 | 88169 | 103744 | 130206 |
| 16 | 电子元器件工程技术人员 | 41167 | 48037 | 56954 | 64028 | 84260 | 150720 |
| 17 | 电子仪器与电子测量工程技术人员 | 46600 | 52600 | 60500 | 59764 | 65600 | 71069 |
| 18 | 通信工程技术人员 | 80235 | 95460 | 130287 | 141423 | 170364 | 208480 |
| 19 | 计算机硬件工程技术人员 | 47697 | 53159 | 77950 | 82686 | 108853 | 115656 |
| 20 | 计算机软件工程技术人员 | 59877 | 71233 | 84843 | 83696 | 90233 | 119486 |
| 21 | 计算机网络工程技术人员 | 58855 | 74550 | 98734 | 105621 | 124152 | 164986 |
| 22 | 信息安全工程技术人员 | 78037 | 104238 | 126265 | 123091 | 147473 | 169778 |

续表

| 序号 | 职位名称 | 单位：元/年（人民币） | | | | | |
|---|---|---|---|---|---|---|---|
| | | 低位数 | 较低位数 | 中位数 | 平均数 | 较高位数 | 高位数 |
| 23 | 信息系统运行维护工程技术人员 | 58442 | 72797 | 95935 | 129280 | 156900 | 238615 |
| 24 | 电工电器工程技术人员 | 52628 | 61653 | 76500 | 83165 | 103625 | 123900 |
| 25 | 发电工程技术人员 | 83915 | 90930 | 99930 | 103902 | 115875 | 133650 |
| 26 | 供用电工程技术人员 | 48838 | 55715 | 62397 | 64943 | 78939 | 91515 |
| 27 | 变电工程技术人员 | 77650 | 82743 | 90662 | 94465 | 108927 | 126327 |
| 28 | 电力工程安装工程技术人员 | 64821 | 92497 | 109751 | 110982 | 124646 | 134620 |
| 29 | 广播电视传输覆盖工程技术人员 | 77498 | 87750 | 93318 | 111333 | 129242 | 164167 |
| 30 | 建筑和市政设计工程技术人员 | 47795 | 58190 | 72137 | 78505 | 83900 | 124735 |
| 31 | 土木建筑工程技术人员 | 51630 | 59843 | 79789 | 77594 | 93389 | 158171 |
| 32 | 风景园林工程技术人员 | 52400 | 58400 | 72576 | 69450 | 77644 | 86416 |
| 33 | 供水排水工程技术人员 | 69165 | 78634 | 85208 | 92743 | 106916 | 155690 |
| 34 | 道路与桥梁工程技术人员 | 52274 | 54053 | 58234 | 66016 | 75653 | 111091 |
| 35 | 水利水电建筑工程技术人员 | 44488 | 55563 | 83687 | 83984 | 88518 | 150607 |
| 36 | 非金属矿及制品工程技术人员 | 54821 | 57225 | 77618 | 80488 | 108357 | 149621 |
| 37 | 纺织工程技术人员 | 51558 | 61922 | 69532 | 71340 | 82616 | 97469 |
| 38 | 染整工程技术人员 | 45668 | 50667 | 57000 | 61601 | 64300 | 112938 |
| 39 | 服装工程技术人员 | 46558 | 57939 | 65406 | 65938 | 92389 | 120612 |
| 40 | 食品工程技术人员 | 59353 | 68276 | 98507 | 115762 | 139001 | 241283 |
| 41 | 环境污染防治工程技术人员 | 49694 | 67076 | 89532 | 89546 | 104532 | 118411 |
| 42 | 安全生产管理工程技术人员 | 63336 | 66618 | 86300 | 95817 | 110000 | 155097 |
| 43 | 标准化工程技术人员 | 48993 | 54117 | 67188 | 81523 | 84985 | 103706 |
| 44 | 计量工程技术人员 | 50639 | 61566 | 75219 | 79526 | 98761 | 116362 |
| 45 | 质量管理工程技术人员 | 50572 | 61680 | 71423 | 76303 | 86686 | 107110 |
| 46 | 质量认证认可工程技术人员 | 73856 | 83051 | 90109 | 93375 | 98022 | 113110 |
| 47 | 工业工程技术人员 | 65211 | 80193 | 92814 | 93838 | 101816 | 111789 |
| 48 | 项目管理工程技术人员 | 40800 | 52800 | 67500 | 71779 | 90000 | 129854 |
| 49 | 监理工程技术人员 | 43160 | 51698 | 59451 | 67947 | 73600 | 103973 |
| 50 | 工程造价工程技术人员 | 56561 | 65110 | 84786 | 84839 | 98000 | 125519 |
| 51 | 产品质量检验工程技术人员 | 41635 | 48418 | 68279 | 73852 | 85973 | 95316 |
| 52 | 制药工程技术人员 | 57997 | 60018 | 75785 | 70858 | 81261 | 90962 |
| 53 | 产品设计工程技术人员 | 49543 | 59167 | 74613 | 85107 | 115255 | 162756 |
| 54 | 塑料加工工程技术人员 | 55998 | 64547 | 72429 | 78951 | 86986 | 103833 |
| 55 | 农业技术指导人员 | 42175 | 47379 | 63087 | 69822 | 85639 | 92471 |
| 56 | 植物保护技术人员 | 49503 | 54004 | 63272 | 63790 | 69422 | 79862 |
| 57 | 园艺技术人员 | 45786 | 48800 | 52600 | 59366 | 63300 | 78732 |
| 58 | 内科医师 | 81647 | 94358 | 125220 | 122258 | 140530 | 176355 |

续表

| 序号 | 职位名称 | 单位：元/年（人民币） | | | | | |
|---|---|---|---|---|---|---|---|
| | | 低位数 | 较低位数 | 中位数 | 平均数 | 较高位数 | 高位数 |
| 59 | 药师 | 29202 | 34015 | 39329 | 43825 | 53767 | 70656 |
| 60 | 中药师 | 29516 | 35309 | 40086 | 48457 | 68359 | 94192 |
| 61 | 影像技师 | 44948 | 59529 | 78000 | 82055 | 101542 | 178120 |
| 62 | 临床检验技师 | 41480 | 46920 | 60847 | 69456 | 87346 | 148020 |
| 63 | 内科护士 | 62271 | 70702 | 82975 | 90479 | 94658 | 138328 |
| 64 | 外科护士 | 49202 | 60917 | 71809 | 80547 | 83675 | 102042 |
| 65 | 其他卫生专业技术人员 | 49906 | 66828 | 100206 | 115380 | 134418 | 215939 |
| 66 | 经济规划专业人员 | 66622 | 92349 | 125820 | 124726 | 158641 | 199558 |
| 67 | 价格专业人员 | 55416 | 60840 | 63200 | 70976 | 87456 | 94200 |
| 68 | 统计专业人员 | 40987 | 45680 | 56132 | 60402 | 68171 | 95528 |
| 69 | 会计专业人员 | 45373 | 53001 | 66000 | 80664 | 96621 | 151371 |
| 70 | 审计专业人员 | 52800 | 71500 | 105424 | 117374 | 146912 | 224056 |
| 71 | 税务专业人员 | 38838 | 59820 | 85701 | 84267 | 100569 | 119770 |
| 72 | 国际商务专业人员 | 55172 | 59415 | 77245 | 83544 | 101205 | 133221 |
| 73 | 市场营销专业人员 | 44424 | 61032 | 79669 | 86938 | 97610 | 129279 |
| 74 | 商务策划专业人员 | 40963 | 61206 | 68586 | 76306 | 83713 | 96177 |
| 75 | 报关专业人员 | 48690 | 53360 | 61973 | 62777 | 66476 | 79920 |
| 76 | 人力资源管理专业人员 | 48000 | 57405 | 77800 | 87681 | 106501 | 182485 |
| 77 | 人力资源服务专业人员 | 46073 | 49305 | 68044 | 65266 | 104180 | 185323 |
| 78 | 银行外汇市场业务专业人员 | 121363 | 132825 | 152237 | 170327 | 188298 | 232537 |
| 79 | 银行清算专业人员 | 121374 | 134671 | 159268 | 160833 | 174358 | 191190 |
| 80 | 信贷审核专业人员 | 126750 | 145135 | 183248 | 202050 | 244723 | 292893 |
| 81 | 保险核保专业人员 | 64358 | 76535 | 94930 | 105287 | 122308 | 160465 |
| 82 | 保险理赔专业人员 | 70563 | 85073 | 99840 | 110698 | 126683 | 155163 |
| 83 | 专利管理专业人员 | 76736 | 92805 | 103924 | 113989 | 127068 | 160342 |
| 84 | 其他经济和金融专业人员 | 83800 | 98465 | 125471 | 140701 | 150563 | 281443 |
| 85 | 法律顾问 | 49110 | 62771 | 78726 | 81424 | 95001 | 129293 |
| 86 | 其他文学艺术、体育专业人员 | 65092 | 69400 | 78067 | 75140 | 95368 | 103098 |
| 87 | 文字编辑 | 74513 | 89376 | 102868 | 107843 | 124379 | 147592 |
| 88 | 档案专业人员 | 53066 | 63500 | 73649 | 74271 | 77947 | 115324 |
| 89 | 其他专业技术人员 | 43081 | 52131 | 69000 | 68673 | 73100 | 94993 |

## （三）职业技能类职业（工种）工资指导价位

| 序号 | 职位名称 | 单位：元/年（人民币） | | | | | |
|---|---|---|---|---|---|---|---|
| | | 低位数 | 较低位数 | 中位数 | 平均数 | 较高位数 | 高位数 |
| 1 | 采购员 | 43835 | 49817 | 64800 | 69518 | 80843 | 101886 |
| 2 | 营销员 | 29196 | 46663 | 67974 | 72309 | 92600 | 123889 |
| 3 | 电子商务师 | 43690 | 51444 | 66453 | 65611 | 74332 | 81365 |
| 4 | 商品营业员 | 32257 | 36156 | 43818 | 49456 | 54907 | 72649 |
| 5 | 收银员 | 32716 | 35025 | 41952 | 41989 | 47249 | 52034 |
| 6 | 医药商品购销员 | 42846 | 51763 | 57770 | 63617 | 66999 | 90720 |
| 7 | 其他批发与零售服务人员 | 43063 | 45934 | 51549 | 54821 | 73774 | 126650 |
| 8 | 道路客运汽车驾驶员 | 66259 | 76995 | 85915 | 87020 | 94217 | 103076 |
| 9 | 道路货运汽车驾驶员 | 53880 | 64186 | 69721 | 69189 | 75615 | 81304 |
| 10 | 道路客运服务员 | 35443 | 37545 | 43104 | 42835 | 47725 | 51763 |
| 11 | 道路运输调度员 | 45169 | 50510 | 52670 | 56399 | 59215 | 73103 |
| 12 | 装卸搬运工 | 46977 | 56000 | 65244 | 66879 | 76143 | 86052 |
| 13 | 运输代理服务员 | 52118 | 64802 | 69182 | 68822 | 73165 | 77734 |
| 14 | 仓储管理员 | 39189 | 44972 | 55659 | 57602 | 67643 | 79610 |
| 15 | 理货员 | 32734 | 34105 | 36709 | 41559 | 45826 | 55634 |
| 16 | 物流服务师 | 45336 | 54030 | 70362 | 72664 | 85712 | 99873 |
| 17 | 其他交通运输、仓储和邮政业服务人员 | 42495 | 56004 | 64940 | 70218 | 74849 | 83602 |
| 18 | 前厅服务员 | 37065 | 40548 | 46508 | 48268 | 55270 | 64800 |
| 19 | 客房服务员 | 28911 | 34375 | 41500 | 42315 | 48483 | 58107 |
| 20 | 中式烹调师 | 36000 | 42420 | 57669 | 59547 | 72274 | 85962 |
| 21 | 中式面点师 | 37206 | 41642 | 51673 | 56189 | 67730 | 89270 |
| 22 | 西式烹调师 | 41513 | 47528 | 61967 | 62926 | 73370 | 82931 |
| 23 | 西式面点师 | 37320 | 39140 | 43700 | 48982 | 54279 | 76496 |
| 24 | 餐厅服务员 | 31932 | 36991 | 45666 | 44737 | 52694 | 58800 |
| 25 | 其他住宿和餐饮服务人员 | 31200 | 34908 | 42012 | 47854 | 53027 | 68798 |
| 26 | 信息通信业务员 | 92354 | 106857 | 120781 | 124316 | 140567 | 162689 |
| 27 | 信息通信网络运行管理员 | 50536 | 53482 | 66570 | 65593 | 76633 | 87475 |
| 28 | 呼叫中心服务员 | 70180 | 75364 | 87169 | 89675 | 103211 | 107401 |
| 29 | 其他信息传输、软件和信息技术服务人员 | 47508 | 50105 | 64122 | 62869 | 73670 | 85522 |
| 30 | 银行综合柜员 | 60268 | 86512 | 122774 | 127300 | 158750 | 174622 |
| 31 | 银行信贷员 | 114970 | 145707 | 174526 | 175127 | 198750 | 232666 |
| 32 | 银行客户业务员 | 84403 | 94296 | 124755 | 139019 | 166300 | 207934 |
| 33 | 保险代理人 | 60920 | 85724 | 122140 | 135252 | 175914 | 235148 |

续表

| 序号 | 职位名称 | 单位：元/年（人民币） | | | | | |
|---|---|---|---|---|---|---|---|
| | | 低位数 | 较低位数 | 中位数 | 平均数 | 较高位数 | 高位数 |
| 34 | 其他金融服务人员 | 88156 | 93019 | 126996 | 146455 | 171956 | 198710 |
| 35 | 物业管理员 | 29039 | 35200 | 38600 | 38312 | 41436 | 48146 |
| 36 | 其他房地产服务人员 | 65284 | 87350 | 105633 | 105720 | 135473 | 222929 |
| 37 | 客户服务管理员 | 39957 | 48880 | 61205 | 62541 | 72431 | 91867 |
| 38 | 保安员 | 34656 | 42000 | 57359 | 55238 | 67754 | 74834 |
| 39 | 消防设施操作员 | 29601 | 32226 | 35351 | 34426 | 38836 | 44180 |
| 40 | 市场管理员 | 39058 | 42000 | 50388 | 54445 | 57412 | 61608 |
| 41 | 其他租赁和商务服务人员 | 38045 | 43800 | 52920 | 63998 | 69813 | 135939 |
| 42 | 农产品食品检验员 | 40800 | 45600 | 50400 | 51733 | 56823 | 64800 |
| 43 | 机动车检测工 | 44880 | 49841 | 68769 | 68701 | 90348 | 95032 |
| 44 | 计量员 | 41478 | 53884 | 68413 | 78925 | 102598 | 117392 |
| 45 | 纺织面料设计师 | 62665 | 64825 | 69313 | 78877 | 89813 | 167936 |
| 46 | 家具设计师 | 66750 | 84666 | 107861 | 126081 | 180691 | 223337 |
| 47 | 其他技术辅助服务人员 | 45816 | 56223 | 72072 | 73641 | 88807 | 104652 |
| 48 | 水工混凝土维修工 | 80267 | 90858 | 97366 | 94679 | 99536 | 106151 |
| 49 | 污水处理工 | 46047 | 50464 | 55023 | 54968 | 63978 | 70507 |
| 50 | 危险废物处理工 | 45973 | 49997 | 54849 | 53343 | 56402 | 63930 |
| 51 | 保洁员 | 30600 | 35338 | 38321 | 39164 | 43673 | 52448 |
| 52 | 园林绿化工 | 43066 | 44549 | 46536 | 46081 | 48016 | 49801 |
| 53 | 其他水利、环境和公共设施管理服务人员 | 60602 | 68514 | 76319 | 74414 | 79369 | 83485 |
| 54 | 养老护理员 | 37490 | 44911 | 54429 | 60675 | 65579 | 75358 |
| 55 | 其他居民服务人员 | 33600 | 36231 | 39600 | 41223 | 43600 | 55847 |
| 56 | 供电服务员 | 64934 | 67284 | 69509 | 70545 | 73353 | 75912 |
| 57 | 燃气燃煤供应服务员 | 44054 | 51124 | 60737 | 62483 | 71840 | 77622 |
| 58 | 其他电力、燃气及水供应服务人员 | 66078 | 80736 | 91629 | 91079 | 96691 | 99624 |
| 59 | 汽车维修工 | 43338 | 66181 | 86842 | 95702 | 117837 | 143046 |
| 60 | 其他修理及制作服务人员 | 44654 | 50364 | 68007 | 74785 | 84877 | 117397 |
| 61 | 体育场馆管理员 | 44929 | 46882 | 51410 | 54723 | 57213 | 60949 |
| 62 | 其他健康服务人员 | 30768 | 36580 | 45706 | 44558 | 46104 | 78042 |
| 63 | 家畜饲养员 | 31590 | 37109 | 40628 | 39996 | 52084 | 62348 |
| 64 | 其他农、林、牧、渔业生产加工人员 | 48383 | 49900 | 52300 | 52961 | 54600 | 58918 |
| 65 | 罐头食品加工工 | 54857 | 59473 | 64971 | 64438 | 68843 | 74313 |
| 66 | 黄酒酿造工 | 43227 | 48164 | 53225 | 56665 | 62278 | 72173 |
| 67 | 茶叶加工工 | 42407 | 44118 | 46000 | 46445 | 47881 | 49596 |

续表

| 序号 | 职位名称 | 低位数 | 较低位数 | 中位数 | 平均数 | 较高位数 | 高位数 |
|---|---|---|---|---|---|---|---|
| | | 单位：元/年（人民币） | | | | | |
| 68 | 其他食品、饮料生产加工人员 | 41918 | 45232 | 51432 | 51642 | 54740 | 60558 |
| 69 | 开清棉工 | 49977 | 59299 | 65149 | 61695 | 68591 | 73643 |
| 70 | 纺织纤维梳理工 | 49498 | 53777 | 60357 | 60009 | 66533 | 78768 |
| 71 | 并条工 | 47880 | 51731 | 60940 | 59829 | 68050 | 76679 |
| 72 | 粗纱工 | 52405 | 58835 | 64328 | 67278 | 79865 | 86156 |
| 73 | 纺纱工 | 44023 | 51560 | 61000 | 60660 | 70464 | 77203 |
| 74 | 缫丝工 | 54568 | 58822 | 64377 | 62687 | 64945 | 70900 |
| 75 | 整经工 | 40765 | 48000 | 50340 | 53436 | 56420 | 74684 |
| 76 | 浆纱浆染工 | 49863 | 57671 | 63786 | 64328 | 68583 | 77630 |
| 77 | 织布工 | 44943 | 48896 | 53275 | 58126 | 64103 | 76426 |
| 78 | 纬编工 | 52780 | 60500 | 68982 | 64920 | 72922 | 75524 |
| 79 | 经编工 | 48578 | 50791 | 53978 | 54925 | 60855 | 64397 |
| 80 | 横机工 | 42652 | 44354 | 53330 | 55465 | 64167 | 70073 |
| 81 | 非织造布制造工 | 44331 | 50523 | 54553 | 58782 | 60943 | 74250 |
| 82 | 印染前处理工 | 40291 | 46547 | 57432 | 60405 | 67115 | 78260 |
| 83 | 纺织染色工 | 43518 | 48980 | 63642 | 67389 | 78322 | 93583 |
| 84 | 印花工 | 45291 | 52701 | 63879 | 67934 | 80564 | 97918 |
| 85 | 纺织印花制版工 | 43000 | 50391 | 66246 | 67983 | 78231 | 92168 |
| 86 | 印染后整理工 | 42335 | 51380 | 61052 | 66318 | 74885 | 84254 |
| 87 | 印染染化料配制工 | 43499 | 50884 | 59819 | 65417 | 67772 | 109311 |
| 88 | 其他纺织、针织、印染人员 | 41424 | 44520 | 54000 | 57662 | 65629 | 80294 |
| 89 | 服装制版师 | 42764 | 54388 | 59532 | 62009 | 69912 | 83209 |
| 90 | 裁剪工 | 40994 | 46791 | 53452 | 57128 | 66638 | 77302 |
| 91 | 缝纫工 | 40700 | 45610 | 52310 | 56412 | 65697 | 73307 |
| 92 | 缝纫品整型工 | 38165 | 41565 | 49286 | 48612 | 52866 | 62408 |
| 93 | 其他纺织品、服装和皮革、毛皮制品加工制作人员 | 40314 | 45540 | 51432 | 52924 | 59153 | 68510 |
| 94 | 机械木工 | 57014 | 68202 | 81441 | 81560 | 85061 | 92077 |
| 95 | 家具制作工 | 58748 | 63903 | 74584 | 76525 | 87954 | 105519 |
| 96 | 其他木材加工、家具与木制品制作人员 | 55020 | 63053 | 78991 | 79161 | 88780 | 103219 |
| 97 | 纸箱纸盒制作工 | 32406 | 34561 | 36554 | 36282 | 38584 | 40860 |
| 98 | 其他纸及纸制品生产加工人员 | 46171 | 49532 | 52262 | 51094 | 54294 | 60960 |
| 99 | 印前处理和制作员 | 50966 | 64923 | 77207 | 79722 | 91940 | 110241 |
| 100 | 印后制作员 | 47827 | 52997 | 58967 | 59821 | 64725 | 72745 |
| 101 | 化工原料准备工 | 48488 | 52030 | 54778 | 53721 | 57153 | 60684 |
| 102 | 化工单元操作工 | 60288 | 66967 | 75765 | 79059 | 87151 | 101659 |

续表

| 序号 | 职位名称 | 单位：元/年（人民币） | | | | | |
|---|---|---|---|---|---|---|---|
| | | 低位数 | 较低位数 | 中位数 | 平均数 | 较高位数 | 高位数 |
| 103 | 制冷工 | 60920 | 65910 | 68942 | 68970 | 71659 | 76736 |
| 104 | 工业清洗工 | 65179 | 68505 | 75551 | 77197 | 87228 | 90376 |
| 105 | 农药生产工 | 42379 | 46407 | 48465 | 49592 | 54102 | 83477 |
| 106 | 印染助剂生产工 | 48414 | 51832 | 56641 | 58459 | 61092 | 73276 |
| 107 | 其他化学原料和化学制品制造人员 | 56300 | 59568 | 65959 | 66071 | 71906 | 74098 |
| 108 | 化学合成制药工 | 47682 | 55046 | 62772 | 64122 | 68601 | 74940 |
| 109 | 中药炮制工 | 54179 | 62402 | 72673 | 71038 | 76084 | 83449 |
| 110 | 药物制剂工 | 45433 | 47667 | 58692 | 59624 | 65994 | 75150 |
| 111 | 发酵工程制药工 | 47813 | 52952 | 56758 | 58384 | 62174 | 70525 |
| 112 | 其他医药制造人员 | 38199 | 43645 | 53665 | 56310 | 62388 | 75241 |
| 113 | 化纤聚合工 | 62033 | 65265 | 67611 | 67258 | 71952 | 74272 |
| 114 | 纺丝工 | 54308 | 56771 | 65454 | 62539 | 70522 | 74010 |
| 115 | 化纤后处理工 | 47280 | 49146 | 51058 | 51252 | 53670 | 57239 |
| 116 | 其他化学纤维制造人员 | 49912 | 51413 | 63016 | 64309 | 71236 | 82360 |
| 117 | 橡胶制品生产工 | 47808 | 50104 | 53110 | 56369 | 59226 | 71247 |
| 118 | 塑料制品成型制作工 | 48183 | 53899 | 61295 | 63254 | 69767 | 77829 |
| 119 | 其他橡胶和塑料制品制造人员 | 56810 | 60948 | 68882 | 68203 | 73950 | 79475 |
| 120 | 预拌混凝土生产工 | 35097 | 37563 | 47571 | 48326 | 50998 | 56043 |
| 121 | 石材生产工 | 59884 | 65674 | 83838 | 87914 | 106846 | 118323 |
| 122 | 其他非金属矿物制品制造人员 | 48696 | 58043 | 62046 | 62066 | 71315 | 83143 |
| 123 | 金属轧制工 | 55756 | 63233 | 73844 | 70781 | 79201 | 98977 |
| 124 | 金属材酸碱洗工 | 90285 | 98566 | 103510 | 105549 | 109350 | 126737 |
| 125 | 金属材涂层机组操作工 | 46246 | 78539 | 83152 | 82925 | 88301 | 94062 |
| 126 | 金属材精整工 | 66684 | 84563 | 99290 | 96783 | 112860 | 129017 |
| 127 | 金属材丝拉拔工 | 62159 | 66738 | 70956 | 73848 | 77240 | 87878 |
| 128 | 金属挤压工 | 44056 | 47859 | 61551 | 62647 | 70815 | 84931 |
| 129 | 铸轧工 | 59408 | 63819 | 65819 | 70049 | 74005 | 80265 |
| 130 | 其他金属冶炼和压延加工人员 | 44353 | 50643 | 55855 | 60816 | 69625 | 80200 |
| 131 | 车工 | 45727 | 51899 | 63761 | 65520 | 75275 | 87522 |
| 132 | 铣工 | 45823 | 50953 | 59228 | 66123 | 74457 | 89569 |
| 133 | 刨插工 | 49250 | 52000 | 62400 | 61764 | 65000 | 84254 |
| 134 | 磨工 | 49732 | 58839 | 67592 | 68486 | 77829 | 86608 |
| 135 | 镗工 | 46198 | 64176 | 88855 | 84093 | 100304 | 117577 |
| 136 | 钻床工 | 45713 | 52019 | 64940 | 66925 | 75000 | 94196 |
| 137 | 多工序数控机床操作调整工 | 48106 | 54451 | 63264 | 64528 | 73169 | 87448 |

续表

| 序号 | 职位名称 | 低位数 | 较低位数 | 中位数 | 平均数 | 较高位数 | 高位数 |
|---|---|---|---|---|---|---|---|
| | | 单位：元/年（人民币） | | | | | |
| 138 | 电切削工 | 47190 | 48912 | 54300 | 53535 | 58142 | 60258 |
| 139 | 拉床工 | 45128 | 48637 | 59740 | 61161 | 71801 | 77823 |
| 140 | 下料工 | 57270 | 67406 | 80268 | 84354 | 102936 | 115693 |
| 141 | 铆工 | 50682 | 59232 | 67012 | 65963 | 76519 | 89363 |
| 142 | 冲压工 | 48572 | 52526 | 63522 | 68651 | 76150 | 95282 |
| 143 | 铸造工 | 50527 | 53775 | 69486 | 71634 | 81225 | 100160 |
| 144 | 锻造工 | 48568 | 52554 | 59084 | 60277 | 68966 | 74609 |
| 145 | 金属热处理工 | 52932 | 59901 | 69062 | 69588 | 77190 | 90708 |
| 146 | 焊工 | 50730 | 60467 | 71509 | 74782 | 90000 | 101843 |
| 147 | 机械加工材料切割工 | 47101 | 55259 | 66484 | 66160 | 72416 | 87289 |
| 148 | 镀膜工 | 58994 | 62288 | 76447 | 74558 | 82842 | 88340 |
| 149 | 涂装工 | 49123 | 62756 | 73543 | 74181 | 86190 | 93150 |
| 150 | 喷涂喷焊工 | 49000 | 52250 | 62545 | 64693 | 79500 | 114165 |
| 151 | 模具工 | 41597 | 49959 | 61410 | 65659 | 73987 | 95001 |
| 152 | 模型制作工 | 56161 | 58729 | 70161 | 68110 | 74613 | 79106 |
| 153 | 工具钳工 | 48289 | 55667 | 69139 | 75324 | 90566 | 98227 |
| 154 | 其他机械制造基础加工人员 | 43000 | 51052 | 61906 | 63334 | 72979 | 84014 |
| 155 | 工具五金制作工 | 79422 | 88265 | 95929 | 92838 | 103228 | 109050 |
| 156 | 金属炊具及器皿制作工 | 41026 | 43639 | 47306 | 46133 | 53675 | 56135 |
| 157 | 日用五金制品制作工 | 43512 | 51135 | 54448 | 58803 | 66462 | 82672 |
| 158 | 其他金属制品制造人员 | 45151 | 50860 | 59253 | 58843 | 71544 | 86123 |
| 159 | 装配钳工 | 46085 | 53943 | 67542 | 70096 | 84389 | 98331 |
| 160 | 轴承制造工 | 39326 | 43314 | 57053 | 56552 | 64640 | 73739 |
| 161 | 链传动部件制造工 | 50031 | 55352 | 63475 | 63997 | 71165 | 79208 |
| 162 | 锅炉设备制造工 | 58951 | 72824 | 85801 | 81540 | 90962 | 94962 |
| 163 | 机床装调维修工 | 54050 | 61482 | 69207 | 68817 | 80819 | 97805 |
| 164 | 焊接材料制造工 | 44593 | 60994 | 70447 | 63394 | 72348 | 78039 |
| 165 | 真空设备装配调试工 | 40320 | 43064 | 45922 | 45077 | 47431 | 49664 |
| 166 | 制冷空调设备装配工 | 49996 | 55236 | 68499 | 67169 | 76933 | 79821 |
| 167 | 其他通用设备制造人员 | 46506 | 53108 | 65820 | 67137 | 78500 | 108745 |
| 168 | 缝制机械装配调试工 | 42899 | 48035 | 53290 | 53832 | 57507 | 60549 |
| 169 | 其他专用设备制造人员 | 43627 | 48634 | 58956 | 62459 | 69986 | 80000 |
| 170 | 汽车生产线操作工 | 38951 | 45489 | 74181 | 68804 | 79753 | 85800 |
| 171 | 汽车零部件再制造工 | 43635 | 49382 | 60018 | 59967 | 70356 | 76195 |
| 172 | 电机制造工 | 50469 | 53861 | 58720 | 60250 | 64402 | 68074 |
| 173 | 电力电容器及其装置制造工 | 49822 | 52652 | 57597 | 56870 | 59923 | 62662 |

续表

| 序号 | 职位名称 | 单位：元/年（人民币） | | | | | |
|---|---|---|---|---|---|---|---|
| | | 低位数 | 较低位数 | 中位数 | 平均数 | 较高位数 | 高位数 |
| 174 | 电线电缆制造工 | 46584 | 59622 | 66512 | 66718 | 69601 | 75102 |
| 175 | 灯具制造工 | 38739 | 44822 | 55975 | 55607 | 70638 | 79327 |
| 176 | 电声器件制造工 | 37478 | 38808 | 41177 | 40548 | 42511 | 44369 |
| 177 | 半导体分立器件和集成电路装调工 | 44911 | 48832 | 53610 | 55060 | 59970 | 63913 |
| 178 | 仪器仪表制造工 | 42429 | 45742 | 60040 | 61412 | 68856 | 75864 |
| 179 | 废旧物资加工处理工 | 55427 | 64454 | 76013 | 73622 | 82401 | 89241 |
| 180 | 锅炉运行值班员 | 73728 | 77214 | 91000 | 88678 | 97467 | 115749 |
| 181 | 燃料值班员 | 68363 | 71346 | 77070 | 81724 | 86193 | 112087 |
| 182 | 汽轮机运行值班员 | 68471 | 74552 | 80297 | 85377 | 96013 | 101400 |
| 183 | 电气值班员 | 57301 | 76364 | 85672 | 84878 | 93021 | 100919 |
| 184 | 锅炉操作工 | 56100 | 63593 | 68421 | 71614 | 77332 | 83220 |
| 185 | 变配电运行值班员 | 57737 | 63060 | 66210 | 67099 | 71436 | 81232 |
| 186 | 工业废气治理工 | 60989 | 74763 | 78527 | 77029 | 85435 | 94109 |
| 187 | 水生产处理工 | 52690 | 62871 | 79264 | 76744 | 84282 | 87229 |
| 188 | 工业废水处理工 | 54229 | 58000 | 65277 | 65096 | 73000 | 80597 |
| 189 | 砌筑工 | 61046 | 68389 | 71467 | 70471 | 75000 | 85000 |
| 190 | 石工 | 64516 | 69000 | 73835 | 74115 | 80000 | 86842 |
| 191 | 混凝土工 | 67855 | 74886 | 81993 | 80274 | 88092 | 91012 |
| 192 | 钢筋工 | 69621 | 71990 | 83009 | 79839 | 88329 | 92354 |
| 193 | 架子工 | 60997 | 73449 | 78340 | 78426 | 85000 | 93359 |
| 194 | 电力电缆安装运维工 | 61908 | 69414 | 78051 | 77060 | 90000 | 96235 |
| 195 | 管道工 | 54312 | 59625 | 62051 | 63039 | 77038 | 82773 |
| 196 | 机械设备安装工 | 45015 | 50325 | 78000 | 73872 | 90000 | 101970 |
| 197 | 电气设备安装工 | 84157 | 88497 | 92436 | 92368 | 98491 | 101838 |
| 198 | 管工 | 58493 | 62031 | 66694 | 66031 | 73275 | 78594 |
| 199 | 制冷空调系统安装维修工 | 50651 | 61470 | 83000 | 76653 | 90000 | 97109 |
| 200 | 装饰装修工 | 45085 | 55154 | 68103 | 72085 | 74843 | 91435 |
| 201 | 建筑门窗幕墙安装工 | 69362 | 74216 | 77919 | 76617 | 80419 | 86051 |
| 202 | 专用车辆驾驶员 | 48500 | 56011 | 66560 | 67604 | 75516 | 86921 |
| 203 | 起重装卸机械操作工 | 49822 | 56930 | 61311 | 61986 | 72373 | 77462 |
| 204 | 起重工 | 51299 | 56063 | 66559 | 65207 | 75000 | 78615 |
| 205 | 挖掘铲运和桩工机械司机 | 62377 | 66259 | 72814 | 72387 | 81768 | 85335 |
| 206 | 设备点检员 | 46466 | 52164 | 64751 | 69844 | 77211 | 88139 |
| 207 | 机修钳工 | 52597 | 57164 | 66710 | 69167 | 78173 | 92303 |
| 208 | 电工 | 50099 | 57718 | 68010 | 72437 | 81138 | 98808 |

| 序号 | 职位名称 | 单位：元/年（人民币） | | | | | |
|---|---|---|---|---|---|---|---|
| | | 低位数 | 较低位数 | 中位数 | 平均数 | 较高位数 | 高位数 |
| 209 | 仪器仪表维修工 | 55260 | 63350 | 75238 | 74009 | 86697 | 92816 |
| 210 | 锅炉设备检修工 | 54492 | 62038 | 77516 | 82446 | 85904 | 103471 |
| 211 | 发电机检修工 | 60079 | 72517 | 99748 | 98696 | 109745 | 114214 |
| 212 | 工程机械维修工 | 46176 | 52140 | 59075 | 62869 | 69002 | 87268 |
| 213 | 化学检验员 | 42929 | 57554 | 64491 | 66763 | 72726 | 84278 |
| 214 | 物理性能检验员 | 40598 | 50996 | 53937 | 53195 | 61686 | 66000 |
| 215 | 无损检测员 | 48698 | 54304 | 58371 | 60510 | 70085 | 76126 |
| 216 | 质检员 | 44815 | 52115 | 59121 | 61499 | 69038 | 77800 |
| 217 | 试验员 | 43279 | 46175 | 58884 | 61575 | 71798 | 87638 |
| 218 | 称重计量工 | 37566 | 45228 | 59793 | 58337 | 66440 | 71342 |
| 219 | 包装工 | 42915 | 46320 | 55116 | 57167 | 67205 | 74745 |
| 220 | 安全员 | 49643 | 62023 | 74310 | 80054 | 98000 | 127835 |
| 221 | 其他生产辅助人员 | 45535 | 51904 | 61557 | 64163 | 74102 | 84993 |
| 222 | 其他生产制造及有关人员 | 41381 | 46211 | 58706 | 56599 | 70519 | 91798 |

## 二、部分技术工人职业（工种）分等级工资指导价位

| 职位名称 | 技能等级 | 单位：元/年（人民币） | | | | | |
|---|---|---|---|---|---|---|---|
| | | 低位数 | 较低位数 | 中位数 | 平均数 | 较高位数 | 高位数 |
| 焊工 | 初级技能 | 47327 | 59862 | 68153 | 66579 | 76096 | 85691 |
| | 中级技能 | 63705 | 67190 | 73732 | 77319 | 88198 | 97479 |
| | 高级技能 | 65844 | 71535 | 91379 | 89224 | 107430 | 118890 |
| | 技师 | 68952 | 80763 | 94927 | 94897 | 110863 | 122710 |
| | 高级技师 | 91036 | 105650 | 130959 | 128852 | 149134 | 167633 |
| 电工 | 初级技能 | 48498 | 55104 | 65300 | 70223 | 75134 | 92148 |
| | 中级技能 | 52227 | 58300 | 70819 | 77215 | 94071 | 107408 |
| | 高级技能 | 56100 | 61415 | 74225 | 79932 | 97133 | 111883 |
| | 技师 | 61406 | 66250 | 76908 | 82787 | 112128 | 124114 |
| | 高级技师 | 67352 | 71198 | 82212 | 85453 | 115815 | 128957 |
| 制冷空调系统安装维修工 | 初级技能 | 58138 | 67729 | 78105 | 77232 | 95463 | 108196 |
| | 中级技能 | 67237 | 78364 | 83000 | 88201 | 106703 | 118119 |
| | 高级技能 | 72749 | 85592 | 90000 | 98343 | 113949 | 124316 |

续表

| 职位名称 | 技能等级 | 单位：元/年（人民币） | | | | | |
|---|---|---|---|---|---|---|---|
| | | 低位数 | 较低位数 | 中位数 | 平均数 | 较高位数 | 高位数 |
| 防水工 | 初级技能 | 44356 | 51106 | 53132 | 54500 | 59708 | 67473 |
| | 中级技能 | 52731 | 54938 | 57776 | 62356 | 66574 | 71083 |
| | 高级技能 | 58863 | 61582 | 66113 | 65617 | 75728 | 82708 |
| | 技师 | 63462 | 67608 | 74183 | 78731 | 88557 | 96375 |
| 砌筑工 | 初级技能 | 44751 | 60500 | 65114 | 66013 | 70765 | 73269 |
| | 中级技能 | 52932 | 71200 | 75004 | 74209 | 78451 | 82987 |
| | 高级技能 | 73800 | 82007 | 85623 | 85415 | 91639 | 95088 |
| 混凝土工 | 初级技能 | 37200 | 47422 | 69011 | 69637 | 75044 | 77863 |
| | 中级技能 | 71700 | 74420 | 78111 | 76996 | 86582 | 90184 |
| | 高级技能 | 81050 | 85036 | 88197 | 89702 | 92588 | 100546 |
| 钢筋工 | 初级技能 | 38817 | 60016 | 69010 | 70136 | 78741 | 81242 |
| | 中级技能 | 73200 | 78033 | 83000 | 81398 | 89022 | 93066 |
| | 高级技能 | 75800 | 82000 | 91036 | 86832 | 95900 | 100272 |
| | 技师 | 78800 | 85449 | 93824 | 90718 | 99815 | 104006 |
| 架子工 | 初级技能 | 36960 | 46285 | 62000 | 63498 | 67211 | 70136 |
| | 中级技能 | 66200 | 70500 | 78471 | 78463 | 84932 | 90098 |
| | 高级技能 | 78374 | 81500 | 85111 | 84246 | 93178 | 101753 |
| 锅炉操作工 | 初级技能 | 49876 | 60103 | 73749 | 72637 | 88231 | 96528 |
| | 中级技能 | 56100 | 69423 | 80639 | 78885 | 93131 | 99834 |
| | 高级技能 | 60367 | 73151 | 87207 | 86949 | 96293 | 107679 |
| | 技师 | 99148 | 110002 | 119948 | 120505 | 130807 | 137111 |
| 机床装修维修工 | 中级技能 | 54165 | 56221 | 65777 | 66751 | 71416 | 74903 |
| | 高级技能 | 60182 | 64496 | 72088 | 73806 | 77507 | 79917 |
| | 技师 | 65956 | 71255 | 84312 | 83102 | 89125 | 91858 |
| | 高级技师 | 75883 | 80962 | 89755 | 88031 | 103074 | 114826 |
| 铸造工 | 初级技能 | 52469 | 57269 | 64823 | 67590 | 74544 | 82616 |
| | 中级技能 | 56820 | 60482 | 67501 | 70561 | 78109 | 86825 |
| | 高级技能 | 59982 | 66352 | 75207 | 76697 | 87055 | 94648 |
| | 技师 | 64213 | 69556 | 80264 | 81546 | 96999 | 104386 |
| | 高级技师 | 70048 | 76990 | 93142 | 95225 | 104071 | 112720 |
| 锻造工 | 初级技能 | 57407 | 59931 | 64057 | 63630 | 69599 | 72038 |
| | 中级技能 | 63673 | 67586 | 71655 | 71911 | 78640 | 84764 |
| | 高级技能 | 70752 | 73087 | 75887 | 75348 | 81312 | 90524 |
| | 技师 | 74489 | 77300 | 82087 | 80901 | 89744 | 94368 |
| | 高级技师 | 82832 | 86744 | 91670 | 90367 | 97641 | 103314 |

续表

| 职位名称 | 技能等级 | 单位：元/年（人民币） | | | | | |
|---|---|---|---|---|---|---|---|
| | | 低位数 | 较低位数 | 中位数 | 平均数 | 较高位数 | 高位数 |
| 金属热处理工 | 初级技能 | 60869 | 64891 | 72166 | 73599 | 78878 | 95431 |
| | 中级技能 | 63516 | 69026 | 77005 | 76062 | 83293 | 99328 |
| | 高级技能 | 78895 | 81553 | 90419 | 92472 | 100188 | 109411 |
| | 技师 | 91137 | 95030 | 101415 | 100150 | 113995 | 123221 |
| | 高级技师 | 99573 | 103949 | 107462 | 112413 | 120548 | 132940 |
| 车工 | 初级技能 | 44500 | 50801 | 60200 | 61955 | 69125 | 79484 |
| | 中级技能 | 47244 | 54712 | 64996 | 67862 | 76271 | 84400 |
| | 高级技能 | 50827 | 58609 | 71763 | 70404 | 83440 | 93321 |
| | 技师 | 59632 | 63778 | 77993 | 78282 | 87221 | 96135 |
| | 高级技师 | 66330 | 72086 | 83271 | 83801 | 94523 | 101892 |
| 铣工 | 初级技能 | 44063 | 51536 | 58970 | 58876 | 64035 | 70929 |
| | 中级技能 | 49523 | 58950 | 70500 | 69782 | 82847 | 89207 |
| | 高级技能 | 56384 | 63410 | 73480 | 72739 | 86353 | 96134 |
| | 技师 | 63969 | 71344 | 81422 | 77533 | 90822 | 99609 |
| | 高级技师 | 82888 | 94005 | 103407 | 105155 | 111680 | 117680 |
| 钳工 | 初级技能 | 50332 | 57396 | 70412 | 65340 | 78992 | 86347 |
| | 中级技能 | 54406 | 62328 | 74432 | 73821 | 82089 | 89890 |
| | 高级技能 | 62617 | 68134 | 77248 | 76572 | 85700 | 93148 |
| | 技师 | 66882 | 74068 | 85309 | 82304 | 96250 | 101822 |
| | 高级技师 | 69980 | 77669 | 89105 | 87768 | 101289 | 105052 |
| 磨工 | 初级技能 | 51756 | 58709 | 61095 | 68327 | 76753 | 84380 |
| | 中级技能 | 59804 | 65711 | 74057 | 73713 | 81976 | 91055 |
| | 高级技能 | 68796 | 75298 | 82153 | 84026 | 90012 | 94045 |
| | 技师 | 82262 | 87774 | 97303 | 95878 | 101941 | 105778 |
| | 高级技师 | 84832 | 91040 | 101129 | 98832 | 107355 | 118310 |
| 电切削工 | 初级技能 | 47753 | 50990 | 53164 | 52890 | 55100 | 57717 |
| | 中级技能 | 74520 | 78888 | 81875 | 84109 | 95247 | 98804 |
| | 高级技能 | 81754 | 84624 | 88042 | 91419 | 98808 | 104793 |
| 制冷工 | 初级技能 | 60340 | 62928 | 64857 | 64909 | 67730 | 70222 |
| | 中级技能 | 62524 | 64846 | 69511 | 70312 | 76586 | 80131 |
| | 高级技能 | 65459 | 71040 | 78067 | 79264 | 84065 | 87165 |
| | 技师 | 73253 | 76051 | 84952 | 83730 | 89509 | 96170 |
| 手工木工 | 初级技能 | 39881 | 42617 | 46832 | 47310 | 50717 | 53821 |
| | 中级技能 | 41860 | 43970 | 48898 | 49321 | 52536 | 56288 |
| | 高级技能 | 43196 | 48283 | 51253 | 53200 | 54816 | 59215 |
| | 技师 | 44537 | 51862 | 54209 | 55585 | 60871 | 66820 |

续表

| 职位名称 | 技能等级 | 单位：元/年（人民币） | | | | | |
|---|---|---|---|---|---|---|---|
| | | 低位数 | 较低位数 | 中位数 | 平均数 | 较高位数 | 高位数 |
| 评茶员 | 初级技能 | 48457 | 51643 | 58000 | 60194 | 63308 | 68384 |
| | 中级技能 | 50686 | 53913 | 60909 | 62473 | 67414 | 71183 |
| | 高级技能 | 53421 | 57555 | 65232 | 65411 | 70728 | 76500 |
| | 技师 | 56589 | 59748 | 68294 | 69986 | 74019 | 79847 |
| | 高级技师 | 60351 | 63859 | 70849 | 73222 | 77148 | 82773 |
| 眼镜验光员 | 初级技能 | 46712 | 48830 | 54148 | 56061 | 66923 | 72111 |
| | 中级技能 | 50228 | 53205 | 60041 | 60752 | 69525 | 76064 |
| | 高级技能 | 52606 | 55483 | 63730 | 64927 | 72224 | 79696 |
| | 技师 | 57070 | 62560 | 65657 | 66906 | 77257 | 84487 |
| | 高级技师 | 59086 | 65387 | 71790 | 72832 | 82022 | 87502 |
| 眼镜定配工 | 初级技能 | 34855 | 38200 | 40216 | 45370 | 48306 | 52157 |
| | 中级技能 | 36325 | 39371 | 44627 | 46799 | 51982 | 56494 |
| | 高级技能 | 40104 | 41338 | 47370 | 48681 | 53808 | 59950 |
| | 技师 | 41591 | 43579 | 49048 | 51284 | 60090 | 65684 |
| 汽车维修工 | 初级技能 | 51608 | 65325 | 84000 | 85779 | 97735 | 107926 |
| | 中级技能 | 55146 | 69684 | 88500 | 90035 | 104441 | 116314 |
| | 高级技能 | 57961 | 76196 | 93228 | 94046 | 113382 | 122937 |
| | 技师 | 80100 | 87031 | 98716 | 106807 | 121537 | 130851 |
| | 高级技师 | 98852 | 118917 | 124104 | 124988 | 128859 | 137035 |
| 美容师 | 初级技能 | 53389 | 58527 | 69226 | 62131 | 77264 | 81731 |
| | 中级技能 | 58386 | 64362 | 73853 | 67077 | 81500 | 88253 |
| | 高级技能 | 63629 | 70472 | 76817 | 75472 | 86584 | 92704 |
| | 技师 | 66248 | 73268 | 80604 | 77837 | 91352 | 99182 |
| | 高级技师 | 70022 | 77235 | 87383 | 82875 | 94898 | 104517 |
| 美发师 | 初级技能 | 43492 | 46375 | 55545 | 58061 | 67418 | 72768 |
| | 中级技能 | 46420 | 51319 | 58444 | 61713 | 71157 | 76987 |
| | 高级技能 | 49672 | 58887 | 69222 | 70278 | 82606 | 89929 |
| | 技师 | 52354 | 61904 | 74055 | 74195 | 87896 | 94737 |
| | 高级技师 | 60782 | 66658 | 83160 | 86326 | 98533 | 108301 |
| 育婴员 | 初级技能 | 41183 | 46547 | 52175 | 57659 | 64418 | 68783 |
| | 中级技能 | 47595 | 50428 | 57591 | 64039 | 71858 | 78896 |
| | 高级技能 | 51095 | 57161 | 64542 | 73275 | 79401 | 83659 |
| 保育员 | 初级技能 | 34644 | 41839 | 46694 | 48348 | 51655 | 60611 |
| | 中级技能 | 39719 | 44429 | 51279 | 51830 | 67535 | 71523 |
| | 高级技能 | 45746 | 51408 | 58212 | 58970 | 73281 | 77413 |

续表

| 职位名称 | 技能等级 | 单位：元/年（人民币） | | | | | |
|---|---|---|---|---|---|---|---|
| | | 低位数 | 较低位数 | 中位数 | 平均数 | 较高位数 | 高位数 |
| 有害生物防剂员 | 初级技能 | 34465 | 38065 | 46313 | 48817 | 59217 | 67967 |
| | 中级技能 | 36090 | 42385 | 48482 | 52499 | 62437 | 72553 |
| | 高级技能 | 39806 | 44745 | 51262 | 54985 | 66705 | 78822 |
| 保安员 | 初级技能 | 34813 | 37109 | 42000 | 48351 | 54142 | 67605 |
| | 中级技能 | 43419 | 52428 | 67153 | 67240 | 71770 | 75660 |
| | 高级技能 | 49839 | 56356 | 70904 | 71248 | 76994 | 82160 |
| | 技师 | 53220 | 59611 | 74474 | 75305 | 80889 | 86395 |
| 智能楼宇管理员 | 中级技能 | 33800 | 38930 | 45484 | 47852 | 56208 | 59087 |
| | 高级技能 | 35570 | 41081 | 49395 | 50801 | 59293 | 62620 |
| | 技师 | 37498 | 43495 | 52371 | 53419 | 62714 | 66132 |
| 劳动关系协调员 | 高级技能 | 48135 | 55032 | 70246 | 68010 | 108892 | 129661 |
| | 技师 | 50913 | 58221 | 74993 | 74572 | 117278 | 142087 |
| | 高级技师 | 53463 | 65415 | 78978 | 78930 | 124326 | 151174 |
| 企业人力资源管理师 | 中级技能 | 36181 | 43876 | 51916 | 57677 | 66928 | 71789 |
| | 高级技能 | 38477 | 50636 | 64365 | 66077 | 74039 | 80266 |
| | 技师 | 40508 | 54139 | 70119 | 78051 | 87566 | 94744 |
| | 高级技师 | 47875 | 64101 | 86093 | 93750 | 115451 | 132580 |
| 中央空调系统运行操作员 | 初级技能 | 38395 | 42265 | 46026 | 45662 | 52739 | 58940 |
| | 中级技能 | 42562 | 49790 | 54572 | 54572 | 60534 | 66243 |
| 中式烹调师 | 初级技能 | 37982 | 48533 | 57434 | 58403 | 64698 | 75754 |
| | 中级技能 | 54655 | 59401 | 67256 | 71360 | 75811 | 86017 |
| | 高级技能 | 58816 | 64930 | 77131 | 78502 | 83783 | 90631 |
| | 技师 | 64263 | 73314 | 83808 | 86088 | 89708 | 101346 |
| | 高级技师 | 72265 | 79515 | 90326 | 97647 | 112154 | 120472 |
| 中式面点师 | 初级技能 | 34197 | 36651 | 39990 | 48399 | 51473 | 65766 |
| | 中级技能 | 48191 | 51813 | 59651 | 59550 | 67613 | 71989 |
| | 高级技能 | 52781 | 57870 | 70023 | 64461 | 77529 | 81526 |
| | 技师 | 57531 | 67186 | 76973 | 70688 | 81579 | 88195 |
| | 高级技师 | 66410 | 73689 | 82715 | 79570 | 91710 | 96441 |
| 西式烹调师 | 初级技能 | 53258 | 55215 | 59968 | 63278 | 66945 | 74145 |
| | 中级技能 | 54893 | 56970 | 63826 | 67137 | 71881 | 77072 |
| | 高级技能 | 63236 | 70076 | 79063 | 83773 | 93500 | 98500 |
| | 技师 | 72484 | 77464 | 88637 | 94656 | 108177 | 122949 |
| | 高级技师 | 77603 | 82391 | 100322 | 101779 | 114249 | 129758 |

续表

| 职位名称 | 技能等级 | 单位：元/年（人民币） | | | | | |
|---|---|---|---|---|---|---|---|
| | | 低位数 | 较低位数 | 中位数 | 平均数 | 较高位数 | 高位数 |
| 西式面点师 | 初级技能 | 39800 | 42532 | 47690 | 46317 | 58056 | 68966 |
| | 中级技能 | 50192 | 52931 | 57035 | 55410 | 66464 | 72364 |
| | 高级技能 | 56750 | 58750 | 63667 | 62150 | 71385 | 80577 |
| | 技师 | 62511 | 64497 | 72137 | 70156 | 80238 | 83143 |
| | 高级技师 | 69084 | 71844 | 78031 | 75225 | 85131 | 92008 |
| 茶艺师 | 初级技能 | 48817 | 50896 | 57468 | 57706 | 64116 | 69333 |
| | 中级技能 | 50807 | 55405 | 59483 | 62898 | 66060 | 71436 |
| | 高级技能 | 53765 | 58105 | 61931 | 65088 | 70423 | 79110 |
| | 技师 | 55989 | 61778 | 64048 | 69508 | 75864 | 83719 |
| | 高级技师 | 57881 | 66255 | 69083 | 72241 | 81188 | 87374 |
| 养老护理员 | 初级技能 | 60920 | 64184 | 67624 | 67383 | 71202 | 75249 |
| | 高级技能 | 68692 | 72448 | 76344 | 77967 | 80346 | 84387 |

# 2020年金华市人力资源市场工资指导价位

一、管理职能类、专业技术类、职业技能类职业（工种）工资价位

（一）管理职能类职业（工种）工资价位

| 序号 | 职位名称 | 单位：元/年（人民币） | | | |
|---|---|---|---|---|---|
| | | 低位数 | 中位数 | 高位数 | 平均数 |
| 1 | 企业董事 | 58552 | 120000 | 377478 | 173921 |
| 2 | 企业总经理 | 56600 | 116272 | 305291 | 154806 |
| 3 | 生产经营部门经理 | 47659 | 80232 | 152961 | 96621 |
| 4 | 财务部门经理 | 48635 | 81750 | 181571 | 98599 |
| 5 | 行政部门经理 | 47820 | 81468 | 186659 | 102660 |
| 6 | 人事部门经理 | 44200 | 72550 | 148422 | 92587 |
| 7 | 销售和营销部门经理 | 50000 | 106046 | 229802 | 125840 |
| 8 | 广告和公关部门经理 | 54488 | 96535 | 200865 | 119862 |
| 9 | 采购部门经理 | 48212 | 80000 | 181575 | 95414 |
| 10 | 计算机服务部门经理 | 55718 | 106277 | 309282 | 153691 |
| 11 | 研究和开发部门经理 | 51400 | 96312 | 240000 | 136530 |
| 12 | 餐厅部门经理 | 51571 | 80580 | 116521 | 85477 |
| 13 | 客房部门经理 | 52800 | 69199 | 108416 | 78740 |
| 14 | 其他职能部门经理 | 42220 | 80500 | 204318 | 99981 |
| 15 | 其他企业中高级管理人员 | 56000 | 106000 | 242160 | 154531 |
| 16 | 行政办事员 | 37220 | 60113 | 119941 | 72267 |
| 17 | 机要员 | 52624 | 73760 | 111600 | 78571 |
| 18 | 秘书 | 45396 | 62986 | 98460 | 69010 |
| 19 | 公关员 | 33600 | 60000 | 91606 | 62182 |
| 20 | 打字员 | 24800 | 42000 | 64368 | 44243 |
| 21 | 制图员 | 54840 | 69430 | 97600 | 73918 |
| 22 | 后勤管理员 | 34380 | 53315 | 90138 | 61502 |
| 23 | 其他办事人员 | 36272 | 51489 | 91926 | 59425 |

续表

| 序号 | 职位名称 | 单位：元/年（人民币） | | | |
|---|---|---|---|---|---|
| | | 低位数 | 中位数 | 高位数 | 平均数 |
| 24 | 保卫管理员 | 30288 | 41600 | 77076 | 47140 |
| 25 | 消防安全管理员 | 37200 | 46800 | 63796 | 49735 |
| 26 | 其他安全和消防人员 | 41573 | 55978 | 102245 | 63150 |
| 27 | 其他办事人员和有关人员 | 33803 | 50689 | 94498 | 59933 |

## （二）专业技术类职业（工种）工资价位

| 序号 | 职位名称 | 单位：元/年（人民币） | | | |
|---|---|---|---|---|---|
| | | 低位数 | 中位数 | 高位数 | |
| 1 | 农学研究人员 | 26952 | 38610 | 62013 | 41099 |
| 2 | 医学研究人员 | 58573 | 82706 | 103816 | 84860 |
| 3 | 工程测量工程技术人员 | 44000 | 79635 | 140357 | 80316 |
| 4 | 地质测绘工程技术人员 | 76200 | 145000 | 241500 | 161055 |
| 5 | 机械设计工程技术人员 | 50982 | 78000 | 103477 | 77849 |
| 6 | 机械制造工程技术人员 | 47773 | 58876 | 85853 | 72566 |
| 7 | 设备工程技术人员 | 43298 | 70604 | 103208 | 72364 |
| 8 | 模具设计工程技术人员 | 57617 | 80580 | 124061 | 80403 |
| 9 | 电子材料工程技术人员 | 42800 | 50300 | 82400 | 56813 |
| 10 | 电子元器件工程技术人员 | 39561 | 57660 | 97200 | 64015 |
| 11 | 计算机软件工程技术人员 | 56335 | 72443 | 116358 | 80194 |
| 12 | 计算机网络工程技术人员 | 50600 | 65200 | 85251 | 72410 |
| 13 | 信息安全工程技术人员 | 76116 | 94807 | 127008 | 102042 |
| 14 | 信息系统运行维护工程技术人员 | 39575 | 53299 | 77560 | 57912 |
| 15 | 电工电器工程技术人员 | 46818 | 56294 | 84145 | 60911 |
| 16 | 供用电工程技术人员 | 47920 | 119453 | 209463 | 126295 |
| 17 | 电力工程安装工程技术人员 | 47500 | 63900 | 80461 | 65583 |
| 18 | 广播电视制播工程技术人员 | 47940 | 111235 | 191979 | 119248 |
| 19 | 广播电视传输覆盖工程技术人员 | 60000 | 80800 | 107800 | 80136 |
| 20 | 演艺设备工程技术人员 | 35757 | 61259 | 74270 | 58488 |
| 21 | 汽车运用工程技术人员 | 56534 | 68918 | 82714 | 70254 |
| 22 | 道路交通工程技术人员 | 42046 | 50318 | 58648 | 51226 |
| 23 | 建筑和市政设计工程技术人员 | 47299 | 70000 | 119401 | 80615 |
| 24 | 土木建筑工程技术人员 | 45600 | 69333 | 154862 | 85825 |
| 25 | 风景园林工程技术人员 | 49500 | 93190 | 150076 | 96587 |
| 26 | 供水排水工程技术人员 | 48600 | 149900 | 278480 | 153616 |

续表

| 序号 | 职位名称 | 单位：元/年（人民币） | | | |
| --- | --- | --- | --- | --- | --- |
| | | 低位数 | 中位数 | 高位数 | |
| 27 | 道路与桥梁工程技术人员 | 43800 | 53647 | 65795 | 54503 |
| 28 | 硅酸盐工程技术人员 | 38000 | 45400 | 57000 | 45902 |
| 29 | 服装工程技术人员 | 49118 | 72000 | 95149 | 72371 |
| 30 | 环境污染防治工程技术人员 | 49462 | 63904 | 87014 | 67897 |
| 31 | 环境影响评价工程技术人员 | 43428 | 68879 | 81355 | 67133 |
| 32 | 安全生产管理工程技术人员 | 43800 | 54567 | 65324 | 54235 |
| 33 | 计量工程技术人员 | 41789 | 53605 | 89520 | 54233 |
| 34 | 质量管理工程技术人员 | 53925 | 75100 | 108416 | 79753 |
| 35 | 项目管理工程技术人员 | 50129 | 61107 | 73590 | 61885 |
| 36 | 监理工程技术人员 | 42000 | 60000 | 129920 | 71016 |
| 37 | 工程造价工程技术人员 | 58500 | 82000 | 170000 | 95465 |
| 38 | 产品质量检验工程技术人员 | 49632 | 61332 | 76432 | 59095 |
| 39 | 进出口商品检验鉴定工程技术人员 | 45055 | 61800 | 91560 | 66595 |
| 40 | 产品设计工程技术人员 | 64520 | 84651 | 166452 | 104133 |
| 41 | 药师 | 42780 | 53895 | 65442 | 54978 |
| 42 | 价格专业人员 | 104779 | 159469 | 239599 | 164844 |
| 43 | 统计专业人员 | 41712 | 54128 | 67352 | 57238 |
| 44 | 会计专业人员 | 42595 | 60958 | 102000 | 69720 |
| 45 | 审计专业人员 | 35547 | 49768 | 81706 | 54398 |
| 46 | 市场营销专业人员 | 56268 | 89486 | 184237 | 115422 |
| 47 | 人力资源管理专业人员 | 43800 | 62259 | 109512 | 63821 |
| 48 | 人力资源服务专业人员 | 44404 | 63264 | 92643 | 64861 |
| 49 | 其他经济和金融专业人员 | 42454 | 65912 | 126000 | 73827 |
| 50 | 律师 | 41047 | 70990 | 118056 | 76885 |
| 51 | 戏剧戏曲演员 | 30000 | 50500 | 92394 | 55764 |
| 52 | 民族乐器演奏员 | 26000 | 35000 | 50600 | 35889 |
| 53 | 义字记者 | 52720 | 104586 | 195909 | 114281 |
| 54 | 摄影记者 | 40289 | 108669 | 199564 | 112194 |
| 55 | 文字编辑 | 44538 | 77331 | 171525 | 93265 |
| 56 | 网络编辑 | 54832 | 81913 | 110692 | 82641 |
| 57 | 播音员 | 59235 | 115938 | 195413 | 122060 |
| 58 | 节目主持人 | 43916 | 75344 | 109392 | 76119 |
| 59 | 档案专业人员 | 62040 | 90911 | 133031 | 91839 |
| 60 | 其他新闻出版、文化专业人员 | 57400 | 87852 | 116360 | 89880 |
| 61 | 其他专业技术人员 | 42295 | 62354 | 126216 | |

## （三）职业技能类职业（工种）工资价位

| 序号 | 职位名称 | 单位：元/年（人民币） | | | |
|---|---|---|---|---|---|
| | | 低位数 | 中位数 | 高位数 | 平均数 |
| 1 | 采购员 | 36013 | 56245 | 104400 | 64632 |
| 2 | 营销员 | 40100 | 62280 | 113905 | 72855 |
| 3 | 电子商务师 | 45480 | 61651 | 123523 | 66525 |
| 4 | 商品营业员 | 38497 | 52800 | 61448 | 51266 |
| 5 | 收银员 | 35500 | 47635 | 62527 | 47178 |
| 6 | 其他批发与零售服务人员 | 33715 | 48228 | 88897 | 53730 |
| 7 | 道路客运汽车驾驶员 | 47600 | 79507 | 90973 | 74352 |
| 8 | 道路货运汽车驾驶员 | 46740 | 57081 | 73058 | 58108 |
| 9 | 道路客运服务员 | 37000 | 51651 | 73294 | 48375 |
| 10 | 道路货运业务员 | 48000 | 73125 | 109032 | 75442 |
| 11 | 道路运输调度员 | 38040 | 63554 | 74939 | 60356 |
| 12 | 装卸搬运工 | 37285 | 55000 | 68034 | 53683 |
| 13 | 客运售票员 | 35779 | 52791 | 69423 | 59635 |
| 14 | 仓储管理员 | 36864 | 55149 | 75800 | 58540 |
| 15 | 理货员 | 38400 | 48486 | 58369 | 48536 |
| 16 | 冷藏工 | 58648 | 70046 | 95502 | 75759 |
| 17 | 邮件分拣员 | 47916 | 56000 | 67600 | 56677 |
| 18 | 快递员 | 44800 | 54697 | 84466 | 60420 |
| 19 | 快件处理员 | 45511 | 57808 | 78247 | 58964 |
| 20 | 其他交通运输、仓储和邮政业服务人员 | 37220 | 43629 | 52540 | 44094 |
| 21 | 前厅服务员 | 33600 | 41650 | 59382 | 44617 |
| 22 | 客房服务员 | 32779 | 41976 | 55321 | 43012 |
| 23 | 中式烹调师 | 33741 | 53097 | 79041 | 56614 |
| 24 | 中式面点师 | 45407 | 57017 | 70000 | 58770 |
| 25 | 西式烹调师 | 30618 | 57972 | 84211 | 57025 |
| 26 | 西式面点师 | 29230 | 43055 | 62670 | 46863 |
| 27 | 餐厅服务员 | 30610 | 42351 | 59933 | 44780 |
| 28 | 营养配餐员 | 38400 | 50310 | 80525 | 53315 |
| 29 | 其他住宿和餐饮服务人员 | 36213 | 51727 | 76403 | 54113 |
| 30 | 有线广播电视机线员 | 36500 | 63862 | 80000 | 62872 |
| 31 | 计算机程序设计员 | 63506 | 85661 | 114577 | 87061 |
| 32 | 其他信息传输、软件和信息技术服务人员 | 51989 | 72458 | 102744 | 74430 |
| 33 | 物业管理员 | 27600 | 43014 | 59205 | 43702 |
| 34 | 房地产经纪人 | 45000 | 60359 | 130400 | 71385 |

续表

| 序号 | 职位名称 | 单位：元/年（人民币） | | | |
| --- | --- | --- | --- | --- | --- |
| | | 低位数 | 中位数 | 高位数 | 平均数 |
| 35 | 其他房地产服务人员 | 60000 | 73310 | 128590 | 76691 |
| 36 | 客户服务管理员 | 46423 | 53500 | 60432 | 53930 |
| 37 | 导游 | 40990 | 49801 | 58074 | 49283 |
| 38 | 公共游览场所服务员 | 24822 | 33120 | 40700 | 31622 |
| 39 | 保安员 | 27900 | 40320 | 73988 | 47385 |
| 40 | 安检员 | 41510 | 50270 | 91649 | 63079 |
| 41 | 消防设施操作员 | 45995 | 55204 | 62197 | 54642 |
| 42 | 市场管理员 | 48002 | 55370 | 62819 | 55300 |
| 43 | 其他租赁和商务服务人员 | 48714 | 62029 | 95079 | 68458 |
| 44 | 工程测量员 | 50674 | 63185 | 75494 | 63033 |
| 45 | 机动车检测工 | 53739 | 60485 | 74458 | 63152 |
| 46 | 其他技术辅助服务人员 | 36635 | 56595 | 120327 | 70114 |
| 47 | 保洁员 | 26165 | 30000 | 51221 | 35983 |
| 48 | 其他水利、环境和公共设施管理服务人员 | 30240 | 37849 | 48617 | 38956 |
| 49 | 养老护理员 | 35984 | 50252 | 74981 | 53474 |
| 50 | 殡仪服务员 | 62667 | 86195 | 100128 | 85730 |
| 51 | 其他居民服务人员 | 34430 | 39500 | 46760 | 38426 |
| 52 | 供电服务员 | 40903 | 45896 | 55752 | 47127 |
| 53 | 燃气燃煤供应服务员 | 42074 | 54246 | 65534 | 53964 |
| 54 | 汽车维修工 | 42997 | 61917 | 93135 | 67046 |
| 55 | 其他修理及制作服务人员 | 39820 | 46014 | 69942 | 51393 |
| 56 | 康乐服务员 | 36574 | 43720 | 51660 | 44304 |
| 57 | 文化经纪人 | 24172 | 53650 | 94330 | 61185 |
| 58 | 其他健康服务人员 | 39990 | 44810 | 52514 | 44996 |
| 59 | 其他农、林、牧、渔业生产加工人员 | 46698 | 55000 | 64875 | 54091 |
| 60 | 其他农副产品加工人员 | 54347 | 67672 | 77186 | 68846 |
| 61 | 纺纱工 | 30659 | 46750 | 56920 | 47869 |
| 62 | 整经工 | 60989 | 67868 | 80441 | 69309 |
| 63 | 浆纱浆染工 | 65333 | 75409 | 84417 | 75545 |
| 64 | 织布工 | 63755 | 72361 | 81091 | 70809 |
| 65 | 其他纺织、针织、印染人员 | 47388 | 69685 | 81099 | 66488 |
| 66 | 裁剪工 | 45086 | 58091 | 72911 | 57650 |
| 67 | 缝纫工 | 38771 | 58032 | 72712 | 56731 |
| 68 | 缝纫品整型工 | 45077 | 55449 | 70176 | 56077 |
| 69 | 制鞋工 | 25089 | 30260 | 39720 | 30892 |
| 70 | 其他纺织品、服装和皮革、毛皮制品加工制作人员 | 39800 | 47502 | 60663 | 48297 |

续表

| 序号 | 职位名称 | 单位：元/年（人民币） | | | |
|---|---|---|---|---|---|
| | | 低位数 | 中位数 | 高位数 | 平均数 |
| 71 | 家具制作工 | 32198 | 39837 | 50443 | 39697 |
| 72 | 其他纸及纸制品生产加工人员 | 31804 | 47784 | 56393 | 45921 |
| 73 | 印刷操作员 | 33539 | 42032 | 51022 | 41983 |
| 74 | 铅笔制造工 | 35000 | 43599 | 53264 | 44957 |
| 75 | 健身器材制作工 | 34560 | 43200 | 53400 | 43450 |
| 76 | 制冷工 | 37374 | 49566 | 65632 | 51149 |
| 77 | 药物制剂工 | 37311 | 46694 | 57457 | 47177 |
| 78 | 化纤聚合工 | 36300 | 42000 | 48000 | 41777 |
| 79 | 塑料制品成型制作工 | 36300 | 58863 | 74304 | 57338 |
| 80 | 其他橡胶和塑料制品制造人员 | 40180 | 51416 | 58733 | 51004 |
| 81 | 其他非金属矿物制品制造人员 | 46700 | 54000 | 60930 | 54509 |
| 82 | 车工 | 31342 | 43512 | 65854 | 46851 |
| 83 | 铣工 | 39228 | 49500 | 78333 | 55721 |
| 84 | 磨工 | 35809 | 58398 | 80414 | 59697 |
| 85 | 钻床工 | 37812 | 49848 | 90030 | 55026 |
| 86 | 电切削工 | 44005 | 59975 | 84005 | 63138 |
| 87 | 锅炉操作工 | 32989 | 52277 | 78000 | 54619 |
| 88 | 铸造工 | 36416 | 49267 | 73979 | 50797 |
| 89 | 锻造工 | 38978 | 54149 | 74279 | 57111 |
| 90 | 金属热处理工 | 40544 | 57983 | 78778 | 59824 |
| 91 | 焊工 | 46700 | 54333 | 76100 | 60068 |
| 92 | 涂装工 | 49902 | 56172 | 66613 | 57912 |
| 93 | 模具工 | 40352 | 46750 | 65611 | 48981 |
| 94 | 其他机械制造基础加工人员 | 30788 | 49228 | 74330 | 52308 |
| 95 | 工具五金制作工 | 41750 | 49750 | 59860 | 50300 |
| 96 | 建筑五金制品制作工 | 39688 | 46042 | 52855 | 46343 |
| 97 | 金属炊具及器皿制作工 | 55746 | 68999 | 101703 | 75602 |
| 98 | 日用五金制品制作工 | 46711 | 52785 | 66112 | 54535 |
| 99 | 其他金属制品制造人员 | 38005 | 54060 | 64992 | 51940 |
| 100 | 装配钳工 | 35408 | 48887 | 60207 | 48435 |
| 101 | 机床装调维修工 | 40042 | 57584 | 70808 | 58724 |
| 102 | 汽车零部件再制造工 | 28802 | 44630 | 64521 | 46742 |
| 103 | 电机制造工 | 31051 | 42961 | 59679 | 45946 |
| 104 | 仪器仪表制造工 | 35365 | 41666 | 49876 | 42424 |
| 105 | 砌筑工 | 38919 | 50267 | 65027 | 53021 |
| 106 | 石工 | 40905 | 48882 | 70640 | 53556 |

| 序号 | 职位名称 | 单位：元/年（人民币） | | | |
|---|---|---|---|---|---|
| | | 低位数 | 中位数 | 高位数 | 平均数 |
| 107 | 混凝土工 | 39770 | 49556 | 68203 | 50967 |
| 108 | 钢筋工 | 40860 | 50756 | 69240 | 51599 |
| 109 | 架子工 | 38082 | 49963 | 68707 | 55477 |
| 110 | 筑路工 | 37508 | 49700 | 68627 | 51551 |
| 111 | 防水工 | 29910 | 40210 | 54836 | 40936 |
| 112 | 管道工 | 38775 | 51535 | 70947 | 51539 |
| 113 | 管工 | 37855 | 51291 | 70788 | 50929 |
| 114 | 制冷空调系统安装维修工 | 34560 | 55005 | 79041 | 56154 |
| 115 | 电力电气设备安装工 | 38647 | 48623 | 64260 | 47701 |
| 116 | 装饰装修工 | 53494 | 60000 | 72000 | 60879 |
| 117 | 专用车辆驾驶员 | 45193 | 66626 | 97651 | 72989 |
| 118 | 挖掘铲运和桩工机械司机 | 56997 | 67593 | 86890 | 69626 |
| 119 | 设备点检员 | 45400 | 68298 | 83376 | 67403 |
| 120 | 机修钳工 | 57983 | 67432 | 78176 | 67491 |
| 121 | 电工 | 49616 | 61000 | 76660 | 62693 |
| 122 | 工程机械维修工 | 35261 | 43366 | 69538 | 48674 |
| 123 | 质检员 | 42173 | 54856 | 63459 | 53995 |
| 124 | 包装工 | 33169 | 43580 | 58909 | 45178 |
| 125 | 安全员 | 31532 | 38300 | 50187 | 40059 |
| 126 | 其他生产辅助人员 | 34466 | 52414 | 67809 | 51123 |
| 127 | 其他生产制造及有关人员 | 38298 | 51711 | 69209 | 53157 |

## 二、部分技术工人职业（工种）分等级工资价位

| 序号 | 职位名称 | 技能等级 | 单位：元/年（人民币） | | | |
|---|---|---|---|---|---|---|
| | | | 低位数 | 中位数 | 高位数 | 平均数 |
| 1 | 焊工 | 初级技能 | 40354 | 59599 | 78077 | 62677 |
| | | 中级技能 | 46154 | 63254 | 89614 | 64587 |
| | | 高级技能 | 51477 | 68489 | 105487 | 70548 |
| 2 | 电工 | 初级技能 | 31333 | 53279 | 80211 | 53334 |
| | | 中级技能 | 35354 | 62295 | 90913 | 67474 |
| | | 高级技能 | 40822 | 68218 | 103678 | 71031 |
| 3 | 制冷空调系统安装维修工 | 初级技能 | 30248 | 46425 | 64222 | 48146 |
| | | 中级技能 | 36690 | 62095 | 89178 | 61505 |
| | | 高级技能 | 43233 | 66564 | 103221 | 69476 |

续表

| 序号 | 职位名称 | 技能等级 | 单位：元/年（人民币） | | | |
|---|---|---|---|---|---|---|
| | | | 低位数 | 中位数 | 高位数 | 平均数 |
| 4 | 防水工 | 初级技能 | 26262 | 37846 | 48900 | 37668 |
| | | 中级技能 | 32943 | 41360 | 57896 | 42931 |
| | | 高级技能 | 34790 | 45004 | 66521 | 46753 |
| 5 | 砌筑工 | 初级技能 | 31639 | 38783 | 53024 | 40226 |
| | | 中级技能 | 33781 | 46312 | 63994 | 45585 |
| | | 高级技能 | 38935 | 52139 | 67908 | 56683 |
| 6 | 混凝土工 | 初级技能 | 30113 | 36702 | 56529 | 36905 |
| | | 中级技能 | 32236 | 43189 | 63598 | 44725 |
| | | 高级技能 | 34017 | 45673 | 71561 | 51892 |
| 7 | 钢筋工 | 初级技能 | 27412 | 39693 | 52471 | 38661 |
| | | 中级技能 | 32530 | 43876 | 60303 | 45821 |
| | | 高级技能 | 34987 | 47018 | 66308 | 49275 |
| 8 | 架子工 | 初级技能 | 26412 | 39063 | 54058 | 40300 |
| | | 中级技能 | 28830 | 44272 | 57146 | 43452 |
| | | 高级技能 | 32795 | 49779 | 66237 | 46834 |
| 9 | 锅炉操作工 | 初级技能 | 29704 | 49749 | 73930 | 51700 |
| | | 中级技能 | 32817 | 53746 | 77023 | 56153 |
| | | 高级技能 | 43187 | 56919 | 92166 | 60306 |
| 10 | 机床装调维修工 | 中级技能 | 38998 | 55820 | 67667 | 56181 |
| | | 高级技能 | 42131 | 61112 | 77091 | 63812 |
| 11 | 铸造工 | 初级技能 | 33485 | 46280 | 69599 | 45504 |
| | | 中级技能 | 38081 | 49975 | 75188 | 53365 |
| | | 高级技能 | 41880 | 56815 | 84703 | 61540 |
| 12 | 锻造工 | 初级技能 | 37095 | 49492 | 72486 | 51984 |
| | | 中级技能 | 40736 | 57064 | 74163 | 60888 |
| | | 高级技能 | 41111 | 62292 | 79891 | 64938 |
| 13 | 金属热处理工 | 初级技能 | 35305 | 53717 | 71683 | 57014 |
| | | 中级技能 | 42963 | 60485 | 84754 | 60913 |
| | | 高级技能 | 51420 | 65775 | 88110 | 66077 |
| 14 | 车工 | 初级技能 | 33025 | 52861 | 67957 | 52222 |
| | | 中级技能 | 35584 | 58290 | 77553 | 62008 |
| | | 高级技能 | 41098 | 62710 | 89328 | 66453 |
| 15 | 铣工 | 初级技能 | 32714 | 48930 | 71163 | 49238 |
| | | 中级技能 | 36533 | 53115 | 78196 | 54363 |
| | | 高级技能 | 41403 | 58115 | 93135 | 61182 |

| 序号 | 职位名称 | 技能等级 | 单位：元/年（人民币） | | | |
|------|----------|----------|--------|--------|--------|--------|
| | | | 低位数 | 中位数 | 高位数 | 平均数 |
| 16 | 钳工 | 初级技能 | 34789 | 56481 | 75848 | 56655 |
| | | 中级技能 | 38319 | 58227 | 85566 | 61798 |
| | | 高级技能 | 42515 | 65298 | 90753 | 68398 |
| 17 | 磨工 | 初级技能 | 32690 | 53959 | 77035 | 56683 |
| | | 中级技能 | 35570 | 62027 | 81039 | 61444 |
| | | 高级技能 | 45643 | 64458 | 89299 | 65248 |
| 18 | 电切削工 | 初级技能 | 39723 | 55111 | 81279 | 57588 |
| | | 中级技能 | 47293 | 63060 | 83205 | 66304 |
| | | 高级技能 | 50276 | 68398 | 93781 | 73456 |
| 19 | 制冷工 | 初级技能 | 34412 | 44476 | 59564 | 46581 |
| | | 中级技能 | 39024 | 50941 | 66672 | 51536 |
| | | 高级技能 | 42956 | 62086 | 81755 | 64077 |
| 20 | 汽车维修工 | 初级技能 | 31672 | 55580 | 81060 | 58140 |
| | | 中级技能 | 36908 | 62510 | 86508 | 62832 |
| | | 高级技能 | 41741 | 65426 | 100122 | 68741 |
| | | 技师 | 43798 | 71829 | 116674 | 73263 |
| | | 高级技师 | 55027 | 87764 | 135873 | 87319 |
| 21 | 保安员 | 初级技能 | 20238 | 33834 | 48943 | 32570 |
| | | 中级技能 | 24528 | 35970 | 53889 | 36962 |
| | | 高级技能 | 25927 | 40986 | 61129 | 42757 |
| 22 | 企业人力资源管理师 | 初级技能 | 33819 | 53535 | 88097 | 49852 |
| | | 中级技能 | 45605 | 62258 | 92481 | 64809 |
| | | 高级技能 | 47085 | 68040 | 98584 | 72164 |
| 23 | 中式烹调师 | 初级技能 | 29132 | 43262 | 68114 | 44828 |
| | | 中级技能 | 35225 | 47466 | 70106 | 49684 |
| | | 高级技能 | 38832 | 53371 | 81178 | 58803 |
| | | 技师 | 44525 | 58539 | 89173 | 61389 |
| | | 高级技师 | 54328 | 67464 | 110769 | 67407 |
| 24 | 中式面点师 | 初级技能 | 29521 | 38213 | 56103 | 38120 |
| | | 中级技能 | 31549 | 42375 | 66174 | 46178 |
| | | 高级技能 | 34204 | 48848 | 75047 | 51948 |
| 25 | 西式烹调师 | 初级技能 | 29632 | 41417 | 62445 | 45311 |
| | | 中级技能 | 29902 | 44740 | 64915 | 48625 |
| | | 高级技能 | 34432 | 58023 | 77460 | 55760 |

续表

| 序号 | 职位名称 | 技能等级 | 单位：元/年（人民币） | | | |
| --- | --- | --- | --- | --- | --- | --- |
| | | | 低位数 | 中位数 | 高位数 | 平均数 |
| 26 | 西式面点师 | 初级技能 | 27933 | 37255 | 50003 | 34912 |
| | | 中级技能 | 29776 | 41339 | 55982 | 44281 |
| | | 高级技能 | 32030 | 45885 | 66045 | 45882 |
| 27 | 养老护理员 | 初级技能 | 34109 | 47336 | 71560 | 50592 |
| | | 中级技能 | 37137 | 51247 | 77540 | 53280 |
| | | 高级技能 | 39303 | 57008 | 80127 | 62510 |

# 2020年衢州市人力资源市场工资指导价位

单位：元（人民币）

| 序号 | 工种 | | 高位数 | 中位数 | 低位数 |
|---|---|---|---|---|---|
| 1 | 焊工 | 初级技能 | 5859 | 4340 | 3364 |
| | | 中级技能 | 6619 | 4937 | 3635 |
| | | 高级技能 | 7975 | 5642 | 3939 |
| | | 技师 | 8409 | 6293 | 4400 |
| | | 高级技师 | 9874 | 7330 | 4883 |
| 2 | 电工 | 初级技能 | 5968 | 4557 | 3852 |
| | | 中级技能 | 6781 | 5013 | 4177 |
| | | 高级技能 | 8138 | 5805 | 4232 |
| | | 技师 | 8632 | 6402 | 4557 |
| | | 高级技师 | 9765 | 7465 | 4937 |
| 3 | 制冷空调系统安装维修工 | 初级技能 | 5208 | 3855 | 2984 |
| | | 中级技能 | 6510 | 4449 | 3094 |
| | | 高级技能 | 7812 | 5751 | 3798 |
| 4 | 防水工 | 初级技能 | 3906 | 3418 | 2821 |
| | | 中级技能 | 4579 | 3749 | 3092 |
| | | 高级技能 | 6022 | 4774 | 3960 |
| | | 技师 | 5968 | 4937 | 4340 |
| 5 | 砌筑工 | 初级技能 | 4828 | 3906 | 2984 |
| | | 中级技能 | 5729 | 4590 | 3689 |
| | | 高级技能 | 7221 | 5262 | 4449 |
| | | 技师 | 8192 | 7595 | 7053 |
| 6 | 混凝土工 | 初级技能 | 4340 | 3852 | 2930 |
| | | 中级技能 | 4937 | 4611 | 3906 |
| | | 高级技能 | 5913 | 5262 | 4232 |
| | | 技师 | 7378 | 6130 | 4720 |

续表

| 序号 | 工种 | | 高位数 | 中位数 | 低位数 |
|---|---|---|---|---|---|
| 7 | 钢筋工 | 初级技能 | 4611 | 3960 | 2984 |
| | | 中级技能 | 5588 | 4828 | 3689 |
| | | 高级技能 | 5859 | 5371 | 4015 |
| | | 技师 | 6790 | 5805 | 4611 |
| 8 | 架子工 | 初级技能 | 4752 | 3743 | 2875 |
| | | 中级技能 | 5317 | 4991 | 3472 |
| | | 高级技能 | 6163 | 5262 | 4069 |
| 9 | 钢炉操作工 | 初级技能 | 4883 | 4069 | 3092 |
| | | 中级技能 | 5805 | 4883 | 3635 |
| | | 高级技能 | 6727 | 5588 | 4069 |
| | | 技师 | 7704 | 6564 | 5913 |
| 10 | 机床装调维修工 | 初级技能 | 6130 | 5045 | 4069 |
| | | 中级技能 | 6836 | 6564 | 6347 |
| | | 高级技能 | 7107 | 6727 | 6510 |
| | | 技师 | 7161 | 6890 | 6673 |
| | | 高级技师 | 8463 | 7649 | 7215 |
| 11 | 铸造工 | 初级技能 | 5751 | 4177 | 3092 |
| | | 中级技能 | 6293 | 4611 | 3472 |
| | | 高级技能 | 7053 | 5403 | 3852 |
| | | 技师 | 7704 | 5805 | 4340 |
| | | 高级技师 | 8300 | 6293 | 4720 |
| 12 | 锻造工 | 初级技能 | 5897 | 4232 | 3255 |
| | | 中级技能 | 6402 | 4687 | 3526 |
| | | 高级技能 | 7161 | 5479 | 3906 |
| | | 技师 | 7812 | 5859 | 4449 |
| | | 高级技师 | 8355 | 6456 | 4774 |
| 13 | 金属热处理工 | 初级技能 | 6054 | 4383 | 3418 |
| | | 中级技能 | 6571 | 4950 | 3798 |
| | | 高级技能 | 7432 | 6510 | 5045 |
| | | 技师 | 8246 | 6890 | 5751 |
| | | 高级技师 | 9765 | 7812 | 6347 |
| 14 | 车工 | 初级技能 | 5751 | 4210 | 2875 |
| | | 中级技能 | 6944 | 5387 | 3279 |
| | | 高级技能 | 7329 | 6033 | 3743 |
| | | 技师 | 7866 | 6510 | 4362 |
| | | 高级技师 | 8680 | 7161 | 4937 |

续表

| 序号 | 工种 | | 高位数 | 中位数 | 低位数 |
|---|---|---|---|---|---|
| 15 | 铣工 | 初级技能 | 5262 | 4340 | 3092 |
| | | 中级技能 | 6293 | 5013 | 3553 |
| | | 高级技能 | 6998 | 5588 | 4101 |
| | | 技师 | 8083 | 6510 | 4626 |
| | | 高级技师 | 9174 | 7905 | 5425 |
| 16 | 钳工 | 初级技能 | 5479 | 4503 | 3255 |
| | | 中级技能 | 6130 | 4904 | 3739 |
| | | 高级技能 | 6814 | 5333 | 3960 |
| | | 技师 | 7324 | 6049 | 4356 |
| | | 高级技师 | 7812 | 6868 | 4937 |
| 17 | 磨工 | 初级技能 | 6130 | 4394 | 3543 |
| | | 中级技能 | 6801 | 5029 | 3993 |
| | | 高级技能 | 7432 | 5839 | 4503 |
| | | 技师 | 8207 | 6115 | 4926 |
| | | 高级技师 | 9060 | 6673 | 5425 |
| 18 | 电切削工 | 初级技能 | 4720 | 3879 | 3309 |
| | | 中级技能 | 6022 | 4815 | 4183 |
| | | 高级技能 | 6901 | 5620 | 4720 |
| | | 技师 | 7758 | 5989 | 5078 |
| | | 高级技师 | 8897 | 6781 | 5485 |
| 19 | 制冷工 | 初级技能 | 4600 | 3618 | 3125 |
| | | 中级技能 | 5479 | 4394 | 3533 |
| | | 高级技能 | 6922 | 5371 | 3776 |
| | | 技师 | 8517 | 6494 | 4937 |
| 20 | 手工木工 | 初级技能 | 5208 | 3743 | 3340 |
| | | 中级技能 | 5805 | 4232 | 3537 |
| | | 高级技能 | 6163 | 4613 | 3689 |
| | | 技师 | 6795 | 4951 | 3980 |
| 21 | 评茶员 | 初级技能 | 4774 | 3869 | 3255 |
| | | 中级技能 | 5826 | 4392 | 3581 |
| | | 高级技能 | 6380 | 6185 | 4883 |
| | | 技师 | 7148 | 5642 | 4378 |
| | | 高级技师 | 7975 | 6481 | 4911 |

续表

| 序号 | 工种 | | 高位数 | 中位数 | 低位数 |
|---|---|---|---|---|---|
| 22 | 眼镜验光员 | 初级技能 | 4720 | 3563 | 2875 |
| | | 中级技能 | 5247 | 4255 | 3141 |
| | | 高级技能 | 6054 | 4828 | 3531 |
| | | 技师 | 7215 | 5483 | 3929 |
| | | 高级技师 | 7470 | 6000 | 4557 |
| 23 | 眼镜定配员 | 初级技能 | 4557 | 3092 | 2713 |
| | | 中级技能 | 5154 | 3635 | 2982 |
| | | 高级技能 | 5892 | 4151 | 3271 |
| | | 技师 | 7107 | 4693 | 3635 |
| 24 | 汽车维修工 | 初级技能 | 5642 | 4177 | 3255 |
| | | 中级技能 | 6678 | 5349 | 3689 |
| | | 高级技能 | 7378 | 5628 | 4074 |
| | | 技师 | 8658 | 6130 | 4464 |
| | | 高级技师 | 9765 | 7424 | 5295 |
| 25 | 美容师 | 初级技能 | 5034 | 3928 | 3022 |
| | | 中级技能 | 6130 | 4459 | 3494 |
| | | 高级技能 | 7031 | 5371 | 4047 |
| | | 技师 | 7595 | 6336 | 4574 |
| | | 高级技师 | 8951 | 7367 | 5262 |
| 26 | 美发师 | 初级技能 | 5032 | 3754 | 3038 |
| | | 中级技能 | 6212 | 4557 | 3423 |
| | | 高级技能 | 7405 | 5387 | 3798 |
| | | 技师 | 7873 | 6130 | 4427 |
| | | 高级技师 | 9602 | 7100 | 5247 |
| 27 | 育婴员 | 初级技能 | 5479 | 3964 | 3233 |
| | | 中级技能 | 6005 | 4707 | 3621 |
| | | 高级技能 | 7161 | 5647 | 4286 |
| | | 技师 | 8680 | 6741 | 5175 |
| | | 高级技师 | 10036 | 8933 | 6397 |
| 28 | 保育员 | 初级技能 | 4177 | 2886 | 2409 |
| | | 中级技能 | 4774 | 3316 | 2713 |
| | | 高级技能 | 5588 | 3803 | 2946 |
| | | 技师 | 5946 | 4210 | 3309 |
| | | 高级技师 | 6510 | 4462 | 3971 |
| 29 | 有害生物防制员 | 初级技能 | 5262 | 3336 | 3125 |
| | | 中级技能 | 5913 | 4123 | 3575 |
| | | 高级技能 | 7161 | 5147 | 3971 |

续表

| 序号 | 工种 | | 高位数 | 中位数 | 低位数 |
|---|---|---|---|---|---|
| 30 | 保安员 | 初级技能 | 3754 | 2857 | 2441 |
| | | 中级技能 | 4476 | 3298 | 2676 |
| | | 高级技能 | 4937 | 3662 | 2862 |
| | | 技师 | 5208 | 3852 | 3092 |
| | | 高级技师 | 5642 | 4394 | 3866 |
| 31 | 智能楼宇管理员 | 初级技能 | 3798 | 4195 | 3125 |
| | | 中级技能 | 5344 | 4356 | 3359 |
| | | 高级技能 | 6076 | 4726 | 3738 |
| | | 技师 | 6998 | 4937 | 4188 |
| | | 高级技师 | 7476 | 5902 | 4378 |
| 32 | 劳动关系协调员 | 初级技能 | 3852 | 4188 | 2984 |
| | | 中级技能 | 4904 | 4318 | 3206 |
| | | 高级技能 | 6510 | 4762 | 3574 |
| | | 技师 | 7649 | 5067 | 3960 |
| | | 高级技师 | 9418 | 6033 | 4166 |
| 33 | 企业人力资源管理师 | 初级技能 | 4394 | 3971 | 3206 |
| | | 中级技能 | 7324 | 6011 | 4188 |
| | | 高级技能 | 8550 | 6673 | 4828 |
| | | 技师 | 9966 | 7356 | 5295 |
| | | 高级技师 | 11425 | 7725 | 5816 |
| 34 | 中央空调系统运行操作员 | 初级技能 | 4828 | 3711 | 2875 |
| | | 中级技能 | 5078 | 4340 | 3309 |
| | | 高级技能 | 5506 | 4682 | 3652 |
| | | 技师 | 6130 | 4991 | 4069 |
| | | 高级技师 | 7053 | 5555 | 4590 |
| 35 | 中式烹调师 | 初级技能 | 5447 | 4080 | 3288 |
| | | 中级技能 | 6369 | 4557 | 3526 |
| | | 高级技能 | 6673 | 4807 | 3798 |
| | | 技师 | 7270 | 5306 | 4036 |
| | | 高级技师 | 8626 | 6163 | 4655 |
| 36 | 中式面点师 | 初级技能 | 4449 | 3526 | 2875 |
| | | 中级技能 | 5165 | 3873 | 3255 |
| | | 高级技能 | 5555 | 4394 | 3646 |
| | | 技师 | 6456 | 5054 | 4156 |
| | | 高级技师 | 7812 | 6564 | 5230 |

续表

| 序号 | 工种 | | 高位数 | 中位数 | 低位数 |
|---|---|---|---|---|---|
| 37 | 西式烹调师 | 初级技能 | 4519 | 3711 | 3201 |
| | | 中级技能 | 5051 | 4072 | 3450 |
| | | 高级技能 | 5870 | 4459 | 3743 |
| | | 技师 | 7421 | 4958 | 4196 |
| | | 高级技师 | 8192 | 5810 | 4991 |
| 38 | 西式面点师 | 初级技能 | 4400 | 3533 | 2984 |
| | | 中级技能 | 5067 | 4085 | 3309 |
| | | 高级技能 | 5805 | 4465 | 3472 |
| | | 技师 | 6329 | 4937 | 4101 |
| | | 高级技师 | 7731 | 6474 | 4353 |
| 39 | 茶艺师 | 初级技能 | 3960 | 3092 | 2658 |
| | | 中级技能 | 4937 | 3635 | 2984 |
| | | 高级技能 | 5772 | 4503 | 3526 |
| | | 技师 | 6239 | 4774 | 3863 |
| | | 高级技师 | 7215 | 5247 | 4150 |

| 序号 | 职业（工种） | 高位数（元/月） | 中位数（元/月） | 低位数（元/月） |
|---|---|---|---|---|
| 40 | 会计 | 7812 | 5371 | 4720 |
| 41 | 机修工 | 7812 | 5371 | 4666 |
| 42 | 仓管员 | 5154 | 3960 | 2930 |
| 43 | 采购员 | 5208 | 3960 | 3309 |
| 44 | 小车司机 | 5317 | 4069 | 3255 |
| 45 | 大货司机 | 9114 | 5913 | 4177 |
| 46 | 市场总监 | 11772 | 7921 | 6022 |
| 47 | 营销员 | 5317 | 4069 | 3309 |
| 48 | 外贸业务员 | 6510 | 5317 | 4069 |
| 49 | 电动车业务员 | 5317 | 4069 | 3309 |
| 50 | 土建工程师 | 11393 | 7866 | 6076 |
| 51 | 水电工程师 | 11447 | 7866 | 6076 |
| 52 | 景观工程师 | 11393 | 7866 | 6076 |
| 53 | 电气工程师 | 11393 | 7866 | 6076 |
| 54 | 幕墙工程师 | 11393 | 7866 | 6076 |
| 55 | 法务主管 | 9114 | 7758 | 6076 |
| 56 | 办公室文员 | 4666 | 3309 | 2767 |
| 57 | 成品检验员 | 5208 | 4015 | 3309 |
| 58 | 数控车床 | 6619 | 5317 | 4069 |
| 59 | 阀门装配工 | 5208 | 4720 | 4177 |

续表

| 序号 | 职业（工种） | 高位数（元/月） | 中位数（元/月） | 低位数（元/月） |
|---|---|---|---|---|
| 60 | 喷漆工 | 5371 | 4015 | 2984 |
| 61 | 质检员 | 5262 | 3960 | 2930 |
| 62 | 品质工程师 | 11393 | 7866 | 6727 |
| 63 | 工艺工程师 | 12857 | 10525 | 8138 |
| 64 | 行政主管 | 9277 | 6727 | 5479 |
| 65 | 注塑工 | 5968 | 3689 | 3255 |
| 66 | 线缆普工 | 5317 | 3743 | 3309 |
| 67 | 线缆发泡护套工 | 5479 | 3689 | 3255 |
| 68 | 线缆编织工 | 5588 | 3689 | 3255 |
| 69 | 电力设计工程师 | 11176 | 5913 | 4123 |
| 70 | 厨师 | 9277 | 5968 | 4123 |
| 71 | KTV音控师 | 6781 | 4991 | 4069 |
| 72 | 生产部经理 | 10362 | 7866 | 5425 |
| 73 | 灯具研发工程师 | 25877 | 13346 | 8138 |
| 74 | 铲车工 | 7215 | 4666 | 3852 |
| 75 | 兽医技术员 | 6347 | 4394 | 3906 |
| 76 | 包装工 | 7215 | 4720 | 4015 |
| 77 | 车间各类辅助工 | 5913 | 3798 | 3092 |
| 78 | 企业厂长（经理） | 54250 | 41230 | 32550 |
| 79 | 财务经理 | 10308 | 7215 | 5425 |
| 80 | 人力资源经理 | 7975 | 5317 | 4069 |
| 81 | 销售和营销经理 | 10850 | 7270 | 5588 |
| 82 | 广告和公关经理 | 9114 | 6564 | 5425 |
| 83 | 采购经理 | 9114 | 6564 | 5425 |
| 84 | 研究和开发经理 | 9331 | 6998 | 5751 |
| 85 | 餐饮部经理 | 7053 | 5859 | 4828 |
| 86 | 客房部经理 | 6510 | 5479 | 4286 |
| 87 | 工程部经理 | 8843 | 6564 | 5642 |
| 88 | 保安部经理 | 6293 | 5425 | 4069 |
| 89 | 仓储部经理 | 6781 | 4611 | 4123 |
| 90 | 商品部经理 | 6998 | 4720 | 4069 |
| 91 | 物业经理 | 6076 | 4666 | 3743 |
| 92 | 机械工程技术人员 | 7270 | 4720 | 3960 |
| 93 | 冶金工程技术人员 | 8138 | 5262 | 4069 |
| 94 | 纺织工程技术人员 | 7378 | 5317 | 4394 |
| 95 | 化工工程技术人员 | 8734 | 5317 | 4177 |
| 96 | 化工设备工程技术人员 | 8463 | 6239 | 4991 |

续表

| 序号 | 职业（工种） | 高位数（元/月） | 中位数（元/月） | 低位数（元/月） |
|---|---|---|---|---|
| 97 | 质量工程技术人员 | 8192 | 5479 | 4394 |
| 98 | 环保工程技术人员 | 7921 | 5425 | 4286 |
| 99 | 医药工程技术人员 | 8843 | 5534 | 4394 |
| 100 | 交通工程技术人员 | 8680 | 5479 | 4177 |
| 101 | 建筑工程技术人员 | 8734 | 6564 | 5100 |
| 102 | 建筑工程监理人员 | 8463 | 5479 | 4069 |
| 103 | 电力工程技术人员 | 10959 | 7812 | 5696 |
| 104 | 水利工程技术人员 | 9765 | 6239 | 4828 |
| 105 | 测绘工程技术人员 | 11718 | 6673 | 5425 |
| 106 | 通讯工程技术人员 | 8246 | 7107 | 4503 |
| 107 | 仪器仪表工程技术人员 | 7107 | 5588 | 4720 |
| 108 | 计算机与应用工程技术人员 | 6727 | 4991 | 4286 |
| 109 | 计算机硬件技术人员 | 6510 | 4937 | 4177 |
| 110 | 计算机软件技术人员 | 6944 | 5317 | 4286 |
| 111 | 计算机网络技术人员 | 6944 | 5317 | 4394 |
| 112 | 计算机系统分析技术人员 | 6510 | 5317 | 4286 |
| 113 | 其他计算机与应用工程技术人员 | 6781 | 5371 | 4286 |
| 114 | 拍卖师 | 10308 | 7975 | 6022 |
| 115 | 律师 | 16709 | 7921 | 6022 |
| 116 | 文秘 | 6022 | 4991 | 4069 |
| 117 | 统计人员 | 4991 | 4232 | 3038 |
| 118 | 商场柜组长 | 5317 | 4232 | 3635 |
| 119 | 商场营业员 | 4991 | 3906 | 3309 |
| 120 | 仓库保管 | 4611 | 3581 | 3092 |
| 121 | 物业管理人员 | 4340 | 3526 | 3092 |
| 122 | 典当业务员 | 4828 | 3960 | 3309 |
| 123 | 检验员 | 6510 | 4720 | 3309 |
| 124 | 计量员 | 5642 | 3526 | 3038 |
| 125 | 报关员 | 5642 | 4069 | 3255 |
| 126 | 话务员 | 5154 | 3526 | 3038 |
| 127 | 资产评估人员 | 7378 | 5262 | 3798 |
| 128 | 保险推销员 | 7378 | 5317 | 3092 |
| 129 | 保险理赔员 | 6076 | 4991 | 3092 |
| 130 | 其他保险业务人员 | 6510 | 5262 | 3092 |
| 131 | 广告设计人员 | 6510 | 4340 | 3255 |
| 132 | 服装设计人员 | 6673 | 4340 | 3309 |
| 133 | 室内装饰设计人员 | 6022 | 4232 | 3255 |

续表

| 序号 | 职业（工种） | 高位数（元/月） | 中位数（元/月） | 低位数（元/月） |
|------|------------|---------------|---------------|---------------|
| 134 | 理货员 | 4123 | 3255 | 2984 |
| 135 | 推销员 | 5317 | 4232 | 3364 |
| 136 | 收银员 | 4991 | 3472 | 2875 |
| 137 | 打字员 | 4720 | 3581 | 2930 |
| 138 | 收发员 | 4937 | 3635 | 2984 |
| 129 | 客房服务员 | 4937 | 3255 | 3038 |
| 140 | 营养配餐员 | 5425 | 4177 | 3418 |
| 141 | 餐厅服务员 | 4991 | 4340 | 3635 |
| 142 | 点菜员 | 5262 | 3852 | 3472 |
| 143 | 餐具清洗保管员 | 4557 | 3526 | 3092 |
| 144 | 导游 | 5696 | 4232 | 3526 |
| 145 | 家政服务人员 | 7595 | 4020 | 2713 |
| 146 | 护理人员 | 5425 | 3548 | 3114 |
| 147 | 摄影师 | 5859 | 4232 | 3309 |
| 148 | 汽车驾驶员 | 6619 | 4883 | 3852 |
| 149 | 汽车客运服务员 | 5208 | 3418 | 3038 |
| 150 | 汽车修理工 | 6510 | 4340 | 3309 |
| 151 | 装卸工 | 6076 | 4232 | 3526 |
| 152 | 乳品加工 | 5425 | 3852 | 3255 |
| 153 | 食品罐头加工 | 5425 | 3852 | 3255 |
| 154 | 糕点面包烘焙工 | 5534 | 3960 | 3309 |
| 155 | 豆制品制作工 | 5913 | 3960 | 3092 |
| 156 | 屠宰加工 | 6944 | 4666 | 2984 |
| 157 | 肉蛋食品加工 | 5968 | 3255 | 2875 |
| 158 | 饲料生产加工 | 5968 | 4503 | 3309 |
| 159 | 钻探工 | 6781 | 4666 | 3526 |
| 160 | 矿井开掘工 | 8138 | 4666 | 3798 |
| 161 | 印刷操作工 | 5479 | 3472 | 3255 |
| 162 | 印染人员 | 5968 | 3743 | 3255 |
| 163 | 服装缝纫工 | 4937 | 3960 | 3364 |
| 164 | 泥工 | 9114 | 5859 | 3689 |
| 165 | 油漆工 | 8463 | 5262 | 3255 |
| 166 | 起重驾驶员 | 5859 | 4340 | 3472 |
| 167 | 搬运工 | 5859 | 3472 | 2984 |
| 168 | 油磨 | 5805 | 4069 | 3092 |
| 169 | 电炉浇注工、熔炼工 | 7215 | 5262 | 3581 |
| 170 | 锅炉安装工 | 6836 | 4828 | 3852 |

# 2020年舟山市人力资源市场工资指导价位

## 一、舟山市企业2020年不同学历毕业生
### 初次就业工资指导价位调查表

单位：元/月

| 学历 | 高位数 | 中位数 | 低位数 |
|---|---|---|---|
| 硕士 | 7150 | 4720 | 3310 |
| 本科 | 6000 | 3580 | 2510 |
| 大专 | 5500 | 3310 | 2320 |
| 高中、中专、技校 | 5000 | 3050 | 2170 |

注：本工资价位不分职业和工种。

## 二、舟山市企业2020年部分职业人力
### 资源市场工资指导价位调查表

单位：元/月

| 序号 | 工种 | 高位数 | 中位数 | 低位数 |
|---|---|---|---|---|
| 1 | 企业董事 | 33560 | 10301 | 4898 |
| 2 | 企业经理（厂长） | 31700 | 10368 | 4481 |
| 3 | 生产或经营经理 | 18710 | 7880 | 3945 |
| 4 | 财务经理 | 16194 | 6543 | 3561 |
| 5 | 行政经理 | 15661 | 6316 | 3685 |
| 6 | 人事经理 | 13162 | 6065 | 3493 |
| 7 | 销售和营销经理 | 17994 | 6360 | 3820 |
| 8 | 广告和公关经理 | 14662 | 6032 | 3539 |
| 9 | 采购经理 | 15386 | 6086 | 3482 |
| 10 | 研究和开发经理 | 19529 | 6948 | 3669 |
| 11 | 餐厅经理 | 8916 | 5694 | 3493 |
| 12 | 客房经理 | 7609 | 5114 | 3408 |
| 13 | 物业经理 | 8108 | 5421 | 3669 |
| 14 | 工程项目经理 | 22090 | 8583 | 5318 |
| 15 | 地质勘探工程技术人员 | 9463 | 6117 | 4178 |

续表

| 序号 | 工种 | 高位数 | 中位数 | 低位数 |
|---|---|---|---|---|
| 16 | 测绘工程技术人员 | 9019 | 6133 | 3963 |
| 17 | 化工工程技术人员 | 11751 | 5267 | 3601 |
| 18 | 医药工程技术人员 | 8766 | 4904 | 3176 |
| 19 | 机械工程技术人员 | 9610 | 5726 | 3370 |
| 20 | 机械设计工程技术人员 | 10019 | 5814 | 3708 |
| 21 | 机械制造工程技术人员 | 8824 | 5333 | 3259 |
| 22 | 仪表仪器工程技术人员 | 7959 | 4876 | 3216 |
| 23 | 设备工程技术人员 | 8450 | 4971 | 3376 |
| 24 | 其他机械工程技术人员 | 8423 | 4614 | 3190 |
| 25 | 电子工程技术人员 | 9063 | 4646 | 3224 |
| 26 | 电子材料工程技术人员 | 7204 | 4358 | 3210 |
| 27 | 电子元器件工程技术人员 | 7682 | 4315 | 2967 |
| 28 | 广播视听设备工程技术人员 | 7539 | 4320 | 3152 |
| 29 | 电子仪器与测量工程技术人员 | 7350 | 4291 | 3033 |
| 30 | 其他电子工程技术人员 | 6714 | 4172 | 2945 |
| 31 | 通信工程技术人员 | 9760 | 6096 | 2937 |
| 32 | 计算机与应用工程技术人员 | 8293 | 4455 | 2899 |
| 33 | 计算机硬件技术人员 | 8336 | 4575 | 2817 |
| 34 | 计算机软件技术人员 | 9185 | 4618 | 3011 |
| 35 | 计算机网络技术人员 | 8225 | 4543 | 3031 |
| 36 | 计算机系统分析技术人员 | 8487 | 4651 | 3485 |
| 37 | 其他计算机与应用工程技术人员 | 7091 | 4151 | 3028 |
| 38 | 电气工程技术人员 | 9818 | 5988 | 3420 |
| 39 | 电力工程技术人员 | 9408 | 5879 | 3248 |
| 40 | 邮政工程技术人员 | 8727 | 4901 | 3083 |
| 41 | 建筑工程技术人员 | 13636 | 6009 | 3496 |
| 42 | 建筑工程监理人员 | 9654 | 5433 | 3243 |
| 43 | 建材工程技术人员 | 9458 | 5129 | 3517 |
| 44 | 交通工程技术人员 | 9163 | 5107 | 3248 |
| 45 | 汽车运用工程技术人员 | 6655 | 4325 | 3054 |
| 46 | 船舶运用工程技术人员 | 8312 | 5770 | 3313 |
| 47 | 水上交通工程技术人员 | 8837 | 5770 | 3442 |
| 48 | 船舶检验工程技术人员 | 10364 | 6281 | 3442 |
| 49 | 其他交通工程技术人员 | 8127 | 4812 | 2839 |
| 50 | 纺织工程技术人员 | 6480 | 3999 | 2947 |
| 51 | 林业工程技术人员 | 6240 | 3791 | 2851 |
| 52 | 水利工程技术人员 | 8727 | 4781 | 3281 |

续表

| 序号 | 工种 | 高位数 | 中位数 | 低位数 |
|---|---|---|---|---|
| 53 | 海洋工程技术人员 | 8182 | 4781 | 3173 |
| 54 | 环境保护工程技术人员 | 7070 | 4575 | 3007 |
| 55 | 食品工程技术人员 | 6070 | 4002 | 2858 |
| 56 | 水产工程技术人员 | 6744 | 4109 | 3093 |
| 57 | 安全工程技术人员 | 8245 | 4813 | 3158 |
| 58 | 标准化、计量、质量工程技术人员 | 9431 | 4737 | 3158 |
| 59 | 其他工程技术人员 | 6527 | 4597 | 3050 |
| 60 | 房地产开发业务人员 | 9573 | 4867 | 2869 |
| 61 | 经济业务人员 | 6004 | 4304 | 2933 |
| 62 | 统计人员 | 5831 | 3796 | 2762 |
| 63 | 会计人员 | 9029 | 4326 | 3062 |
| 64 | 出纳 | 5852 | 3915 | 2783 |
| 65 | 资产评估人员 | 7441 | 4770 | 3007 |
| 66 | 审计人员 | 7528 | 4845 | 2997 |
| 67 | 国际商务人员 | 12509 | 5267 | 3125 |
| 68 | 报关员 | 7070 | 3785 | 2997 |
| 69 | 银行信贷员 | 8680 | 5948 | 3747 |
| 70 | 银行储蓄员 | 7397 | 5246 | 3596 |
| 71 | 银行信托业务员 | 8811 | 5930 | 4040 |
| 72 | 银行信用卡业务员 | 7342 | 4920 | 3548 |
| 73 | 其他银行业务人员 | 7886 | 5156 | 3752 |
| 74 | 保险业务人员 | 7995 | 4527 | 2948 |
| 75 | 保险推销员 | 9790 | 5049 | 2865 |
| 76 | 保险理赔员 | 6921 | 4646 | 2993 |
| 77 | 律师 | 30679 | 8572 | 4275 |
| 78 | 服装设计人员 | 7902 | 4738 | 3206 |
| 79 | 室内装饰设计人员 | 7910 | 4716 | 3292 |
| 80 | 广告设计人员 | 8174 | 5349 | 3193 |
| 81 | 行政业务办公人员 | 6539 | 4060 | 2886 |
| 82 | 秘书 | 6866 | 4297 | 3089 |
| 83 | 人事劳资人员 | 6419 | 4082 | 2897 |
| 84 | 公关员 | 6321 | 3760 | 2789 |
| 85 | 打字员 | 4904 | 3223 | 2618 |
| 86 | 计算机操作员 | 6539 | 3491 | 2789 |
| 87 | 制图员 | 6212 | 3889 | 2726 |
| 88 | 邮件处理员 | 5122 | 3760 | 2993 |
| 89 | 邮政营业员 | 4664 | 3663 | 2897 |

续表

| 序号 | 工种 | 高位数 | 中位数 | 低位数 |
|---|---|---|---|---|
| 90 | 报刊发行员 | 4588 | 3599 | 2873 |
| 91 | 投递员 | 4119 | 3115 | 2501 |
| 92 | 其他邮政业务人员 | 5209 | 3438 | 2971 |
| 93 | 电信业务营业员 | 5394 | 3544 | 2673 |
| 94 | 话务员 | 4578 | 3416 | 2351 |
| 95 | 线务员 | 5101 | 4028 | 2757 |
| 96 | 用户通信终端维修员 | 5362 | 3760 | 2886 |
| 97 | 其他电信业务人员 | 5217 | 3760 | 2673 |
| 98 | 营业员 | 5086 | 3223 | 2469 |
| 99 | 收银员 | 4456 | 3223 | 2437 |
| 100 | 推销员 | 7281 | 3599 | 2629 |
| 101 | 采购员 | 6499 | 3867 | 2575 |
| 102 | 保管员 | 4891 | 3285 | 2361 |
| 103 | 理货员 | 4673 | 3213 | 2377 |
| 104 | 商品养护员 | 4108 | 3020 | 2361 |
| 105 | 保鲜员 | 3804 | 3073 | 2425 |
| 106 | 冷藏工 | 4891 | 3149 | 2693 |
| 107 | 商品储运员 | 3869 | 3030 | 2789 |
| 108 | 商品护运员 | 4000 | 3181 | 2789 |
| 109 | 调酒师 | 5325 | 3235 | 2629 |
| 110 | 其他调酒、茶艺人员 | 4564 | 2911 | 2371 |
| 111 | 餐厅服务员 | 4873 | 3241 | 2520 |
| 112 | 餐具清洗保管员 | 3976 | 3026 | 2413 |
| 113 | 其他餐厅服务员 | 4322 | 2852 | 2315 |
| 114 | 前厅服务员 | 4862 | 3144 | 2370 |
| 115 | 客房服务员 | 4430 | 2960 | 2477 |
| 116 | 旅店服务员 | 3965 | 2971 | 2360 |
| 117 | 其他饭店服务人员 | 3804 | 2809 | 2338 |
| 118 | 导游 | 5977 | 3889 | 2682 |
| 119 | 保健按摩师 | 5433 | 3403 | 2896 |
| 120 | 家庭服务员 | 4237 | 3241 | 2467 |
| 121 | 汽车客运服务员 | 4890 | 3457 | 2575 |
| 122 | 汽车货运站务员 | 4618 | 3403 | 2628 |
| 123 | 汽车售票员 | 4672 | 3457 | 2446 |
| 124 | 汽车运输调度员 | 5977 | 4700 | 2982 |
| 125 | 船舶业务员 | 8476 | 5186 | 3271 |
| 126 | 港口客运员 | 5216 | 4235 | 2810 |

续表

| 序号 | 工种 | 高位数 | 中位数 | 低位数 |
|------|------|--------|--------|--------|
| 127 | 港口码头管理员 | 5433 | 3674 | 2628 |
| 128 | 外轮理货员 | 4738 | 3619 | 2874 |
| 129 | 水上运输服务员 | 4890 | 3554 | 2660 |
| 130 | 物流师 | 10649 | 6482 | 3540 |
| 131 | 职业指导员 | 4107 | 2830 | 2413 |
| 132 | 社会中介服务人员 | 5107 | 2971 | 2413 |
| 133 | 物业管理工 | 4781 | 3014 | 2360 |
| 134 | 供水生产工 | 4227 | 3327 | 2585 |
| 135 | 供水供应工 | 4075 | 3241 | 2575 |
| 136 | 生活燃料供应工 | 3804 | 3241 | 2553 |
| 137 | 污水处理工 | 4237 | 3349 | 2553 |
| 138 | 摄影师 | 6143 | 4429 | 3218 |
| 139 | 其他摄影服务人员 | 5634 | 3889 | 2682 |
| 140 | 洗衣师 | 3900 | 3082 | 2692 |
| 141 | 办公设备维修工 | 4464 | 3244 | 2553 |
| 142 | 家用电器产品维修工 | 5179 | 3623 | 2682 |
| 143 | 家用电子产品维修工 | 5201 | 3655 | 2660 |
| 144 | 盆景工 | 3792 | 3006 | 2424 |
| 145 | 花卉园艺工 | 3575 | 2931 | 2465 |
| 146 | 绿化工 | 3554 | 2812 | 2465 |
| 147 | 保洁员 | 3792 | 2812 | 2444 |
| 148 | 垃圾清运工 | 4215 | 3244 | 2465 |
| 149 | 其他环境卫生人员 | 3575 | 2822 | 2358 |
| 150 | 水产养殖人员 | 4117 | 2812 | 2358 |
| 151 | 水产品加工人员 | 4942 | 3348 | 2683 |
| 152 | 远洋捕捞人员 | 8566 | 5724 | 4506 |
| 153 | 氨机操作工 | 5711 | 3899 | 2704 |
| 154 | 化工产品生产工 | 5711 | 3996 | 2769 |
| 155 | 刨插工 | 6007 | 4104 | 2769 |
| 156 | 加工中心操作工 | 6370 | 4213 | 2843 |
| 157 | 制齿工 | 5436 | 3726 | 2575 |
| 158 | 拉床工 | 6052 | 3996 | 2511 |
| 159 | 锯床工 | 6030 | 3888 | 2586 |
| 160 | 冲压工 | 5920 | 3672 | 2661 |
| 161 | 剪切工 | 5832 | 3672 | 2661 |
| 162 | 冷作钣金加工工 | 5832 | 4320 | 2876 |
| 163 | 镀层工 | 5722 | 3677 | 2683 |

续表

| 序号 | 工种 | 高位数 | 中位数 | 低位数 |
|---|---|---|---|---|
| 164 | 涂装工 | 6360 | 4325 | 2843 |
| 165 | 基础件装配工 | 6052 | 3730 | 2586 |
| 166 | 部件装配工 | 6162 | 3763 | 2629 |
| 167 | 电气元件及设备装配工 | 5997 | 4087 | 2657 |
| 168 | 船舶修理工 | 7922 | 4953 | 2796 |
| 169 | 摩托车维修工 | 4896 | 3415 | 2400 |
| 170 | 仪器仪表修理工 | 5788 | 3504 | 2465 |
| 171 | 电力工程内线安装工 | 6074 | 3730 | 3054 |
| 172 | 专业电力设备检修工 | 8033 | 5104 | 3118 |
| 173 | 常用电机检修工 | 5832 | 3785 | 2818 |
| 174 | 计算机修理工 | 6855 | 4304 | 2829 |
| 175 | 电子器件制造工 | 5480 | 3687 | 2551 |
| 176 | 电子元件制造工 | 5282 | 3687 | 2551 |
| 177 | 塑料制品加工工 | 4841 | 3244 | 2465 |
| 178 | 纺纱人员 | 4414 | 3244 | 2443 |
| 179 | 织造人员 | 5186 | 3406 | 2443 |
| 180 | 针织人员 | 5054 | 3374 | 2368 |
| 181 | 服装裁剪工 | 5164 | 3439 | 2453 |
| 182 | 服装缝纫工 | 5275 | 3568 | 2465 |
| 183 | 缝纫品整型工 | 4966 | 3244 | 2357 |
| 184 | 裁缝 | 5517 | 3785 | 2764 |
| 185 | 制鞋工 | 4635 | 3439 | 2400 |
| 186 | 酿酒工 | 4359 | 3330 | 2357 |
| 187 | 饮料制作工 | 4027 | 3330 | 2357 |
| 188 | 糕点、面包烘焙工 | 4293 | 3325 | 2368 |
| 189 | 糕点装饰工 | 4303 | 3325 | 2368 |
| 190 | 印前处理工 | 6621 | 4212 | 2657 |
| 191 | 印刷操作工 | 6653 | 4228 | 2685 |
| 192 | 印后制作工 | 5544 | 3685 | 2578 |
| 193 | 玩具制作工 | 4213 | 3035 | 2362 |
| 194 | 装饰装修工 | 7539 | 5203 | 3224 |
| 195 | 建筑油漆工 | 6764 | 5073 | 3116 |
| 196 | 工程设备安装工、管工 | 7097 | 4986 | 3170 |
| 197 | 土石方施工人员 | 7208 | 5073 | 3105 |
| 198 | 土石方机械操作工 | 7519 | 5203 | 3309 |
| 199 | 建筑工程施工员 | 9509 | 5311 | 3600 |
| 200 | 建筑工程预决算员 | 11056 | 5420 | 3438 |

续表

| 序号 | 工种 | 高位数 | 中位数 | 低位数 |
|---|---|---|---|---|
| 201 | 500总吨以下船长 | 15258 | 12465 | 10315 |
| 202 | 500总吨以下大副 | 13268 | 11706 | 8704 |
| 203 | 500总吨以下二副 | 12162 | 9864 | 7092 |
| 204 | 500总吨以下三副 | 11609 | 9213 | 6877 |
| 205 | 500总吨以下水手 | 7960 | 6287 | 5480 |
| 206 | 750kw以下轮机长 | 16364 | 13035 | 10291 |
| 207 | 750kw以下值轮 | 11388 | 9559 | 8040 |
| 208 | 500总吨以上船长 | 42014 | 36933 | 33767 |
| 209 | 500总吨以上大副 | 27641 | 21835 | 17688 |
| 210 | 500总吨以上二副 | 14373 | 11949 | 10505 |
| 211 | 500总吨以上三副 | 12715 | 9559 | 8147 |
| 212 | 500总吨以上水手 | 8292 | 7387 | 6968 |
| 213 | 750kw以上轮机长 | 30958 | 23898 | 18760 |
| 214 | 750kw以上大管轮 | 26535 | 20639 | 14793 |
| 215 | 750kw以上二管轮 | 14152 | 11949 | 9112 |
| 216 | 船舶甲板设备操作工 | 7960 | 6832 | 5896 |
| 217 | 船舶机舱设备操作工 | 8292 | 7373 | 6432 |
| 218 | 船体制造工 | 7628 | 5042 | 3012 |
| 219 | 船体装配工 | 7519 | 4879 | 3119 |
| 220 | 船舶涂装工 | 7187 | 4934 | 3173 |
| 221 | 船舶气割工 | 7187 | 4858 | 3012 |
| 222 | 船舶电焊工 | 7739 | 5183 | 3173 |
| 223 | 船舶冷作工 | 7187 | 4750 | 3173 |
| 224 | 船舶起重工 | 6855 | 4424 | 3130 |
| 225 | 船舶轮机装配工 | 7739 | 5021 | 3453 |
| 226 | 船舶钳工 | 7574 | 4879 | 3227 |
| 227 | 船舶管系工 | 6966 | 4685 | 3184 |
| 228 | 船舶电气装配工 | 6972 | 4717 | 3066 |
| 229 | 船舶电工 | 7968 | 5042 | 3206 |
| 230 | 船舶电气钳工 | 7027 | 4901 | 3206 |
| 231 | 船舶电器安装工 | 6777 | 4437 | 3069 |
| 232 | 船舶修理工 | 7421 | 5040 | 3187 |
| 233 | 船舶附件制造工 | 6111 | 4146 | 2670 |
| 234 | 船舶架子工 | 5810 | 4135 | 2993 |
| 235 | 港口系缆工 | 4277 | 3187 | 2638 |
| 236 | 港口机械操作工 | 5022 | 3607 | 2594 |
| 237 | 港口机械维修工 | 5022 | 3683 | 2734 |

续表

| 序号 | 工种 | 高位数 | 中位数 | 低位数 |
|---|---|---|---|---|
| 238 | 叉车司机 | 5355 | 3790 | 2832 |
| 239 | 门吊(门机)司机 | 6999 | 4308 | 2939 |
| 240 | 起重装卸机械驾驶员 | 7221 | 4308 | 2961 |
| 241 | 桥式起重机操作工 | 6221 | 4146 | 2832 |
| 242 | 货车驾驶员 | 6833 | 4038 | 2918 |
| 243 | 公交车驾驶员 | 7888 | 5653 | 4629 |
| 244 | 客车驾驶员 | 8887 | 5922 | 4576 |
| 245 | 汽车驾驶员 | 6665 | 4114 | 3122 |
| 246 | 油品储运调和操作工 | 5088 | 3338 | 2810 |
| 247 | 产品检验员 | 5022 | 3360 | 2594 |
| 248 | 产品计量员 | 4899 | 3230 | 2487 |
| 249 | 包装工 | 4665 | 3134 | 2487 |
| 250 | 简单体力劳动工 | 4866 | 3069 | 2239 |
| 251 | 消防人员 | 8110 | 4587 | 3230 |
| 252 | 家政服务钟点工 | 70元/小时 | 63元/小时 | 50元/小时 |

注：各单位如有其他职业（工种），请在空白栏填写。

## 三、舟山市2020年部分技术工人职业（工种）分等级
## 工资指导价位表

单位：元/月

| 序号 | 职业（工种） | 技能等级 | 高位数 | 中位数 | 低位数 |
|---|---|---|---|---|---|
| 1 | 焊工 | 初级技能 | 7483 | 4687 | 3121 |
| | | 中级技能 | 8029 | 5493 | 3797 |
| | | 高级技能 | 8352 | 5746 | 4311 |
| | | 技师 | 8719 | 6232 | 4812 |
| | | 高级技师 | 9131 | 6507 | 5194 |
| 2 | 电工 | 初级技能 | 7572 | 4390 | 2794 |
| | | 中级技能 | 8017 | 4721 | 3655 |
| | | 高级技能 | 8552 | 5317 | 3950 |
| | | 技师 | 9476 | 6088 | 4616 |
| | | 高级技师 | 10189 | 7191 | 5860 |
| 3 | 制冷空调系统安装维修工 | 初级技能 | 5411 | 3287 | 2564 |
| 4 | 防水工 | 初级技能 | 5411 | 4412 | 3470 |
| | | 中级技能 | 5980 | 4831 | 3689 |
| 5 | 砌筑工 | 初级技能 | 6325 | 5052 | 3906 |
| 6 | 混凝土工 | 初级技能 | 6659 | 4687 | 3841 |

续表

| 序号 | 职业（工种） | 技能等级 | 高位数 | 中位数 | 低位数 |
|---|---|---|---|---|---|
| 7 | 钢筋工 | 初级技能 | 5545 | 4743 | 4016 |
| 8 | 架子工 | 初级技能 | 5568 | 4831 | 4125 |
| 序号 | 职业（工种） | 技能等级 | 高位数 | 中位数 | 低位数 |
| 9 | 锅炉操作工 | 初级技能 | 6462 | 4562 | 2937 |
| 10 | 机床装调维修工 | 初级技能 | 8251 | 5670 | 4613 |
| 11 | 铸造工 | 初级技能 | 6395 | 3953 | 2663 |
| 12 | 锻造工 | 初级技能 | 6585 | 4138 | 2728 |
| 13 | 金属热处理工 | 初级技能 | 6585 | 4304 | 2881 |
| 14 | 车工 | 初级技能 | 6160 | 4182 | 3089 |
| | | 中级技能 | 6976 | 4847 | 3451 |
| | | 高级技能 | 7740 | 5367 | 3692 |
| | | 技师 | 8846 | 6208 | 4262 |
| | | 高级技师 | 9404 | 6839 | 4630 |
| 15 | 铣工 | 初级技能 | 6211 | 4238 | 3152 |
| | | 中级技能 | 7026 | 4902 | 3590 |
| | | 高级技能 | 7886 | 5455 | 3743 |
| | | 技师 | 9025 | 6286 | 4302 |
| | | 高级技师 | 9639 | 6938 | 4729 |
| 16 | 钳工 | 初级技能 | 6121 | 3851 | 3262 |
| | | 中级技能 | 7405 | 5301 | 4028 |
| | | 高级技能 | 8422 | 6208 | 4794 |
| | | 技师 | 9126 | 7391 | 5604 |
| | | 高级技师 | 10812 | 8742 | 6108 |
| 17 | 磨工 | 初级技能 | 6188 | 4371 | 2977 |
| 18 | 电切削工 | 初级技能 | 5752 | 4007 | 2615 |
| 19 | 制冷工 | 初级技能 | 5227 | 3244 | 2737 |
| | | 中级技能 | 5696 | 3631 | 3262 |
| 20 | 手工木工 | 初级技能 | 5428 | 4705 | 4039 |
| | | 中级技能 | 6870 | 5540 | 4356 |
| 21 | 评茶员 | 初级技能 | 4892 | 3554 | 2824 |
| | | 中级技能 | 5417 | 4040 | 3284 |
| 22 | 眼镜验光员 | 初级技能 | 4452 | 3304 | 2565 |
| 23 | 眼镜定配工 | 初级技能 | 4497 | 3359 | 2598 |
| 24 | 汽车维修工 | 初级技能 | 6243 | 4106 | 3253 |
| | | 中级技能 | 7015 | 4924 | 3973 |
| | | 高级技能 | 8369 | 5485 | 4502 |
| | | 技师 | 9118 | 6190 | 5266 |
| | | 高级技师 | 9678 | 6686 | 6261 |

续表

| 序号 | 职业（工种） | 技能等级 | 高位数 | 中位数 | 低位数 |
|---|---|---|---|---|---|
| 25 | 美容师 | 初级技能 | 5595 | 4054 | 2939 |
| | | 中级技能 | 7441 | 4571 | 3114 |
| 26 | 美发师 | 初级技能 | 5818 | 4076 | 3158 |
| | | 中级技能 | 7272 | 5089 | 3747 |
| | | 高级技能 | 8951 | 7710 | 5005 |
| | | 技师 | 10293 | 8591 | 5463 |
| | | 高级技师 | 12308 | 9358 | 6556 |
| 27 | 育婴员 | 初级技能 | 7272 | 5153 | 3584 |
| | | 中级技能 | 8951 | 6055 | 4676 |
| | | 高级技能 | 11188 | 9358 | 6774 |
| 28 | 保育员 | 初级技能 | 3692 | 2840 | 2349 |
| | | 中级技能 | 4811 | 3820 | 2841 |
| | | 高级技能 | 6019 | 4712 | 3803 |
| 29 | 有害生物防制工 | 初级技能 | 4901 | 3898 | 2928 |
| 30 | 保安员 | 初级技能 | 4867 | 3436 | 2415 |
| | | 中级技能 | 5057 | 3908 | 2797 |
| | | 高级技能 | 5258 | 4206 | 3442 |
| | | 技师 | 5460 | 4569 | 3933 |
| 31 | 智能楼宇管理员 | 中级技能 | 5941 | 4657 | 3835 |
| | | 高级技能 | 6937 | 5362 | 4283 |
| | | 技师 | 8795 | 6364 | 5047 |
| 32 | 企业人力资源管理师 | 中级技能 | 6624 | 5153 | 4021 |
| | | 高级技能 | 8000 | 6254 | 5463 |
| | | 技师 | 10428 | 7487 | 6283 |
| | | 高级技师 | 12956 | 8093 | 6686 |
| 33 | 中央空调系统运行操作员 | 初级技能 | 5054 | 3665 | 3005 |
| 34 | 中式烹调师 | 初级技能 | 3444 | 3047 | 2307 |
| | | 中级技能 | 4077 | 3477 | 2734 |
| | | 高级技能 | 4703 | 3952 | 2855 |
| | | 技师 | 7606 | 4417 | 3041 |
| | | 高级技师 | 9025 | 4836 | 3281 |
| 35 | 中式面点师 | 初级技能 | 3184 | 2827 | 2242 |
| | | 中级技能 | 3630 | 3037 | 2504 |
| | | 高级技能 | 4131 | 3269 | 2636 |
| | | 技师 | 5585 | 4196 | 3041 |
| | | 高级技师 | 8467 | 4505 | 3281 |

续表

| 序号 | 职业（工种） | 技能等级 | 高位数 | 中位数 | 低位数 |
|---|---|---|---|---|---|
| 36 | 西式烹调师 | 初级技能 | 3295 | 2937 | 2297 |
| | | 中级技能 | 3574 | 3037 | 2516 |
| | | 高级技能 | 4244 | 3423 | 2745 |
| | | 技师 | 5696 | 4196 | 3150 |
| | | 高级技师 | 8690 | 4615 | 3227 |
| 37 | 西式面点师 | 初级技能 | 3184 | 2716 | 2297 |
| | | 中级技能 | 3463 | 2926 | 2461 |
| | | 高级技能 | 4155 | 3291 | 2646 |
| | | 技师 | 5361 | 4085 | 3150 |
| | | 高级技师 | 8377 | 4527 | 3227 |
| 38 | 茶艺师 | 初级技能 | 3463 | 3091 | 2570 |
| | | 中级技能 | 4199 | 3688 | 2712 |
| | | 高级技能 | 4781 | 3986 | 2778 |
| | | 技师 | 5317 | 4329 | 3073 |
| | | 高级技师 | 5808 | 4858 | 3500 |
| 39 | 劳动关系协调员 | 高级技能 | 5315 | 3350 | 2680 |
| | | 技师 | 6250 | 4213 | 2950 |
| | | 高级技师 | 6785 | 5037 | 3158 |
| 40 | 养老护理员 | 初级技能 | 4880 | 4610 | 4100 |
| | | 中级技能 | 5370 | 5180 | 4600 |
| | | 高级技能 | 5890 | 5410 | 5000 |
| | | 技师 | 6200 | 5820 | 5420 |

# 2020年台州市人力资源市场工资指导价位

一、管理职能类、专业技术类、职业技能类职业（工种）工资指导价位

（一）管理职能类职业（工种）工资指导价位

| 序号 | 职位名称 | 单位：元/年（人民币） | | | |
|---|---|---|---|---|---|
| | | 高位值 | 中位值 | 低位值 | 平均值 |
| 1 | 企业董事 | 685300 | 199963 | 85078 | 317057 |
| 2 | 企业总经理 | 458090 | 155158 | 88324 | 230665 |
| 3 | 生产经营部门经理 | 295750 | 102000 | 57772 | 143799 |
| 4 | 财务部门经理 | 231944 | 98352 | 59994 | 128051 |
| 5 | 行政部门经理 | 202398 | 87108 | 59520 | 117576 |
| 6 | 人事部门经理 | 184669 | 92160 | 59488 | 113729 |
| 7 | 销售和营销部门经理 | 265848 | 114240 | 59046 | 145490 |
| 8 | 广告和公关部门经理 | 265020 | 102300 | 62570 | 126079 |
| 9 | 采购部门经理 | 173460 | 79350 | 57640 | 95182 |
| 10 | 计算机服务部门经理 | 261592 | 124800 | 73284 | 131506 |
| 11 | 研究和开发部门经理 | 303235 | 160262 | 76188 | 182437 |
| 12 | 餐厅部门经理 | 154800 | 83600 | 54720 | 88268 |
| 13 | 客房部门经理 | 169957 | 80400 | 61295 | 93695 |
| 14 | 其他职能部门经理 | 207900 | 100599 | 60720 | 129749 |
| 15 | 其他企业中高级管理人员 | 211350 | 120000 | 63383 | 169124 |
| 16 | 行政办事员 | 116716 | 66432 | 40959 | 72281 |
| 17 | 机要员 | 86704 | 57600 | 38050 | 60426 |
| 18 | 秘书 | 97760 | 57776 | 41155 | 65361 |
| 19 | 收发员 | 76250 | 59700 | 43684 | 59005 |
| 20 | 打字员 | 67424 | 42000 | 23001 | 43293 |
| 21 | 制图员 | 155046 | 79986 | 44367 | 90311 |
| 22 | 后勤管理员 | 102289 | 56990 | 35989 | 65793 |
| 23 | 其他办事人员 | 109669 | 56000 | 29604 | 65598 |

续表

| 序号 | 职位名称 | 单位：元/年（人民币） | | | |
|:---:|:---|:---:|:---:|:---:|:---:|
| | | 高位值 | 中位值 | 低位值 | 平均值 |
| 24 | 保卫管理员 | 84860 | 47874 | 33600 | 49709 |
| 25 | 其他安全和消防人员 | 96011 | 58001 | 42000 | 64876 |
| 26 | 其他办事人员和有关人员 | 90387 | 53860 | 36114 | 60648 |

## （二）专业技术类职业（工种）工资指导价位

| 序号 | 职位名称 | 单位：元/年（人民币） | | | |
|:---:|:---|:---:|:---:|:---:|:---:|
| | | 高位值 | 中位值 | 低位值 | 平均值 |
| 1 | 工程测量工程技术人员 | 110273 | 83922 | 56743 | 87294 |
| 2 | 石油天然气储运工程技术人员 | 156620 | 83416 | 57524 | 91732 |
| 3 | 化工实验工程技术人员 | 163790 | 100133 | 55037 | 125349 |
| 4 | 化工设计工程技术人员 | 151606 | 82550 | 61346 | 89546 |
| 5 | 化工生产工程技术人员 | 135552 | 80510 | 63882 | 94458 |
| 6 | 机械设计工程技术人员 | 127118 | 78203 | 42535 | 84104 |
| 7 | 机械制造工程技术人员 | 123234 | 81467 | 42100 | 83327 |
| 8 | 设备工程技术人员 | 115624 | 70383 | 46958 | 76703 |
| 9 | 模具设计工程技术人员 | 161299 | 98120 | 56833 | 105281 |
| 10 | 自动控制工程技术人员 | 119330 | 77945 | 45164 | 82318 |
| 11 | 材料成形与改性工程技术人员 | 147000 | 96500 | 49651 | 112745 |
| 12 | 特种设备管理和应用工程技术人员 | 89742 | 64587 | 42130 | 67316 |
| 13 | 电子元器件工程技术人员 | 197782 | 90181 | 62692 | 98690 |
| 14 | 通信工程技术人员 | 144120 | 88500 | 54400 | 91450 |
| 15 | 计算机硬件工程技术人员 | 139330 | 82738 | 55073 | 86927 |
| 16 | 计算机软件工程技术人员 | 118996 | 75380 | 43280 | 78944 |
| 17 | 计算机网络工程技术人员 | 124679 | 73372 | 44872 | 86335 |
| 18 | 信息系统运行维护工程技术人员 | 163433 | 74000 | 44700 | 83643 |
| 19 | 电工电器工程技术人员 | 100712 | 78670 | 58751 | 81785 |
| 20 | 发电工程技术人员 | 109176 | 75720 | 55520 | 83957 |
| 21 | 电力工程安装工程技术人员 | 80370 | 58951 | 32942 | 58498 |
| 22 | 广播电视传输覆盖工程技术人员 | 128056 | 82618 | 58073 | 83329 |
| 23 | 建筑和市政设计工程技术人员 | 95854 | 56130 | 43200 | 66226 |
| 24 | 土木建筑工程技术人员 | 129691 | 63300 | 45000 | 83853 |
| 25 | 风景园林工程技术人员 | 141377 | 80000 | 44880 | 96373 |
| 26 | 道路与桥梁工程技术人员 | 82896 | 66233 | 49446 | 67218 |
| 27 | 环境监测工程技术人员 | 80692 | 53880 | 44160 | 59890 |
| 28 | 环境污染防治工程技术人员 | 92325 | 68500 | 49200 | 70627 |

续表

| 序号 | 职位名称 | 单位：元/年（人民币） | | | |
|------|----------|------|------|------|------|
| | | 高位值 | 中位值 | 低位值 | 平均值 |
| 29 | 环境影响评价工程技术人员 | 91300 | 66852 | 43325 | 72520 |
| 30 | 安全生产管理工程技术人员 | 119468 | 74150 | 45681 | 78828 |
| 31 | 计量工程技术人员 | 121349 | 78274 | 57143 | 85221 |
| 32 | 质量管理工程技术人员 | 112858 | 77503 | 46668 | 80586 |
| 33 | 质量认证认可工程技术人员 | 106402 | 72040 | 45969 | 75308 |
| 34 | 项目管理工程技术人员 | 127969 | 88390 | 68507 | 89260 |
| 35 | 产品质量检验工程技术人员 | 77400 | 52954 | 40629 | 56695 |
| 36 | 制药工程技术人员 | 104145 | 70760 | 55148 | 83060 |
| 37 | 农业技术指导人员 | 107435 | 78075 | 51602 | 82180 |
| 38 | 水产养殖技术人员 | 96600 | 78022 | 52085 | 79886 |
| 39 | 内科医师 | 180000 | 72591 | 46197 | 95035 |
| 40 | 外科医师 | 195057 | 88580 | 57698 | 102927 |
| 41 | 口腔科医师 | 217057 | 98375 | 60920 | 115834 |
| 42 | 中医外科医师 | 158098 | 89266 | 43587 | 89732 |
| 43 | 中西医结合骨伤科医师 | 196400 | 96800 | 53520 | 116625 |
| 44 | 公共卫生医师 | 150497 | 79207 | 43785 | 88197 |
| 45 | 药师 | 96544 | 55909 | 44188 | 57919 |
| 46 | 影像技师 | 120736 | 71000 | 46797 | 75315 |
| 47 | 临床检验技师 | 91200 | 54230 | 42152 | 60500 |
| 48 | 输血技师 | 79558 | 55552 | 30949 | 63068 |
| 49 | 康复技师 | 78163 | 42100 | 36600 | 52233 |
| 50 | 内科护士 | 99161 | 58200 | 39439 | 59055 |
| 51 | 外科护士 | 99510 | 58600 | 41887 | 57969 |
| 52 | 口腔科护士 | 115949 | 60870 | 50520 | 67253 |
| 53 | 妇产科护士 | 102170 | 60550 | 46200 | 60390 |
| 54 | 其他卫生专业技术人员 | 107132 | 70400 | 60346 | 76514 |
| 55 | 经济规划专业人员 | 209435 | 94860 | 48309 | 101043 |
| 56 | 统计专业人员 | 87324 | 58372 | 44950 | 65335 |
| 57 | 会计专业人员 | 95667 | 57769 | 39404 | 65415 |
| 58 | 审计专业人员 | 106483 | 57658 | 49341 | 75288 |
| 59 | 国际商务专业人员 | 104688 | 79100 | 56130 | 80435 |
| 60 | 市场营销专业人员 | 182692 | 80130 | 55512 | 100827 |
| 61 | 人力资源管理专业人员 | 111645 | 69062 | 42012 | 74002 |
| 62 | 银行清算专业人员 | 149056 | 117706 | 62013 | 118114 |
| 63 | 信贷审核专业人员 | 235175 | 139546 | 80900 | 151538 |
| 64 | 精算专业人员 | 245550 | 142368 | 75448 | 155125 |

续表

| 序号 | 职位名称 | 单位：元/年（人民币） | | | |
|------|---------|--------|--------|--------|--------|
| | | 高位值 | 中位值 | 低位值 | 平均值 |
| 65 | 保险理赔专业人员 | 103630 | 75049 | 49038 | 78052 |
| 66 | 其他经济和金融专业人员 | 134644 | 61330 | 47300 | 88319 |
| 67 | 视觉传达设计人员 | 83200 | 56213 | 43013 | 56788 |
| 68 | 其他专业技术人员 | 119507 | 71856 | 49120 | 80369 |
| 69 | 工程测量工程技术人员 | 110273 | 83922 | 56743 | 87294 |
| 70 | 石油天然气储运工程技术人员 | 156620 | 83416 | 57524 | 91732 |
| 71 | 化工实验工程技术人员 | 163790 | 100133 | 55037 | 125349 |
| 72 | 化工设计工程技术人员 | 151606 | 82550 | 61346 | 89546 |
| 73 | 化工生产工程技术人员 | 135552 | 80510 | 63882 | 94458 |
| 74 | 机械设计工程技术人员 | 127118 | 78203 | 42535 | 84104 |
| 75 | 机械制造工程技术人员 | 123234 | 81467 | 42100 | 83327 |

## （三）职业技能类职业（工种）工资指导价位

| 序号 | 职位名称 | 单位：元/年（人民币） | | | |
|------|---------|--------|--------|--------|--------|
| | | 高位值 | 中位值 | 低位值 | 平均值 |
| 1 | 采购员 | 92101 | 55400 | 43194 | 61880 |
| 2 | 营销员 | 124203 | 65951 | 38370 | 76151 |
| 3 | 电子商务师 | 76213 | 47213 | 40613 | 54030 |
| 4 | 商品营业员 | 75200 | 40859 | 32450 | 46908 |
| 5 | 收银员 | 59945 | 39112 | 31200 | 38118 |
| 6 | 医药商品购销员 | 61845 | 48262 | 36412 | 48090 |
| 7 | 其他批发与零售服务人员 | 71611 | 38882 | 31700 | 46981 |
| 8 | 道路客运汽车驾驶员 | 93963 | 75000 | 67636 | 75731 |
| 9 | 道路货运汽车驾驶员 | 87690 | 69600 | 59929 | 69754 |
| 10 | 道路运输调度员 | 68460 | 56400 | 44056 | 59416 |
| 11 | 装卸搬运工 | 100960 | 75821 | 41897 | 76888 |
| 12 | 仓储管理员 | 70653 | 50063 | 37905 | 51825 |
| 13 | 理货员 | 56213 | 46013 | 37973 | 47558 |
| 14 | 快递员 | 76400 | 56400 | 32879 | 55275 |
| 15 | 其他交通运输、仓储和邮政业服务人员 | 82864 | 56863 | 45065 | 61470 |
| 16 | 前厅服务员 | 48400 | 35924 | 28090 | 38873 |
| 17 | 客房服务员 | 54000 | 40255 | 32008 | 41623 |
| 18 | 中式烹调师 | 82320 | 48800 | 36000 | 53182 |
| 19 | 餐厅服务员 | 51144 | 40512 | 33600 | 42054 |
| 20 | 营养配餐员 | 60300 | 41600 | 26400 | 45975 |

续表

| 序号 | 职位名称 | 单位：元/年（人民币） | | | |
|---|---|---|---|---|---|
| | | 高位值 | 中位值 | 低位值 | 平均值 |
| 21 | 其他住宿和餐饮服务人员 | 60055 | 40059 | 35618 | 45640 |
| 22 | 信息通信营业员 | 91298 | 66000 | 36000 | 67714 |
| 23 | 计算机软件测试员 | 126225 | 65485 | 48104 | 80776 |
| 24 | 其他信息传输、软件和信息技术服务人员 | 116200 | 75139 | 43840 | 78118 |
| 25 | 银行综合柜员 | 118001 | 88494 | 47417 | 86525 |
| 26 | 银行信贷员 | 206494 | 105684 | 57360 | 119759 |
| 27 | 其他金融服务人员 | 201574 | 81764 | 42013 | 103113 |
| 28 | 其他房地产服务人员 | 91737 | 70227 | 38959 | 74154 |
| 29 | 租赁业务员 | 72000 | 50880 | 39600 | 51143 |
| 30 | 客户服务管理员 | 79549 | 52000 | 44980 | 58354 |
| 31 | 人力资源服务人员 | 79492 | 50300 | 38400 | 55255 |
| 32 | 导游 | 85865 | 58463 | 40800 | 60884 |
| 33 | 旅行社计调 | 74703 | 49800 | 39871 | 53908 |
| 34 | 旅游咨询员 | 79924 | 50255 | 36538 | 58884 |
| 35 | 保安员 | 62035 | 44160 | 37200 | 49322 |
| 36 | 其他租赁和商务服务人员 | 86760 | 69000 | 26400 | 78045 |
| 37 | 广告设计师 | 106560 | 78600 | 59460 | 80317 |
| 38 | 其他技术辅助服务人员 | 64480 | 50611 | 36771 | 51581 |
| 39 | 保洁员 | 42876 | 33524 | 29517 | 34747 |
| 40 | 园林绿化工 | 55921 | 38435 | 34415 | 40099 |
| 41 | 其他居民服务人员 | 50087 | 32325 | 25689 | 36470 |
| 42 | 供电服务员 | 100952 | 61178 | 47818 | 64593 |
| 43 | 燃气燃煤供应服务员 | 90698 | 72184 | 59020 | 78376 |
| 44 | 其他电力、燃气及水供应服务人员 | 109273 | 69590 | 45212 | 75484 |
| 45 | 汽车维修工 | 110320 | 77724 | 35326 | 76299 |
| 46 | 计算机维修工 | 87030 | 65618 | 41364 | 67847 |
| 47 | 其他修理及制作服务人员 | 89941 | 62035 | 39240 | 64847 |
| 48 | 社会体育指导员 | 79191 | 44390 | 26336 | 50793 |
| 49 | 农艺工 | 58019 | 41549 | 36100 | 41277 |
| 50 | 其他渔业生产人员 | 78900 | 57600 | 33640 | 56600 |
| 51 | 畜禽屠宰加工工 | 79066 | 57980 | 36485 | 57979 |
| 52 | 罐头食品加工工 | 78296 | 63393 | 41910 | 61675 |
| 53 | 其他食品、饮料生产加工人员 | 62851 | 47968 | 34627 | 46941 |
| 54 | 织布工 | 68972 | 55885 | 31619 | 56564 |
| 55 | 非织造布制造工 | 74510 | 57634 | 42919 | 60764 |
| 56 | 其他纺织、针织、印染人员 | 67372 | 54000 | 48000 | 55207 |

续表

| 序号 | 职位名称 | 单位：元/年（人民币） | | | |
|------|----------|---------|---------|---------|---------|
| | | 高位值 | 中位值 | 低位值 | 平均值 |
| 57 | 缝纫工 | 82512 | 56495 | 36845 | 55519 |
| 58 | 手工木工 | 96892 | 53796 | 37050 | 52690 |
| 59 | 机械木工 | 68080 | 53850 | 42000 | 52080 |
| 60 | 家具制作工 | 70277 | 54000 | 43131 | 54467 |
| 61 | 其他木材加工、家具与木制品制作人员 | 70740 | 50945 | 43855 | 56116 |
| 62 | 纸箱纸盒制作工 | 66350 | 49910 | 42573 | 50245 |
| 63 | 其他纸及纸制品生产加工人员 | 60000 | 49500 | 41960 | 50307 |
| 64 | 印前处理和制作员 | 53413 | 43413 | 35593 | 41620 |
| 65 | 印刷操作员 | 63820 | 47070 | 34598 | 48685 |
| 66 | 其他文教、工美、体育和娱乐用品制造人员 | 68191 | 54894 | 43854 | 55054 |
| 67 | 化工原料准备工 | 82627 | 64347 | 47748 | 67511 |
| 68 | 化工单元操作工 | 75200 | 60580 | 43200 | 62212 |
| 69 | 有机合成工 | 120758 | 81495 | 66543 | 89458 |
| 70 | 农药生产工 | 86362 | 64922 | 50842 | 64341 |
| 71 | 涂料生产工 | 98426 | 72786 | 50190 | 78193 |
| 72 | 其他化学原料和化学制品制造人员 | 90294 | 73268 | 57260 | 72033 |
| 73 | 化学合成制药工 | 69944 | 51720 | 43728 | 53113 |
| 74 | 其他医药制造人员 | 57617 | 46567 | 37328 | 45628 |
| 75 | 橡胶制品生产工 | 75000 | 61200 | 44000 | 62385 |
| 76 | 塑料制品成型制作工 | 69258 | 57000 | 42356 | 56697 |
| 77 | 其他橡胶和塑料制品制造人员 | 68919 | 46915 | 38238 | 48722 |
| 78 | 其他金属冶炼和压延加工人员 | 63840 | 51200 | 45604 | 54376 |
| 79 | 车工 | 104549 | 54765 | 42112 | 59875 |
| 80 | 铣工 | 108351 | 54972 | 31578 | 62016 |
| 81 | 磨工 | 102937 | 54558 | 31600 | 59827 |
| 82 | 镗工 | 74806 | 53168 | 41557 | 55585 |
| 83 | 钻床工 | 75764 | 56400 | 48161 | 61844 |
| 84 | 多工序数控机床操作调整工 | 104342 | 79632 | 51867 | 78179 |
| 85 | 下料工 | 68313 | 55091 | 45543 | 56078 |
| 86 | 铆工 | 89408 | 73052 | 45358 | 74999 |
| 87 | 冲压工 | 72000 | 53167 | 41600 | 48864 |
| 88 | 铸造工 | 107627 | 60892 | 41140 | 62482 |
| 89 | 锻造工 | 102822 | 56404 | 40047 | 58930 |
| 90 | 金属热处理工 | 106508 | 58521 | 41836 | 60582 |
| 91 | 焊工 | 108368 | 64019 | 36000 | 64067 |
| 92 | 机械加工材料切割工 | 104480 | 74792 | 59215 | 86162 |

续表

| 序号 | 职位名称 | 单位：元/年（人民币） | | | |
|---|---|---|---|---|---|
| | | 高位值 | 中位值 | 低位值 | 平均值 |
| 93 | 涂装工 | 87364 | 58650 | 50325 | 58777 |
| 94 | 喷涂喷焊工 | 86323 | 53219 | 45528 | 60521 |
| 95 | 模具工 | 139655 | 88231 | 61533 | 96298 |
| 96 | 模型制作工 | 78687 | 54483 | 42510 | 57296 |
| 97 | 工具钳工 | 74972 | 53167 | 48300 | 54321 |
| 98 | 其他机械制造基础加工人员 | 108202 | 70852 | 52217 | 75443 |
| 99 | 工具五金制作工 | 88020 | 58461 | 47940 | 60367 |
| 100 | 建筑五金制品制作工 | 67461 | 54828 | 41800 | 56932 |
| 101 | 金属炊具及器皿制作工 | 76058 | 53802 | 29780 | 54318 |
| 102 | 其他金属制品制造人员 | 84249 | 59813 | 40536 | 62364 |
| 103 | 装配钳工 | 86254 | 70800 | 54800 | 75448 |
| 104 | 泵装配调试工 | 93516 | 70532 | 55922 | 75898 |
| 105 | 其他通用设备制造人员 | 73900 | 51800 | 36831 | 55298 |
| 106 | 印刷设备装配调试工 | 61065 | 44368 | 37583 | 44043 |
| 107 | 缝制机械装配调试工 | 69160 | 53160 | 40770 | 53366 |
| 108 | 其他专用设备制造人员 | 90720 | 72000 | 41000 | 68153 |
| 109 | 汽车生产线操作工 | 88182 | 72485 | 57920 | 77186 |
| 110 | 汽车零部件再制造工 | 87770 | 63300 | 42300 | 63934 |
| 111 | 电机制造工 | 95005 | 70911 | 50469 | 72077 |
| 112 | 电线电缆制造工 | 87060 | 69200 | 51000 | 70180 |
| 113 | 其他废弃资源综合利用人员 | 65412 | 52762 | 42282 | 55816 |
| 114 | 锅炉运行值班员 | 66720 | 50720 | 37520 | 54713 |
| 115 | 燃料值班员 | 72496 | 58169 | 47520 | 60361 |
| 116 | 汽轮机运行值班员 | 103120 | 80520 | 50520 | 83544 |
| 117 | 发电集控值班员 | 72335 | 58120 | 47880 | 59245 |
| 118 | 其他电力、热力、气体、水生产和输配人员 | 67830 | 49506 | 43946 | 53199 |
| 119 | 混凝土工 | 70055 | 56700 | 45700 | 56378 |
| 120 | 公路养护工 | 80004 | 60899 | 44547 | 62358 |
| 121 | 电力电气设备安装工 | 76320 | 53400 | 43800 | 57800 |
| 122 | 装配式建筑施工员 | 64302 | 51510 | 41371 | 51809 |
| 123 | 专用车辆驾驶员 | 76200 | 60000 | 49110 | 61015 |
| 124 | 工业机器人系统操作员 | 90761 | 62400 | 43200 | 74193 |
| 125 | 机修钳工 | 89498 | 72044 | 52856 | 72126 |
| 126 | 电工 | 117317 | 61216 | 53752 | 63930 |
| 127 | 仪器仪表维修工 | 76888 | 57180 | 48288 | 57778 |
| 128 | 锅炉设备检修工 | 81584 | 52762 | 47640 | 54072 |

续表

| 序号 | 职位名称 | 单位：元/年（人民币） | | | |
|---|---|---|---|---|---|
| | | 高位值 | 中位值 | 低位值 | 平均值 |
| 129 | 汽机和水轮机检修工 | 64450 | 52042 | 45504 | 51583 |
| 130 | 工程机械维修工 | 108457 | 77150 | 57525 | 79677 |
| 131 | 化学检验员 | 75846 | 56086 | 49109 | 59062 |
| 132 | 物理性能检验员 | 79147 | 53688 | 45925 | 53395 |
| 133 | 质检员 | 72722 | 54000 | 43136 | 55336 |
| 134 | 试验员 | 84304 | 68366 | 51251 | 68156 |
| 135 | 称重计量工 | 55231 | 43068 | 32143 | 42168 |
| 136 | 包装工 | 63169 | 50365 | 36077 | 50648 |
| 137 | 安全员 | 77198 | 51374 | 41789 | 57589 |
| 138 | 其他生产辅助人员 | 86799 | 59505 | 44443 | 62918 |
| 139 | 其他生产制造及有关人员 | 85428 | 62400 | 43000 | 63822 |

## 二、部分技术工人职业（工种）分等级工资指导价位

| 序号 | 职位名称 | 技能等级 | 单位：元/年（人民币） | | | |
|---|---|---|---|---|---|---|
| | | | 高位值 | 中位值 | 低位值 | 平均值 |
| 1 | 焊工 | 初级技能 | 91123 | 62890 | 30888 | 62376 |
| | | 中级技能 | 99344 | 66343 | 36724 | 66526 |
| | | 高级技能 | 112553 | 73714 | 42528 | 75084 |
| | | 技师 | 124093 | 83087 | 49584 | 79924 |
| | | 高级技师 | 146122 | 90991 | 54550 | 93012 |
| 2 | 电工 | 初级技能 | 79674 | 61463 | 35727 | 63992 |
| | | 中级技能 | 89977 | 66100 | 39254 | 68697 |
| | | 高级技能 | 100949 | 72963 | 46882 | 75196 |
| | | 技师 | 110082 | 79799 | 66857 | 79376 |
| | | 高级技师 | 120496 | 90526 | 74899 | 97205 |
| 3 | 制冷空调系统安装维修工 | 初级技能 | 56530 | 40062 | 28035 | 40766 |
| | | 中级技能 | 79210 | 57973 | 34793 | 53978 |
| | | 高级技能 | 104949 | 70446 | 44802 | 71371 |
| 4 | 防水工 | 初级技能 | 44151 | 35899 | 24337 | 35072 |
| | | 中级技能 | 55496 | 37320 | 30846 | 39526 |
| | | 高级技能 | 66533 | 42379 | 35028 | 42587 |
| | | 技师 | 78126 | 44848 | 35916 | 57862 |
| 5 | 砌筑工 | 初级技能 | 49186 | 37400 | 26462 | 37534 |
| | | 中级技能 | 58278 | 45100 | 29809 | 45096 |
| | | 高级技能 | 74166 | 53609 | 34853 | 52435 |

续表

| 序号 | 职位名称 | 技能等级 | 单位：元/年（人民币） | | | |
| --- | --- | --- | --- | --- | --- | --- |
| | | | 高位值 | 中位值 | 低位值 | 平均值 |
| 6 | 混凝土工 | 初级技能 | 51470 | 32151 | 28153 | 33226 |
| | | 中级技能 | 59686 | 39287 | 35038 | 40768 |
| | | 高级技能 | 64336 | 44068 | 37109 | 46424 |
| 7 | 钢筋工 | 初级技能 | 44504 | 34142 | 26406 | 34594 |
| | | 中级技能 | 53555 | 40766 | 29062 | 40806 |
| | | 高级技能 | 63899 | 44677 | 34121 | 43505 |
| | | 技师 | 71821 | 45285 | 37110 | 46324 |
| 8 | 架子工 | 初级技能 | 47156 | 33537 | 23186 | 33620 |
| | | 中级技能 | 56677 | 37535 | 25042 | 38689 |
| | | 高级技能 | 68564 | 50262 | 28687 | 49437 |
| 9 | 锅炉操作工 | 初级技能 | 65184 | 42366 | 32572 | 43737 |
| | | 中级技能 | 71284 | 47893 | 39527 | 49623 |
| | | 高级技能 | 81684 | 57784 | 52199 | 62192 |
| | | 技师 | 86997 | 64512 | 50185 | 66500 |
| 10 | 机床装修维修工 | 中级技能 | 78218 | 54705 | 45533 | 57240 |
| | | 高级技能 | 84785 | 60395 | 48230 | 62315 |
| | | 技师 | 92338 | 66514 | 51082 | 67367 |
| | | 高级技师 | 94709 | 70489 | 55084 | 72386 |
| 11 | 铸造工 | 初级技能 | 81599 | 47647 | 40635 | 52429 |
| | | 中级技能 | 85791 | 56549 | 43403 | 60455 |
| | | 高级技能 | 91812 | 65922 | 51120 | 66726 |
| | | 技师 | 97714 | 68687 | 52653 | 70371 |
| | | 高级技师 | 102522 | 76696 | 59717 | 78816 |
| 12 | 锻造工 | 初级技能 | 86231 | 52930 | 38703 | 57538 |
| | | 中级技能 | 93047 | 57431 | 42523 | 62170 |
| | | 高级技能 | 97885 | 65349 | 45521 | 66382 |
| | | 技师 | 107459 | 66834 | 46756 | 71569 |
| | | 高级技师 | 123660 | 75504 | 49368 | 80153 |
| 13 | 金属热处理工 | 初级技能 | 68494 | 53123 | 35021 | 52912 |
| | | 中级技能 | 85500 | 57218 | 41063 | 60003 |
| | | 高级技能 | 91785 | 61841 | 47976 | 64977 |
| | | 技师 | 94244 | 75472 | 64161 | 76803 |
| | | 高级技师 | 170864 | 86307 | 66779 | 100702 |

续表

| 序号 | 职位名称 | 技能等级 | 单位：元/年（人民币） | | | |
|---|---|---|---|---|---|---|
| | | | 高位值 | 中位值 | 低位值 | 平均值 |
| 14 | 车工 | 初级技能 | 69738 | 56152 | 37731 | 54955 |
| | | 中级技能 | 76081 | 63183 | 42438 | 63135 |
| | | 高级技能 | 92254 | 66442 | 45167 | 66505 |
| | | 技师 | 103110 | 74638 | 47832 | 74804 |
| | | 高级技师 | 129378 | 83178 | 55648 | 83578 |
| 15 | 铣工 | 初级技能 | 73248 | 48797 | 29860 | 48910 |
| | | 中级技能 | 76827 | 52430 | 34949 | 54268 |
| | | 高级技能 | 95428 | 58026 | 41881 | 60721 |
| | | 技师 | 103188 | 82586 | 63436 | 82700 |
| | | 高级技师 | 136575 | 104618 | 76534 | 105353 |
| 16 | 钳工 | 初级技能 | 80109 | 60024 | 37116 | 64432 |
| | | 中级技能 | 86110 | 64576 | 44327 | 69660 |
| | | 高级技能 | 90563 | 73518 | 52762 | 75578 |
| | | 技师 | 120221 | 78309 | 58316 | 83084 |
| | | 高级技师 | 124612 | 82317 | 69211 | 88439 |
| 17 | 磨工 | 初级技能 | 77644 | 60009 | 28580 | 55950 |
| | | 中级技能 | 81033 | 63529 | 34350 | 58954 |
| | | 高级技能 | 93719 | 67570 | 48522 | 64749 |
| | | 技师 | 96299 | 72862 | 51315 | 73259 |
| | | 高级技师 | 122043 | 78046 | 53502 | 81813 |
| 18 | 电切削工 | 初级技能 | 72520 | 49877 | 44065 | 55809 |
| | | 中级技能 | 81561 | 67863 | 52380 | 67790 |
| | | 高级技能 | 94544 | 77285 | 54847 | 76642 |
| 19 | 制冷工 | 初级技能 | 59370 | 40966 | 36986 | 41516 |
| | | 中级技能 | 68326 | 52727 | 44457 | 52461 |
| | | 高级技能 | 85014 | 68797 | 46201 | 68623 |
| | | 技师 | 104342 | 80955 | 54431 | 80716 |
| 20 | 手工木工 | 初级技能 | 66906 | 43118 | 35639 | 46507 |
| | | 中级技能 | 80025 | 47657 | 37254 | 49837 |
| | | 高级技能 | 92230 | 50103 | 41696 | 52823 |
| | | 技师 | 100064 | 59113 | 48580 | 64464 |
| 21 | 评茶员 | 初级技能 | 69730 | 50423 | 40634 | 52932 |
| | | 中级技能 | 76035 | 56057 | 42612 | 57692 |
| | | 高级技能 | 85206 | 62523 | 47686 | 64341 |
| | | 技师 | 94623 | 70792 | 51280 | 71503 |
| | | 高级技师 | 112058 | 79728 | 53663 | 80369 |

续表

| 序号 | 职位名称 | 技能等级 | 单位：元/年（人民币） | | | |
|---|---|---|---|---|---|---|
| | | | 高位值 | 中位值 | 低位值 | 平均值 |
| 22 | 眼镜验光员 | 初级技能 | 67900 | 47348 | 30998 | 47799 |
| | | 中级技能 | 72301 | 56583 | 33123 | 55428 |
| | | 高级技能 | 85782 | 63255 | 36614 | 63223 |
| | | 技师 | 93795 | 72186 | 44204 | 72175 |
| | | 高级技师 | 109235 | 79541 | 47145 | 78908 |
| 23 | 眼镜定配员 | 初级技能 | 65563 | 44483 | 33632 | 50089 |
| | | 中级技能 | 70700 | 48103 | 37847 | 55585 |
| | | 高级技能 | 83645 | 56202 | 38811 | 59230 |
| | | 技师 | 90218 | 65531 | 44589 | 68304 |
| 24 | 汽车维修工 | 初级技能 | 84240 | 60600 | 30200 | 72120 |
| | | 中级技能 | 92240 | 75600 | 37590 | 76834 |
| | | 高级技能 | 113170 | 80000 | 43560 | 84060 |
| | | 技师 | 129994 | 83978 | 50975 | 91513 |
| | | 高级技师 | 137027 | 96222 | 57686 | 103645 |
| 25 | 美容师 | 初级技能 | 74249 | 54680 | 33705 | 56470 |
| | | 中级技能 | 85115 | 62164 | 38296 | 65148 |
| | | 高级技能 | 98280 | 69917 | 42951 | 74187 |
| | | 技师 | 105832 | 77394 | 48109 | 79344 |
| | | 高级技师 | 136531 | 88744 | 53193 | 91661 |
| 26 | 美发师 | 初级技能 | 78668 | 55255 | 34209 | 55541 |
| | | 中级技能 | 89456 | 60414 | 37992 | 62122 |
| | | 高级技能 | 95615 | 68395 | 41446 | 68467 |
| | | 技师 | 103200 | 77575 | 47699 | 77935 |
| | | 高级技师 | 113551 | 80811 | 52713 | 89690 |
| 27 | 育婴员 | 初级技能 | 72376 | 46256 | 28758 | 46860 |
| | | 中级技能 | 77553 | 52691 | 33074 | 53121 |
| | | 高级技能 | 102755 | 57864 | 38248 | 62447 |
| 28 | 保育员 | 初级技能 | 55440 | 37973 | 23835 | 38188 |
| | | 中级技能 | 63731 | 41749 | 27203 | 41832 |
| | | 高级技能 | 78333 | 46982 | 29561 | 49223 |
| 29 | 有害生物防制员 | 初级技能 | 69422 | 48199 | 31348 | 48965 |
| | | 中级技能 | 79155 | 55584 | 34842 | 55987 |
| | | 高级技能 | 92926 | 61837 | 39330 | 63183 |

续表

| 序号 | 职位名称 | 技能等级 | 单位：元/年（人民币） | | | |
|---|---|---|---|---|---|---|
| | | | 高位值 | 中位值 | 低位值 | 平均值 |
| 30 | 保安员 | 初级技能 | 52235 | 41092 | 24130 | 40222 |
| | | 中级技能 | 54757 | 43364 | 28418 | 42504 |
| | | 高级技能 | 60094 | 48039 | 29610 | 47436 |
| | | 技师 | 66144 | 51828 | 31828 | 50336 |
| 31 | 智能楼宇管理员 | 中级技能 | 66750 | 54566 | 41879 | 54075 |
| | | 高级技能 | 83220 | 58888 | 44489 | 62560 |
| | | 技师 | 96031 | 67667 | 50424 | 70610 |
| 32 | 劳动关系协调员 | 高级技能 | 89321 | 49542 | 31149 | 59817 |
| | | 技师 | 103334 | 53848 | 34873 | 71335 |
| | | 高级技师 | 133923 | 59364 | 38459 | 82775 |
| 33 | 企业人力资源管理师 | 中级技能 | 91731 | 53021 | 38880 | 62919 |
| | | 高级技能 | 102000 | 57775 | 48960 | 75505 |
| | | 技师 | 134916 | 82457 | 60201 | 95302 |
| | | 高级技师 | 155274 | 92329 | 68531 | 104606 |
| 34 | 中央空调系统运行操作员 | 初级技能 | 56389 | 42865 | 34186 | 43190 |
| | | 中级技能 | 62362 | 47663 | 39200 | 48232 |
| 35 | 中式烹调师 | 初级技能 | 77500 | 44760 | 28080 | 48816 |
| | | 中级技能 | 81360 | 55300 | 41064 | 57904 |
| | | 高级技能 | 85550 | 60400 | 47200 | 64361 |
| | | 技师 | 88752 | 64178 | 53017 | 68908 |
| | | 高级技师 | 101018 | 79426 | 66821 | 76429 |
| 36 | 中式面点师 | 初级技能 | 62336 | 36231 | 25538 | 41600 |
| | | 中级技能 | 70440 | 41422 | 27883 | 45582 |
| | | 高级技能 | 76596 | 48743 | 32256 | 52364 |
| | | 技师 | 82705 | 58769 | 37197 | 57359 |
| | | 高级技师 | 89481 | 73700 | 66806 | 75770 |
| 37 | 西式烹调师 | 初级技能 | 67872 | 46088 | 24905 | 47882 |
| | | 中级技能 | 70147 | 48352 | 25535 | 51119 |
| | | 高级技能 | 81681 | 59174 | 35465 | 58567 |
| | | 技师 | 88175 | 65860 | 38899 | 66448 |
| | | 高级技师 | 105936 | 72082 | 41361 | 75504 |
| 38 | 西式面点师 | 初级技能 | 56444 | 36793 | 26149 | 37238 |
| | | 中级技能 | 58779 | 41671 | 31581 | 41115 |
| | | 高级技能 | 69871 | 47564 | 32239 | 46026 |
| | | 技师 | 79370 | 52930 | 38016 | 53210 |
| | | 高级技师 | 97019 | 59055 | 40677 | 64940 |

续表

| 序号 | 职位名称 | 技能等级 | 单位：元/年（人民币） | | | |
|---|---|---|---|---|---|---|
| | | | 高位值 | 中位值 | 低位值 | 平均值 |
| 39 | 茶艺师 | 初级技能 | 46425 | 36803 | 25642 | 36519 |
| | | 中级技能 | 55983 | 39804 | 27466 | 40957 |
| | | 高级技能 | 61762 | 48738 | 32327 | 45867 |
| | | 技师 | 78055 | 56383 | 36751 | 57326 |
| | | 高级技师 | 95666 | 60872 | 40339 | 61424 |
| 40 | 养老护理员 | 初级技能 | 71729 | 56192 | 41719 | 57012 |
| | | 中级技能 | 75680 | 57970 | 45396 | 60164 |
| | | 高级技能 | 81335 | 66044 | 49033 | 67003 |
| | | 技师 | 90121 | 71688 | 53158 | 72772 |
| | | 高级技师 | 102373 | 77815 | 57631 | 79037 |

# 2020年丽水市人力资源市场工资指导价位

## （一）管理职能类职业（工种）工资指导价位

| 序号 | 职位名称 | 单位：元/年（人民币） | | | | |
|---|---|---|---|---|---|---|
| | | 高位值 | 较高位值 | 中位值 | 较低位值 | 低位值 |
| 1 | 企业董事 | 481715 | 210625 | 108000 | 84566 | 61475 |
| 2 | 企业总经理 | 495577 | 166965 | 100962 | 78805 | 51332 |
| 3 | 国有企业中国共产党组织负责人 | 297687 | 163691 | 114281 | 89188 | 54659 |
| 4 | 生产经营部门经理 | 207719 | 128332 | 85940 | 66470 | 46289 |
| 5 | 财务部门经理 | 223035 | 106389 | 87759 | 68078 | 48693 |
| 6 | 行政部门经理 | 228444 | 115998 | 95718 | 68710 | 46038 |
| 7 | 人事部门经理 | 211073 | 115204 | 87123 | 64034 | 42879 |
| 8 | 销售和营销部门经理 | 242936 | 145573 | 102500 | 79899 | 46701 |
| 9 | 广告和公关部门经理 | 238889 | 153071 | 90550 | 66181 | 45335 |
| 10 | 采购部门经理 | 180575 | 106266 | 79541 | 61055 | 42449 |
| 11 | 计算机服务部门经理 | 183030 | 146070 | 84933 | 70750 | 53185 |
| 12 | 研究和开发部门经理 | 201497 | 115728 | 88182 | 64472 | 49274 |
| 13 | 餐厅部门经理 | 100774 | 92024 | 63135 | 49199 | 39979 |
| 14 | 客房部门经理 | 90248 | 75685 | 62783 | 48295 | 42164 |
| 15 | 其他职能部门经理 | 229126 | 119185 | 85862 | 56000 | 41069 |
| 16 | 其他企业中高级管理人员 | 217171 | 104922 | 86440 | 60504 | 39700 |
| 17 | 行政办事员 | 92628 | 63621 | 55094 | 47791 | 39123 |
| 18 | 秘书 | 122854 | 73839 | 56168 | 48207 | 44335 |
| 19 | 收发员 | 69271 | 61020 | 49826 | 42404 | 37450 |
| 20 | 打字员 | 59759 | 48776 | 43700 | 40501 | 36703 |
| 21 | 制图员 | 84401 | 69887 | 45649 | 42691 | 36563 |
| 22 | 后勤管理员 | 96365 | 68470 | 48680 | 41010 | 34062 |
| 23 | 其他办事人员 | 81669 | 62815 | 48000 | 38810 | 33570 |
| 24 | 保卫管理员 | 67988 | 53651 | 46269 | 36481 | 27533 |
| 25 | 其他安全和消防人员 | 80260 | 60890 | 56827 | 46703 | 41722 |
| 26 | 其他办事人员和有关人员 | 99054 | 70353 | 58354 | 48783 | 37050 |

## （二）专业技术类职业（工种）工资指导价位

| 序号 | 职位名称 | 单位：元/年（人民币） | | | | |
|---|---|---|---|---|---|---|
| | | 高位值 | 较高位值 | 中位值 | 较低位值 | 低位值 |
| 1 | 工程测量工程技术人员 | 104144 | 89532 | 77648 | 53733 | 39707 |
| 2 | 采矿工程技术人员 | 109500 | 84000 | 72892 | 60314 | 50100 |
| 3 | 冶炼工程技术人员 | 78156 | 65332 | 58300 | 54225 | 45250 |
| 4 | 化工实验工程技术人员 | 95841 | 83003 | 67200 | 52280 | 47810 |
| 5 | 化工生产工程技术人员 | 92541 | 82443 | 70699 | 60036 | 46261 |
| 6 | 机械设计工程技术人员 | 102437 | 85038 | 64190 | 49743 | 40163 |
| 7 | 机械制造工程技术人员 | 81600 | 64752 | 55275 | 44865 | 42461 |
| 8 | 设备工程技术人员 | 90488 | 69952 | 60117 | 54499 | 46796 |
| 9 | 模具设计工程技术人员 | 76008 | 65527 | 57794 | 45269 | 39229 |
| 10 | 自动控制工程技术人员 | 96812 | 67440 | 56500 | 52750 | 49500 |
| 11 | 材料成形与改性工程技术人员 | 79487 | 68076 | 58524 | 48627 | 45300 |
| 12 | 通信工程技术人员 | 88981 | 68176 | 58640 | 48780 | 35115 |
| 13 | 计算机硬件工程技术人员 | 134775 | 124956 | 97851 | 73590 | 60600 |
| 14 | 计算机软件工程技术人员 | 106363 | 98674 | 93613 | 74783 | 56532 |
| 15 | 计算机网络工程技术人员 | 165924 | 130982 | 118819 | 78050 | 63358 |
| 16 | 电工电器工程技术人员 | 124841 | 101570 | 77641 | 68206 | 62449 |
| 17 | 发电工程技术人员 | 116039 | 94569 | 80325 | 70965 | 57817 |
| 18 | 供用电工程技术人员 | 137778 | 115129 | 99375 | 79232 | 60133 |
| 19 | 变电工程技术人员 | 140727 | 112888 | 99359 | 62212 | 48425 |
| 20 | 电力工程安装工程技术人员 | 113626 | 107280 | 96133 | 74389 | 60705 |
| 21 | 道路交通工程技术人员 | 120047 | 91939 | 81473 | 63044 | 56183 |
| 22 | 建筑和市政设计工程技术人员 | 79792 | 60557 | 48101 | 44979 | 42174 |
| 23 | 土木建筑工程技术人员 | 88540 | 70681 | 51201 | 43080 | 34178 |
| 24 | 供水排水工程技术人员 | 84806 | 75987 | 56200 | 52800 | 45250 |
| 25 | 水利水电建筑工程技术人员 | 99924 | 79043 | 66772 | 46585 | 38244 |
| 26 | 爆破工程技术人员 | 101372 | 77921 | 65552 | 61239 | 49025 |
| 27 | 园林绿化工程技术人员 | 81766 | 62419 | 56127 | 44427 | 38681 |
| 28 | 安全生产管理工程技术人员 | 99799 | 66441 | 59308 | 48866 | 42237 |
| 29 | 计量工程技术人员 | 89614 | 73859 | 67049 | 53159 | 44882 |
| 30 | 质量管理工程技术人员 | 96000 | 77482 | 71704 | 58254 | 49275 |
| 31 | 工业工程技术人员 | 83969 | 66386 | 49314 | 40800 | 36960 |
| 32 | 项目管理工程技术人员 | 87334 | 65174 | 52094 | 41396 | 34400 |
| 33 | 产品质量检验工程技术人员 | 79483 | 65900 | 55530 | 44487 | 35815 |
| 34 | 制药工程技术人员 | 66872 | 53740 | 48842 | 41668 | 35487 |

续表

| 序号 | 职位名称 | 单位：元/年（人民币） | | | | |
|---|---|---|---|---|---|---|
| | | 高位值 | 较高位值 | 中位值 | 较低位值 | 低位值 |
| 35 | 产品设计工程技术人员 | 93768 | 63315 | 49856 | 45518 | 41396 |
| 36 | 内科医师 | 158317 | 111250 | 78183 | 62265 | 49782 |
| 37 | 药师 | 78237 | 61092 | 46191 | 41998 | 39918 |
| 38 | 内科护士 | 87527 | 77858 | 70378 | 62038 | 47813 |
| 39 | 外科护士 | 109921 | 94042 | 75079 | 53460 | 39956 |
| 40 | 其他卫生专业技术人员 | 61443 | 52381 | 48368 | 45000 | 37560 |
| 41 | 统计专业人员 | 85957 | 61200 | 49884 | 37981 | 34276 |
| 42 | 会计专业人员 | 136102 | 79115 | 55200 | 46228 | 36452 |
| 43 | 审计专业人员 | 109363 | 92264 | 67086 | 53777 | 38576 |
| 44 | 税务专业人员 | 117721 | 80500 | 56187 | 46100 | 43800 |
| 45 | 国际商务专业人员 | 103003 | 69548 | 54008 | 47248 | 40484 |
| 46 | 市场营销专业人员 | 88718 | 60014 | 46095 | 42373 | 36328 |
| 47 | 商务策划专业人员 | 147321 | 101117 | 88824 | 65848 | 61765 |
| 48 | 人力资源管理专业人员 | 147834 | 88551 | 68292 | 50200 | 41253 |
| 49 | 人力资源服务专业人员 | 134239 | 81246 | 57911 | 49844 | 41092 |
| 50 | 银行清算专业人员 | 173437 | 154753 | 130586 | 115695 | 102501 |
| 51 | 信贷审核专业人员 | 207884 | 173170 | 147244 | 116393 | 101625 |
| 52 | 其他经济和金融专业人员 | 250218 | 209194 | 164273 | 131476 | 100439 |
| 53 | 中等职业教育教师 | 137604 | 106576 | 94867 | 85319 | 72405 |
| 54 | 幼儿教育教师 | 98346 | 89160 | 82306 | 59932 | 40827 |
| 55 | 档案专业人员 | 109161 | 88169 | 67200 | 59680 | 49208 |

## （三）职业技能类职业（工种）工资指导价位

| 序号 | 职位名称 | 单位：元/年（人民币） | | | | |
|---|---|---|---|---|---|---|
| | | 高位值 | 较高位值 | 中位值 | 较低位值 | 低位值 |
| 1 | 采购员 | 87098 | 61200 | 50400 | 43000 | 36223 |
| 2 | 营销员 | 84456 | 66939 | 51234 | 42788 | 31404 |
| 3 | 商品营业员 | 52903 | 48000 | 36930 | 31082 | 27764 |
| 4 | 收银员 | 60841 | 47635 | 36662 | 31475 | 26520 |
| 5 | 其他批发与零售服务人员 | 62288 | 52483 | 41683 | 34834 | 25511 |
| 6 | 道路客运汽车驾驶员 | 78000 | 68890 | 56850 | 53500 | 46590 |
| 7 | 道路货运汽车驾驶员 | 75523 | 63485 | 60411 | 51295 | 48112 |
| 8 | 道路客运服务员 | 68594 | 60099 | 52633 | 43783 | 32084 |
| 9 | 装卸搬运工 | 67807 | 55766 | 50261 | 43721 | 38315 |
| 10 | 危险货物运输作业员 | 66404 | 60022 | 56372 | 53429 | 47866 |

| 序号 | 职位名称 | 单位：元/年（人民币） | | | | |
|---|---|---|---|---|---|---|
| | | 高位值 | 较高位值 | 中位值 | 较低位值 | 低位值 |
| 11 | 仓储管理员 | 79158 | 60449 | 54686 | 46276 | 40668 |
| 12 | 理货员 | 48869 | 45066 | 42574 | 38930 | 32144 |
| 13 | 其他交通运输、仓储和邮政业服务人员 | 68147 | 63531 | 57714 | 45225 | 40825 |
| 14 | 前厅服务员 | 45685 | 42000 | 36327 | 31080 | 28898 |
| 15 | 客房服务员 | 47141 | 42458 | 39039 | 31874 | 27785 |
| 16 | 中式烹调师 | 95887 | 67399 | 56443 | 41730 | 33501 |
| 17 | 中式面点师 | 59421 | 52849 | 47018 | 41219 | 38395 |
| 18 | 西式面点师 | 58499 | 51664 | 43264 | 39800 | 37648 |
| 19 | 餐厅服务员 | 57116 | 43697 | 36000 | 31404 | 28800 |
| 20 | 营养配餐员 | 62359 | 50685 | 42216 | 37535 | 34283 |
| 21 | 其他住宿和餐饮服务人员 | 68475 | 47832 | 36544 | 32559 | 30340 |
| 22 | 其他信息传输、软件和信息技术服务人员 | 101148 | 71568 | 63062 | 53560 | 43755 |
| 23 | 银行综合柜员 | 173472 | 134495 | 111978 | 88359 | 70781 |
| 24 | 银行信贷员 | 230601 | 186529 | 152896 | 99144 | 83853 |
| 25 | 银行客户业务员 | 188717 | 144279 | 127518 | 98248 | 80957 |
| 26 | 银行信用卡业务员 | 223795 | 171901 | 149624 | 97801 | 71455 |
| 27 | 物业管理员 | 85320 | 64339 | 56068 | 51573 | 46860 |
| 28 | 其他房地产服务人员 | 72150 | 60200 | 53640 | 48208 | 44793 |
| 29 | 保安员 | 53681 | 42515 | 34432 | 28480 | 22423 |
| 30 | 计量员 | 88672 | 75133 | 57801 | 49645 | 45398 |
| 31 | 玩具设计师 | 64000 | 60152 | 53000 | 48360 | 45000 |
| 32 | 其他技术辅助服务人员 | 97259 | 66555 | 60360 | 49667 | 46547 |
| 33 | 污水处理工 | 50459 | 41244 | 39042 | 32649 | 29624 |
| 34 | 保洁员 | 43455 | 38452 | 35535 | 27056 | 24000 |
| 35 | 生活垃圾清运工 | 47157 | 44490 | 42275 | 37504 | 29800 |
| 36 | 保育员 | 48007 | 38806 | 31331 | 25517 | 23667 |
| 37 | 养老护理员 | 65782 | 60000 | 45261 | 33400 | 30050 |
| 38 | 供电服务员 | 96788 | 79074 | 68629 | 59638 | 48602 |
| 39 | 汽车维修工 | 90642 | 69494 | 58441 | 48386 | 38075 |
| 40 | 办公设备维修工 | 86646 | 71109 | 55696 | 46060 | 35000 |
| 41 | 其他修理及制作服务人员 | 71118 | 62606 | 52500 | 48200 | 43200 |
| 42 | 电子竞技员 | 58217 | 49607 | 41318 | 34935 | 29537 |
| 43 | 无人机驾驶员 | 62274 | 47824 | 40043 | 32906 | 28930 |
| 44 | 食用菌生产工 | 58500 | 45800 | 43005 | 39250 | 37000 |
| 45 | 竹麻制品加工工 | 66355 | 55125 | 42798 | 39250 | 28350 |
| 46 | 肉制品加工工 | 66250 | 55200 | 52197 | 43159 | 36064 |

续表

| 序号 | 职位名称 | 单位：元/年（人民币） | | | | |
|---|---|---|---|---|---|---|
| | | 高位值 | 较高位值 | 中位值 | 较低位值 | 低位值 |
| 47 | 其他食品、饮料生产加工人员 | 64237 | 56469 | 51589 | 43799 | 35674 |
| 48 | 制鞋工 | 97772 | 60287 | 52615 | 46582 | 39669 |
| 49 | 其他纺织品、服装和皮革、毛皮制品加工制作人员 | 57413 | 47494 | 37824 | 32559 | 30533 |
| 50 | 制材工 | 56848 | 45705 | 35946 | 33669 | 30342 |
| 51 | 木竹藤材处理工 | 67554 | 56129 | 50009 | 41789 | 37268 |
| 52 | 胶合板工 | 78068 | 72030 | 62600 | 55141 | 47528 |
| 53 | 手工木工 | 75786 | 56528 | 50909 | 41567 | 37729 |
| 54 | 机械木工 | 56381 | 47755 | 43148 | 32839 | 27731 |
| 55 | 木地板制造工 | 66761 | 61651 | 52538 | 40507 | 32873 |
| 56 | 其他木材加工、家具与木制品制作人员 | 88240 | 78600 | 67000 | 59800 | 50220 |
| 57 | 制浆工 | 63751 | 55408 | 50511 | 42600 | 36720 |
| 58 | 造纸工 | 68102 | 53598 | 50638 | 41879 | 37142 |
| 59 | 纸箱纸盒制作工 | 60000 | 55000 | 48000 | 41502 | 35685 |
| 60 | 印前处理和制作员 | 47867 | 44871 | 41388 | 38860 | 33500 |
| 61 | 印刷操作员 | 57960 | 49640 | 47191 | 44086 | 41279 |
| 62 | 印后制作员 | 61562 | 51526 | 39860 | 37793 | 25892 |
| 63 | 铅笔制造工 | 64925 | 51634 | 41318 | 34420 | 30818 |
| 64 | 民间工艺品制作工 | 81804 | 70931 | 57861 | 41904 | 34624 |
| 65 | 玩具制作工 | 59299 | 53500 | 47500 | 38000 | 33000 |
| 66 | 油品储运工 | 80199 | 75716 | 68107 | 62735 | 51034 |
| 67 | 化工单元操作工 | 71721 | 62899 | 54195 | 39571 | 31522 |
| 68 | 工业清洗工 | 74873 | 68251 | 50400 | 43238 | 40254 |
| 69 | 化学合成制药工 | 68225 | 62113 | 54598 | 51664 | 47745 |
| 70 | 塑料制品成型制作工 | 55410 | 40579 | 33239 | 27600 | 25603 |
| 71 | 陶瓷原料准备工 | 48375 | 45529 | 40420 | 36227 | 31722 |
| 72 | 陶瓷成型施釉工 | 49315 | 44772 | 42351 | 32196 | 26329 |
| 73 | 陶瓷烧成工 | 51297 | 45608 | 43197 | 34066 | 24722 |
| 74 | 陶瓷装饰工 | 50097 | 42963 | 39758 | 31173 | 24825 |
| 75 | 炼钢浇铸工 | 89983 | 67432 | 49456 | 45874 | 36581 |
| 76 | 铸管精整工 | 95152 | 66022 | 56570 | 45278 | 35634 |
| 77 | 轧制原料工 | 69346 | 57739 | 54082 | 50592 | 46593 |
| 78 | 金属轧制工 | 77981 | 72000 | 64260 | 54299 | 48936 |
| 79 | 金属材酸碱洗工 | 86400 | 63824 | 59351 | 48000 | 38478 |
| 80 | 金属材热处理工 | 73455 | 65041 | 56005 | 46944 | 38271 |
| 81 | 金属材丝拉拔工 | 78462 | 64171 | 55958 | 40349 | 34955 |

续表

| 序号 | 职位名称 | 单位：元/年（人民币） | | | | |
|---|---|---|---|---|---|---|
| | | 高位值 | 较高位值 | 中位值 | 较低位值 | 低位值 |
| 82 | 其他金属冶炼和压延加工人员 | 68400 | 58000 | 48670 | 45690 | 40672 |
| 83 | 车工 | 97459 | 72334 | 65956 | 49034 | 41691 |
| 84 | 铣工 | 102181 | 75340 | 66509 | 53053 | 47724 |
| 85 | 磨工 | 85200 | 65739 | 55562 | 52321 | 41029 |
| 86 | 镗工 | 84000 | 73111 | 65153 | 48001 | 45637 |
| 87 | 钻床工 | 80384 | 65417 | 56529 | 43750 | 37159 |
| 88 | 多工序数控机床操作调整工 | 72000 | 62435 | 49183 | 44475 | 38335 |
| 89 | 电切削工 | 78619 | 63771 | 56305 | 40924 | 36999 |
| 90 | 拉床工 | 91624 | 72334 | 58613 | 47706 | 38962 |
| 91 | 下料工 | 67051 | 62948 | 50400 | 44050 | 36161 |
| 92 | 铆工 | 63499 | 51045 | 46980 | 41050 | 38693 |
| 93 | 冲压工 | 69743 | 58680 | 50765 | 41460 | 35255 |
| 94 | 铸造工 | 77858 | 55231 | 52419 | 42707 | 35506 |
| 95 | 锻造工 | 77372 | 58138 | 49190 | 42043 | 38618 |
| 96 | 金属热处理工 | 89412 | 59391 | 50185 | 41326 | 34841 |
| 97 | 焊工 | 99044 | 74334 | 61679 | 49600 | 42512 |
| 98 | 机械加工材料切割工 | 101297 | 58555 | 47388 | 42229 | 36968 |
| 99 | 涂装工 | 96668 | 65096 | 55839 | 39246 | 31397 |
| 100 | 喷涂喷焊工 | 79782 | 63087 | 49439 | 45299 | 42297 |
| 101 | 模具工 | 76278 | 61600 | 53669 | 48447 | 39747 |
| 102 | 模型制作工 | 62250 | 58225 | 54000 | 49425 | 39171 |
| 103 | 其他机械制造基础加工人员 | 79245 | 61065 | 54753 | 47330 | 38519 |
| 104 | 锁具制作工 | 59628 | 54190 | 48905 | 43736 | 36859 |
| 105 | 其他金属制品制造人员 | 77870 | 66733 | 54068 | 41884 | 36428 |
| 106 | 装配钳工 | 95837 | 63841 | 56332 | 46690 | 39719 |
| 107 | 轴承制造工 | 71771 | 49073 | 40002 | 36104 | 32624 |
| 108 | 弹簧工 | 90966 | 72975 | 69200 | 62715 | 55551 |
| 109 | 机床装调维修工 | 88719 | 75082 | 68200 | 58536 | 53689 |
| 110 | 焊接设备装配调试工 | 86554 | 73440 | 53038 | 49091 | 38977 |
| 111 | 焊接材料制造工 | 90040 | 70112 | 54015 | 45762 | 38352 |
| 112 | 制冷空调设备装配工 | 59812 | 49033 | 41185 | 36506 | 34401 |
| 113 | 阀门装配调试工 | 63519 | 55048 | 51021 | 43034 | 35575 |
| 114 | 其他通用设备制造人员 | 70271 | 57850 | 40685 | 34983 | 31759 |
| 115 | 拖拉机制造工 | 73522 | 69142 | 57430 | 48406 | 37983 |
| 116 | 其他专用设备制造人员 | 63325 | 51761 | 47194 | 42116 | 36250 |
| 117 | 汽车生产线操作工 | 59367 | 52041 | 44080 | 33710 | 30366 |

续表

| 序号 | 职位名称 | 单位：元/年（人民币） | | | | |
|---|---|---|---|---|---|---|
| | | 高位值 | 较高位值 | 中位值 | 较低位值 | 低位值 |
| 118 | 汽车零部件再制造工 | 79675 | 63330 | 50909 | 35539 | 27705 |
| 119 | 摩托车装调工 | 71936 | 58260 | 50905 | 44728 | 40301 |
| 120 | 自行车与电动自行车装配工 | 65191 | 52926 | 38102 | 34554 | 30540 |
| 121 | 电机制造工 | 63240 | 57025 | 36200 | 30888 | 28052 |
| 122 | 工业机器人系统操作人员 | 62720 | 51992 | 36601 | 31475 | 27712 |
| 123 | 水力发电运行值班员 | 105116 | 79750 | 62089 | 48313 | 34800 |
| 124 | 锅炉操作工 | 83795 | 66794 | 54950 | 47256 | 36831 |
| 125 | 变配电运行值班员 | 159082 | 114955 | 103626 | 77785 | 64244 |
| 126 | 砌筑工 | 93416 | 72044 | 65252 | 55052 | 47415 |
| 127 | 混凝土工 | 89323 | 76679 | 67659 | 56137 | 47040 |
| 128 | 钢筋工 | 89778 | 82093 | 70361 | 60000 | 44192 |
| 129 | 架子工 | 93979 | 81527 | 74690 | 65897 | 51399 |
| 130 | 筑路工 | 70130 | 65192 | 58250 | 51050 | 48150 |
| 131 | 爆破工 | 118254 | 108196 | 99947 | 74930 | 66549 |
| 132 | 机械设备安装工 | 82452 | 72820 | 68783 | 60783 | 56486 |
| 133 | 装配式建筑施工员 | 90500 | 81003 | 72400 | 48330 | 42640 |
| 134 | 专用车辆驾驶员 | 75713 | 70987 | 58296 | 45872 | 33454 |
| 135 | 起重装卸机械操作工 | 75651 | 64662 | 57721 | 48087 | 35695 |
| 136 | 设备点检员 | 66344 | 62800 | 59750 | 52100 | 41205 |
| 137 | 机修钳工 | 70972 | 62522 | 52907 | 48560 | 39000 |
| 138 | 电工 | 128108 | 90649 | 83368 | 47069 | 37309 |
| 139 | 仪器仪表维修工 | 72258 | 55742 | 52828 | 50250 | 42793 |
| 140 | 发电机检修工 | 60078 | 56931 | 54215 | 51146 | 48647 |
| 141 | 工程机械维修工 | 84422 | 74709 | 63771 | 51191 | 41457 |
| 142 | 化学检验员 | 72766 | 65798 | 57895 | 48689 | 42760 |
| 143 | 无损检测员 | 95764 | 73765 | 60842 | 54402 | 42286 |
| 144 | 质检员 | 77507 | 63621 | 56907 | 43231 | 36000 |
| 145 | 试验员 | 87013 | 69117 | 54587 | 46960 | 39509 |
| 146 | 称重计量工 | 49648 | 47719 | 45502 | 43921 | 41123 |
| 147 | 包装工 | 64564 | 52591 | 42886 | 37483 | 31504 |
| 148 | 安全员 | 90000 | 69579 | 55176 | 41280 | 35000 |
| 149 | 其他生产辅助人员 | 83637 | 66917 | 53937 | 41238 | 31042 |
| 150 | 其他生产制造及有关人员 | 76593 | 58550 | 51960 | 41500 | 32840 |

# 索 引